Leo Trepp
Gunda Trepp

„Dein Gott ist mein Gott"

Wege zum Judentum und zur
jüdischen Gemeinschaft

Verlag W. Kohlhammer

1. Auflage 2005

Alle Rechte vorbehalten
© W. Kohlhammer GmbH, Stuttgart
Reproduktionsvorlage: Andrea Töcker, Neuendettelsau
Gesamtherstellung: W. Kohlhammer GmbH, Stuttgart

Print:
ISBN 978-3-17-017411-5

Für den Inhalt abgedruckter oder verlinkter Websites ist ausschließlich der jeweilige Betreiber verantwortlich. Die W. Kohlhammer GmbH hat keinen Einfluss auf die verknüpften Seiten und übernimmt hierfür keinerlei Haftung.

Dieses Werk einschließlich aller seiner Teile ist urheberrechtlich geschützt. Jede Verwendung außerhalb der engen Grenzen des Urheberrechts ist ohne Zustimmung des Verlags unzulässig und strafbar. Das gilt insbesondere für Vervielfältigungen, Übersetzungen, Mikroverfilmungen und für die Einspeicherung und Verarbeitung in elektronischen Systemen.

Inhaltsverzeichnis

Vorwort		9
Einleitung		11
I	Entwicklung in Geschichte und Religionsgesetz	14
1	Abraham, Urvater und Vorbild	14
	Abrahams Bedeutung für Konvertiten	14
	Abraham, der Begründer des jüdischen Volkes	16
	Abraham als Persönlichkeit	17
	Abraham in nachbiblischer jüdischer Überlieferung	18
	Abrahams Nachkommen und die Proselyten	20
	Ger als Ehrentitel	21
	Das Vorbild Abrahams im Verhältnis der Juden zu den Nichtjuden	22
	Worte des Willkommens an die Juden aus freier Wahl	23
2	Weitere Übertritte in der hebräischen Bibel	24
	Aufnahme in das Judentum	24
	Hagar – Vom tragischen Schicksal einer zur Jüdin gewordenen Frau	25
	Assenat, die Frau des biblischen Joseph	26
	Zippora – Moses' Frau	28
	Ruth, Vorbild und Ahnin Davids	29
	Der Mann Obadja – Vom Edomiter zum jüdischen Propheten	32
	Das Buch Esther – Das Streben nach Gleichgewicht	33
	Esra und Nehemia – Widerstände gegen den Übertritt	34
3	Die Bedeutung der Vergangenheit für unsere Gegenwart	36
4	Die nachbiblische Antike	38
	Wachstum des jüdischen Volks und jüdische Mission	38
	Antagonismus gegenüber der jüdischen Missionstätigkeit	41
	Anerkennung des Judentums in der Umwelt	41
	Zugehörige und Zugesellte	42
	Die Kontroverse unter den Rabbinen	43
	Christliche Auffassungen	44
	Massenübertritte	45
	Adiabene: Ein Volk tritt über	48
	Talmudische Ausschmückungen	50
	Die Bedeutung der adiabenischen Übertritte	51
	Das Judentum zieht Oberschichten der Gesellschaft an	52

	Feinde der Juden oder ihre Nachkommen treten über und werden hochgeachtet	53
	Das Bild des Proselyten aus rabbinischer Sicht	55
	Grundsätzliche Befürwortung	55
	Stimmen der Opposition	58
5	Zeit des Umbruchs	60
	Die ersten fünf Jahrhunderte christlicher Zeitrechnung	60
	Versuch eines Vergleichs: Amerika und Babylonien – und frühe christliche Zeit	61
	Christen und Muslime als Zugesellte	64
	Das Band zerreißt	64
	Julian der Hellene und einige Jahre der Hoffnung	68
	Die Verfolgung der Juden setzt sich fort	69
	Am Scheideweg	70
	Johannes Chrysostomus und die Strategie der Verleumdung, der Isolierung und Vernichtung der Juden	70
	Verachtung für die Synagogen	72
	Die jüdischen Feste	73
	Johannes Chrysostomus' zusammenfassendes Urteil	74
	Die Ergebnisse der Hetze	77
	Augustinus und die Theologie der vollkommenen Erniedrigung der Juden	78
	Rückgang, doch kein Ende der Übertritte	79
	Die Chasaren	80
	Die Proselyten im Denken und in den Entscheidungen bedeutender jüdischer Lehrer des Mittelalters	81
6	Mittelalter und Renaissance	85
	Niederlassung in Deutschland	86
	Die Kreuzzüge und die Notwendigkeit zur Vorsicht	88
	Martin Luther verstärkt den Judenhass	88
	Spanien und Rom: Konversion zum Christentum aus Angst	90
	Die Reaktion der Juden	91
	Juden beurteilen das Christentum – die Angst der Kirche vor den Juden	92
	Vergangenheit und Gegenwart – Juden in schwerster Not finden Trost in der Tora	93
7	Das Zeitalter der Aufklärung und die umstrittene Judenemanzipation	93
	Bedeutung und Ergebnisse der Aufklärung	94
	Judenfeindliche Denker und ihre Philosophien	94
	Übertritte in dieser Zeit	98
	Das Bild eines großen deutschen Juden aus freier Wahl	98

		Erneuerung und bleibende Probleme	99
		Die Aufnahme von Proselyten ins Judentum – Vergangenheit und Zukunft	100
		Die Ansicht eines bedeutenden Lehrers: Leo Baeck	101
8		Die Bedeutung der Juden für die Menschheit	106
II		Der Übertritt in der Gegenwart	109
	1	Der Entscheidungsprozess	109
		Gewissensfragen für die Kandidaten	109
		Verpflichtung auf ein jüdisches Leben und moralisches Handeln	112
		Wohin die Reise geht	113
		Eine neue Beziehung	114
		Antisemitismus	115
		Gott ist einzig	116
		Ein Gott der Liebe	117
		Haltung zum Staat Israel	119
	2	Vorbereitungen	120
		Wer hilft?	120
		Wissen muss sein	122
		Praxis, soweit es geht	123
		Wann ist der Kandidat fertig?	126
	3	Die Familie und der Freundeskreis	127
		Offenheit der Kandidaten	128
		Chance zum interreligiösen Dialog	130
	4	Die Form des Übertritts	131
		Vergangenheit prägt die Gegenwart	131
		Das Prüfungsgespräch	132
		Die Beschneidung	134
		Die Mikwe	134
		Ein neuer Name	135
		Konversion von Kindern	136
	5	Keine Garantie auf Akzeptanz	137
		Die Haltung der Orthodoxie	137
		Die Haltung der Reform	139
		Die Haltung der Konservativen	141
	6	Das neue Leben	142
		Leben in der Gemeinde	142

	Engagement oder Zurückhaltung?	147
	Offener Umgang mit der neuen Religion	149
	Weihnachten ist weg – neue Traditionen begründen	150
	Ein Gewöhnungsprozess für alle	151
III	Erfahrungen von Proselyten	153
1	Einführung in die Interviews	153
2	Mein eigener Weg zum Judentum	154
3	Aussagen von Juden aus freier Wahl	161
	Übertritte in Deutschland	161
	Übertritte in den Vereinigten Staaten von Amerika	196
Epilog		232
	Wer ist Jude?	232
	Das Vermächtnis von Daniel Pearl	262
Glossar		227
Literaturverzeichnis		234
Register		235

Abkürzungen

Aw	Awot	m	Mischna
Ant	Antiquitates Iudaicae (Josephus)	M	Midrasch
		Meg	Megilla
AS	Awoda Sara	Men	Menachot
b	Babylonischer Talmud	Nas	Nasir
BB	Bawa Batra	Ned	Nedarim
BK	Bawa Kamma	Pes	Pessachim
BM	Bawa Mezia	R	Rabba
Git	Gittin	Sanh	Sanhedrin
HG	Hagadol	Schab	Schabbat
Jalk	Jalkut	Suk	Sukka
Jew	Jewamot	t	Tosefta
Jom	Joma	Taan	Taanit
Kid	Kidduschin	Tan	Tanchuma

Vorwort

Dieses Buch will weiten Kreisen ein Helfer sein. Das Judentum und die Juden haben in Deutschland weitgehendes und wachsendes ernstes Interesse erweckt. Was ist das Wesen dieses Glaubens und dieser Glaubensgemeinschaft, die im Laufe der Jahrhunderte so unendlich viele Leiden um ihrer Überzeugung willen hat erdulden müssen und die unter der nationalsozialistischen Diktatur in Deutschland verfolgt und fast vernichtet wurde? Woher nimmt diese Gemeinschaft immer wieder die Kraft und die Stärke, alle ihre Hasser und Mörder zu überleben und immer wieder in erneuter Vitalität zu erstehen?

Aus vielen Fragenden, die Wissen schöpfen wollen, ist eine bedeutende Zahl von Suchenden entstanden, Menschen, die sich gerade in unserer Zeit vom Judentum angezogen fühlen und nach Möglichkeiten fragen, sich ihm und der jüdischen Gemeinschaft anzuschließen. Diese Menschen bewegen Fragen wie: Kann ein Nichtjude überhaupt Jude werden? Was sind die Voraussetzungen? Welche Schwierigkeiten wird es geben? Wer hilft in diesen Fällen? Das Buch gibt diesen Suchenden Erklärung und Beratung.

Auch für geborene Juden ist das Werk von Interesse. Es gibt wohl nur wenige jüdische Familien, die nicht auf irgendeine Weise mit Konvertiten verbunden sind. Dieses Buch zeigt, wie die Juden in früherer Zeit mit diesen neuen Brüdern und Schwestern umgegangen sind und wie die Tora zu Übertritten steht. Es erklärt, wie die großen Lehrer des Judentums sich zu Konvertiten stellten, warum es im Laufe der Jahrhunderte Wandlungen gab und wie die Haltung der heutigen Rabbiner und Gemeindemitglieder gegenüber Konvertiten ist.

Die Verfasser sind den einzelnen religiösen Richtungen gegenüber neutral. Sie gehen vom Prinzip eines pluralistischen Judentums aus und sind der Überzeugung, dass bewusst lebende religiöse Juden gleichwertig und in ihren Institutionen gleichberechtigt sind, egal, ob sie sich der orthodoxen, konservativen, der Reform oder einer anderen Richtung zugehörig fühlen.

Das Buch wurde von uns, einem Rabbiner und einer Jüdin aus freier Wahl, gemeinsam geschrieben. So beschäftigt es sich mit den grundlegenden religiösen Fragen aus fachlicher Sicht und schildert gleichzeitig Wesentliches aus eigener Erfahrung und Kenntnis. Doch wir hätten das Werk in dieser Form nicht verfassen können, wenn nicht zahlreiche Konvertiten zu intensiven Gesprächen bereit gewesen wären. Einige von ihnen haben uns ihre Geschichten erzählt. Zehn dieser Erfahrungsberichte finden sich im dritten Teil des Buches. Wir danken allen unseren Gesprächspartnern von Herzen. Ebenso danken wir unserem Freund, Rabbiner

Walter Rothschild, für die vielen wichtigen Gedanken zum Thema, die er mit uns geteilt hat. Unser Dank geht außerdem an Herrn Rabbiner Yitzhak Ehrenberg und andere Kollegen, die Probleme der Übertritte aus ihrer Sicht geschildert haben. Ein großer Dank geht an Herrn Jürgen Schneider, dem wir die Entstehung dieses Buches nicht zuletzt zu verdanken haben, und an Frau Marlies Rehermann, die uns mit unerschütterlicher Ruhe und Geduld und nie endender Freundlichkeit und Hilfsbereitschaft zur Seite stand. In Liebe widmen wir dieses Buch unseren beiden Familien und unseren Freunden.

Berlin, San Rafael, im Frühjahr 2005, 5765

Einleitung

Die vorliegende Darstellung behandelt die Fragen, die sich zum Thema Übertritte stellen, umfassend und aus unterschiedlicher Sicht. Sie zeigt im ersten Teil die historische Entwicklung von der biblischen Zeit bis zur Gegenwart. Sie schildert die Aufnahmebereitschaft der Juden in der Antike und die zunehmende erzwungene Zurückhaltung unter dem Druck einer mächtiger werdenden Kirche. Dabei ist es von grundsätzlicher Bedeutung zu erkennen, dass Juden keine Rasse sind. Dies bezeugt bereits die Bibel. Abraham, der Stammvater des jüdischen Volkes, fand seinen Weg zum einig-einzigen Gott aus eigener Kraft und gewann zusammen mit seiner Frau, der Stammmutter Sara, viele zu seinem neuen Glauben. Ruth, die Moabiterin, wurde zur Ahnin König Davids. Ihren Worten, die sie bei ihrem Bekenntnis zum Judentum spricht, entnahmen die Autoren den Titel dieses Werkes. Unter den Propheten finden sich unterschiedliche Ansichten. Neben einer großen Aufnahmebereitschaft, z.B. des Propheten Jesaja, begegnen wir Ablehnung aus Furcht, die Konvertiten könnten sich nicht ganz von ihren früheren Glaubensbegriffen trennen und daher die heilige Tradition des Judentums und die Reinheit der jüdischen Familie untergraben (Esra). Dieser Zwiespalt im jüdischen Denken besteht noch immer. In der talmudischen Zeit (ca. 100 v.u.Z. bis 600 u.Z.) findet er in Diskussion und Religionsgesetz seinen Niederschlag. In der griechisch-römischen Antike war jüdische Missionstätigkeit unter den Heiden weit verbreitet, worüber sich das Matthäusevangelium verärgert auslässt (Mt 23,15).
„Konstantins Schwert", die brutale Erniedrigung und Verfolgung der Juden durch die Kirche, beendete die jüdische Missionstätigkeit. Ein Christ, der zum Judentum übertrat, galt jetzt als Ketzer, ihm und seinem jüdischen Paten drohte der Tod auf dem Scheiterhaufen. Daraufhin gaben sich die Juden damit zufrieden, dass, gemäß ihrem Glauben, alle guten Menschen des ewigen Heils sicher sind, und beendeten ihre Missionstätigkeit weitgehend. Dennoch traten weiterhin einzelne Christen, unter ihnen hoch stehende Geistliche, und sogar ganze Völker mit ihren Herrschern, zum Judentum über. Die Haltung der mittelalterlichen jüdischen Gemeinschaft gegenüber diesen neuen Juden ist von Bedeutung, da sie, weiterhin nachwirkend, die Stellung orthodoxer Rabbiner und Juden bis heute beeinflusst.
Den Suchenden und Forschenden können die Lebensbilder sowohl hervorragender wie schlichter neuer Juden zum Geleit werden. Als ein prominentes Beispiel sei auf das Leben des Barons Ernst von Manstein verwiesen, eines engen Verwandten des Generalfeldmarschalls der Wehrmacht, Erich von Manstein. Bereits vor dem Ersten Weltkrieg wurden von Manstein und seine Frau aus Überzeugung

zu hingebungsvollen Juden. Als Dozent am jüdischen Lehrerseminar zu Würzburg war er Vorbild künftiger jüdischer Lehrer. Nach schwersten Kämpfen gelang es den Überlebenden der jüdischen Gemeinde, seine sterblichen Überreste wieder im jüdischen Friedhof zu bergen, von welchem sein Verwandter sie entwendet hatte.

Der zweite Teil wendet sich der Gegenwart zu und beschreibt die verschiedenen Ausrichtungen und Aufnahmebedingungen innerhalb der religiösen Richtungen des Judentums. Daneben behandelt die Darstellung ausführlich die Gewissensfragen, die die Kandidaten sich zu beantworten haben. Dabei bleibt die Darlegung gegenüber den verschiedenen Richtungen neutral. In unserer Zeit hat sich ein vielfältiges Bild entwickelt. Die nichtorthodoxen Richtungen, vor allem in Amerika, stehen dem Verlangen von Nichtjuden, „Jews by choice" zu werden, einladend und offen gegenüber. Der Erfolg hat diese Ausrichtung bestätigt. Die „Juden aus freier Wahl" sind in weitem Maße zu Stützen der jüdischen Gemeinschaft geworden. Man ist sich auf jüdischer Seite bewusst, dass geistige und zahlenmäßige Erneuerung nach den ungeheuren Opfern der Schoa von bedeutendem Wert ist.

Die Orthodoxie nimmt zwar prinzipiell Konvertiten auf, ist aber in der Praxis außerordentlich hart und verweigert z.B. denjenigen die Anerkennung, welche von durch das israelische Oberrabbinat nicht gebilligten Rabbinern aufgenommen wurden. Gerade in Deutschland stellen sich den Suchenden schwerste Hindernisse in den Weg. Selbst Einwanderern aus der ehemaligen Sowjetunion, die als Juden in ihren Pässen gebrandmarkt wurden, es aber halachisch nicht sind, werden gewünschte Übertritte sehr erschwert.

Schließlich wenden wir uns den Fragen zu, die Männer und Frauen sich zu beantworten haben, wenn sie den Anschluss an den jüdischen Glauben und die jüdische Gemeinschaft in Erwägung ziehen. Was erhoffen sie vom Judentum? Wird es ihrem Geist und ihrer Seele Frieden geben? Sie werden innerem Zwist im Judentum begegnen. Sie können Gemeinden finden, in welchen man ihnen in Liebe das Herz öffnet und sie freudig umarmt. Sie können aber auch in Gemeinden kommen, in denen ihnen zumindest ein Teil der Mitglieder mit ablehnendem Misstrauen begegnet. Werden sie von der Orthodoxie und in Israel als gleichberechtigte Juden angenommen? Nichtjuden, die übertreten wollen, müssen sich fragen, wie sich das Verhältnis zu ihren Familien gestalten wird und wie sie Schwierigkeiten überwinden können. Wird es ihnen emotional möglich sein, Glaubensüberlieferungen, die ihnen ins Herz geprägt sind, und lieb gewordene Bräuche aufzugeben? Können sie geloben, jüdische Gebote zu befolgen und vor allem ihre Kinder durch Beispiel und Belehrung als bewusste Juden zu erziehen? Sie müssen sich darauf vorbereiten, Vorurteilen und selbst Diskriminierungen in der Umgebung zu begegnen, um gegen sie gewappnet sein.

Weiterhin werden die geforderte Vorbereitung zum Übertritt in Theorie und Praxis ebenso wie die Riten, die den Übertritt begleiten, dargestellt. Die Bedingungen für die Aufnahme ins Judentum lassen Variationen im jüdischen Glauben sowie innere Konflikte innerhalb der jüdischen Gemeinschaft erkennen. Sie werden objektiv und ohne Wertung dargestellt.

Erlebnisberichte von Juden aus freier Wahl im dritten Teil zeigen, wie Übertritte in der Praxis gehandhabt und erfahren werden. Zudem lassen die Geschichten erkennen, wie verschieden die Situation der Konvertiten in Deutschland von denen in den USA ist.

Als Übersetzung der hebräischen Bibel haben wir das Werk von Martin Buber und Franz Rosenzweig benutzt. Dort wird für Gott das großgeschriebene männliche Pronomen verwandt. Die Begriffe „Sabbat" und „Schabbat" sind identisch. Zwar wird im hebräischen Kontext öfter der letztere benutzt, da beide Wörter im Volksmund aber gleichwertig angewendet werden, haben wir es ebenso gehalten.

Wenn für die Bezeichnung einer Person allein die männliche Form gewählt wurde, ist stets auch die weibliche Form mitgedacht.

I Entwicklung in Geschichte und Religionsgesetz

1 Abraham, Urvater und Vorbild

Abrahams Bedeutung für Konvertiten

„Höret auf mich, die ihr der Wahrhaftigkeit nachjagt, die ihr Gott suchet! Blicket auf den Fels, daraus ihr wurdet gehauen, auf die Brunnenhöhlung, daraus ihr wurdet erbohrt! Blickt auf Abraham, euren Vater, auf Sara, die mit euch kreißte! Denn als Einzelnen habe ich ihn berufen, dass ich ihn segnete, dass ich ihn mehrte."
So spricht es der Prophet Jesaja im Namen Gottes aus (Jes 51,1–2).
Abraham ist Urvater der Juden, Abraham ist „Jude aus freier Wahl". Abrahams Lebensprinzipien sind die Grundlagen des Wesens der Juden und des Judentums. Sie bestimmen dieses für alle Zeiten und in aller Welt. Aus ihnen entstanden das Denken und die Gebote der Juden. In ihnen ruhen die Treue der Juden zum einig-einzigen Gott und ihre Hoffnung auf die Erlösung durch Gott. Durch sie erkennen die Juden, dass ihre Auserwähltheit zwar Verantwortung bedeutet, nicht aber Privilegien des Heils beinhaltet. Aus ihnen erstand die Verpflichtung zu Gerechtigkeit und Liebe gegenüber allen Menschen. Aus Abrahams und Saras Leben schöpften die Juden ihr Geschichtsverständnis und erkannten ihre Aufgabe, ihre Kinder und Kindeskinder aus diesem Verständnis heraus zu erziehen und zu formen. Die Gegenwart mag schweres Leid bringen. Doch dieses Leid dient der Erziehung, der Aufgabe der Juden, der Welt Licht zu bringen und damit sich selbst und die ganze Menschheit dem ewigen Frieden zuzuführen. In diesem Frieden liegt der vollkommene Segen. Um dieser Berufung willen wurde das jüdische Volk immer wieder dem Tod entrungen. In Gottes Verheißung an Abraham finden die Juden ihren Auftrag und ihre Kraft: „Werde ein Segen. Segnen will ich, die dich segnen, die dich lästern, fluche ich. Mit dir werden sich segnen alle Sippen des Bodens" (Gen 12,3).
Abrahams Leben ist ein Werden. Gleich Abraham erfährt der Jude täglich mit Staunen das Wunder, dass er, der Jude, noch lebt. Täglich erneut erkennt er, dass er gesegnet ist, nicht obgleich er Jude ist, sondern weil er Jude ist. Darum entschließt er sich täglich erneut, Jude zu sein, um ein Segen zu sein. Jeder Jude ist zeitlebens „Jude aus freier Wahl".
Abrahams Sendung beginnt mit seinem Übertritt. Darum ist sein Wesen von besonderer Bedeutung für alle, die eine solche Wahl erwägen und treffen. Ein Mann

oder eine Frau, die sich dem Judentum anschließen, werden zum Samen Abrahams. Dem Religionsgesetz gemäß erhält ein jeder von ihnen im Augenblick des feierlichen Eintritts ins Judentum einen hebräischen Namen. Ein Mann wird zum „… Sohn unseres Vaters Abraham", eine Frau wird zur „… Tochter unseres Vaters Abraham." Gleichermaßen wird ein als Jude oder Jüdin geborenes Kind zum Zeitpunkt seiner Beschneidung oder ihrer Namensgebung „in den Bund unseres Vaters Abraham" aufgenommen. Dafür segnen die Eltern Gott, „Gesegnet … Gott", „… welcher uns geboten hat, ihn in Seinen Bund von Abraham einzuführen". Dies bedeutet, dass durch Abraham der geborene Jude und der Jude aus freier Wahl in allen Rechten und Pflichten vollkommen gleichberechtigte und gleichwertige Mitglieder des jüdischen Bundesvolkes sind. Daher verdienen Abrahams Leben und seine Auswirkungen eingehendere Behandlung.

Abraham erfährt den einig-einzigen, unsichtbaren Gott. Er hört die Stimme Gottes, welche ihm befiehlt auszuwandern: „Gehe weg aus deinem Heimatland, dem Land deiner Geburt, deinem Vaterhaus in ein Land, welches ich dir zeigen werde. Dort mache ich Dich zu einem großen Volk" (Gen 12,1–3). „Ur in Chaldäa" (Gen 11,28), das Land der zwei Ströme Euphrat und Tigris, ist Abrahams Heimatland, dort ist er zu Hause, es ist sein Geburtsland, dort liegen seine Wurzeln, dort umgibt ihn seine Familie, die ihn liebt. Es ist ein Land hoher Kultur, die ihn geprägt hat. Dies alles soll er verlassen. Es wird ihm nicht mitgeteilt, wohin er gehen soll. Gott wird ihm das Land zeigen, Abraham muss sich Gott vollkommen anvertrauen. Er kann nicht anders. Er kann nicht länger in einem Land und einer Gemeinschaft leben, die der Vielgötterei ergeben ist, in deren Justiz der Rang eines Menschen in der Gesellschaft von Ausschlag ist und in deren Gesetzen Eigentumswerte die Menschenwerte verdrängen können (wie wir es im Kodex des Hammurabi erkennen). Er sieht keine Möglichkeit, sein Volk zu ändern. So folgt er willig dem Gebot. Mit ihm gehen seine Frau Sara, sein Neffe Lot und „die Seelen, die sie sich zu eigen gemacht hatten" (Gen 12,5), eine kleine Schar, welche er und seine Frau zur Gotteserkenntnis gebracht und der Glaubensgefolgschaft eingegliedert hatten. Diese Menschen waren die ersten Proselyten, durch sie bildete sich das jüdische Volk.

Abraham ist ein Mann unbedingten Gottvertrauens, er vertraut der Verheißung: „Ich werde dich zu einem großen Volke machen. Ich werde dich segnen, deinen Namen groß machen, du wirst ein Segen sein. Segnen will ich, die dich segnen, die dich lästern, fluche ich; mit dir werden sich segnen alle Sippen des Bodens (Gen 12,2f).

Von nun an war Abraham „Ger", ein Fremdling, wo immer er wohnte (Gen 23,4). Kanaan war das Ziel seines Wanderns, aber er durfte sich nur als Gastsasse niederlassen. Darum wurde ihm Gottes Zusage zuteil, dieses Land werde einst seinen

Nachkommen als Erbbesitz von Gott zuerkannt werden. Gott zeigte sich Abraham und sprach: „Deinem Samen gebe ich dieses Land" (Gen 12, 7). Wiederholt gibt Gott ihm diese verbindliche Zusage: „Ich, Gott, bin es, der dich aus Ur in Chaldäa führte, dir dieses Land zu geben, es zu ererben" (Gen 13,14–18;15,7;15,18–20;17,8). Doch sollten Abrahams Nachkommen für Jahrhunderte als Fremdlinge in Ägypten, einem fremden Land, leben und dort schweren Frondienst erdulden, als Sklaven unter schwerster Unterdrückung gerade noch existieren, bevor sie, auf Gottes Beschluss, in die versprochene Heimat heimkehren könnten (Gen. 15,13). Tora gibt uns Abrahams Bild als Vorbild für seine Nachkommen und die Menschheit. Nach diesem Vorbild sollen Israel und alle Menschen leben. Abrahams Nachkommen wurden geschult. Als „Fremdlinge", fern von der Heimat, oftmals schwer unterdrückt und Verfolgungen ausgesetzt, würden sie lernen, wie nationalistische Arroganz mit dem Fremdling umgeht. So sollten sie niemals in die gleiche Versuchung kommen, aus eigenem Nationalstolz den Fremdling zu verachten oder zu unterdrücken. Das ihnen zugelobte Land war nicht ihr souveräner Besitz, sondern Gottes Geschenk als Werkstatt der sozialen Gerechtigkeit gegenüber allen Menschen. Damit würden sie dann zum Segen der Menschheit.

Abraham, der Begründer des jüdischen Volkes

Durch seine Wanderung in das von Gott bestimmte Land hatte Abraham seine Treue zu Gott durch eine Tat bewiesen. Vollendet wurde Abrahams Umwandlung durch eine zweite Tat, die Beschneidung. Im Greisenalter von 99 Jahren empfängt er dieses Gottesgebot, und er und die männlichen Mitglieder seiner Gemeinschaft unterziehen sich ihm. Der Bund Gottes mit Abraham und seinen Nachkommen ist besiegelt. Er bindet die Juden, ob sie nun als Juden geboren sind oder sich dem Judentum angeschlossen haben, für alle Zeiten an Gott und aneinander. „Dies ist mein Bund, den ihr wahren sollt, zwischen mir und euch und deinem Samen nach dir. Beschnitten unter euch sei alles Männliche. Am Fleisch eurer Vorhaut sollt ihr beschnitten werden, es sei zum Zeichen des Bundes zwischen mir und euch … Ein Mann, der am Fleisch seiner Vorhaut sich nicht beschneiden lässt, gerodet werde solch Wesen aus seinen Volksleuten. Meinen Bund hat er gesprengt …" (Gen 17,13f).

Dieser Bund verbürgt auch das Besitztum des Landes: „Ich errichte meinen Bund zwischen mir und dir und deinem Samen nach dir in ihre Geschlechter zu einem Weltzeit-Bund, dir Gott zu sein und deinem Samen nach dir, ich gebe dir und deinem Samen nach dir das Land deiner Gastschaft, alles Land Kanaan, zu Weltzeit-

Hufe, und ich will ihnen Gott sein" (Gen 17,7f). Das jüdische Volk besteht als der Bund mit Gott. Dies ist sein Wesen und die Grundlage seines Daseins. Der Bund gibt den Juden ihren Willen, ihrem Glauben und ihrer Gemeinschaft treu zu sein.

Abraham als Persönlichkeit

Mit dem Abschluss des ewigen Bundes erhalten Abraham und Sara, vorher Abram und Sarai, neue Namen von Gott. Abraham ist nicht länger nur „Ab-Aram!", Vater des [Volkes] Aram, sondern von nun an „Ab-Hamon-Gojim", Vater eines Getümmels von Völkern (Gen 17,5). Sarai, meine [Abrahams] Gebieterin, wird Sara, Gebieterin. Diese Verkündung für die Zukunft hat sich erfüllt. Christen sehen in Abraham ihren geistigen, Muslime sehen in Abraham durch seinen Sohn Ismael, den seine Nebenfrau Hagar ihm gebärt, ihren physischen Vater.
Abraham ist nachgiebig. Sein Neffe Lot fordert die Trennung seiner Herden von denen Abrahams. Zwischen uns soll kein Streit sein, sagt Abraham und überlässt ihm die Wahl des besseren Weidelands, er selbst ist mit dem Übrigen zufrieden. Lot geht in das fruchtbare Gebiet von Sodom, obwohl er weiß, dass die dortige Bevölkerung verbrecherisch ist (Gen 13,1–13). Kurz danach wird Sodom von seinen Feinden angegriffen und besiegt, Lot wird gefangen genommen. Abraham trägt ihm nichts nach, sondern als ein Mann großen Mutes greift er mit seiner Schar von 318 Männern die Eroberer an, schlägt sie und befreit Lot. Die ihm zufallende Beute schlägt er aus, nicht Beute ist es, um die er kämpft, sondern die Freiheit des Menschen. Doch seinen Mannen lässt er ihre Beute als Belohnung für ihren Einsatz. Dem Gottespriester Malchizedek, der ihn segnet, gibt er ein Zehntel (Gen 14,1–24). Abraham ist gastfreundlich. Müden und verstaubten Wanderern bietet er Erfrischung, Ruhe und Bewirtung an, auch wenn er nicht weiß, dass sie Engel sind, die gekommen sind um ihm einen Sohn durch Sara zuzusagen (Gen 18,1–19).
Gerechtigkeit ist für Abraham das absolute Fundament der Welt und der Menschheit. Selbst Gott gegenüber steht er unerbittlich für Gerechtigkeit ein. Gott will Sodom wegen seiner Verbrechen vernichten. Abraham widerspricht, vielleicht seien einige gute Menschen in der Stadt; seien es nur zehn, so dürfe die Stadt nicht vernichtet werden und zehn Gute dabei zugrunde gehen. „Soll nicht der Richter der ganzen Welt Gerechtigkeit üben?" (Gen 18,25). Gott stimmt zu. Hingegen ist Abraham bereit, seinen Sohn Isaak auf Gottes Befehl zu opfern, Gott aber verbietet ihm das Opfer (Gen 22,1–19) – unter keinen Umständen darf je ein Menschenleben geopfert werden.

Auch Abraham hat menschliche Fehler. Während einer Hungersnot geht er mit Sara nach Ägypten und rät ihr, sich als seine Schwester auszugeben, denn Sara ist sehr schön, und Abraham fürchtet, der Pharao werde sie zu sich nehmen wollen. Um ein Haar kommt es dazu, Sara wird in den Palast gebracht und Abraham reich beschenkt. Schwere, von Gott gesandte Plagen öffnen Pharaos Augen. Er gibt Sara an Abraham zurück und entlässt ihn mit den reichen Geschenken, die er ihm gegeben hatte. Menschliche Furcht verband sich mit menschlicher Gewinnsucht (Gen 12,10–20). Tora ist immer ganz offen und verschweigt die Fehler der Großen nicht. Tora weiß, dass kein Mensch ohne Sünde ist. Damit wird jedem Hoffnung gegeben. Der Nachkomme Abrahams soll sich bemühen, Fehler zu vermeiden, auch wenn es nicht immer gelingen wird. Hat er gefehlt, dann bereue er, und Gott wird verzeihen. Darum fleht später König Salomon bei der Weihe des Tempels: „Wenn sie an dir sündigen – denn kein Mensch ist, der nicht sündigte – ... Sie aber kehren um, ... flehend zu dir ... ‚Wir haben gesündigt, wir haben uns verfehlt, wir haben's verschuldet' ... So verzeih deinem Volk" (1Kön 8,46–50). Sowohl Juden durch Geburt als auch Juden, die sich später in ihrem Leben dem jüdischen Volk anschlossen, müssen in diesen Wesenzügen Abrahams ihren Leitfaden im Leben finden.

Abraham in nachbiblischer jüdischer Überlieferung

Verständlicherweise fanden spätere Autoren noch weitere Tugenden Abrahams. Nur einige von ihnen seien erwähnt. In diesen Schriften wird Abraham auch Anerkennung gezollt für sein Bemühen, die Menschen zum einig-einzigen Gott zu bekehren. Das zeigt seine positive Einstellung zur Bekehrung von Nichtjuden. Dies bezeugt aber auch eine bekehrungsfreudige Ausrichtung der Juden der Antike.
Flavius Josephus (ca. 37–101 u.Z.) gilt bis heute als der bedeutendste jüdische Historiker über die Zeit der Zerstörung des Zweiten Tempels. Er beschreibt Abraham in seinem Werk „Jüdische Altertümer". Abraham tritt uns als ein Mann hohen philosophischen und wissenschaftlichen Denkens entgegen. Zugleich sah er es als seine Pflicht an, seine Mitmenschen auf den Weg zu dem einzigen Gott zu führen. Josephus schreibt: „Er besaß einen scharfen Blick, große Überredungsgabe und selten irrende Urteilskraft, und da er tugendhaft war und im Ansehen eines weisen Mannes stand, beschloss er, die hergebrachten Ansichten von Gott in richtige umzuwandeln. Daher erklärte er zunächst, dass es nur einen Gott gebe, den Schöpfer aller Dinge, und dass dieser alles, was zum Glück diene gewähre, während der Mensch aus eigener Kraft dies nicht erlangen könnte. Dies schloss er

aus den Vorgängen auf dem Lande und dem Meere, an der Sonne und dem Monde, an den Veränderungen am Himmelsgewölbe. Denn, so sagte er, läge die Kraft in der Schöpfung selbst, so würde sie auch selbst für ihre Erhaltung sorgen. Dass dieses aber nicht der Fall sei, liege auf der Hand. Deshalb trage sie auch nicht aus eigener Kraft zu unserem Nutzen bei, sondern sei abhängig von einem höheren Wesen" (Flavius Josephus, Jüdische Altertümer, 1. Buch, 7. Kapitel, 33). Josephus beschreibt Abraham ferner als einen Mann, der die Ägypter bei seinem dortigen Aufenthalt geduldig belehrte und ihre bisherigen Ansichten logisch widerlegen konnte. „Deshalb wurde er von ihnen bewundert und für höchst weise gehalten, weil er mit scharfem Verstande und mächtiger Überzeugungsgabe ausgestattet sei. Er unterrichtete sie in der Arithmetik und Sternkunde, Wissenschaften, die vor seiner Ankunft ihnen völlig fremd waren." Von den Ägyptern kamen diese Wissenschaften zu den Griechen (op.cit., 1. Buch, 1. Kapitel, 40). So ist Abraham als der Lehrer der großen griechischen Philosophen, selbst Platons, anzusehen.

Josephus neigt dazu, seine Umwelt von der Größe des Judentums überzeugen zu wollen. Gleichzeitig bemüht er sich, Nichtjuden dem Judentum zuzuführen. Die Nachkommen Abrahams haben von ihrem Stammvater die Gabe, der Welt neue wissenschaftliche Erkenntnisse zu vermitteln. Denjenigen, die sich dem Judentum anschließen, erweisen sie die gleiche Liebe und Gastfreundschaft, wie sie Abraham den wandernden Fremdlingen erwies, als sie an seinem Zelt vorbeikamen. Im 20. Jahrhundert hat der bedeutende jüdische Philosoph Emmanuel Levinas diesen Gedanken in umgekehrter Weise zum Ausdruck gebracht und erweitert: Jeder Mensch, der die Menschenliebe Abrahams übt, darf sich zu dessen Nachkommen zählen.

Im Talmud wird Abraham dafür gerügt, dass er nicht genug Proselyten gewonnen habe. Rabbi Abahu sagte im Namen Rabbi Eleazars: „Unser Vater Abraham wurde dafür bestraft, und seine Kinder 210 Jahre von den Ägyptern versklavt ... weil er Menschen davon abhielt, unter die Flügel der Schechina zu kommen" (bNed 32a).

Der Midrasch sagt Ähnliches wie Josephus, aber in bescheidenen Worten: Abraham, noch in seiner Heimat lebend, beobachtete den Himmel. Die Sonne ging am Morgen auf und belebte die Erde, sie konnte Gott sein – doch am Abend wurde sie vom Mond besiegt. War er mächtiger? Bald aber musste dieser wieder der Sonne weichen. So waren beide nicht göttlich, sondern folgten dem Gesetz eines die Natur beherrschenden, unsichtbaren Gottes, der die großen und kleinen Gestirne in ihre Bahnen setzte und der ganzen Natur ihre Ordnung gab. Die Harmonie der Natur bezeugte, dass es nur ein Gott sein konnte (MHG Schechter 1,189–90).

Die Bedeutung Abrahams wirkte sich in der Tat manchmal zum Guten für seine Nachkommen aus. Der römische Kaiser Alexander Severus (Regierungszeit 222–235) mag als ein Beispiel dienen. Der Kaiser sah Abraham als einen der größten Wohltäter der Menschheit an, dessen Nachkommen einen lang bewährten, hoch ethischen Glauben hatten. Daher war der Kaiser den Juden außerordentlich wohlgesonnen. In seinem Privatheiligtum soll er neben einer Büste von Jesus und einer von Orpheus und anderen auch eine Büste Abrahams stehen gehabt haben. In Ägypten gaben ihm seine Gegner sogar den Spitznamen „Syrischer Synagogenvorsteher und Hoher Priester" (Louis H. Feldman, 101).

Abrahams Nachkommen und die Proselyten

Abrahams Leben entfaltet die Grundwerte, nach denen Juden leben müssen, und die Grundbedingungen, welche Proselyten anzunehmen verpflichtet sind. Abraham findet den einig-einzigen Gott und ergibt sich ihm rückhaltlos. Er erfährt, dass die Treue zu Gott keine Privilegien mit sich bringt, stattdessen zu Leid und Schmerzen führt. Zweimal wird ihm dies ins Bewusstsein gebracht, zum ersten Mal, als er auswandern muss und zum Außenseiter wird. Er selbst nennt sich „Ger Toschaw", „Fremdling und Ansässiger" (Gen 23,4). Zum zweiten Mal wird er durch die Beschneidung an seinem Körper selbst geprüft. Er muss ertragen, was anderen Menschen nicht zugemutet wird, und erträgt es um der Zukunft willen. Seine Nachkommen werden dieses Bundessiegel tragen. Durch ihre Gottestreue wird die Welt Frieden finden. Abraham nimmt es auf sich, dass diese Nachkommen in der Schule des Leids zu dieser Aufgabe erzogen werden müssen (Gen 15,13f). Aus vollster Überzeugung, dass diese Erwähltheit zum Leiden dem Plan Gottes zur Erlösung der Menschheit dient, strebt er danach, viele zu seinem Glauben zu bringen. Gleichzeitig zeigt Abraham keinerlei Herablassung gegenüber Menschen, die seine Überzeugung nicht teilen. Er liebt alle Menschen, empfängt und betreut sie. Darum sollen gebürtige Juden die Proselyten mit Freude empfangen. Gleichzeitig sind alle Juden verpflichtet, im Geiste Abrahams lebend, auch guten nichtjüdischen Menschen vollste Liebe zu erweisen.
Die Erziehung der Nachkommen Abrahams beginnt in Ägypten. Als Fremdlinge wurden sie versklavt, als Sklaven erfuhren sie bitterstes Leid, denn ihre Unterdrücker hatten in überspanntem Nationalismus das Gerechtigkeitsgefühl verloren (Ex 1,8–10). Abrahams Nachkommen sollten anders handeln. Darum wurde ihnen Abrahams Liebe zum Fremdling als Gottesgebot zur Pflicht gemacht. Als Imperativ der Gerechtigkeit wurde ihnen geboten: „Einen Fremdling placke nicht, quäle ihn nicht, denn Fremdlinge wart ihr im Land Ägypten" (Ex 22,20). Zugleich

wird ihre Seele angesprochen: „Den Fremdling quäle nicht: Ihr selber kennt ja die Seele des Fremdlings, denn Fremdlinge wart ihr im Land Ägypten" (Ex 23,9). Prüft eure Seele, erinnert euch, wie ihr einst fühltet. Die Verpflichtung wird durch die Erinnerung an das psychische Leiden des Unterdrückten verstärkt. Für Tora ist es aber nicht genügend, dem Fremdling Duldung und Schonung zu gewähren; er ist gleichberechtigt. Dies wird immer wiederholt. Ein Beispiel sei angeführt: „Versammlung! Einerlei Satzung sei für euch und den Fremdling, der in eurer Mitte weilt. Weltzeit-Satzung für eure Geschlechter: gleich ihr sei der Fremdling, gleich vor Gott, einerlei Weisung und einerlei Recht sei für euch und für den Fremdling, der bei euch wohnt" (Num 15,15). Allumfassend heißt dies, wie Tora sagt: „Liebe deinen Nächsten, er ist wie du" (Lev 19,18). Wer aber ist dieser „Nächste"? „Der Fremdling, welcher in deiner Mitte weilt, soll dir wie der Eingeborene gelten, du sollst ihn lieben, er ist wie du, denn ihr waret Fremdlinge im Lande Ägypten. Ich, der Ewige, bin euer Gott" (Lev 19,34). Geschichtserfahrung und psychologische Identifizierung legen das Grundwerk, das Gotteswort erhebt dies zu absolutem Gebot.

Die „Vergeltung" am Feind bedeutet nicht Rache, sondern Liebe, die den Feind zum guten Menschen erziehen kann. So finden wir in den Gleichsprüchen: „Fällt dein Feind, freue dich nimmer, strauchelt er, jubele nimmer dein Herz, sonst sieht es Gott und bös dünkt's in seinen Augen, und seinen Zorn kehrt von ihm er herzu" (Spr. 24,17f).

So sagt es der Midrasch. Pharao und sein Heer mussten nach Gottes Entscheidung im Schilfmeer ertrinken, damit das Volk Israel vor der Vernichtung gerettet werden konnte. Als die Ägypter von den Fluten des Meeres verschlungen wurden, begannen die Engel zu singen. Doch Gott wies sie zurück: „Das Werk meiner Hände ertrinkt im Meer, und ihr wollt singen?" (bSanh 39b)

Ger als Ehrentitel

Ein Nichtjude oder eine Nichtjüdin, die sich aus freier Wahl dem Judentum und jüdischen Volk anschließen, werden „Ger" genannt. Für Abraham bedeutete das Wort „Ger" noch Außenseiter. Nun aber wird es zum Ehrentitel für Juden aus freier Wahl. Es bedeutet keinesfalls, dass die Juden und Jüdinnen aus freier Wahl „Fremdlinge", zweitklassige Juden seien. Juden müssen sich ihre lange, schwere und noch immer nicht abgeschlossene Erziehung zu einem ethischen Volk vor Augen führen, sie wurden zur Volksgemeinschaft durch die Prüfung des Fremdseins, und sie werden noch immer schwer geprüft. Nur so werden sie erkennen, welche bedeutende Entscheidung und große Entsagung ein Mensch, der ins Judentum eintritt, aus Liebe zum jüdischen Glauben und zur jüdischen Volksgemeinschaft auf sich genommen hat, und sie werden ihn oder sie dafür ehren und lieben. Geborene Juden können von diesen neuen Juden lernen, was Judentum und die Gemeinschaft der Juden bedeuten. Geborenen Juden wurde das Privileg, Jude zu sein, von Geburt an in die Wiege gelegt, der „Ger" hat es sich erkämpft, musste die Gebote und Traditionen des Judentums lernen, sich mit ihnen auseinandersetzen, und wurde vor der Aufnahme darauf geprüft. Niemals dürfen geborene Juden etwa sagen: „Dieser Mensch war ja nicht immer Jude, er ist uns nicht gleich." Er oder sie ist „wie du", nur mit dem Unterschied, dass der Ger bewusst Jude geworden ist. So ist „Ger" Ehrenname für ein Vorbild, wie man als Jude sein sollte, und fordert, gemäß Gottes Willen, unsere Anerkennung, Gleichberechtigung und Liebe. Die Septuaginta (s.u.) übersetzt bereits im 3. Jh. v.u.Z. das Wort „gerim" ins Griechische als „proselytoi".

Das Vorbild Abrahams im Verhältnis der Juden zu den Nichtjuden

Das Verhältnis des Judentums und der Juden zu den Nichtjuden folgt ebenfalls dem Vorbild Abrahams. Es ist daher einzigartig unter den Religionen der Welt. Wie wir sahen, verpflichtet Tora den Juden, allen ethisch denkenden und handelnden Andersgläubigen Liebe entgegenzubringen und ihnen gleiches Recht zuzuerkennen. Was den Juden auszeichnet, ist die Verpflichtung zu Geboten der Tora, verbunden mit Verantwortung für die Ethik in der Welt.
Das können wir in König Salomos Gebet bei der Weihe des Ersten Tempels erkennen. Er betet inniger für die Fremden als für die eigenen Volksgenossen. Juden dürfen göttliche Erhörung erwarten, vorausgesetzt, dass sie es verdienen. „Alles Beten, alles Flehen, … sei's deines Volkes Jisrael allesamt. Selber mögest du himmelwärts hören … so gib jedermann nach allen seinen Wegen … der du um sein Herz weißt, denn einzig du selber, du weißt um das Herz aller Menschensöhne – auf dass sie dich fürchten alle Tage …" (1Kön 8,38–40). Dem Juden werde Gottes Antwort zuteil gemäss seiner „Wege", d.h. seiner Bewährung vor Gott. Dem Nichtjuden jedoch werde Gottes gnädige Antwort unbedingt zuteil. „… Den Fremden, der nicht von deinem Volke Jisrael ist, kommt er aus fernem Land, auf deinen Namen hin … kommt er und betet nach diesem Hause zu … selber mögest du himmelwärts hören, so tue allwie der Fremde zu dir ruft …" (1Kön 8,41–43).
Der Prophet Amos drückt es treffend aus. Er spricht zu den Juden im Namen Gottes: „Nur euch habe ich auserkannt von allen Sippen des Bodens, darum ordne ich euch zu alle eure Verfehlungen" (Am 3,2). Die Auserwähltheit des Juden be-

steht in Verantwortung. Der Proselyt zum Judentum gewinnt keine Privilegien, bis auf das Privileg der Verantwortung. Die Entscheidung eines nichtjüdischen Menschen, aus freier Wahl die Verantwortung eines Juden zu übernehmen, hebt ihn oder sie über die als Juden geborenen hinaus. Darum erfleht das jüdische Gebet die Gnade und Barmherzigkeit Gottes erst für die Proselyten, und dann erst für den Rest des jüdischen Volkes (13. Bitte in Schemone Esre, dem täglichen „Achtzehngebet" welches Gottes Beistand für alle Juden in allen Lebenslagen erfleht).

Worte des Willkommens an die Juden aus freier Wahl

Im Hinblick auf ihre Aufgaben und die Zusicherungen an das jüdische Volk mögen Proselyten vielleicht das Gefühl haben, sie gehörten nicht ganz dazu, seien doch keine „richtigen Juden". Darum gibt ihnen der Prophet im Namen Gottes ganz besondere Worte des herzlichsten Willkommens und die Zusicherung, noch Andere werde Gott dem Judentum zuführen: „Nimmer spreche der Sohn der Fremde, der IHM Anhangende, solche Sprache: ER sondert, sondert mich ab von seinem Volk!" „Die Söhne der Fremde, die IHM Anhangenden, ihm Knechte zu werden: Allwer den Sabbat vor Preisgabe behütet, die an meinem Bund Festhaltenden, sie lasse ich kommen zum Berg meines Heiligtums, sie heiße ich sich freuen in meinem Haus des Gebets, ihre Darhöhungen und ihre Schlachtmahle seien zur Begnadung auf meiner Schlachtstatt: denn mein Haus, das Haus des Gebetes wird es gerufen werden bei allen Völkern. SEIN, meines Herrn Erlauten ist's, der Israels Verstoßene zuhaufholt: Noch [andere] will ich ihm heranhäufen über seine Zuhaufgeholten" (Jes 56,3; 6–8).
Gemäß diesen Worten des Propheten Jesaja findet das jüdische Volk eine große Bereicherung durch alle Menschen, die sich dem Judentum anschließen. Gott hat sie gerufen. Unter dem Einfluss dieser Prophetenworte, vor allem des Willkommengrußes des Jesaja, waren die Juden der Antike bis ins 5. Jahrhundert u.Z. in ihrer Suche nach Konvertiten außerordentlich aktiv und erfolgreich. „Liebe den Frieden und jage ihm nach, liebe alle Geschöpfe und bringe sie zur Tora", sagt Hillel (mAw 1,12). Rabbi Jochanan und Rabbi Eleasar sind sogar der Ansicht, das jüdische Volk sei gerade darum in die Welt zerstreut worden, um den Suchenden den Weg zu Judentum und jüdischem Volk zu öffnen (bPes 87b). Die Proselyten konnten liebevoller Aufnahme und seelischer wie physischer Betreuung sicher sein. Das werden wir im Einzelnen noch darstellen.

2 Weitere Übertritte in der Hebräischen Bibel

Die Heilige Schrift berichtet uns von Übertritten zum Judentum. Keiner davon ist in seiner Nachwirkung so bedeutsam wie der Übertritt von Abraham und Sara, doch finden wir in allen Vorbilder für die Nachwelt.
Unter den Völkern der Antike bildeten Volksgemeinschaft, Nationalität und Glaube in der Regel eine unzerreißbare Einheit. Wie für Abraham und Sara konnte die Abkehr von der Nationalreligion zu einem Bruch mit Volk und Nation führen. Mit dem jüdischen Glauben nahmen Proselyten die Nationalität der Juden an.

Aufnahme in das Judentum

Gemäß der Tora war und ist die Beschneidung zur Aufnahme ins Judentum für Männer unerlässlich. Für den Übertritt von Frauen finden sich hingegen keine Bestimmungen in der Schrift. Die rituelle Reinigung in der Mikwe war und ist ihnen nach jeder Menstruation vorgeschrieben, bevor sie wieder Geschlechtsverkehr haben können (Lev 12;20,18). Dieser Vorschrift mussten sich natürlich auch die Frauen unterwerfen, die zum Judentum übertreten wollten. Man kann vermuten, dass dieses Ritual als Bestandteil des Übertritts als selbstverständlich galt. Zumindest schließt der Übertritt von Männern und Frauen seit der talmudischen Zeit als Zeichen der Erneuerung das Untertauchen in das rituelle Bad, die Mikwe, ein. Hinzu kommt das Glaubensbekenntnis. Ruth gibt uns dafür bereits in der Bibel ein Beispiel, wie wir sehen werden. Die Mehrzahl der Übergetretenen, von denen wir erfahren, bestand und besteht noch immer aus Frauen, vielleicht, weil ihr Übertritt nicht mit einem operativen Eingriff verbunden ist und sie sich nicht einer schmerzvollen – und damals womöglich auch gefährlichen – Operation unterziehen mussten oder müssen. Heute ist ein wichtiger Grund sicherlich, dass sich die Religion des Kindes nach der der Mutter richtet und Juden, die eine Nichtjüdin heiraten, sich deshalb oft wünschen, ihre zukünftige Frau möge übertreten.
Die Frauen, die in den biblischen Berichten erwähnt werden, waren bewährte Frauen, die sich dem Judentum vollkommen eingliederten und ihre Kinder als gute Juden erzogen. Dasselbe finden wir im Lauf der nachbiblischen Geschichte. Die Mehrzahl der Frauen, von deren Übertritt zum Judentum berichtet wird, kam aus gebildeten Familien. Sie hatten daher die Intelligenz und das Wissen, die neue Religion und Volksgemeinschaft zu prüfen, bevor sie ihnen beitraten. So ist es geblieben. Das Bild der Persönlichkeit und Bewährung dieser Frauen als Jüdinnen ersteht aus ihrem Tun. War eine Konvertitin mit einem Juden verheiratet, dann

suchte die jüdische Nachwelt in Überlieferung und Legende nach Beweisen für die Bewährung der Frau. Das zeigt, wie positiv die jüdische Gemeinschaft Übertritten gegenüber stand. Sie brachte mit solchen Berichten ihre Freude über den Zustrom von Proselyten zum Ausdruck, durch die sie sich bereichert fühlte.

Hagar – Vom tragischen Schicksal einer zur Jüdin gewordenen Frau

Die tragische Geschichte beginnt mit Saras langer Unfruchtbarkeit. Die kinderlose Sara gibt ihre Sklavin, die Ägypterin Hagar, ihrem Mann Abraham zur Nebenfrau, damit ihm Kinder beschieden seien. Es ist mit davon auszugehen, obgleich dies nirgends in der Bibel ausdrücklich erwähnt wird, dass Hagar zum einen als Dienerin Saras, zum zweiten als Nebenfrau Abrahams zum Judentum übergetreten ist. Hagars Schwangerschaft und ihre Überheblichkeit gegenüber Sara erregen Saras Missfallen, und sie vertreibt Hagar. Doch ein Engel Gottes erscheint der verlassenen Frau und ermahnt sie, demütig zu Sara zurückzukehren; Hagar werde einen Sohn haben, heißblütig im Wesen, doch werde er ein großes Volk zeugen (Gen 16,4–19). Hagar gebärt Ismael. Im Alter von 13 Jahren wird er zur selben Zeit wie Abraham beschnitten. Dann wird Sara ihr Sohn Isaak geschenkt. Die Knaben dürften sich geliebt haben, man liest nirgends von einem Zwist. Doch Sara beobachtet Ismael „spottlachend" und besteht darauf, dass Ismael und seine Mutter verstoßen werden, da sie befürchtet, die beiden Söhne könnten gemeinsam erben und Ismael sogar den ihm als Erstgeborenem zustehenden doppelten Teil der Erbschaft fordern (Gen 21,1–21, s. Raschis Kommentar zum Text).
Abraham liebt Ismael und sträubt sich, doch Gott befiehlt ihm: „Was immer Sara dir sagt, höre auf sie, denn in Isaak wird dir Same berufen, aber auch den Sohn der Magd, zum Stamm will ich ihn machen, denn dein Same ist er." (Gen 21,12f). So versorgt Abraham Hagar und Ismael mit Proviant und Wasser, und die beiden müssen in die Wüste gehen. Nach einer Weile hat Ismael kein Wasser mehr und droht zu verdursten. Seine Mutter ist verzweifelt. Da hört Gott ihr Weinen und Flehen, eine Engelsstimme spricht zu ihr und zeigt ihr einen Quell, so dass Ismael trinken kann und am Leben bleibt. Der Midrasch berichtet, dass Abraham nie aufhörte, seinen Sohn Ismael zu lieben und zu besuchen. Nach Saras Tod heiratet Abraham nochmals. Seine neue Frau heißt Ketura (Gen 25,1). Dem Midrasch zufolge war sie Hagar. Die fromme Proselytin habe nie einen anderen Mann gekannt, und ihr Leben vor Gott sei so wohlgefällig gewesen wie Weihrauch = Ketoret, daher ihr Name Ketura (Raschi zu Gen 25,1–4). Als Abraham stirbt, betten Isaak und Ismael, seine Söhne, ihn als Brüder gemeinsam zur Ruhe (Gen 25,9f), denn sie waren in Verbindung geblieben.

Die tragische Geschichte von Hagars und Ismaels Schicksal mag vielleicht in der Tora stehen, um Gottes Bewertung dieser Frau darzustellen. Jüdische Exegeten beschreiben sie als eine Tochter des Pharao von Ägypten. Doch als sie von den Wundern erfuhr, die Gott in das Leben Abrahams und Saras brachte, fühlte sie, dass es besser sei, als Sklavin in Saras Hause zu sein, denn als eine Fürstin am ägyptischen Hof (Raschi zu Gen 16,1): Sie trat aus freiem Willen zum Glauben ihrer Herrin über, und nicht, weil sie als Sklavin dazu verpflichtet war.

Ist dies ein Hinweis auf die Stellung eines jeden Ger im Judentum? Sollte gezeigt werden, dass sie, die Proselytin, und ihr Sohn in Gottes Augen dem Isaak ebenbürtig waren? Sie hatte sich dem Gott Abrahams und Saras mit ganzer Seele verbunden. Gott offenbarte sich ihr darum wiederholt. Als Saras Sohn Isaak als Opfer bereits auf dem Altar lag, rettete ihn Gott durch eine Engelsstimme. Als Hagars Sohn Ismael zum Opfer des Wassermangels zu werden drohte, rettete ihn Gott in gleicher Weise durch eine Engelsstimme aus unmittelbarer Todesnähe. Wie Abrahams Sohn Isaak ließ Gott auch ihn zum Begründer eines großen Volkes werden. Vor Gott hatten beide gleiches Recht. Es ist bezeichnend, dass die zwölf Söhne Ismaels namentlich in der Tora angeführt werden. Sie sollten zu Fürsten ihrer Stammesgruppen werden, gleich den zwölf, die als Söhne Jakobs, d.h. Urenkel Abrahams, zu den Stämmen Israels werden sollten. Ismaels Lebensalter, gleich dem der Patriarchen Israels, ist ebenfalls festgehalten: 137 Jahre (Gen 25,12–18).

Die Muslime sehen in Ismael ihren Stammvater und damit in Abraham ihren Urahnen. Sie werden damit zu „Vettern" der Juden. Allerdings erklärt der Koran, dass Abraham kein Jude gewesen sei, sondern „Muslim", Gottergebener. Vielleicht können beide Religionen dennoch, gleich Isaak und Ismael, in Abraham ihre gegenseitige Liebe finden.

Assenat, die Frau des biblischen Joseph

Die Geschichte Josephs ist bekannt. Sie findet sich in Gen 37,39–50). Als Lieblingssohn seines Vaters Jakob war Joseph bei seinen Brüdern verhasst. Sie verkauften ihn, und er wurde als Sklave nach Ägypten verschleppt. Im Haus seines Besitzers widersetzte er sich dem Begehren der Frau seines Herrn, mit ihr Ehebruch zu begehen. Dafür wurde er ins Gefängnis geworfen. Dort deutete er zwei Höflingen Pharaos ihre Träume, und seine Deutungen verwirklichten sich. Dafür wurde er als Traumdeuter vor den Pharao gebracht. Aus den Träumen Pharaos las er dem Herrscher die Zukunft. Sieben Jahre größter Fruchtbarkeit würden von sieben Jahren schwerster Hungersnot abgelöst. Daher, so riet er, solle der Staat den Überfluss der guten Jahre in Speichern sammeln, um das Volk in den Jahren der Hungersnot davon zu versorgen. Tief beeindruckt von Josephs Traumdeutung sowie seinem praktischen Vorschlag erhob ihn Pharao zum Vizekönig mit der Ermächtigung, seinen Plan zu verwirklichen. Nach langem Leiden war Joseph zu höchsten Ehren aufgestiegen. Gemäß seiner neuen Würde gab ihm Pharao „Assenat, die Tochter des Poti-Fera, Priester des (Heidengottes) On, zur Frau" (Gen 41,45). Inmitten der Hungersnot brachte Joseph auch seinen Vater Jakob und die ganze Familie in das wohl versorgte Ägypten, wo sie mit großen Ehren empfangen wurden und Jakob noch glückliche Jahre verlebte. Als Jakob im Sterben lag, brachte ihm Joseph seine und Assenats Söhne, Menasche und Efraim, ans Bett, dass Jakob sie segne. Jakob zog zwar Efraim vor, aber erklärte, dass beide, der Erbfolge nach, nicht als seine Enkel, sondern als seine Söhne gelten sollten, so dass jeder, einen Stamm bildend, gleich den anderen Söhnen erben werde. Seine Hände auf sie legend, segnete er sie: „Der Gott, vor dem einhergingen meine Väter Abraham und Isaak, der Gott, der mich weidet, seit ich wese, bis auf diesen Tag. Der (Gottes)bote, der mich aus allem Übel erlöste, segne die Knaben! Gerufen werde in ihnen mein Name und der Name meiner Väter, Abraham und Isaak, fischgleich mögen sie wachsen zur Menge im Innern des Landes" (Gen 48,15–16). Und weiter segnete er Joseph durch seine Söhne: „Mit dir soll Israel segnen, sprechend: Bestelle dich Gott wie Efraim und Menasche" (Gen 48,29). Bis heute legen Vater und Mutter an Sabbaten und Festen sowie besonderen Gelegenheiten ihre Hände auf die Köpfe ihrer Kinder und sprechen über sie den Segen Aarons: „ER segne und behüte Dich ..." (Num 6,24–26) und fügen dann, dem Vermächtnis Jakobs folgend, für die Söhne dessen Segensspruch an. (Die Töchter erhalten den Segen: „Bestelle dich Gott wie Sara, Rebekka, Rahel und Lea.")

Wie konnten die Söhne einer heidnischen Frau, Tochter eines Heidenpriesters, so hoch erhoben werden, dass sie zu Vorbildern für alle Generationen Israels werden sollten? Ein pseudepigraphisches Büchlein, Joseph und Assenat, wohl aus dem frühen 2. Jahrhundert u.Z., beschäftigt sich mit der Frage. Assenat war Jüdin geworden, und zwar nicht nur, um den Juden Joseph heiraten zu können, sondern aus Überzeugung. Ein Übertritt nur um der Heirat willen galt nämlich einigen Rabbinen als ungenügend, den Übertritt voll anzuerkennen (Rabbi Nehemia in bNed 24b). Das Büchlein berichtet daher, Joseph habe sie nicht zum Übertritt bewegt, Assenat selbst sei aus Überzeugung vom Wert des Judentums übergetreten, und ihre Aufrichtigkeit sei durch eine himmlische Stimme bestätigt worden. Damals wie heute gab und gibt es engstirnige Juden, die die Übergetretenen nicht als vollwertige Juden anerkennen wollen, und einige fielen sogar über Assenat her, um sie zu ermorden. Gott selbst kam zu ihrer Hilfe und rettete sie. So wird Assenat zum Ideal der „Jüdin aus freier Wahl", und ihre Kinder verdienen den höchsten Segen des Stammvaters. Mit ihren Namen werden die Söhne aller Generationen Israels gesegnet. Für Nichtjuden mag dieses Büchlein als Hinweis geschrieben worden sein, aus ihrer Vernunft den Weg zum Judentum zu finden; für Juden mag es bedeutet haben, dass der Konvertit höchste Anerkennung und tiefste Liebe von den als Juden Geborenen verdient. Gott bürgt für die Treue dieser neu gefundenen Juden, und die Kinder, welche diese Juden auf die Welt bringen und erziehen, können Vorbilder für Israel sein.

Zippora, Moses' Frau

Moses, von Pharaos Tochter aus den Wellen des Nils gerettet, lebte wie ein Prinz an Pharaos Hof, doch ging er regelmäßig zu seinen versklavten Bundesbrüdern, um ihnen Mut und Hoffnung zuzusprechen. Er erschlug einen ägyptischer Sklavenaufseher, der dabei war, einen Judensklaven zu Tode zu prügeln. Um seiner Tat willen musste Moses aus Ägypten fliehen und fand Zuflucht bei Jitro, einem Heidenpriester im Land Midian. Dieser machte ihn zum Hirten seiner Schafherden und gab ihm seine Tochter Zippora zur Frau. Sie gebar ihm zwei Söhne, den einen nannte Moses „Gerschom, Fremdling dort, denn Ger, Fremdling, bin ich in einem fremden Land geworden". Den anderen nannte er Eliëser, Gotthilf, „denn der Gott meines Vaters ist meine Hilfe, er hat mich vor dem Schwerte Pharaos gerettet" (Ex 18,1–4). War Zippora nun wirklich eine jüdische Mutter? In der Vision eines in lohendem Feuer brennenden Busches, der jedoch vom Feuer nicht verzehrt wurde, empfing Moses durch Gottes Stimme die Berufung, Befreier seines Volkes zu werden. Er erhielt den Auftrag, nach Ägypten zurückzukehren und Pharao im Namen Gottes entgegenzutreten. Zippora begleitete ihn mit ihren Söhnen, obgleich sie gerade erst ihren zweiten Sohnes entbunden hatte. Auf dem Weg, wie Tora berichtet, kam ein Engel Gottes, um Moses zu töten. Da beschnitt Zippora ihren Sohn, und der Engel ließ von Moses ab (Ex 4,24–26). Wie der Talmud ausmalt, war Moses ängstlicher als sie. Er hielt es für zu gefährlich, den zarten Knaben Eliëser vor der langen und gefährlichen Reise zu beschneiden. Dafür zürnte Gott Mose und trachtete ihn zu töten. Zippora erkannte die Gefahr und beschnitt den Knaben sofort (bNed 31b–332a). Sie, die Jüdin geworden war, sah intuitiv den Willen Gottes. Sie hatte ihren neuen Glauben vollkommen verinnerlicht, und dadurch rettete sie ihren Mann. Aaron gesellte sich jetzt auf Gottes Ruf zu seinem Bruder, um ihm Sprachrohr zu sein. Dem Midrasch zufolge gab er ihm den Rat, Zippora und die Kinder nicht nach Ägypten mitzunehmen, als Juden sei ihr Aufenthalt dort zu gefährlich. Mutter und Söhne verbrachten die folgende Zeit bei Jitro in Midian, und dieser brachte sie zurück, als Israel bereits am Sinai stand.

Sie waren dem Judentum in keiner Weise entfremdet worden, aber Jitro wurde zu einem begeisterten Verehrer Gottes. Dies war wohl Zipporas Einfluss, der Einfluss einer „neuen" Jüdin. Der Name „Zippora" wurde zu einem jüdischen Frauennamen, meine Mutter, seligen Angedenkens, trug ihn, meine Tochter trägt ihn.

Ruth, Vorbild und Ahnin Davids

Ruth war Moabiterin, die König Davids Urgrossmutter werden sollte. Zur Zeit einer Hungersnot im Land wanderte Elimelech mit seiner Frau Naomi und seinen zwei Söhnen von Bethlehem im Gebiet Juda nach Moab aus. Sie verließen ihr Land und ihr Volk, um für sich allein in der Fremde Glück und Lebensfülle zu finden. Die Söhne heirateten zwei Moabiterinnen, dem Midrasch zufolge königliche Prinzessinnen, Ruth und Orpa. Doch Glück fanden sie in Moab nicht. Die Familie versank in tiefste Armut, und Vater wie Söhne starben in der Fremde. Die verwitwete Naomi entschloss sich, in ihre Heimat Juda zurückzukehren, ihre zwei verwitweten Schwiegertöchter waren bereit, sich ihr anzuschließen. Naomi riet ihnen ab. In ihrem Heimatland hätten sie Hoffnung auf ein neues Leben und neue Familien, in Juda wären sie mittellose Fremde, hoffnungslose Bettlerinnen. Orpa folgte dem Rat. „Ruth aber hing sich an sie ... Ruth sprach: ‚Nimmer dringe in mich, dich zu verlassen, vom Dir-folgen umzukehren! Denn wohin du gehst, will ich gehn, und wo du nachtest, will ich nachten, dir gesellt. Dein Volk ist mein Volk, und dein Gott ist mein Gott. Wo du sterben wirst, will ich sterben und dort will ich begraben werden. So tue ER (Gott) mir an, so füge er hinzu; ja denn, der Tod wird zwischen mir und dir scheiden." Gemäss dem Talmud (bJew 47b) war dies eine formelle Form des Übertritts. „... So gingen sie beide, bis sie nach Bethlehem kamen ... zu Beginn des Gerstenschnitts" (Ruth 1,10–22).
Ruth schlägt der Schwiegermutter vor, sie als Ährenleserin aufs Feld gehen zu lassen, wo gerade geerntet wird. Der Tora entsprechend haben die Armen und Fremdlinge das Recht zur Nachlese (Lev 19,9–10). Naomi schickt sie auf das Gut des Boas, eines angesehenen Mannes und Verwandten ihres verstorbenen Mannes. Dieser kommt zu den Schnittern aufs Feld, wird auf Ruth aufmerksam, von der er bereits gehört hat, und spricht sie an: „Gemeldet ward's mir, gemeldet alles, was du an deiner Schwiegermutter tatest nach dem Tode ihres Mannes, dass du deinen Vater und deine Mutter und dein Geburtsland verließest und gingst zu einem Volk, das du gestern und ehdem nicht kanntest. Vergelte ER dir dein Werk, und dir werde gültiger Lohn von IHM, dem Gott Israels, unter dessen Flügeln dich zu bergen du kamst" (Ruth 2, 11f). Sie verlieben sich, und Ruth wird Boas' Ehefrau. Das Volk und die Ältesten sprechen: „... Gebe ER der Frau, die in dein

Haus kommt, wie Rahel und wie Lea zu werden, die beide das Haus Israels erbauten ... Boas ... ging zu ihr ein, ER gab ihr Schwangerschaft, und sie gebar einen Sohn. Die Frauen sprachen zu Naomi: Gesegnet ER, der dir's heute an einem Löser nicht fehlen ließ, und gerufen werde sein Name in Israel. Er werde dir zum Seelenwiederbringer und zum Versorger deines Greisentums! Denn deine Schwiegerin, die dich liebt, ist's, die ihn gebar, sie, die dir besser ist als sieben Söhne. Naomi nahm das Kind, legte es auf ihren Schoß und ward ihm zur Pflegerin. Die Nachbarinnen riefen ihm einen Namen zu, sprechend, der Naomi ist ein Sohn geboren, sie riefen seinen Namen: Owed. Der wurde zum Vater Jischais, dem Vater Davids" (Ruth 4,11–17).

Ruth verkörpert das Ideal des jüdischen Menschen, nicht obgleich, sondern weil sie Proselytin ist. Beachtenswert ist der Kontrast zwischen ihr und ihrem Mann, dessen Bruder und Vater. Diese als Juden geborenen Männer aus führender Familie entziehen sich ihrem Volk und seiner Tradition zu einer Zeit höchster Not, um ihr eigenes Wohlergehen zu fördern. Ruth hingegen verlässt ihre Heimat, ihre Gemeinschaft, in welcher sie hochgeschätzt ist, und gibt jede Hoffnung auf ein neues, gutes Leben auf. Vom Ideal des Judentums überwältigt wird sie Jüdin, obgleich sie aus dieser Zugehörigkeit nur Armut und Erniedrigung erwarten kann. Sie ist sich ihrer Entscheidung voll bewusst, denn ihre Schwiegermutter Naomi hat sie gewarnt. Sie weiß auch, was das Judentum von ihr fordert, denn sie spricht es aus.

Ruths Weg zum Judentum wurde zum Modell. Der Rabbiner ist verpflichtet, dem Kandidaten oder der Kandidatin klar zu machen, was diese im Fall eines Übertritts aufgeben. Er erklärt, dass, gemäß jüdischer Lehre, gute Nichtjuden des Seelenheils sicher sind, sie leben in einer Majorität von Gläubigen, sind ihrem Heimatland und dessen Wesen verwurzelt und von einer liebenden Familie umgeben. Er macht ihnen die Leiden der Juden wie die Größe des Judentums klar. Kommen die Kandidaten mit festem Entschluss wieder, dann stellt ein Rabbinerkollegium Fragen, welche auf dem Bekenntnis Ruths beruhen, und erwartet eine bestätigende Antwort:

„Wirst du dich von nun an zeitlebens dem Judentum und jüdischen Volk angeschlossen fühlen?"

„Nimmer dringe in mich, dich zu verlassen, vom Dir-folgen umzukehren!"

„Wird der Weg des jüdischen Volkes immer dein Weg sein, selbst wenn es in die Welt vertrieben, nicht einmal eine Stätte hat, dort geschützt Schlaf zu finden?"

„Denn wohin du gehst, will ich gehn, und wo du nachtests will ich nachten, dir gesellt."

„Wirst du dich für immer voll mit dem jüdischen Volk als deinem Volk identifizieren?"

„Dein Volk ist mein Volk."

„Wirst du deinem bisherigen Glauben und seinen Riten entsagen und Gott erkennen, wie Juden Gott erkennen, ihn anbeten, ihm gehorchen, wirst du in ihm deinen Auftrag, deine Stärke und deine Hoffnung finden?"

„Dein Gott ist mein Gott."

„Wirst du dich im Kreise der Juden begraben lassen?"

„Wo du sterben wirst, will ich sterben, und dort will ich begraben werden."

„Wirst du den Verpflichtungen, welche Gott dir in der Zukunft auferlegen wird, den Geboten, die du heute noch nicht kennen magst, mit deinem ganzen Wesen folgen?"

„So tue ER mir an, so füge er hinzu."

„Wirst du, wenn wir einmal gestorben sind und dich nicht länger beraten oder dir Vorbild sein können, weiterhin dem Vermächtnis unseres Volkes treu bleiben?"

„Ja, denn der Tod wird zwischen mir und dir scheiden, nicht aber zwischen mir und deinem Vorbild."

Eine Erklärung, dass sie einen Juden heiraten werde und ihre Kinder als Juden erziehen werde, konnte Ruth nicht abgeben, denn sie wusste ja nicht, ob sie jemals wieder einen Mann fände und ob ihr Kinder geschenkt würden. Diese Antwort gab sie in ihrem weiteren Leben. Bei ihrer Eheschließung mit Boas wurden alle Forderungen des Judentums erfüllt, einschließlich der Gesetze bei Wiederheirat einer kinderlosen Witwe. Dann ER, Gott, gab ihr Schwangerschaft, ihr Kind würde ein Gott ergebenes Kind sein.

Die jüdische Gemeinschaft setzte ebenfalls ein Vorbild. Mit Freude und in Liebe empfingen sie die neue Jüdin. Boas drückt die wahren Empfindungen aus, welche Juden gegenüber ihren neuen Mitjuden empfinden sollten: „Dass du deinen Vater und deine Mutter und dein Geburtsland verließest und gingst zu einem Volk, das du gestern und ehdem nicht kanntest. Vergelte ER dir dein Werk, und dir werde gültiger Lohn von IHM, dem Gotte Israels, unter dessen Flügeln dich zu bergen du kamst" (Ruth 2,11f). Das Volk und die Ältesten beglückwünschen Ruth und sehen in ihr, mit Gottes Hilfe, eine Erbauerin des Judentums, gleich Rahel und Lea. Die Nachbarinnen sind glücklich, Naomis schwere Verluste sind ausgeglichen, ihre Seele kann Ruhe finden. Dem Knaben, welchen Ruth auf die Welt bringt, geben sie den Namen: Owed, (Gottes)diener. Dieser wird zum Großvater des Königs David. Die Genealogie am Ende zählt die Geschlechter auf, von Perez, dem Sohn des Stammvaters Juda bis auf König David. Es dient der Majestät von Königen, ihre Herkunft aus höchst adligen Familien herzuleiten. So ist König David adligster Herkunft. Der Stammvater Juda ist sein Ahne. Dass diese Genealogie dem Buch Ruth angehängt wird, zeigt die Bedeutung dieser Frau. König David kann mit Stolz auf diese Ahnin blicken, Ruth, die Moabiterin und edelstes Vorbild einer jüdischen Frau. Durch sie gewann seine Abstammung noch höheren Glanz (Ruth 4,18–22).

Wann entstand das Buch? Die wissenschaftlichen Erforscher der Bibel sind geteilter Ansicht, manche legen seine Entstehung in die Zeit Davids, andere in die Zeit Nehemias. Doch wurde das Buch ein wesentlicher Bestandteil der hebräischen Bibel und lehrt darum, wie Juden sich gegenüber ihren neugewonnenen Brüdern und Schwestern zu verhalten haben. Denn diese bereichern das jüdische Volk und seinen Glauben.

Das Buch Ruth wird in vielen Synagogen am Schawuot gelesen, dem Wochenfest, das die göttliche Offenbarung der Tora feiert. Darin liegt eine Mahnung: Ruth, die Jüdin aus freier Wahl, soll euch Vorbild sein, andere, die ihr folgen, können es ebenfalls werden. Damit Tora nicht einfach zu einem Besitztum werde, dessen man sich gelegentlich erinnert, sondern damit geborene Juden sich bewusst bleiben, dass sie an jedem Tag erneut „Juden aus freier Wahl" werden müssen.

Der Mann Obadja – Vom Edomiter zum jüdischen Propheten

Obadja ist einer der zwölf „kleinen Propheten", von deren Kündungen nur Bruchstücke erhalten sind, deren Worte jedoch von großer Bedeutung sind. Das Buch Obadja ist das kürzeste, es enthält nur 21 Verse. Sie legen das schreckliche Tun des Volkes Edom offen und verkünden Gottes kommendes Gericht. Edom ist der Beiname Esaus (Gen 25,30), Jakobs Erzfeind, der diesen ermorden will. Daher steht Edom für die Feinde Israels in der Geschichte, und Obadjas Verkündigung ist für jede Generation aktuell und spendet den Trost, dass der Feind verschwinden wird. Gemäß dem Midrasch ist Obadja zum Judentum konvertiert (bSanh 39b). Dafür spricht sein Name, Obadja – Diener Gottes. Der Name des Vaters ist nicht angegeben, wie sonst allgemein üblich. Wir wissen daher nicht, ob Obadja der wahre Name des Mannes war oder ob er sein Wesen und seine Berufung zum Ausdruck bringt. Er spricht nicht „über" Edom, sondern im Namen Gottes „zu Edom", zu seinen Landsleuten. Es ist wahrscheinlich, dass Obadja mit dem hohen Beamten gleichen Namens identisch ist, der am Hof des tyrannischen Königs Ahab diente. Dieser war Herrscher über das Königreich Israel (ca. 870–852 v.u.Z.). Obadja aber blieb Gott treu. Er verbarg hundert Propheten, als die Frau des Königs, Königin Jesebel, sie umbringen wollte. Er versorgte sie und rettete ihnen das Leben (1Kön 18,3f). Obadja, der Konvertit, bezeugt, dass die Abstammung eines ehemaligen Nichtjuden keine Rolle für dessen Anerkennung als wahrer Jude spielt. Der Abkömmling eines feindlichen Volks, der treu zu Gott hält, wird zum Lebensretter und zum Propheten Israels.

Das Buch Esther – Das Streben nach Gleichgewicht

Nach der Zerstörung des Ersten Tempels im Jahr 587 v.u.Z. verschob sich das Zentrum des Judentums und des jüdischen Volkes nach Babylonien. Das Leben der Juden im Exil war schöpferisch, ihre politische Lage, obwohl vielfach ruhig, war aber immer unsicher, wie das Buch Esther zeigt.

Zwei Tendenzen sind unter den Juden der Diaspora erkennbar: die Tendenz zur Isolierung von der Umwelt und die Tendenz der weitgehenden Assimilation, durch die sie volle Gleichberechtigung zu erreichen hofften. Die Tendenz zur Isolierung spricht aus dem 137. Psalm. „An den Strömen Babylons, dort saßen wir und weinten, da wir Zions gedachten … denn dort forderten unsere Fänger Sangesworte von uns, unsere Folterer ein Freudenlied, ‚Singt uns was von Zionsgesang!' Wie sängen wir Gottes Gesang auf dem Boden der Fremde! Vergesse ich, Jerusalem, dein, meine Rechte vergesse den Griff, meine Zunge hafte am Gaumen, gedenke ich dein nicht mehr, erhebe ich Jerusalem nicht übers Haupt meiner Freude …" (Ps 137,1–5).

Die Tendenz zur Assimilation wird im Buch Esther deutlich. Die Ereignisse in diesem Buch sind nicht geschichtlich dokumentiert. Sie zeichnen aber ein Bild des Lebens jener Zeit im persischen Reich sowohl am Königshof wie unter den Juden. Wie das Buch zeigt, bildeten die Juden eine große und bedeutende Gemeinschaft in Mesopotamien. Sie waren in Staat und Gesellschaft eingebürgert, lebten in allen Teilen des Reiches, waren imstande, sich kämpferisch zu verteidigten und zahlreich genug, ihre Feinde zu überwinden. Esther, unter den Juden Hadassa genannt, und Mordechai, ihr Vormund, tragen persische Namen, die von den babylonischen Gottheiten Ischtar und Marduk hergeleitet sind. Esther wird Königin des nichtjüdischen Königs Ahasveros. Mordechai geht am königlichen Hof unter den Höflingen ein und aus. Dort hört er von einer Verschwörung zur Ermordung des Königs. Durch Esther lässt er dies dem König berichten, die Verschwörer werden gehängt. Mordechai hat dem König das Leben gerettet. Ein anderer Höfling, Haman, wird vom König zum höchsten Minister ernannt. Dieser entrüstet sich über Mordechais fehlende Ergebenheit, denn Mordechai fällt nur vor Gott auf die Knie, nicht vor Haman. Haman sinnt auf Rache. Nachdem er erfahren hat, dass Mordechai Jude ist, beschließt er, dass alle Juden vernichtet werden sollen. Haman ist sich sicher, sein Plan werde beim Volk Anklang finden. Vor dem König beschuldigt er „ein Volk", welches im Reich zerstreut lebe, es folge nur seinen eigenen Gesetzen, nicht denen des Königs, d.h. es habe kein Loyalitätsbewusstsein und untergrabe den Geist und die Treue der Untertanen. Deshalb könne der König aus der Existenz dieses Volkes nichts gewinnen, wohl aber aus seiner Vernichtung. Durch diese List gewinnt er des Königs Vollmacht zu seinem Vernichtungsedikt. Dieses findet in der Tat weitgehende Resonanz unter der Bevölkerung. Als Hamans Ränkespiel durch Esther an den Tag kommt, lässt der König Haman hängen und erhebt seinen Lebensretter Mordechai zu seinem höchsten Minister. Mit der Kunde von Mordechais Ernennung „wurden unter der Landesbevölkerung viele zu Juden, denn die Furcht vor den Juden war über sie gefallen" (Est 8,17). Sie hatten keine wirkliche Liebe für die Juden, sie waren einfach auf ihren eigenen Vorteil aus. Daher übersetzt Buber, sie „gaben sich als Juden aus". Heute würden wir ihr Verhalten Opportunismus nennen.

Esther und Mordechai machen es sich nun zur Aufgabe, unter den Juden ein Gleichgewicht zwischen Isolierung und Assimilierung zu erreichen. Sie senden zwei Briefe an die Juden, das Purimfest für immer zu begehen den „Tagen gleich, an denen die Juden Ruhe von ihren Feinden gewannen, und dem Monat, der sich ihnen von Kummer zu Freude und von Trauer zu Festtag gewandelt hatte, sie zu begehen als Tage des Festessens, der Freude und der Sendung von Geschenken jedermann an seinen Genossen und Gaben an die Bedürftigen. Und auf sich nahmen's die Juden ..." (Est 9, 22f). „Sie [Esther und Mordechai] sandten ... Reden der Befriedung und des Vertrauens, aufrecht zu erhalten diese Tage der Purim zu ihren Zeiten, gleichwie es aufgerichtet hatte über ihnen Mordechai der Jude und die Königin Esther, ... Esthers Spruch bestätigte diese Rede von den Purimtagen und wurde im Buch niedergeschrieben ..." (Est 9,30–32).

Mordechai bleibt erster Minister des Königs. Das Leben der Juden und ihre Freiheit sind gerettet. Doch dies darf die Juden nicht in absoluter Sicherheit wiegen. Sie müssen sich sowohl dem Staat und dessen Kultur eingliedern, als auch zugleich ihre eigene Identität wiederfinden. Die Übertritte von opportunistischen Persern zum Judentum sind dem Judentum nicht zuträglich, möglicherweise von kurzer Dauer, und zersetzend. Dieses Wissen lebte im jüdischen Volk weiter, wie wir sehen werden.

Esra und Nehemia – Widerstände gegen den Übertritt

Gegen 520 v.u.Z. durften die Juden aus Babylon in ihr Heimatland zurückkehren, doch blieben viele in ihrer neuen Heimat. Die Rückwanderung begann mit dem Edikt des Perserkönigs Cyrus im Jahre 538 v.u.Z., das er unmittelbar nach seinem Sieg über die Babylonier (im Jahre 539) erließ. In den Jahren 520 bis 515 v.u.Z. wurde der zweite Tempel gebaut. In der zweiten Hälfte des 5. Jahrhunderts v.u.Z. kamen Nehemia und Esra, hohe jüdische Würdenträger des Königs, auf Urlaub von ihren Pflichten am Königshof in ihr Heimatland (Esr 7,1–8). Sie festigten die Volksgemeinschaft, indem sie Übertritte und Übergetretene kategorisch ablehnten. Ihre Haltung stand in vollkommenem Gegensatz zum Geist des Buches Ruth und den Worten des Willkommens des Propheten Jesaja – eine Kontroverse im Judentum, die bis heute nicht beigelegt ist.

Ihre Haltung lässt sich aus der Geschichtsentwicklung erklären. Die beiden geistigen Führer des Volkes sahen die Erfahrungen im Exil als Grundlage der Erneuerung. Proselyten hatten sich aus Opportunismus dem Judentum angeschlossen, nicht aus Überzeugung. Für Esra und Nehemia waren Isolierung und absolute Befolgung der Toragebote die unerlässliche Voraussetzung zur Erhaltung jüdischer Identität, für die sich nur Familien rein jüdischer Abstammung verbürgen könnten Für die Juden in der Diaspora gab es kein Land, das die Gemeinschaft zusammenhalten konnte, Geburt und Toratreue waren ausschlaggebend. Diese Grundhaltung brachten Esra und Nehemia, die Erneuerer des Judentums, mit sich in die alte Heimat.

Die Kunde von den dortigen religiösen Zuständen hatte sie erschreckt. Sie fanden eine jüdische Gemeinschaft, deren Lebensweise den Grundsätzen der babylonischen Juden widersprach. Nach diesen Grundsätzen hatten die Juden des Heimatlandes vielfach die Toragebote vernachlässigt, zu enge Beziehungen mit ihrer nichtjüdischen Umwelt aufgenommen, viele hatten sich sogar mit den Töchtern des Landes verheiratet. Den beiden Führern ging es darum, das Volk vor der Umwelt und ihrem schädigenden Einfluss abzusondern. Dies schloss die Trennung der Juden von ihren Frauen nichtjüdischer Abstammung ein. Strengste Befolgung der Toragebote wurde zur Pflicht gemacht. Als königliche Beamte hatten Esra und Nehemia die Macht, radikale Verordnungen zu treffen und deren Befolgung notfalls zu erzwingen. Ein knapper Bericht zeigt, gerade durch seine Kürze, wie Nehemia zu jeder Zeit alle seine Ziele verfolgte. Er spricht über seine strengen Verordnungen zur Erzwingung absoluter Sabbatruhe; dann berichtet er von einer heftigen Auseinandersetzung mit jüdischen Männern, die Frauen nichtjüdischer Geburt geheiratet hatten, und deren Söhne nur die Sprachen ihrer Mütter kannten und kein Judäisch; und schließlich von seiner ernsthaften Mahnung an sie, in Gottes Namen ihre Kinder nur an gebürtige Juden zu verheiraten (Neh 13,15–25).

Esra und Nehemia beriefen eine Volksversammlung ein. Abwesenheit wurde unter schwere Strafe gestellt. Esra, auf einer Kanzel stehend, las der Volksversammlung die Tora vor. Danach wurde das Sukkotfest, das Laubhüttenfest, gemeinsam gefeiert. An dessen Ende kam das Volk wieder in Buße zusammen, und alle übernahmen die ihnen auferlegten Verpflichtungen durch Unterzeichnung mit ihren Namen. Die Fürsten, Leviten und Priester beglaubigten die Unterschriften durch ihre Siegel. Ihre Namen wurden veröffentlicht (Neh 8,1–10). Ehen mit Frauen nichtjüdischer Abstammung waren nun verboten (Esr 9,1–12), und die bereits bestehenden mussten aufgelöst werden (Esr 10, Neh 13,23–30). Das Volk musste gehorchen. Auch die Namen derer, welche fremdstämmige Frauen geheiratet und nun verstoßen hatten, wurden veröffentlicht (Esr 10,16–44). Familienstammbäume wurden angelegt, welche die Reinheit der Abstammung nachweisen konnten (Neh 7,5–66).

Esra und Nehemia mögen, bedenkt man die Umstände der damaligen Zeit, zum Teil Recht gehabt haben. Der Bericht des Buches Esther mag sie in ihrer Ansicht bestärkt haben. Die Umstände beim Aufbau der Gesellschaft mögen eine Isolierung der Juden kategorisch gefordert haben. Doch zeigten die beiden Gestalter große Härte gegenüber Familien, in denen die Frauen nicht als Jüdinnen geboren waren. In ihrer radikalen Form standen die Verordnungen in einem krassen Gegensatz zu der bis dahin bestehenden Ausrichtung. Es gab in der Tat zu jeder Zeit Juden, die den Versuchungen der nichtjüdischen Umwelt zum Opfer fielen, wodurch dem Volk viel Unglück zukam. Doch war dies nicht den Konvertiten zuzuschreiben. Im Grunde war das Volk der Tora treu. Dies ist im Buch Ruth bezeugt. Es ist daher möglich, dass dieses Buch zur Zeit Esras und Nehemias als Gegenpol zu deren scharfen Verordnungen geschrieben wurde. Seitdem durchzieht ein innerer Widerspruch das Denken der religiösen Führer. Gerade in unserer Gegenwart hat sich diese innere Kontroverse im Judentum ausgeprägt. Die Gruppe der streng Orthodoxen ist außerordentlich zögernd in der Aufnahme von Proselyten und hat vielen, vor allem solchen, die in der Diaspora ins Judentum aufgenommen wurden, ihre Anerkennung als Juden verweigert.

3 Die Bedeutung der Vergangenheit für unsere Gegenwart

Der Mann oder die Frau, die erwägen, aus freier Wahl Juden zu werden, stehen vor einer Lebensentscheidung. Ihr Dasein wird sich in jeder Weise verändern. In der hebräischen Schrift werden sie die Wurzeln des Judentums finden. In Ereignissen der nachbiblischen Zeit zeigt sich das Schicksal der Juden, das „Juden aus freier Wahl" teilten und teilen. Wir können mehrere Perioden erkennen. In der Antike, nachdem die Kanonbildung der Heiligen Schriften abgeschlossen war, wurde das für die Nachwelt normative Judentum auf den Fundamenten der Tora aufgebaut, seine Grundlagen wurden entwickelt und sein Geist geprägt. Die Zerstörung des Zweiten Tempels im Jahr 70 erforderte eine Umgestaltung des Judentums, denn der Opferdienst, der bisher eine zentrale Stellung besessen hatte, war gewaltsam beendet worden. Zum Verständnis des Judentums ist das Verständnis dieser Periode, bis etwa 500 u.Z., unumgänglich. In ihr wurde der Talmud geschaffen. Was lehrten die Meister dieser Zeit, und wie verhielt sich die jüdische Bevölkerung gegenüber der Aufnahme von Proselyten? Diese Aufnahme hing von den Juden selbst ab. Der Geist dieser Zeit ist geprägt von Dankbarkeit für die Entscheidung von Nichtjuden, sich dem Judentum anzuschließen, und Hingabe an sie. Im Wandel der Zeit und gemäß dem Geist vieler Rabbinen hatte sich das Denken seit Esra und Nehemia wieder völlig geändert.

Kandidaten, Kandidatinnen und Juden aus freier Wahl mögen zu unserer Zeit in gewissen jüdischen Kreisen vor ihrer Aufnahme Schwierigkeiten und nach ihrer Aufnahme ins Judentum Vorurteilen ausgesetzt gewesen sein. Diese Haltung gegenüber den neuen Juden widerspricht der Überzeugung und Lebensauffassung der Juden und ihrer Weisen in biblischer Zeit und der klassischen Periode des Talmuds. Während der formativen Jahre des Judentums waren die geistigen Führer und das jüdische Volk über jeden nichtjüdischen Menschen glücklich, der im Judentum eine Neugeburt fand. Mit Recht durfte die Gemeinschaft wertvolle Beiträge zu jüdischem Lernen und jüdischem Leben von ihren neu gewonnenen Schwestern und Brüdern erwarten. Darum reisten Juden sogar über Land und Wasser, um neue Proselyten zu gewinnen. Mit diesem Zuwachs fühlte sich das jüdische Volk gesegnet.

Dasselbe gilt für unsere Gegenwart. Vielen jüdischen Gemeinden haben die Juden aus freier Wahl neue Erkenntnisse der hohen Ethik und tiefen Spiritualität des Judentums gebracht. Sie haben blinde jüdische Augen für die unvergleichliche poetische und mahnende Kraft der Tora und die heilende Stärke des jüdischen Erbes in Lehre und Mizwot geöffnet. Ein wahrhaft im Judentum ruhendes Leben bringt Trost, Hoffnung und Heilung in unserer Zeit erneuter Prüfungen als Juden-Menschen. Judentum ist ein Werden für alle Juden; die Juden aus freier Wahl können allen Juden im Werden Helfer und Vorbild sein. Darum sollen auch heute die geborenen Juden glücklich über ihre neuen Brüder und Schwestern sein und sie mit besonderer Liebe umgeben. Die jüdische Antike setzt dafür ein Beispiel und sollte aus Sicht der Verfasser zum Leitfaden werden.

Die grundsätzlich positive Haltung änderte sich im Mittelalter. Die westliche Welt war christlich geworden. Kirche und Staat säten Judenhass unter das Volk, erniedrigten die Juden, verfolgten sie unnachgiebig und kämpften für ihre Vernichtung. Der Übertritt zum Judentum war verboten und konnte die Todesstrafe zur Folge haben. Verleumdung, Judenhass, Judenverfolgungen und Gemetzel prägen diese Jahrhunderte. Die Juden zogen sich zurück und mussten gegenüber der Aufnahme von Proselyten vorsichtig sein. Ihr Leben konnte davon abhängen. Renaissance und Reformation brachte den Juden ebenfalls oftmals schwere Not. Papst Paul IV. war ein brutaler Judenfeind, und Martin Luther rief zu ihrer Entrechtung und schwerster Unterdrückung auf. Die Zeit der Aufklärung, die im 17. Jahrhundert begann, brachte den Juden gewisse Bürgerrechte. Doch gab es ausgesprochene Judenhetzer unter den führenden Denkern dieser Zeit. Für Voltaire (18. Jh.) waren die Juden Abschaum. Die bürgerliche Lage der Juden besserte sich langsam mit wiederholten Rückfällen. Das latente Misstrauen der Bevölkerung gegenüber den Juden gipfelte von Zeit zu Zeit in Hass und Verfolgung. Die Juden konnten sich nicht sicher fühlen, konnten nur hoffen, dass sie einmal in jeder Weise gleichberechtigt sein würden. Diese Hoffnung erwies sich, gerade in Deutschland, als vergebens. Der aufgebaute Judenhass mündete im Holocaust des 20. Jahrhunderts. Der Jude aus freier Wahl teilt diese Unsicherheit der Lebensumstände. Dies erwäge ein jeder, der an einen Übertritt zum Judentum denkt. Hier wird auch die Zurückhaltung mancher Juden gegenüber der Aufnahme von Juden aus freier Wahl verständlich.

Vorurteile gegen Juden finden sich auch an manchen Orten der USA, doch ruht die Gleichberechtigung der Juden auf starken Fundamenten. Ein Übertritt bedeutet dort nicht die Ausgrenzung des neuen Juden von seiner früheren Gesellschaft. Darum finden auch die Juden eine Möglichkeit, ihr Wesen und ihren Glauben zu verkünden. In anderen Teilen der Welt sind der Hass auf die Juden und der Drang nach ihrer Vernichtung geblieben, sogar wieder neu aufgeflammt. Aus Kreisen der islamischen Welt, vor allem des Nahen Ostens, werden die Hetze gegen Juden und der Ruf nach ihrer Vernichtung in die Welt hinausgetragen. Der Westen ist diesem Virus ausgesetzt. Dennoch, so zeigt die Geschichte, schlossen sich zu allen Zeiten bedeutende Nichtjuden im Angesicht von Erniedrigung und sogar Lebensgefahr den Juden und ihrem Glauben an. Zugehörigkeit zum Judentum forderte oftmals großen Mut. Auf jüdischer Seite wurde anderen ethischen Religionen deren Rechtmäßigkeit vor Gott niemals aberkannt.

Von diesen Entwicklungen soll in den nächsten Kapiteln die Rede sein, um dem denkenden Menschen, der einen Anschluss an die jüdische Religion und die Volksgemeinschaft sucht, eine Möglichkeit zu geben, sich der Leiden wie der seelischen Kraft der Juden bewusst zu werden. Dies möge ihm oder ihr auf dem Weg zu einer Entscheidung helfen.

4 Die nachbiblische Antike

Wachstum des jüdischen Volks und jüdische Mission

Das Wachstum des Jüdischen Volks in der nachbiblischen Zeit war spektakulär. Nehemia nennt 42 360 glaubenstreue Juden, die nach dem Babylonischen Exil

Jerusalem wieder erbauten (Neh 7,66). Deshalb und anhand weiterer Berechnungen kommt der jüdische Historiker Salo Baron auf eine Zahl von etwa 150 000 Juden in vorexilischer Zeit. Seiner Schätzung nach war die Zahl der Juden in der Welt im 1. Jahrhundert u.Z. auf etwa acht Millionen angewachsen. Eine konservative Errechnung (A. von Harnack, Das Wesen des Christentums) spricht von vier Millionen. Ein solches Wachstum lässt sich mit Geburtenraten nicht erklären. Es deutet auf massenweise Übertritte hin und damit auf Missionstätigkeit der Juden. Es bezeugt sowohl die Bereitschaft von Nichtjuden, sich dem Judentum anzuschließen, wie eine herzliche Aufnahme der Proselyten seitens der jüdischen Gemeinschaft.

George Foot Moore, der bedeutende christliche Erforscher des Judentums, schreibt daher in seinem grundlegenden Werk über das Judentum in den ersten Jahrhunderten der christlichen Zeitrechnung (Band 1: Das Zeitalter der Tannaim, 323f): „Der Glaube an die künftige Allgemeingültigkeit der wahren Religion und das Kommen eines Zeitalters, wenn Gott König über die ganze Erde sein wird', führten zum Bestreben, die Heiden zur Anbetung des einen, wahren Gottes zu bekehren ... und machte das Judentum zur ersten missionarischen Religion in der Welt des Mittelmeeres." Allerdings war er der Ansicht, dass die Juden keine Missionare aussandten. In der Tat gab es zu dieser Zeit keine beruflichen Missionare. Die Juden machten es sich vielmehr zur Aufgabe, ihre nichtjüdischen Bekannten mit dem Judentum und seinen Regeln, dem Sabbat, den Speisegesetzen usw. bekannt zu machen. Jüdische Reisende in andere Länder strebten danach, ihre neuen und alten Bekannten über das Judentum zu belehren, ihnen jüdische Schriften in die Hände zu legen, mit ihnen freundlich zu diskutieren und sie in die Synagoge einzuladen, wo ihnen dann das Wesen, die Lehren und Lebensformen des Judentums erklärt und vorgestellt wurden. Die Besucher fühlten sich angezogen, denn jüdische Lehre und jüdisches Leben waren rein, logisch und ethisch. Dies unterschied sie von heidnischen Glaubensformen. Im Matthäusevangelium finden wir die bittere Anklage: „Wehe euch, Schriftgelehrte und Pharisäer, ihr Heuchler, die ihr Land und Wasser umzieht, dass ihr einen Judengenossen machet, und wenn er's geworden ist, macht ihr aus ihm ein Kind der Hölle, zwiefältig mehr, denn ihr seid!" (Mt 23,15). Das ist ein Angriff auf aktive, jüdische Missionstätigkeit. Diese Entrüstung wäre überspannt, richtete sie sich gegen die geistigen Führer einer kleinen Minorität, sie wird jedoch verständlich als Ausbruch gegen die Vorsteher einer großen, einflussreichen Gemeinschaft, die Übertritte förderte und damit außerordentlich erfolgreich war.

Die Anziehungskraft des Judentums beruhte auf der jüdischen Ethik, dem hohen Alter des jüdischen Glaubens, der Bedeutung ihrer gestaltenden Persönlichkeiten wie Abraham und Moses, der Treue der Juden zur Tora und ihren Geboten, dem

39

Familiengeist, der ihre Häuser und ihre Gemeinden erfüllte, und wohl nicht zuletzt auf dem Einfluss und dem Prestige einer Millionen umfassenden Gemeinschaft. In diesem Rahmen können wir wohl auch die Erklärungen in den Paulus-Briefen verstehen. Wir können sagen, dass Paulus Gehör findet und Einfluss hat, weil er jüdischer Abstammung ist. Er betont geradezu seine Zugehörigkeit zum jüdischen Volk: „Hat denn Gott sein Volk verstoßen? Das sei ferne! Denn ich bin auch ein Israeliter, von dem Samen Abrahams, aus dem Geschlecht Benjamins. Gott hat sein Volk nicht verstoßen, welches er zuvor ersehen hat …" (Röm 11,1f). Im Römerbrief gibt er eine Schriftauslegung, die der jüdischen Methode folgt, deren Schlussfolgerungen allerdings von denen der jüdischen Schriftauslegung wesentlich abweichen. „… meine Brüder, die meine Gefreundeten sind nach dem Fleisch, die da sind von Israel, welchen gehört die Kindschaft und die Herrlichkeit und der Bund und das Gesetz und der Gottesdienst und die Verheißungen, welchen auch sind die Väter, und aus welchen Christus herkommt nach dem Fleisch … Aber nicht sage ich solches, als ob Gottes Wort darum aus sei, denn es sind nicht alle Israeliter, die von Israel sind …" (Röm 9,3–6). Paulus spricht nicht von Juden als einer kleinen Minorität, sondern einer großen Gemeinschaft, die eine große Anziehungskraft hat. Er will seine Leser zu „Israelitern" in seinem Sinne machen. Paulus Briefe sind Missionstraktate für seinen Glauben und entsprechen denen, welche die Juden für den ihrigen verfasst hatten und verbreiteten.

Von besonderer Bedeutung für die jüdische Missionstätigkeit war die Septuaginta, die Übersetzung der Hebräischen Bibel ins Griechische. Jüdische Tradition sieht in ihr das Werk von 72 Gelehrten (bMeg 9a-b). Daher der Name „Septuaginta", „die Siebzig". Wahrscheinlich wurde die Übersetzung unternommen, weil die ägyptischen Juden kaum mehr hebräisch verstanden. Der pseudepigraphische Aristeasbrief erklärt jedoch, König Ptolomäus II., Philadelphus von Ägypten (283–245 v.u.Z.), habe diese Übersetzung beauftragt, da ein so wertvolles Werk wie die Tora der Bevölkerung zu deren wahrer Lebenserziehung zugänglich sein müsse und daher in seiner Bibliothek nicht fehlen dürfe. Dazu sagte der jüdische Philosoph Philon aus Alexandrien (um 20 v.u.Z. bis um 50 u.Z.), der Zweck der Übersetzung sei gewesen, dass der größere Teil der Menschheit, vielleicht die Gesamtheit, von den Geboten der Tora „Gewinn ziehe und zu einem besseren Leben geführt werde, und dass jedes Volk seine eigentümlichen Wege verlasse, die vorväterlichen Bräuche verwerfe, und sich umwende, um unsere Gesetze allein zu ehren" (Philon, De Vita Mosis).

Antagonismus gegenüber der jüdischen Missionstätigkeit

Der Eifer und Erfolg der jüdischen Heidenmission wurde vielfach zum Ärgernis. Viele Römer sahen im Judentum eine Gefahr für ihren Lebensstil und ihre sozialen Lebensformen. Wir sehen diesen Antagonismus in den Äußerungen des Matthäusevangeliums. Wir finden ihn in den Satiren des Horaz, er kommt zum Ausdruck in den Worten des Philosophen Seneca (1. Jh. u.Z.), „Die Besiegten geben den Siegern Gesetze." Er findet sich im Spott des Satirikers Juvenal: „Zahlreiche von ihnen, Söhne eines Vaters, der den Sabbat feiert, beten nur Wolken und ein Geistwesen im Himmel an ... Bald kürzen sie ihre Vorhaut. Sie sind unterwiesen, Roms Gesetze zu verachten. Statt ihrer studieren sie jüdisches Gesetz mit Hingabe, ihm zu gehorchen und es zu verehren; sie verehren alle Lehren Mosis, übermittelt in einem Geheimbuch. Dieses verbietet ihnen, allen Jenen, die ihre Riten nicht annehmen, den rechten Weg des Lebens zu zeigen, und erlaubt ihnen nur, die Beschnittenen zum Quell ihrer Weisheit zu führen, und keinen der anderen. Schuld daran ist der Vater, der an jedem siebten Tag faul wird und an den Aufgaben und Pflichten des Lebens nicht teilnimmt" (Satiren 14,98–106). Die Tendenz wird hier klar: Den Juden wird vorgeworfen, die Nichtjuden zu verachten und nichts zur Kultur beizutragen. Diese Einstellung ist bei den Judenhassern bis heute erhalten.

Einen Höhepunkt fand die Verleumdung der Juden in den Schriften des ägyptischen Grammatikers Apion (1. Jh. u.Z.) und des Historikers Tacitus (Anfang des 2. Jh. u.Z.). Diese lassen nichts Gutes an den Juden und ihrer Lehre. Nach Ansicht von Historikern soll der Einfluss des Tacitus Kaiser Hadrian von einem Freund der Juden zu ihrem erbitterten Feind verwandelt haben, der die jüdische Religion verbot. Viele der großen Rabbinen wurden zu Märtyrern unter Hadrians Herrschaft. Die Juden waren so aktiv in ihrem Eifer, Heiden zu bekehren, dass sie oder ein Teil von ihnen als Friedensstörer und Untergraber der öffentlichen Ordnung gelegentlich, z.B. von Kaiser Tiberius im Jahr 19 u.Z., aus Rom vertrieben wurden.

Anerkennung des Judentums in der Umwelt

Es gab auch römische Intellektuelle, die den Juden Anerkennung zollten. Einige seien erwähnt. Varro, der bedeutende Gelehrte gegen Ende der republikanischen Zeit, rühmte die Form des jüdischen Gottesdienstes, weil dieser mit keinerlei bildlicher Darstellung der Gottheit verbunden war. Das Werk „Über das Erhabene", das Longinus zugeschrieben wird, geht noch einen Schritt weiter. Ihm waren die biblischen Worte „und es ward Licht" ein hervorragendes Beispiel des erhabenen Stils; zugleich spendete er dem jüdischen Gesetzgeber Mose hohes Lob.

Zugehörige und Zugesellte

Nichtjuden, die dem Judentum Anerkennung bezeugten, gesellten sich diesem zu, selbst wenn sie nicht Juden werden wollten. Einen Anstoß finden wir in den Worten Hillels. Er pflegte zu sagen: „Sei ein Schüler Aarons, liebe den Frieden, jage ihm nach, liebe alle Geschöpfe und bringe sie zur Tora" (MAw 1,12). Ideal gesehen sollten daher „alle Geschöpfe" Juden werden. Die Juden erkannten dies. Doch der Weg zum Judentum war nicht einfach, vor allem für Männer, die sich der Beschneidung unterziehen mussten. Viele Nichtjuden erreichten das Ziel und schlossen sich dem Judentum voll an. Ein solcher Jude aus freier Wahl war „Ger Zedek", der gerecht-wahrhafte Jude. Er oder sie waren Zugehörige. Andere konnten den Weg zunächst nicht vollständig gehen, vielleicht später, vielleicht nie. Gemäß ihrer inneren Zuneigung wählten sie unter den Geboten des Judentums einige aus und befolgten sie. Sie fühlten sich verbunden. Vor allem der Sabbat zog viele an, andere hielten sich von verbotenen Speisen fern. Sie waren mitfühlende Zugesellte und wurden „Ger Toschaw" genannt. Diese konnten mit der Freundschaft und Hilfsbereitschaft der Juden rechnen. Petronius, der Statthalter Syriens, war am Judentum höchst interessiert und weigerte sich daher, ein Dekret des Kaisers Caligula auszuführen, nach welchem dessen Standbild im Tempel aufzustellen war. Pomponia Graecina, Frau des Aulus Plautus, welcher unter Kaiser Claudius Britannien eroberte, mag sogar Jüdin geworden zu sein, denn Tacitus beschuldigt sie, „von außen kommendem Aberglauben" gefolgt zu sein (Annalen 13,23). Josephus berichtet, dass Poppaea, die Frau Kaiser Neros, zur „Zugesellten" wurde (Ant 20,195). Im Talmud wird sogar behauptet, Nero selbst sei zum Judentum übergetreten, und Rabbi Meir sei einer seiner Nachkommen (bGitt 56a). Wir können allerdings diese Berichte nicht alle als historisch gesichert ansehen.
Der Midrasch berichtet von einem der römischen Senatoren, der heimlich zum Judentum übergetreten war. Eine rabbinische Delegation in Rom erfuhr von ihm, dass der Senat – wohl auf Befehl Kaiser Domitians (ca. 95 u.Z.) – die Ausrottung aller Juden im römischen Reich verordnet und bestimmt habe, dieses Gesetz sei nach einer Frist von 30 Tagen durchzuführen. Die gerade in Rom weilenden Rabbinen waren entsetzt, wurden jedoch vom Senator beruhigt, es werde nicht dazu kommen. Beraten von seiner Frau, nahm sich der Senator am Ende dieser 30 Tage das Leben. Der Senat musste nun für wiederum für 30 Tage seine Sitzungen als

Zeichen der Trauer aufheben, und vorher erlassene Gesetze wurden ungültig. So rettete dieser Proselyt die Juden mit der Hingabe seines eigenen Lebens. Man hatte ihn für einen Ger Toschaw gehalten, bis seine Witwe den Rabbinen seine abgeschnittene Vorhaut zeigte, die er zum Beweis seines vollkommenen Übertritts aufbewahrt hatte (DtnR 2,24).

Im Talmud werden diese Zugesellten Yirey Schamajim genannt, „Solche, die den Himmel fürchten". Himmel bezeichnet Gott, denn man wollte, gemäß dem dritten der Zehn Gebote, den Gottesnamen nicht unnötig aussprechen. Die Bezeichnung Yirey Schamajim ist identisch mit Ger Toschaw. Die jüdische Gemeinschaft zollte auch ihnen und ihren Verdiensten hohe Anerkennung. Der römische Senator, der sich geopfert hatte, wird im Text als ein Mann bezeichnet, welcher allgemein als Zugehöriger der Yirey Schamajim bekannt war.

Das Wirken der Yirey Schamajim galt den Juden als bedeutend. So sagt Rabbi Hanina (3. Jh.), dass die Städte am Meer in Wirklichkeit Vernichtung verdienten, doch würden sie, wenn in jedem Jahr auch nur ein Proselyt und einer, der den Himmel fürchtet, aus ihrer Mitte erstehe, durch deren Verdienst gerettet (GenR 28,5).

Die Kontroverse unter den Rabbinen

Eine längere Kontroverse der Rabbinen zeigt die grundsätzliche Meinungsverschiedenheit unter ihnen. Rabbi Jochanan erklärte: Ein Nichtjude, der sich mit der Tora beschäftigt, verdient den Tod, denn in der Tora wird gesagt: Moses entbot uns Tora, sie ist Erbgut der Gemeinschaft Jakobs (Dtn 33,4). Sie ist unser Erbgut, nicht aber für sie. Rabbi Meir hingegen sagte: Ein Nichtjude, der sich mit Tora beschäftigt, gleicht dem Hohen Priester, denn Tora sagt: [Wahret meine Satzungen und meine Rechtsgeheiße, welche] es befolgt sie der Mensch und lebt durch sie (Lev 18,5). Es heißt nicht: Priester, Leviten, Israelim, [leben durch Beschäftigung mit Tora] sondern der Mensch, dies lehrt dich, dass selbst ein Nichtjude, der sich mit Tora beschäftigt, dem Hohen Priester gleicht (bSanh 59a). Vielleicht lässt sich diese Meinungsverschiedenheit auf die Zeitumstände zurückführen. Rabbi Meir lebte im 2. Jahrhundert, zu einer Zeit, in der die Christen lediglich eine kleine Sekte waren, Rabbi Jochanan lebte im 3. Jahrhundert, als das Christentum bereits Bedeutung hatte und man nicht wissen konnte, welchen Gebrauch Nichtjuden von ihrer Kenntnis machten; vielleicht würden sie sie nützen, um die Tora zu schmähen. Gerade in jenem Jahrhundert scheinen viele dieser Zugesellten zwischen verschiedenen Lebensformen hin und her geschwankt zu sein. Daher bestimmte Rabbi Jochanan, dass ein Zugesellter sich innerhalb von zwölf Monaten zu entscheiden habe, sich entweder beschneiden zu lassen oder sich in jeder Weise als Nichtjude zu betrachten. So wird berichtet, ein Nichtjude habe öffentlich den Götzendienst abgeschworen und sei Ger Toschaw geworden. Doch fand ihn einst Raba in einer parfümierten Badewanne sitzend, von nackten Huren umgeben, was ihm besser schien als die Belohnungen der künftigen Welt; außerdem erklärte er, im Gegensatz zu den Juden habe er keine Angst vor dem König (bAS 65a). Solche Ereignisse führten dazu, dass man den Zugesellten nicht mehr vertraute.

Christliche Auffassungen

In der christlichen Literatur findet sich die Bezeichnung Gottesfürchtige für die dem Judentum Zugesellten. In der Apostelgeschichte wird wiederholt von Gottesfürchtigen berichtet. In manchen Fällen mag sich dies auf Zugesellte zum Judentum beziehen, in anderen wohl einfach auf Gott ergebene Menschen. Wir geben einige Beispiele in Luthers Übersetzung des Textes:
„Es war aber ein Mann zu Caesarea, mit dem Namen Kornelius, ein Hauptmann … Gottselig und gottesfürchtig samt seinem ganzen Hause, und gab dem Volke viel Almosen und betete immer zu Gott …" (Apg 10,1f). Von einem Engel aufgefordert, Petrus zu sich einzuladen, schickt er Boten mit der Einladung zu ihm. Sie berichten von Kornelius: „Kornelius, der Hauptmann, ein frommer und gottesfürchtiger Mann und guten Gerüchtes bei dem ganzen Volk der Juden, hat Befehl empfangen von einem Engel, dass er dich solle fordern lassen in sein Haus und Worte von dir hören" (Apg 10,22) … Paulus geht und spricht: Ihr Männer von Israel und die ihr Gott fürchtet, höret zu … (Apg 13,16). Kornelius lässt sich taufen. Damit gibt er seine Zugesellheit zum Judentum auf.
Ein anderer Bericht: In Antiochien geht Paulus am Sabbat in eine Schule (Synagoge). Nach der Lektion des Gesetzes und der Propheten (wie dies am Sabbat noch immer stattfindet) spricht Paulus auf Einladung zur Gemeinde: „Ihr Männer von Israel, und die ihr Gott fürchtet, höret zu …" (Apg 13,14–16). Er gibt ihnen einen Abriss der biblischen Geschichte bis David. Dann fährt er fort, dass aus dessen Samen Gott Jesus Christus zum Heil des jüdischen Volkes kommen ließ, wie er es verheißen hatte. Er spricht weiter: „Ihr Männer, liebe Brüder, ihr Kinder des Geschlechtes Abraham und die unter euch Gott fürchten, euch ist das Wort dieses Heils gesandt" (Apg 13,26). Dann berichtet Paulus von der Kreuzigung Jesu auf Ersuchen der jüdischen Obersten und von der Auferstehung und ermahnt die Gemeinde, an ihn zu glauben. Und als die Gemeinde nach der Schule auseinander ging, folgten Paulus und Barnabas nach viele Juden und gottesfürchtige

Judengenossen (Apg 13,43). Von den Nichtjuden eingeladen, kam Paulus am nächsten Sabbat wieder und sprach „zu fast der ganzen Stadt". Nun widersprachen ihm die Juden „aus Neid", sie hetzten die andächtigen und ehrbaren Weiber und der Stadt Oberste auf, und Paulus wurde aus der Stadt vertrieben (Apg 13,50).

In Philippi predigte Paulus ebenfalls. „Wir ... setzten uns und redeten zu den Weibern, die da zusammenkamen. Und ein gottesfürchtiges Weib mit Namen Lydia hörte zu ... und ließ sich taufen" (Apg 16,12–15). Auf seinen Reisen kam Paulus nach Thessaloniki und predigte in der Synagoge „... Und etliche (Juden) ... gesellten sich zu Paulus ... auch der gottesfürchtigen Griechen eine große Menge, dazu der vornehmsten Weiber nicht wenige (Apg 17,4) ... und er redete zu den Juden und Gottesfürchtigen auch auf dem Markt ..." (17,17, ähnlich 18,7). Aus diesen Beispielen lässt sich schließen, dass es Gottesfürchtige in allen Städten gab. Dort gingen sie regelmäßig in die Synagoge und fühlten sich zu Hause, sie gehörten zur Gemeinde. Zugleich wird die Hingabe der Frauen, selbst aus vornehmsten Kreisen, erkennbar. Paulus berücksichtigt sie, wendet sich an sie und muss sich eingestehen, dass ihr Einfluss seine Ausweisung aus Antiochien bewirkte. Die Mehrheit der Proselyten und Gottesfürchtigen bestand aus Frauen.

Massenübertritte

Der Zustrom zum Judentum war so gewaltig, dass das Buch Tobit (Apokryphen) verkündet: „Und auch die Heiden werden sich bekehren und werden nach Jerusalem kommen und da wohnen. Und alle Heiden und Könige werden sich darin freuen und anbeten den Gott Israels" (Tob 14,8f). Im Land Israel gibt es Massenbekehrungen. Den Forschungen der Historiker zufolge kamen die meisten dieser Proselyten aus freiem Willen zum Judentum in Erwartung des baldigen Kommens des Messias. Doch gab es auch Zwangsübertritte, wie die der Idumäer im 2. Jh. v.u.Z. Diesem Volk entstammt Herodes.
Die Phönizier hatten im 1. Jh. v.u.Z. ihre Hauptstädte Tyrus, Sidon und Karthago verloren. Sie waren nun, gleich den Juden, ein zerstreutes Volk ohne Zentrum. Dies mag sie zu den Juden hingezogen haben. (Ähnliche Beweggründe mag im 20. Jh. der Dalai Lama gehabt haben, der eine jüdische Delegation in seine Residenz in Indien einlud. China hatte sein Land Tibet erobert und ihn ins Exil vertrieben. Er suchte nun den Rat der Juden, wie eine Religion und Kultur ohne ein geographisches Zentrum am Leben erhalten werden könnten.) Die Phönizier hatten enge Bande zum Judentum, ihre Sprache war dem Hebräischen verwandt, die Beschneidung war bei ihnen seit langem eingeführt, sie lernten jüdische Lebens-

formen von ihren jüdischen Sklaven, deren Sprache sie verstehen konnten, jüdische Missionare haben sie wahrscheinlich belehrt. Zypern war eine bedeutende Niederlassung der Phönizier. Dort wuchs die jüdische Bevölkerungszahl in einem solchem Maß, dass man annehmen muss, dass die dortigen Phönizier Juden wurden. Diese Annahme wird durch eine Aussage von Rav (Abba Areka, um 175 bis 247), einem der Gründer jüdischer Hochschulen in Babylonien, erhärtet. Er erklärte: Von Tyrus bis Karthago kennen sie Israel und ihren Vater im Himmel (bMen 119a).

Diese Ereignisse belegen auch, dass die Zerstörung des Tempels im Jahr 70 und die ihr folgenden Judenverfolgungen die missionarische Bewegung der Juden in keiner Weise beeinflussten. So schreibt Josephus: „Wie wir bereits darstellten, haben unsere Gesetze immer die Bewunderung und Nachahmung aller anderen Menschen hervorgerufen. Selbst die frühesten griechischen Philosophen, obgleich sie äußerlich die Gesetze ihrer eigenen Länder befolgten, folgten in ihrem Tun und philosophischen Prinzipien unserem Gesetzgeber und belehrten die Menschen, bescheiden zu leben und in freundlicher Beziehung zueinander zu stehen. Ja, sogar die Menge der Menschheit selbst hat seit langer Zeit die Neigung gehabt, unseren religiösen Bräuchen zu folgen, denn es gibt keine Stadt unter den Griechen, noch den Barbaren, noch irgendeiner anderen Nation, wohin unser Brauch des Ruhens am siebten Tag nicht Eingang gefunden hat, von welchen unsere Fasttage und das Zünden der Lichter und viele unserer Verbote bezüglich Speisen nicht beobachtet werden; sie streben ebenfalls, in Eintracht miteinander zu leben und, gleich uns, die wohltätige Verteilung von unserem Gute (an die Bedürftigen) wie unseren Fleiß in unserer Arbeit nachzuahmen; auch unsere Standhaftigkeit im Ertragen der Nöte, in welchen wir uns aufgrund unserer Gesetze befinden, ahmen sie nach; … Was dabei unsere größte Bewunderung fordert, ist, dass unser Gesetz kein Vergnügen als Köder anbietet, um Menschen anzuziehen. Es besteht aus eigener Kraft, und wie Gott die ganze Welt erfüllt, so hat unser Gesetz die ganze Welt durchzogen. Sollte daher irgendjemand über sein eigenes Land und seine eigene Familie nachdenken wollen, so hat er vernunftgemäß Grund, dem, was ich sage, Anerkennung zu zollen … Auch sind wir keinerlei neidischen Verhaltens ihnen (den anderen Völkern) gegenüber schuldig, wenn wir unseren eigenen Gesetzgeber ehren und an das glauben, was er durch seine prophetische Autorität uns über Gott gelehrt hat. Obwohl wir nicht in der Lage sein mögen, das ausgezeichnete Wesen unserer Gesetze zu verstehen, so wird die große Menge derer, die danach streben, sie nachzuahmen, uns rechtfertigen, wenn wir unseren Wert in ihnen bestätigt sehen."*

---

* The new complete Works of Josephus, Contra Apionem II 40 – Übersetzung ins Deutsche von Leo Trepp.

Die Syrer hassten die Juden, aber ihre Frauen waren, wohl unter dem Einfluss jüdischer Missionare, Jüdinnen geworden. Die Männer von Damaskus mussten daher ihren Plan, die Juden zu ermorden, vor ihren Frauen verheimlichen. Josephus berichtet: „Die Männer von Damaskus … wussten nichts eiligeres zu tun, als die unter ihnen lebenden Juden zu ermorden … Scheu hatten sie nur noch vor ihren Weibern, welche mit wenigen Ausnahmen zur jüdischen Religion übergetreten waren" (Josephus, Jüdischer Krieg, Buch II, 20,2). Sie gaben sich daher die größte Mühe, den Plan vor den Frauen geheim zu halten. Tatsächlich kamen die jüdischen Männer ahnungslos zu einer Veranstaltung, zu der sie eingeladen worden waren, und wurden ermordet.

Die Anzahl und damit der Einfluss der Proselyten wuchs weiter. Dieser große Zuwachs führte zu Diskussionen unter den Rabbinen, die sich im 3. Jh. mit entstehenden Problemen auseinandersetzen mussten. In ihren Debatten hatten sie die große Zahl der Proselyten zu berücksichtigen, in ihren Entscheidungen mussten sie ihre Hochschätzung und Liebe für die Proselyten zum Ausdruck bringen. Eine der Debatten ging um das Problem illegitimer Kinder. Das uneheliche Kind einer ledigen Frau hatte keinen rechtlichen und gesellschaftlichen Makel. Dagegen galt das Kind, das durch Ehebruch einer Frau gezeugt wurde, als Mamser, Bastard. Von einem solchen sagt die Tora: „Nicht gehe ein Mamser in Gottes Gesamtgemeinschaft ein, selbst das zehnte Geschlecht von ihm gehe nicht in Gottes Gesamtgemeinschaft ein" (Dtn 23,3).

Die Rabbinen mussten vorsichtig sein, denn die Zahl der Proselyten in Babylonien war so groß und ihre Hingabe zur Gesamtgemeinschaft so tief, dass man sie nicht kränken durfte. In der Debatte ging es nun darum, ob ein Proselyt eine Mamser-Frau heiraten dürfe. Würde es ihm erlaubt, dann ließe sich daraus schließen, dass der Übergetretene nicht der Gesamtgemeinschaft angehöre, würde es ihm verboten, so bedeutete dies, dass der Proselyt dieser Gesamtgemeinschaft angehörte. So sagt der Talmud: Rav Sera lehrte in Machusa (Babylonien): „Einem Ger ist eine Mamser-Frau (zur Ehe) erlaubt." Darauf bewarf ihn die ganze Bevölkerung mit ihren Etrogim. (Es muss wohl am Sukkot gewesen sein, an diesem Feste gehören diese wie eine Zitrone aussehenden Früchte zum Feststrauß in der Synagoge.) Wozu Abba sagte: „Wie kann einer nur so etwas an einem Ort sagen, wo es so viele Proselyten gibt?" Machusa hatte sehr viele Proselyten, denen diese Erklärung des Rabbi als Kränkung erscheinen musste. Abba aber war diplomatisch. Er lehrte in Machusa: „Einem Ger ist eine Priestertochter erlaubt." Da trugen sie ihn auf Seidengewändern. Dann trug er ihnen vor: „Einem Ger ist eine Mamser-Frau erlaubt". Da sprachen sie zu ihm: „Hast du das frühere aufgehoben?" Er erwiderte ihnen: „Ich habe zu eurem Vorteil entschieden. Ihr könnt nun, wenn ihr wollt, unter diesen heiraten, und, wenn ihr wollt, unter jenen heiraten. Die Halacha ist:

ihm ist eine Priestertochter erlaubt und ihm ist eine Mamser-Frau erlaubt" (bKid 73a). Diese Rabbinen wollten den Proselyten entgegenkommen, indem sie ihnen erlaubten, nach ihrem Wunsch zu heiraten, ein Privileg, das allerdings möglicherweise von manchen als Diskriminierung empfunden wurde.

Adiabene: Ein Volk tritt über (Ant 20, Kapitel 2–4 und Talmud)

Die Geschichte des Übertritts des Königshauses von Adiabene im 1. Jh. fasst den Weg zum Judentum und die Bewährung der Juden aus freier Wahl zusammen. Adiabene war ein kleines Königreich zwischen Armenien, Parthien und Rom. König Monobazus und seine Lieblingsfrau Helena hatten zwei Söhne. Der ältere hieß ebenfalls Monobazus, der jüngere Izates. Izates war des Königs Lieblingssohn und wurde von ihm als sein Nachfolger bestimmt. Der Vater sah mit Besorgnis, dass die Söhne seiner anderen Frauen ihren Stiefbruder beneideten und hassten. Vorsorglich schickte er Izates zum König eines benachbarten Staates, nach Charax Spasinu, zwischen den Mündungen von Euphrat und Tigris. Dort wurde Izates freundlichst empfangen und betreut.

Dort hatte er auch die erste Begegnung mit dem Judentum. Ananias, ein jüdischer Kaufmann, hatte Zugang zu den Frauen des Hofes gefunden, sie in den Lehren des Judentums unterrichtet und sie bewogen, Gott nach jüdischer Weise anzubeten. Durch diese Frauen wurde er mit Izates bekannt und konnte auch ihn für die jüdische Religion gewinnen. Zur gleichen Zeit war Helena von einem anderen Juden in den Lehren des Judentums unterrichtet worden und war zum Judentum übergetreten. Der alte König starb. Izates war noch in der Ferne. Mit großem politischen Verständnis rief Helena alle Großen und Heerführer des Landes zusammen und erklärte ihnen, Izates sei zwar im Vermächtnis seines Vater zum König erhoben worden, doch sei es besser, wenn er mit der Zustimmung Vieler sein Amt übernehmen könne. Sie erhielt diese Zustimmung. Zugleich aber rieten ihr die Vasallen, man solle die anderen Söhne und ihre Familien umbringen, um jeder Möglichkeit eines Streites um den Thron zu entgehen. Das war dieser jüdischen Mutter zuwider; diplomatisch schlug sie vor, man solle sie in Haft nehmen und Izates nach seiner Rückkehr die Entscheidung überlassen. Bis zu dessen Heimkehr übernahm vorübergehend sein Bruder Monobazus die Herrschaft. Nachdem Izates in Begleitung von Ananias zurückgekehrt war, trat ihm Monobazus freiwillig die Herrschaft ab. Izates entließ seine Stiefbrüder und ihre Familien aus der Haft und sandte sie, um weiterhin sicher zu sein, stattdessen nach Rom und Parthien.

Die tiefe Hingabe seiner Mutter zum Judentum gab Izates das Gefühl, er sei kein richtiger Jude, solange er nicht beschnitten sei. Helena wie auch Ananias versuchten, ihn von diesem Schritt abzuhalten. Seine Untertanen würden einen Juden nicht als ihren König tolerieren und sich sicher gegen ihn erheben. Diese fremde Religion sei ihnen widerwärtig. Ananias gab ihm zu verstehen, er könne Gott auch ohne Beschneidung anbeten und verehren, dies sei wichtiger als die Beschneidung. Gott werde ihm sicher verzeihen, da Gott wisse, dass er sich nur aus Zwang und mit Rücksicht auf seine Untertanen der Beschneidung entzogen habe. Izates gab nach, doch das Verlangen nach Beschneidung erfüllte ihn weiter. Kurz darauf erhielt Izates Besuch von Eleazar, einem als sehr gesetzeskundig angesehenen Juden aus Galiläa. Eleazar fand den König beim Lesen der Tora und erklärte ihm, das Lesen der Tora sei gut, aber nicht genug. Der König müsse alle Gebote der Tora auch befolgen, einschließlich der Beschneidung (Gen 17,11). So lange er nicht beschnitten sei, vergehe er sich gegen Gott. Daraufhin ließ sich Izates sofort von einem Arzt gemäss dem jüdischen Gesetz beschneiden. Die gefürchteten Folgen blieben aus, im Land blieb es friedlich.

Helena konnte nun ihren sehnlichsten Wunsch erfüllen und eine Pilgerfahrt nach Jerusalem unternehmen. Izates versah sie reichlich mit Geld und begleitete sie eine lange Strecke auf ihrem Weg. In Jerusalem wie im ganzen Land herrschte eine schwere Hungersnot. Vom Geist jüdischer Barmherzigkeit erfüllt, ließ die Königin auf ihre Kosten eiligst ganze Schiffsladungen an Getreide und Feigen in Ägypten und Zypern kaufen, nach Jerusalem bringen und dort an die Hungernden verteilen. Auch Izates sandte reiche Spenden zur Lebenserhaltung der Hungernden. Diese Großzügigkeit zeichnet die Juden bis heute aus. Als der Partherkönig den Izates um Aufnahme bat, da er in seinem Land einen Putsch gegen sich fürchtete, nahm dieser ihn freundlich auf. Er kam dem König auf dem Weg entgegen, hob ihn vom Boden auf, als dieser vor ihm niederfiel, und ließ ihn reiten, während er selbst zu Fuß ging. Das betrachtete er als der Würde des Königs angemessen. Durch kluge Verhandlungen gelang es Izates, dem Partherkönig seinen Thron zurückzugewinnen.

Izates' Brüder und Verwandten waren von dessen Erfolgen tief beeindruckt und sahen darin den Beistand Gottes. Daher traten sie ebenfalls zum Judentum über. Dies missfiel den Vasallen. Sie bestachen den Araberkönig, ihren König anzugreifen. Männer der adiabenischen Streitmacht waren ebenfalls bestochen worden. Beim Angriff der Araber floh daher das ganze Heer der Adiabener. Izates zog sich zurück, entdeckte die Verräter und ließ sie hinrichten. Am folgenden Tage schlug er seine Feinde. Wieder war er gerettet worden. Die Vasallen von Izates ersuchten nun einen Nachfolger des Partherkönigs, ihnen einen parthischen Fürsten als Herrscher zu geben, denn Izates sei aufgrund seiner fremden Sitten beim Volk verhasst. Dieser König rückte mit einer großen Heerschar gegen Izates vor. Izates war sich der eigenen Schwäche bewusst, brachte seine Frauen und Kinder in eine Festung, ließ alles Getreide dorthin bringen und alles Weidefutter verbrennen. Dann betete er innigst zu Gott um Rettung. Die Rettung kam: Der Partherköning erfuhr, dass seine Feinde sein Reich während seiner Abwesenheit angegriffen hatten, und führte sein Heer sofort zurück. Izates starb im Alter von 56 Jahren, nachdem er 25 Jahre lang regiert hatte. Sein Bruder Monobazus bestieg den Thron. Helena überlebte ihren jüngeren Sohn nicht lange. Monobazus liess die Überreste beider Angehörigen nach Jerusalem überführen. Dort wurden sie in drei Pyramiden begraben, die Helena außerhalb der Stadt hatte errichten lassen. Die Pyramiden bestehen nicht mehr, die Gebeine ruhen vielleicht in den Königsgräbern außerhalb der Stadt.

Wir wissen nicht, wie viele Menschen aus der adiabenischen Bevölkerung zum Judentum übertraten. Manche Historiker sind der Ansicht, es sei die Mehrheit des Volks gewesen. Es ist uns auch nicht bekannt, was später aus der jüdischen Bevölkerung Adiabenes wurde. Es ist möglich, dass sie zur Zeit der Eroberung Adiabenes durch den römischen Kaiser Trajan nach Armenien floh.

Talmudische Ausschmückungen

Im Talmud werden Helena und ihr Sohn lobend erwähnt. Das ist eine hohe Auszeichnung und offenbart die Anerkennung der Proselyten. Zugleich wird die Liebe des Volks zum adiabenischen Königshaus in den talmudischen Ausschmückungen ihrer Biographien demonstriert. Diese mögen historisch nicht gesichert sein, vor allem finden wir immer den Namen Monobazus, wenn wohl Izates gemeint ist. Die Absicht ist klar.

Opferbereitschaf: Zur Erleichterung der Hungersnot in Jerusalem gab Monobazus sein ganzes Vermögen wie das seines Vaters. Auf die Vorwürfe, er vergeude die Schätze der Familie, antwortete er: „Meine Ahnen legten diese für die Welt hier unten zur Seite, ich für die Welt oben; sie legten sie auf einen Platz, wo andere sie wegnehmen können, ich auf einen Platz, wo niemand sie mir nehmen kann; sie legten sie in einer fruchtlosen Weise an, ich in einer Weise, welche Früchte bringt; sie legten Schätze von Geld an, ich Schätze von Menschenseelen; sie legten sie für andere an, ich für mich; sie legten sie für diese Welt an, ich für die kommende" (bBB 11a).

Treue zu den Geboten: Helena hatte eine Sukka, deren Wände höher waren, als die Halacha es bestimmt. Die Rabbinen späterer Zeit debattierten darüber, wie ihr dies möglich gewesen sei, denn „sie pflegte ja alles nach Anweisung der Weisen zu tun". Diese Frau war ein solches Vorbild, dass es undenkbar schien, sie könne gegen eine Halacha gehandelt haben. So kamen die Rabbinen nach langen Auseinandersetzungen zum Ergebnis, sie habe das halachisch Richtige getan (bSuk 2b–3a).

Besondere Hingabe: Um in besonderer Heiligkeit vor Gott zu wandeln, können ein Mann oder eine Frau geloben, für eine von ihnen zu bestimmende Periode in besonderer Askese zu leben, sie werden Nasir oder Nasira (Num 6,1–21). In der Mischna lesen wir: „Als ihr Sohn in den Krieg zog, gelobte Königin Helena: ‚Wenn mein Sohn in Frieden vom Krieg heimkehrt, will ich sieben Jahre Nasira werden.' Ihr Sohn kehrte in Frieden heim, und sie war sieben Jahre lang Nasira ..." Wie die Mischna weiter ausführt, ergab sich, dass sie 14 Jahre oder sogar 21 Jahre Nasira war (mNas 3,6).

Liebe zu Gottes Tempel: Monobazus und Helena gaben wertvolle Spenden an den Tempel in Jerusalem. Am Jom Kippur wurden viele Gefäße für den Opferdienst benötigt. „König Monobaz machte die Griffe aller Geräte aus Gold, seine Mutter Helena machte eine goldene Lampe für das Tor des Tempels, auch machte sie eine goldene Tafel, auf der der Abschnitt von der Ehebruchsverdächtigten geschrieben stand" (mJom 3,10).

Die Bedeutung der adiabenischen Übertritte

Jüdische Missionare, an sich Geschäftsreisende, die sich gleichzeitig der Missionstätigkeit widmen, sind vom Stolz auf die ethische Überlegenheit des Judentums gegenüber den anderen Religionen erfüllt und haben den Mut, dies öffentlich zu verkünden. Neben den spirituellen Werten des Judentums mögen sie auch den Gemeinschaftsgeist der Juden und sogar wirtschaftliche Vorzüge erwähnt haben, die einem Übertritt folgen könnten. Sie wenden sich zuerst an die Frauen, mit deren Hilfe sie die Männer fürs Judentum interessieren. Frauen werden in größerer Zahl und schneller als die Männer zu Juden. Helena tritt vor Izates vollständig dem Judentum bei. Die Angesprochenen lesen die Tora und sind tief beeindruckt. Hier sehen sie eine ganz reine, ethisch-monotheistische Religion, die sehr alt ist und sich bewährt hat. So machen sie wie Izates das Studium der Tora zu einer regelmäßigen Beschäftigung. Ihre Gläubigen beten einen unsichtbaren, allmächtigen Gott der Liebe an, ruhen gemäß seiner Weisung am Sabbat und halten ihre Körper durch Befolgung der Speisegesetze nach seinem Willen rein. Im

Leben der Gemeinschaft spiegelt sich das Wort ihres Gottes. Ihre Zugehörigen sind durch Gesetz beschützt und keiner Willkür ausgesetzt. Helena gibt ihren Vasallen ein Mitbestimmungsrecht bei der Einsetzung ihres Königs, obwohl Izates' Vater ihn bereits zum Nachfolger bestimmt hat. Izates erweist dem König der Parther Schutz vor der Willkür seiner Feinde und ehrt ihn, als dieser macht- und hilflos ist. Es ist gut möglich, dass Izates vor der Schlacht gegen die Parther an den Stammvater Jakob gedacht hat: Von der Ankunft seines ihm verfeindeten Bruders Esau mit einer Heeresschar informiert, betet Jakob um Rettung, verschanzt seine Familie zu deren Schutz und macht sich dann zum Kampf bereit (Gen 32).

Das jüdische Volk ist hilfsbereit, denn seine Lehre verpflichtet es, die Unterdrückten zu befreien, jedes Joch des Unrechts zu zerbrechen, den Bedürftigen zu helfen, mit den Hungernden das Brot zu teilen, die Gefangenen zu befreien, die Heimlosen bei sich aufzunehmen, die Nackten zu kleiden und sich in keiner Weise seinem Fleische zu entziehen. (Jes 58,6–7). Diese Pflichten und dieses Gottvertrauen haben die Proselyten auf sich genommen und als wahre Juden verinnerlicht. Sie sind ihnen zur zweiten Natur geworden. So werden diese Nichtjuden, gleich Izates, erst zu „Zugesellten" und dann zu Juden, die sich in jeder Weise der Ethik des Judentums verpflichtet fühlen. So wären ohne Helenas Hilfe viele Menschen in der Hungersnot umgekommen. Als Juden werden sie zu Vorbildern jüdischen Lebens, und die jüdische Gemeinschaft ist stolz auf sie.

Das Judentum zieht Oberschichten der Gesellschaft an

Das Judentum fand Anhänger gerade in der gebildeten Oberschicht Roms. So berichtet Josephus, dass Fulvia, eine Frau höchsten Adels, zum Judentum übertrat (Ant 18, 8,3).

Kaiser Hadrian war ein grausamer Verfolger der Juden, der ihre bedeutendsten Gelehrten hinrichten liess. Aquilas, ein Neffe Hadrians, trat dennoch zum Judentum über und studierte unter Rabban Gamaliel. Er hielt es aber für notwendig, den Kaiser im voraus von seinem Vorhaben zu informieren, um etwaigen Strafen zu entgehen. Der Midrasch erzählt: In großer Angst stand er vor seinem Onkel. Hadrian hielt ihm vor, er könne sich unmöglich einem Volk anschließen, welches er, der Kaiser, so verfolgt und erniedrigt habe. Warum wolle er es überhaupt? Aquilas antwortete: „Jeder unter diesem Volk weiß, dass Gott die Welt erschuf, wie er sie erschuf, und was ihre Fundamente sind. Diese Tora verkündet die Wahrheit." „Zum mindesten lasse dich nicht beschneiden", sagte der Kaiser. Aquilas erwiderte: „Selbst der Weiseste in deinem Lande kann die Tora nicht studieren, denn von ihr wird es gesagt: ‚Jakob sagt er [Gott] seine Worte an, Israel seine Gesetze und Rechtsgeheiße. Nichts hat er irgend einem Stamm so getan, die Rechtsgeheiße, sie blieben unbekannt ihnen' (Ps 147,19f). So muss ich vollkommener Jude sein, mich beschneiden lassen, um Tora zu verstehen" (ExR 30,12).

In einem weiteren Midrasch wird diese Begegnung ähnlich geschildert. Der angsterfüllte Neffe sagt seinem Onkel, er wolle Kaufmann werden und suche seinen Rat. Hadrian rät ihm, Waren zu kaufen, deren Preis gegenwärtig sehr niedrig sei, und sie zu verkaufen, wenn der Preis in die Höhe ginge. Aquilas studiert Tora und lässt sich beschneiden. „Ich bin deinem Rat gefolgt", sagte er dem Kaiser, „und darum bin ich Jude geworden. Du hast mir ja selbst geraten, die gegenwärtig verachteten Waren zu erwerben. Ich fand kein Volk, das so erniedrigt war wie das jüdische, und welches am Ende so erhoben werden wird, denn so ist es verkündet worden: ‚So hat Gott gesprochen, der Auslöser Israels, sein Heiliger, zu den Seelenverachteten, zum Abscheu der Stämmewelt, zum Knecht der Zwingherrn: Könige werden's sehn und aufstehn, Fürsten, und sich niederwerfen, um SEINER [Gottes] willen, dass er treu ist, der Heilige Israels, der dich wählte'" (Jes 49,7 MTan Mischpatim 2,5). Aquilas verfasst eine Übersetzung der Tora ins Griechische. Da er Rabbinen als Berater hat, liest er den Text im Geist der rabbinischen Auslegung. Dies wird ihm hoch angerechnet.

Feinde der Juden oder ihre Nachkommen treten über und werden hochgeachtet

Der Übertritt ehemaliger Feinde der Juden und die Hochachtung, welche sie unter dem Volk genossen, sind für die Übertritte nichtjüdischer Deutscher in unserer Zeit höchst relevant. Die Kandidaten fragen sich: „Was sind unsere tiefsten Beweggründe, uns dem Judentum und jüdischen Volk anzuschließen? Tun wir es, um von den Verfolgern auf die Seite der Verfolgten zu wechseln, unsere Schuld abzustreifen und uns rein zu waschen?" Diese Überlegung findet gelegentlich unter den Juden Widerhall: „Sie sind gar keine richtigen Juden, sie wollen ihre Vergangenheit ablegen und auf der richtigen Seite stehen." Berichte in Talmud und Midrasch geben Antworten auf solche Stereotypen. Etliche Feinde Israels wurden im Laufe ihres Lebens Juden und fanden Hochachtung und Liebe. Viele dieser Berichte gehören in den Bereich der Legende. Doch das ist nicht von Bedeutung. Talmud und Midrasch sind keine Geschichtsbücher, sie sind Lehrbücher, die das Leben des jüdischen Volkes gestalten wollen. Ihre Berichte sagen oft mehr über die Haltung der Juden aus, als dass in ihnen etwas historisch punktgenau erzählt wird. Der Talmud berichtet, dass der römische Kaiser Nero Jude geworden sei. Ein Orakel habe ihm angekündigt, Gott habe bestimmt, dass Rom Israel zerstören werde und habe ihn mit dieser Aufgabe betreut. Dann aber werde Gott Rache an Rom nehmen und Israel dazu beauftragen. „Nero sagte: ‚Der Heilige, gesegnet sei er, will sein Haus zerstören und seine Hände an mir abwischen [mich verantwortlich halten].' Da entfloh er und wurde Proselyt. Von ihm stammt Rabbi Meir [Me-ir] ab" (bGit 56 a). Dies ist bestimmt eine Legende, denn die Geschichte berichtet, dass sich Nero im Jahr 68 u.Z. in Rom das Leben nahm. Dennoch gilt selbst dem grausamen Nero Anerkennung als Jude aus freier Wahl, und Rabbi Meir (110–175 u.Z.) wird im Talmud als Neros Enkel bezeichnet. Dieser war so bedeutend, dass der Talmud von ihm sagt, es habe zu seiner Zeit niemanden gegeben, der ihm gleichgekommen sei. Sein hebräischer Name wurde ihm von seinen Schülern gegeben: „Meir, der Erleuchter, weil er die Augen der Weisen in der Halacha aufleuchten [mahir] ließ" (bEr 13b).

Weiterhin berichtet der Talmud: Es wird gelehrt: Naaman wurde ein „Ger Toschaw", ein Zugesellter, er nahm also das Judentum teilweise an (Naaman war ein General der Syrer, der von seiner Lepra durch Elija und das Wasser des Jordans geheilt wurde [2Kön 5,1–14]). Nebusaradan war ein General des babylonischen Königs Nebukadnezar. Er zerstörte Jerusalem, legte den ersten Tempel in Schutt und Asche, metzelte viele nieder und verschleppte das Volk bis auf die Ärmsten nach Babylonien (2Kön 24,8–12). Nebusaradan wurde ein „Ger Zedek", ein wirklicher Proselyt, d.h., ein vollständiger Jude. Die Nachkommen Hamans lehrten Tora in Bne Brak, einem Zentrum jüdischen Lernens in Israel (Haman war der Bösewicht, der die Juden ausrotten wollte, aber mit zehn seiner Söhne selbst gehenkt wurde [Buch Esther]). Die Nachkommen Siseras unterrichteten Kinder in Jerusalem. (Sisera war der General von Jabin, König des Kanaaniter Stadtstaates Hazor. Sein Heer wurde von Debora und Barak besiegt, er selbst von der Frau Jael geköpft, nachdem sie ihn betrunken gemacht hatte [Ri 4].)

Die Nachkommen Sanheribs lehrten Tora in der Öffentlichkeit. Wer sind sie? Schemaja und Awtaljon (bGit 57 b, bSanh 96b). (Sanherib war der König der Assyrer; er vernichtete das Königreich Israel und unternahm es dann, das Königreich Juda zu verwüsten. Doch musste er zwei Belagerungen Jerusalems abbrechen [701 und 690 v.u.Z.], da Gott dem König Hiskia beistand [2Kön 18,1–7, 2Chr 29,1–31, 2Kön 19,7].) Schemaja und Awtaljon, als Nachkommen des Sanherib angesehen, waren die Lehrer von Hillel und Schammai, sie wurden vom Volk innigst geliebt. Als einst, wahrscheinlich am Ende seines Dienstes am Jom Kippur, der Hohe Priester den Tempel verließ, schloss sich ihm eine große Menschenmenge an, doch als sie Schemaja und Awtaljon sahen, ließen sie den Hohen Priester stehen und scharten sich um diese. Als die beiden Meister später vom Hohen Priester Abschied nahmen, sprach dieser hämisch zu ihnen: „Mögen die Abkömmlinge von Heiden in Frieden gehen." Sie antworteten ihm: „Mögen die

Abkömmlinge von Heiden, die das Werk [des ersten Hohen Priesters] Aarons tun [nämlich dem Frieden nachzujagen] in Frieden gehen, aber Abkömmlinge Aarons, die es nicht tun [wie der Hohe Priester durch seine Worte es eben bewiesen hatte], verdienen es nicht, in Frieden zu gehen" (bJom 71b). In der Tat achtete und liebte das Volk die beiden Lehrer mehr als den Hohen Priester. Die Nachkommen von Heiden, die Frieden stifteten, verdienten höhere Ehre als ein Hoher Priester, der durch sein verletzendes Vorurteil den Frieden untergrub.

Rabbi Akiba, wohl der bedeutendste Meister seiner Zeit und ein Märtyrer der Hadrianischen Judenverfolgung, war ein Abkömmling von Proselyten. Dies bestätigt er selbst. Der Talmud nennt keine judenfeindliche Ahnung von Rabbi Akiba, nach einigen Interpreten soll er jedoch entweder von Sisera oder sogar von Haman abstammen können. Gerade an den Nachkommen Hamans wolle Gott zeigen, dass selbst die Kinder des Erzfeindes Israels „unter die Flügel der Schechina" kommen können. Maimonides hält ihn jedoch nicht für einen Nachkommen von Judenhassern.

Die Umkehr eines Täters selbst, dem die Besinnung auf seine Schuld den Weg zum Judentum öffnet, mag zu verständlichen Zweifeln bei geborenen Juden führen. Doch die Abkömmlinge von Tätern sollten ohne Misstrauen angesehen werden. Angehalten von den Verbrechen der Vorfahren, haben sie sich mit dem Judentum befasst, seine Größe erfahren, sich ihm angeschlossen und sind zu Lehrern des Volkes geworden. Wir wissen nicht, ob die Berichte des Talmuds historisch korrekt sind, der Beweggrund des Talmuds jedoch ist klar: Geborene Juden dürfen den Kindern der Verfolger die Sünden ihrer Väter nicht nachtragen. Sie sollen gegen sie keine Abneigung fühlen, denn diese Kinder können dem jüdischen Volk Tora bringen.

Das Bild des Proselyten aus rabbinischer Sicht

Grundsätzliche Befürwortung

Aus den Worten der Rabbinen in Talmud und Midrasch spricht deren Befürwortung jüdischer Missionstätigkeit. In der hohen Anerkennung, die sie den neuen Juden gaben, liegt eine Mahnung an das Volk, ihnen mit Liebe und Ehrerbietung entgegenzukommen.

Wir lesen in einer Midraschsammlung: Es gibt drei Arten von Proselyten. Zur ersten gehört der Mann, der in seinem Hause alle möglichen Speisen hat, wie faules Fleisch und kriechende Tiere (die den Juden verboten sind). Schließlich verabscheut er von selbst diese ihm unzumutbar gewordenen Speisen und sagt sich: „Ist es nicht Zeit für mich, dass ich zum Judentum übertrete und unter den Juden lebe, denn ihre Nahrung ist gesund, sie essen ausgewählte Speisen am Sabbat und den Festen, und ich werde dann kein schlechtes Zeug bei mir haben?" So zwingt er sich und tritt über. Über ihn sagt der Heilige, gelobt sei Er, zu Israel: „Meine Kinder, wie er dazu gekommen ist, euch zu lieben, so müsst ihr ihn lieben, denn so ist es gesagt: ‚Liebet den Ger, ihm Speise und Gewand zu geben" (Dtn 10,18). Zu einer anderen Art gehört der Mann, der ein jüdisches Mädchen heiraten möchte und von deren Familie hört, er könne sie nicht gewinnen, wenn er nicht Jude sei. So zwingt er sich und tritt über. Über ihn sagt der Heilige, gelobt sei Er, zu Israel: „Meine Kinder, wie dieser Mann die Sicherheit unter euch gesucht hat, so müsst ihr ihm Sicherheit geben, denn so ist es gesagt: ‚Einen Ger placke nicht und quäle nicht'" (Ex 22,20). Schließlich gibt es den Proselyten, der unserem Vater Abraham gleicht … Nach langer Suche … sagte er: „Ich will übertreten und unter die Fittiche der Schechina kommen." Von ihm wird gesagt: Nimmer spreche der Sohn der Fremde, der IHM Anhangende, solche Sprache: „Gott sondert, sondert mich ab von seinem Volk!" … Denn so hat Gott gesprochen … „Ich gebe ihnen in meinem Haus, in meinen Mauern, ein Handzeichen, ein Namensmal" (Jes 56,3–8, MJalk zu Schelach 745).

Die Mischna sagt: Dem Sohn eines Proselyten sage man nie: „Denke an die Taten deiner Vorfahren", denn es heißt, den Fremdling sollst du nicht kränken und nicht bedrücken (Ex 22,20, bBM 4,10). Dies gilt um so mehr vom Proselyten, dem man nicht sagen darf: „Sieh mal, wer da kommt, um Tora zu lernen! Es ist einer, der einmal Kadaver fraß" (bBM 3,25). Dazu erklärt die Gemara: „Die Rabbanan sagen, wer einen Proselyten kränkt oder bedrückt, übertritt drei Verbote, nämlich nicht den Fremdling zu placken oder zu quälen (Ex 22,20, Lev 19,33;25,17) und nicht euren Nächsten zu kränken, und der Proselyt ist unter ‚eurem Nächsten' einbegriffen. Wer ihn bedrückt, übertritt zwei Verbote (Ex 23,19; 22,24). In Wirklichkeit, so sagen sie, sind es in beiden Fällen drei Verbote, denn Kränkung verbindet sich immer mit Bedrückung (bBM 59b). Es ist Pflicht, vor ihnen, wie vor jedem grauen Haupte, aufzustehen" (Lev 19,32, bMeg 17b).

In der Amida (Schemone Esre) sind die Proselyten ausdrücklich eingeschlossen. Die Amida, das Gebet im Stehen, wird an jedem Tag dreimal gesprochen. In ihm finden sich Bitten um göttliche Hilfe. Eine dieser Bitten enthält die Worte: „Über die Gerechten, über die Frommen, über die Ältesten deines Volkes, des Hauses Israel, über den Rest seiner Schriftgelehrten, über die frommen Proselyten und über uns, lass' dein Erbarmen rege werden, Ewiger, unser Gott, und gib guten Lohn allen, die deinem Namen in Wahrheit vertrauen und bestimme unseren Anteil mit ihnen für Welt-Zeit, dass wir nicht beschämt werden, denn auf dich vertrauen wir. Gesegnet seist du Ewiger, Stütze und Zuversicht der Gerechten." Die

Bitte für die Proselyten geht der Bitte um Gottesgnade für „uns", das Volk, voran. Dem Talmud nach wäre eine Bitte für die frommen Proselyten gar nicht nötig. Sie gehören ja zu den frommen Juden und sind daher bereits unter den „Frommen" eingeschlossen, dennoch werden sie erwähnt. So kann weder bei den Proselyten noch bei den geborenen Juden ein Zweifel entstehen, dass die zu Juden Gewordenen zu den Frommen gehören, und „uns" als Vorbilder vorangehen.

Die Formulierung der Bitte mag ebenfalls eine bewusste Zurückweisung des Matthäustextes sein, der über den zum Judentum Konvertierten sagt: „Wenn er's geworden ist, macht ihr aus ihm ein Kind der Hölle, zwiefältig mehr, denn ihr seid!" (Mt 23,15) Der Proselyt ist kein „Kind der Hölle", sondern ein Mensch, der göttlicher Gnade ganz besonders würdig ist, denn wie Matthäus ebenfalls sagt, sind die Proselyten zwiefältig mehr hingebend als gebürtige Juden.

Ein Midrasch bezieht die Worte des Psalms 128 in besonderem Maße auf die Proselyten: (Ps 128, 1) „O Glück alles Jeden, der Gott fürchtet, der in seinen Wegen geht!" „Glück alles Jeden, der Gott fürchtet", nicht etwa des Priesters oder geborenen Juden, sondern alles Jeden, das meint den Proselyten. (2) „Der Fleiß deiner Hände, wenn du davon issest, o deines Glücks! Gut darfst du es haben." „Der Fleiß deiner Hände ..." Grämt sich der Proselyt, dass das Verdienst der Ahnen ihm nicht, wie den geborenen Juden, zur Seite stehe, so sagt der Psalmist, der Fleiß deiner Hände – deine guten Taten – bringen dir Glück in dieser Welt, gut wirst du es haben in der kommenden Welt. (3) „Dein Weib wie ein fruchtbarer Weinstock ..." Ist auch sie Proselytin, so wird sie dennoch fruchtbar sein und Kinder haben, welche Meister der Tora, der Mischna und guter Taten sind. (4) „Da, denn so wird gesegnet, der Mann, der Gott fürchtet", er wird gesegnet sein, wie Abraham, der erste Proselyt. (5) „Gott segne dich von Zion her, sieh an, wie es Jerusalem gut hat ..." Gott wird dich segnen von dem Ort, aus welchem Sein Segen hervorgeht. (6) „Sieh deiner Kinder Kinder, Friede über Israel." Er mag seine Tochter einem Priester zur Frau geben, und seine Enkel werden als Priester den Friedenssegen (Num 6,24–26) über Israel aussprechen (NumR 8,9). Sogar Hohe Priester könnten sie werden. Diese Interpretation des Psalms zeigt die grundsätzlich positive Haltung gegenüber den Proselyten.

Tora bestimmt: „Gegen Ende von je drei Jahren tue heraus allen Zehnten deines Ertrags in diesem Jahr, lege ihn nieder in deinen Toren: es komme der Levit, denn kein Teil und Eigentum hat er neben dir, und der Ger und die Waise und die Witwe, die in deinen Toren sind, sie mögen essen, mögen ersatten, damit Gott, dein Gott dich segne in allem Tun deiner Hand, das du tust" (Dtn 26,12). Dazu kommentiert der Midrasch: Moses fragt Gott: „Ist der ‚Ger' so bedeutend für dich wie der Levite?" Gott antwortet: „Er ist bedeutender. Kommt ein Reh, das im Walde hatte herumirren müssen, schließlich zu einer Herde, dann wird es der

Hirte ganz besonders lieb haben und betreuen, denn dieses Tier hat viele Schwierigkeiten gehabt, bis es zur Herde kam. So sage ich, Gott, ‚Israel, meine Herde, habe ich immer betreut, der Proselyt hat seinen Weg zu meiner Betreuung finden müssen. Natürlich ist er mir besonders lieb. Er steht den geborenen Juden, selbst den Leviten gleich'" (NumR 8,2).

Rabbi Simon ben-Lakisch führt aus, dass die Proselyten von Gott noch mehr geliebt werden als die geborenen Juden. Die Proselyten nehmen die Tora aus eigener Willenskraft und Überzeugung an, bei Israel bedurfte es der gewaltigen Offenbarung am Sinai. Gott hielt den Berg über das Volk wie ein umgestülptes Fass und sagte: „Nehmt ihr die Tora an, so ist es gut, wenn nicht, dann wird hier euer Grab sein." Erst später, im Angesicht der rettenden Wundertaten Gottes, nahmen alle Juden die Tora aus freiem Willen und in vollkommener Überzeugung an. „Auf sich nahmen die Juden, was sie zu tun begonnen hatten …" (Est 9,23, bSchab 88a, MTan zu Lech Lecha 6).

Rabbi Eleasar sagt, „Auch wenn der Heilige, gelobt sei er, im Zorne handelt, denkt er an die Barmherzigkeit." Er erklärt dazu: „Der Heilige, gelobt sei er, hat Israel nur deshalb unter die Völker zerstreut, damit Proselyten sich ihnen anschliessen" (bPes 87b). Der Zustrom von Proselyten zum jüdischen Volk ist ein Werk göttlicher Barmherzigkeit nicht nur für die Proselyten, sondern auch für Israel.

Stimmen der Opposition

Unter den Rabbinen gab es auch solche, die den Proselyten abgeneigt waren. Dies mag verschiedene Ursachen gehabt haben, eine war sicherlich die auf Esra zurückgehende Tradition einer ablehnenden Haltung, wie sie bereits dargestellt wurde. Eine andere mag in der Ansicht gelegen haben, die Proselyten seien unwissend in jüdischer Tradition und Halacha. Vor allem aber war sie wohl auch in der Tatsache begründet, dass Proselyten zu Denunzianten der Juden und des Judentums wurden. Wir haben dafür bereits Beispiele gesehen.

Nachdem die Proselyten den von Gott geliebten Übertritt ins Judentum vollendet haben, verdienen sie nur Lohn. Dem stimmen auch diese Rabbinen zu. Ihre Ansichten sind von einer grundsätzlichen Liebe zu den neuen Juden getragen. Doch haben sie weitverbreitete Mängel unter Proselyten wahrgenommen. Gegenüber solchen, welche diese Mängel haben, sind sie skeptisch. Doch die Proselyten können diese Mängel überwinden. Ein Proselyt, der sie überwindet, wird zum Vorbild wie Ruth. Dann verdienen sie nur Lohn und Liebe. Manche sahen in der Tatsache, dass Proselyten oftmals großen körperlichen Leiden ausgesetzt waren, ein Zeichen für deren Mängel. Denn, so die Auffassung, wenn Gott die Proselyten so sehr liebte, dann hätte er sie doch von Leiden, denen alle ausgesetzt waren, ausnehmen müssen. Warum hatte er dies nicht getan? Rabbi Chanania, Sohn des Rabban Gamaliel, sagt: „Warum werden die Proselyten unserer Zeit gequält und von Leiden heimgesucht? Weil sie die sieben Noachidischen Gebote [die für alle Menschen verpflichtend sind] vor ihrem Übertritt nicht gehalten haben."

Rabbi Jose sagt: „Ein übergetretener Proselyt gleicht einem neugeborenen Kinde [kann daher für frühere Sünden nicht bestraft werden], er wird gequält, weil er in den Einzelheiten der Gebote nicht gleich den [geborenen] Israeliten bewandert ist [d.h. diese vielleicht nicht vollkommen erfüllt]." Abba Chanan erklärte im Namen Rabbi Eleasars: „Weil sie es [die Gebotsbefolgung] nicht aus Liebe, sondern aus Furcht tun."

Andere sagen: „Weil sie gezögert haben, [bereits viel früher] unter die Fittiche der Schechina (Gottesgegenwart) zu kommen." Rabbi Abahu oder nach anderen Rabbi Chanina sagt: „[Boas spricht zu Ruth] Vergelte Gott dir dein Werk [dass du dich unverzüglich dem Judentum angeschlossen hast], und dir werde gültiger Lohn von IHM dem Gott Jisraels, unter dessen Flügeln du dich zu bergen kamst" (Ruth 2,12, bJew 48b).

Manche Ansichten drücken eine wirkliche Abneigung gegen Proselyten aus. So sagt Rabbi Elieser der Große: „Warum hat die Tora an 36 Stellen – manche sagen sogar an 46 Stellen – gegen Proselyten gewarnt? Weil ihr Trieb, d.h. Charakter, schlecht ist. Dies bedeutet allerdings, dass sie schonend behandelt werden müssen, damit sie nicht zurückfallen" (bBM 59b). Rabba bar Rav Hona sah die geborenen Juden als den Proselyten überlegen an. Rabbi Chelbo sagt: „Proselyten sind so irritierend für Israel wie ein Ausschlag" (bKid 70b, bJew 47 u.a.). Moderne Forscher betrachten jedoch solche Aussagen nicht unbedingt als religiösen Einwand gegen Proselyten, sondern als Reaktion auf politische Ereignisse. Rabbi Elieser wurde wegen Kontakten mit Judenchristen vor das Gericht des römischen Statthalters gebracht, denn Judenchristen galten zu dieser Zeit in Rom als Häretiker, und Häresie war ein Verbrechen. Seine Erfahrungen vor dem Statthalter mögen zur Erklärung beigetragen haben. Er mag dadurch Vorbehalte allen denjenigen gegenüber gewonnen haben, die sich nicht bedingungslos mit dem Judentum identifizierten. Dazu konnten neben den Judenchristen auch Proselyten gehören. Rabbi Chelbo lebte zur Zeit des Konzils von Nicäa (325 u.Z.) und wusste, dass sich unter Proselyten auch Denunzianten der Juden und des Judentums befanden. Außerdem war die Aufnahme von Proselyten nun vom Staat unter schwerste Strafen gestellt (s. Bialik / Ravnitzky, 349, Fußnote 5).

Das folgende Ereignis mag dies weiterhin illustrieren: Ein alter Rabbi, so wird berichtet, sah Juda, den Sohn eines Proselyten, auf der Straße. Da sprach er: „Ist dieser Mann noch immer auf der Welt?" Er konzentrierte seinen Blick auf ihn, und jener ward zum Knochenhaufen (bSchab 34a). Der alte Rabbi war wohl Rabbi Simon ben-Jochai, in dessen Lehrhaus Juda studiert hatte, um dann die privaten Gespräche der Rabbinen den römischen Behörden zu übermitteln. Rabbi Simon wurde wegen seiner scharfen Ablehnung der römischen Herrschaft in Abwesenheit zu Tode verurteilt und musste sich zwölf Jahre lang in einer Höhle verstecken, bis die Lebensgefahr für ihn vorüber war (bNed 66b).

5 Zeit des Umbruchs

Wie wir gesehen haben, war das Verhältnis von Christen und Juden in der Antike noch gut. Durch die Hetze gegen die Juden änderte sich langsam das Denken und Verhalten der Christen zu ihnen. Das dritte bis achte Jahrhundert wird von vielen Historikern als Zeit des Umbruchs bezeichnet. Während dieser Zeit – dem Übergang von der Antike zum Mittelalter– änderte sich die Haltung den Juden und damit auch den Übertritten gegenüber. Der Übertritt zum Judentum war nicht länger eine Angelegenheit jüdischer Aufnahmebereitschaft, sondern unterlag dem Druck der christlichen Mächte. Schließlich konnte nach den Gesetzen der christlich geprägten Länder der Übertritt mit dem Tod bestraft werden. Deshalb mussten die Juden ihre Gastlichkeit gegenüber Proselyten aufgeben. Dies schlug sich sowohl gesetzlich als auch im Volksempfinden nieder. Die Nachwirkungen sind bis in unsere Gegenwart spürbar. Sie äußern sich, vor allem bei den orthodoxen Juden, in einer Abneigung gegen die Aufnahme von Konvertiten. Wenn wir uns also die Entwicklung unter christlicher Herrschaft anschauen, verstehen wir, wie sich das Denken entwickelt hat, das heute in vielen Kreisen herrscht.

Die ersten fünf Jahrhunderte christlicher Zeitrechnung

Im Gegensatz zur heute weit verbreiteten Ansicht war während der ersten fünf Jahrhunderte u.Z. die jüdische Bevölkerung auch in den christlich geprägten Reichen sowohl zahlenmäßig wie in ihrem Einfluss bedeutend. Die Juden genossen Ansehen, und damit behielt der jüdische Glaube auch seine Anziehungskraft. So waren Christen am Judentum interessiert und nahmen jüdische Bräuche, Religions- und Lebensformen an. Man kann manche als Zugesellte der Juden ansehen. Die Zahl der Übertritte mag sich allerdings wohl vermindert haben. Schon im vorchristlichen römischen Reich war der Übertritt zum Judentum mit Nachteilen verbunden, denn die öffentliche Verehrung der Staatsgötter Roms war für Staatsdiener verpflichtend, eine Absage kam der Untreue gleich. Als das Christentum unter Konstantin zur Staatsreligion erhoben wurde, verschlechterte sich die Stellung der Übergetretenen. Dazu kamen nun auch Gesetze gegen den Übertritt. Die Freundschaft der Bevölkerung aller Kreise mit den Juden bestand zunächst unverändert. Die Erniedrigung der Juden und ihres Glaubens resultierte schließlich aus der Hetze von Seiten der Kirchenväter, der grausam scharfen Verordnungen des christlichen Staates und des damit verbundenen und erfolgreichen Bestrebens, die Juden zu einer kleinen, verachteten Minderheit zu reduzieren. In Wirklichkeit wandte sich die Bevölkerung vielfach erst nach Jahrhunderten und nur aufgrund der unermüdlichen verleumdenden Predigten, Erziehungsmethoden, Verordnungen und Angriffe der Kirche gegen die Juden.

Versuch eines Vergleichs: Amerika und Babylonien – und frühe christliche Zeit

Amerika: Man kann in gewisser Weise das damalige Verhältnis von Juden und Nichtjuden mit dem heutigen in Amerika vergleichen. Doch gibt es Unterschiede. Viele Einwanderer brachten den ihnen über Jahrhunderte eingeschärften Judenhass aus ihren Ursprungsländern nach Amerika mit und vererbten ihn weiter. Darüber hinaus waren die Amerikaner der Propaganda anderer Länder wie der von Nazi-Deutschland ausgesetzt. Schließlich waren die Juden eine sehr kleine Minorität. Auch in Amerika gibt es Hass zu überwinden, aber bereits die Gründer der Republik, von George Washington an, verurteilten Judenhass als etwas Unamerikanisches. Emotional sind die Juden mit Israel verbunden. Aber ihr Geburts- und Wohnland, das Land ihrer Bürgerrechte, ist ihr Heimatland. Sie halten ihm bedingungslose Treue. Sie leben friedlich inmitten ihrer nichtjüdischen Umwelt, neben ihren nichtjüdischen Nachbarn. Sie sprechen deren Sprache und nehmen an deren Kultur teil. Sie haben weitgehende Geschäftsverbindungen mit Nichtjuden. Vom Materialismus der Zeit blieben auch sie nicht verschont, doch sind sie den Idealen der Tora und damit der Menschenliebe und Sozialgerechtigkeit verbunden. Ihre Großzügigkeit im Aufbau jüdischen Lebens, in weltweiter Hilfe für Juden in Not und gegenüber Israel, ist vorbildlich. Daneben sind sie Mitgestalter und Stützen des kulturellen Lebens des Landes und geben den notleidenden Nichtjuden bereitwillige und generöse Hilfe. Die Juden sind gastfreundlich, und Nichtjuden nehmen ihre Einladungen zu einem gemeinsamen Mahl gern an. Im Jahr 2003 konnten sich vier Demokraten um die Kandidatur für das Amt des Präsidenten der Vereinigten Staaten bewerben, von denen einer Jude war und zwei von ihnen jüdischer Abstammung. Der vierte, mit einer Jüdin verheiratet, erzieht seine Kinder als Juden. Der Ausgang der Wahl 2004 ist weniger bedeutungsvoll als die Freiheit zu kandidieren und die Möglichkeit einer positiven Resonanz in der Bevölkerung. Die Frage der Religionszugehörigkeit spielt eine verhältnismäßig geringe Rolle. Der Status einer Person richtet sich nach deren Fähigkeiten und Ansichten. Menschen, die sich dem Judentum in Amerika anschließen, müssen also nicht befürchten, dass sich ihr Leben und ihr Stand in der Gesellschaft grundsätzlich verändern, von dem religiösen Bereich abgesehen. Darum besteht unter den amerikanischen Juden eine Bereitschaft, Proselyten aufzunehmen, die der Situation in der Antike nahe kommt. Die jüdischen Gemeinden haben viel von dem Zuwachs durch Juden aus freier Wahl profitiert. Diese haben auch zu deren geistiger Entwicklung viel beigetragen.

Babylonien: Emotional waren auch die babylonischen Juden (ungefähr von 600 v.u.Z. bis 1200 u.Z.) mit dem Heiligen Land verbunden. Aber ihr Geburts- und Wohnland, das Land ihrer Bürgerrechte, war für sie ebenfalls ihr Heimatland. Sie hielten ihm rückhaltlose Treue. Dies geht bereits auf Jeremia zurück, der den nach Babylonien vertriebenen Juden im Auftrag Gottes schrieb: „Baut Häuser und siedelt, pflanzt Gärten und esst ihre Frucht! Nehmt Weiber und zeugt Söhne und Töchter, nehmt euren Söhnen Töchter und eure Töchter gebt Männern, dass sie Söhne und Töchter gebären, mehrt euch dort, mindern dürft ihr euch nimmer! Und fragt dem Frieden der Stadt nach, dahin ich euch verschleppen ließ, und betet für sie zu MIR, denn in ihrem Frieden wird euch Frieden sein" (Jer 29,5–7). Aus diesem Grund erlaubte Cyrus, der das Babylonische Reich erobert hatte, den Juden, aus dem babylonischen Exil in ihr Land zurückzukehren. Er wusste, dass dieses Grenzland zu Ägypten von den ihm treuen Juden mutig verteidigt werden würde. Doch wurde die Niederlassung der Juden in Babylonien nicht aufgelöst, sie wuchs. Babylon wurde zu einem Zentrum jüdischen Lebens.

Auch die Juden Babyloniens lebten meist friedlich inmitten ihrer nichtjüdischen Umwelt, neben ihren nichtjüdischen Nachbarn. Auch sie sprachen die Sprache der Umgebung und nahmen an deren Kultur teil. In weitgehenden Geschäftsverbindungen mit Nichtjuden gaben sie diesen oftmals Anleihen zu günstigen Bedingungen. Auch in einem materialistisch geprägten Milieu blieben sie den Idealen der Tora und damit der Menschenliebe verbunden. Sie gaben den notleidenden Nichtjuden bereitwillig und oftmals großzügige Hilfe. Die Juden waren gastfreundlich und kamen mit Nichtjuden zu gemeinsamem Mahl zusammen. Auch sie standen Übertritten zum Judentum offen.

Die ersten christlichen Jahrhunderte waren eine turbulente Zeit. Es gibt Zeiten des Umbruchs, wie es auch die gegenwärtige ist. Dann verlieren die Menschen ihre Sicherheit und suchen nach einer Richtschnur, die sie zum inneren Frieden führt.

Religion gibt vielen Antwort auf ihre Fragen. Das dritte Jahrhundert war eine Epoche des Verfalls im römischen Reich. Der in dieser Zeit lebende Rav Chama ben-Chanina sah die Weltlage mit klarem, kritischem Blick. Auf dem Psalm gestützt sprach er es aus: „Nimmer, o Gott, gewähre das Begehren des Frevlers, worum er ränkelt, bescher's nimmer, dass er sich überhöhe" (Ps 140,9). Diesen Vers legte er folgendermaßen aus: „Das bezieht sich auf … Germanien, würde es ausziehen, so würde es die ganze Welt zerstören, lege ihm Zügel an." Er sagte ferner: „Dreihundert gekrönte Häupter gibt es in … Germanien, und 365 Präfekte gibt es in Rom, an jedem Tage ziehen die einen gegen die anderen aus, wo dann je einer von ihnen erschlagen wird, bis sie endlich Mühe haben, einen König einzusetzen" (bMeg 6a–b). – In der Tat kamen die Germanen im 5. Jahrhundert bis nach Rom, plünderten die Stadt und verwüsteten sie teilweise. – Die römische Regierung indes war vollkommen korrupt. Zwischen 235 und 284 hatte Rom 24 Kaiser, von denen 23 ermordet wurden. Die Präfekten machten keinen Hehl daraus, dass sie käuflich und nur darauf aus waren, einander zu entmachten. Die Bürokratie strangulierte die Verwaltung und den Rechtsvollzug. Die Juden und das Judentum hatten während dieses moralischen Verfalls eine besondere Anziehungskraft für viele ihrer Mitmenschen.

Die Juden folgten den Gesetzen des Landes mit strengstem Gehorsam. Samuel, ein großer Rabbi, der im 3. Jh. vom Heiligen Land nach Babylonien zog, um dort die Tora zu lehren, machte den Gehorsam gegenüber den Landesgesetzen zu einem halachischen Grundsatz: Das Gesetz des Landes ist Gesetz [für dessen Juden] (bBK 113a). Die Juden waren in der Antike allgemein wegen ihrer Weisheit, Tugendhaftigkeit und Familienverbundenheit anerkannt, vor allem, da diese Werte auf einer ganz alten, in heiligen Büchern niedergelegten Tradition beruhten. Ihre Religion und ihre religiösen Bräuche waren für viele suchende Menschen vorbildlich. Jüdisches Recht war in Tora verankert. Bestechung war streng verboten (Ex 23,8). Vor einem jüdischen Gericht konnte ein jeder, Jude oder Nichtjude, Gerechtigkeit erwarten. Der Sabbat genoss in nichtjüdischen Kreisen Verehrung wegen der feierlichen Ruhe, die er den Menschen gewährte. So gab es auch viele Christen, die ihren Ruhetag auf den Sabbat legten. Die Synagoge war heilig, die Torarollen erweckten die Ehrfurcht der Christen. Die Gottesdienste an diesem Tag waren zeremoniell, und die Predigt, oft über den gleichen Text wie in der christlichen Kirche am Sonntag, war intellektuell herausfordernd und ästhetisch gewinnend. Auch das Pessachfest hatte große Anziehungskraft, vor allem der Seder, der daher im Christentum fälschlicherweise zum Letzten Abendmahl in Bezug gesetzt wurde (s. Mk 14,12–24). Rosch Haschana mit den feierlichen Tönen des Schofars und Jom Kippur als Tag des Fastens und der Selbstprüfung fanden viele nichtjüdische Anhänger. Judenchristen mögen ihre Freunde bewogen haben, jüdische Lebensformen anzunehmen. Jüdische Ärzte waren bereits damals gefragt. Aufgrund der Kenntnis des menschlichen Körpers, wie sie uns im Talmud entgegentritt, ist es sogar wahrscheinlich, dass die Ärzte dessen innere Strukturen erforschten. Außerdem hielt man Juden für Alchemisten, die Vorläufer der Chemiker, für Astrologen und Kenner von Magie. Die jüdischen Wissenschaftler hatten einen großen Ruf. Die Rabbinen besaßen bereits Sternkarten, welche sie auch zur Ansetzung des neuen Monats benutzten. Der Patriarch Hillel II schuf einen Kalender, der bis heute das jüdische Jahr und seine Feste regelt. Viele Christen feierten Ostern am Datum des Pessachfestes; sie setzten größeres Vertrauen auf die jüdischen Astronomen als auf die christlichen Theologen und deren Errechnungen und die Verordnungen des Konzils von Nicäa.

Christen und Muslime als Zugesellte

Christen übernahmen daher jüdisches Lehrgut und jüdische Formen. Die Kirche konnte dies nicht dulden. Sie verdammte die Juden wegen der jüdischen Verneinung der Menschwerdung Gottes in Jesus. Darin liegt eine tiefe Tragik der Geschichte. Die Juden hatten niemals einen Einwand gegen Gottesverehrer anderen Glaubens. Die Kirche übernahm unendlich viel von den Juden, grundsätzlich die Hebräische Bibel, allerdings mit unterschiedlicher Auslegung. Hätte die Kirche von Anfang an einen Dialog mit den Juden angestrebt und dabei zugestanden, dass die Unterschiedlichkeit besteht und bestehen muss, so sähe die ganze Geschichte anders aus. Erst heute hat die Kirche damit begonnen. Etwas Ähnliches lässt sich vom Islam sagen. Christen und Muslime sind in vielfältiger Weise Zugesellte der Juden. Indem sie ihren Ursprung bewusst verdrängten, brachten sie unendliches Leid über die Menschheit.

Das Band zerreißt

Unter Kaiser Konstantin konnte sich das Christentum als Staatsreligion etablieren. Er selbst war ein grausamer Mann, der neben anderen Familienmitgliedern seinen eigenen Sohn ermorden ließ, der angeblich die dynastischen Pläne des Vaters vereiteln wollte. Konstantins Mutter Helena war eine Intrigantin. Beide erkannten, dass das Christentum dem Reich Einheit geben konnte, und sahen in der gewaltsamen Verbreitung der christlichen Religion ihre Lebensaufgabe. Heiden und Juden waren auszurotten. Das Konzil, das wiederholt zu Nicäa tagte, legte die Grundprinzipien des Glaubens fest. Mönche und Bischöfe gewannen immer größeren Einfluss und ergingen sich in zunehmend grausamerer Hetze gegen die Juden und diejenigen Nichtjuden, die mit den Juden sympathisierten.

Die Juden waren ein besonderes Problem. Sie waren zahlreich und hatten Einfluss. Die Kirche hatte ihre Heilige Schrift übernommen, sie jedoch als Voraussage des Kommens Christi interpretiert, sie hatte viele Glaubensformen der Juden ihrem eigenen Wesen angepasst. Die Juden hatten sich den Grundlehren des Christentums widersetzt und stellten sie gegenüber der Welt in Frage. Dennoch waren die Juden nicht untergegangen, sie erfreuten sich sogar hohen Ansehens. Sie waren für den Glauben und die Anerkennung des Christentums eine grundsätzliche Gefahr. Nun galt es den Kirchenvätern, dem Volk klar zu machen, dass diese Juden ihr Lebensrecht verloren hatten. Der Vorwurf: Sie hatten ihre eigene Schrift nicht richtig verstanden. Sie hatten den angekündigten Messias, Jesus Christus, gekreuzigt. Sie waren blind und hartnäckig. Deshalb habe Gott sie verdammt, seinen Bund mit ihnen aufgelöst und dem neuen Israel übertragen, den Christen nämlich. Auch das Land, den Juden von Gott zugesagt, sei von ihm seinem neuen Israel als Besitztum übergeben worden.

Die Juden waren aber so geachtet, dass viele Nichtjuden, auch Christen, sich ihnen weiterhin als Proselyten anschlossen oder sich zumindest als Gottesverehrer mit ihnen verbanden. So konnte es sein, dass Christen in ihrem Herzen und in ihren Lebensformen den Juden nahe standen und deren Bräuche zusammen mit den christlichen befolgten. Damit stellten sie die Wahrheit des Christentums in Frage. Die Kirche sah es daher als ihre wesentliche Aufgabe, die Juden aus der Gesellschaft zu eliminieren und zugleich dem Volk unablässig deren Schändlichkeit in Wort und Schrift einzuprägen. Mittel zum Erfolg dieses unerbittlichen Bestrebens waren neben den Gesetzen die Hetzpredigten von Kirchenvätern und Mönchen sowie die Aufhetzung des Pöbels gegen die Juden. Im 20. Jahrhundert schrieb Jules Isaac ein Buch über dieses Thema mit dem Titel „L'enseignement du Mépris", „Die Lehre der Verachtung". Diese Lehre hatte die Jahrtausende überdauert und trug bittere Früchte.

Die Kaiser standen zwar im Rang über der Geistlichkeit, waren ihr aber hörig. So wurden ihre Verordnungen gegen die Juden und die ihnen Zugesellten immer kategorischer und härter. Die Sprache der Gesetze war bewusst erniedrigend für die Juden. Und dennoch bezeugt die stets notwendige Wiederholung der Veröffentlichung von Gesetzen mit ihren Strafandrohungen, dass es schwierig war, Nichtjuden der Anziehungskraft des Judentums zu entziehen und sie vom Übertritt oder von der Zugesellung abzuhalten. Erst im Lauf der Jahrhunderte war dies auf tragische Weise erfolgreich.

Kaiser Konstantin erließ 315 folgendes Dekret: „Sollte einer des Volkes [Heide oder Christ] sich dieser schändlichen Sekte annähern und sich ihren Zusammenkunftsstätten anschließen, so soll er mit ihnen die verdienten Strafen erhalten." Dieses Gesetz wurde im Jahr 426 erneuert und genau formuliert: Ein Nichtjude, welcher zum Judentum übertritt, wird mit Beschlagnahmung seiner ganzen Habe und Verbannung auf eine entlegene Insel bestraft, der Mann, welcher die Beschneidung vollzieht, wird mit dem Tode bestraft. Valentinian III. erließ 453 das Gesetz erneut: Ein Christ, der zum Judentum übertrete, verliere seine ganze Habe. Erstreckte sich das Gesetz von 426 nur auf die Männer, die beschnitten wurden, so betraf dieses neue auch Frauen. Anscheinend wurden diese Gesetze nicht befolgt, denn sie mussten immer wieder neu erlassen werden. Im Jahr 438 verhängten Theodosius II. and Valentinian III. die Todesstrafe für den Übertritt, dieser galt nun als Hochverrat. Im Jahr 443 bestimmten Honorius, Theodosius und Valentinian III., dass Juden, die die Beschneidung eines übertrittswilligen Nichtjuden vornehmen oder die Beschneidung anordnen, mit Beschlagnahme ihrer ganzen Habe und dauerndem Exil zu bestrafen seien.

Valentinian III. setzte 430 die Todesstrafe für die Heirat von Juden und christlichen Frauen fest. Hier lässt sich die Furcht erkennen, diese Frauen könnten zum Judentum überlaufen, nachdem sie es kennen gelernt hätten. Valentinian II. hatte 388 verordnet, Christen, die Juden heirateten und Juden, die Christen heirateten, seien derselben Strafe zu unterziehen wie Ehebrecher, nämlich der Hinrichtung. Niemals wurde angenommen, dass der christliche Ehepartner, weder Mann noch Frau, den jüdischen von seinem Glauben abbringen könnte. Christliche Eltern, die ihren Kindern Ehen mit Juden erlauben, wurden mit fünf Jahren Ausschluss aus der Kirche bestraft. Gratian bestimmte dann 383, dass ein Christ, der zum Judentum übertrat, von der Erbschaft der christlichen Eltern ausgeschlossen werde. Ein Jude, der zum Christentum übertrat, durfte von seinen jüdischen Eltern nicht enterbt werden. Die Übertretung dieser Gesetze konnte jeder anklagen und vor Gericht bringen.

Die Macht der Geistlichen über die Kaiser wird an folgendem Ereignis erkennbar: Das Staatsgesetz erlaubte Juden, bestehende Synagogen zu reparieren, nicht aber neue zu bauen. Im Jahr 388 überfiel in Callinicus, einer kleinen Stadt am Euphrat, der aufgehetzte christliche Pöbel unter der Führung des Bischofs die dortige Synagoge. Die Christen plünderten die Synagoge aus und brannten sie dann vollkommen nieder, damit nichts repariert werden könne. Kaiser Theodosius I. verordnete den Aufbau der Synagoge durch den Bischof und die Rückgabe des heiligen Inventars. Nicht Liebe zu den Juden bewegte ihn, sondern die Betonung seiner Macht. Er hatte nicht mit Ambrosius gerechnet, dem Bischof von Mailand. Dieser erklärte dem Kaiser, er wäre selbst bereit, Synagogen zu verbrennen, „damit es keinen Ort mehr gibt, an welchem Christus abgeleugnet wird", denn eine Synagoge sei „ein Sammellager von Ungläubigen, Heimstätte von Gottlosen, Versteck von Wahnsinnigen und von Gott selbst verflucht" (Carroll, 207). Der Kaiser schlug vor, er werde den Wiederbau auf eigene Kosten tragen. Ambrosius verbot es ihm, da die Zerstörung der „niederträchtigen Treulosigkeit" eines jüdischen Gotteshauses eine „Tat der Gerechtigkeit" sei und keiner Strafe unterliegen dürfe. Auch das Inventar, zu dem wahrscheinlich auch die Torarollen gehörten, dürfe den Juden nicht zurückgegeben werden. Während einer Messe im Mailänder Dom trat Ambrosius dem Kaiser drohend entgegen und erklärte ihm ins Gesicht, er werde mit dem Gottesdienst nicht fortfahren, bis Theodosius sich ihm gebeugt habe. Der Kaiser beugte das Haupt in Zustimmung. Die Untat an den Juden blieb unbestraft. Die kaiserlichen Statthalter in den Provinzen musste nun ihre Autorität mit den Bischöfen teilen.

Auch gegen die Gottesverehrer, die Zugesellten, wurden Gesetze erlassen. Im Jahr 408 wurde verfügt, ihre Gotteshäuser seien den Kirchen zu übergeben, und sie selbst seien allen Gesetzen gegen die Häretiker ausgesetzt. Als Häretiker galten solche Christen, die in Dogma und Gottesdienst von den Verordnungen der Konzilien abwichen, was die Todesstrafe nach sich zog. „Es ist absurd, mit der Zunge von Jesus Christus zu reden und im Geist ein Judentum zu schätzen, welches nun zu Ende gekommen ist. Denn wo das Christentum ist, kann kein Judentum sein" (Ben-Sasson, 401). Diese Gesetze gegen die Gottesverehrer waren neu. Denn die Kirche erkannte offensichtlich erst verspätet, dass die „Gottesverehrer" eine Übergangsstufe zum Judentum darstellten. Juden „zwingen solche Menschen, nicht länger Christen zu sein und den abscheulichen und niederträchtigen Namen als Juden anzunehmen … denn es ist schlimmer als der Tod und grausamer als ein Blutbad, wenn einer dem christlichen Glauben abschwört und durch den jüdischen Unglauben entweiht wird".

Die Sklaverei wurde ebenfalls geregelt. Sklaverei war zu jener Zeit unter Christen wie Juden legal. Honorius and Theodosius II. erließen ein Gesetz, das anordnete: Die Bekehrung christlicher Sklaven bringt dem Juden Beschlagnahmung seiner ganzen Habe und die Todesstrafe. Im Jahr 534 verbot Kaiser Justinian I. Juden und Häretikern, christliche Sklaven zu halten. „Keiner der Juden soll es wagen, christliche Sklaven zu kaufen, denn wir sehen es als abscheulich an, dass die höchst religiösen Sklaven unter der Oberhand der gottlosesten Käufer seien." Der Sklave eines Juden, welcher Christ wurde, war frei, da es undenkbar war, dass ein Jude über einem Christen stand. Die Kirche war bestrebt, Juden von jedem Kontakt mit der Umwelt auszuschließen. Der Umgang mit Juden war zu vermeiden, sie waren zu verachten. Kanonische Bestimmungen verboten es Christen, die Ernte von Juden segnen zu lassen, „damit diese unseren Segen nicht ungültig machen oder schwächen". Die Strafe bei Nichtbefolgung dieser Verordnung war Exkommunikation. Laien und Geistliche, welche mit Juden gemeinsam aßen, durften nicht an der Kommunion teilnehmen.

Der jüdische Sabbat wurde von vielen Nichtjuden als ein Tag besonderer Weihe begangen. Darum wurde der Ruhetag für die Christen vom Konzil offiziell auf den Sonntag verlegt. Es gab Christen, welche dennoch den jüdischen Sabbat in Ruhe begingen, andere feierten am Sonntag, behielten aber den jüdischen Sabbat als Ruhetag bei. Gegen sie wurde verordnet: „Wer den Sabbat zusammen mit dem Sonntag hält, wird exkommuniziert – am Sabbat ist zu arbeiten." Bereits der Kirchenvater Ignatius von Antiochien (er starb. ca. 110 u.Z.) hatte erklärt: Die Sabbatruhe nehme dem Befolger ein Siebtel des aktiven Lebens. Deshalb: „… lasst uns nicht länger den Sabbat nach jüdischer Weise befolgen und uns an Tagen des Nichtstuns erfreuen, denn, wer nicht arbeiten will, soll auch nicht essen" (2Thess 3,10). Die Termine der jüdischen Feste richteten sich nach der monatlichen Verkündigung des Neumondstags durch das jüdische Sanhedrin, den obersten Gerichtshof. Dann wurden Boten durchs Land gesandt, um den jüdischen Gemeinden diesen Termin zu nennen. Das Pessachfest wurde am 15. Tag nach Beginn des Monats Nissan gefeiert. Viele Christen feierten das Osterfest, welches ursprünglich auf denselben Tag wie das Pessachfest fiel, gemäß dem rabbinisch festgelegten Datum, denn so hatte es ja auch Jesus getan. Das Konzil von Nicäa verbot Christen, Ostern nach der jüdischen Errechnung des Pessachfestes zu feiern. Konstantin schreibt: „Es ist wirklich beschämend für uns, dass diese sich rühmen, wir könnten dieses Fest nicht ohne ihre Anleitung halten" (Ben-Sasson, 401). Das Konzil verlegte das Osterfest auf den Sonntag nach dem Vollmond, welcher der Sonnenwende folgt, da die Juden Pessach am Tage des Vollmonds selbst feierten. Ein Konzil in Antiochia (341) bestimmte: Wer Ostern am Tage des jüdischen Festes feiert, wird exkommuniziert.

Die Kaiser, die unter dem Einfluss der Kirche standen, gingen noch weiter. Sie verboten den Rabbinen, sich zu treffen und den jüdischen Monatsbeginn zu bestimmen und zu verbreiten. Damit wollten sie zweierlei erreichen: Die Christen hatten für das Osterfest kein jüdisches Datum mehr, an das sie sich halten konnten, und die Juden wurden hinsichtlich der Daten ihrer Feste verunsichert, was ihre Einheit zerstören sollte. Dies mag den Patriarchen Hillel II. veranlasst haben, im Jahr 358 einen für alle Zeiten gültigen Kalender auszuarbeiten. Dieser Kalender hat sich bis heute bewährt und die Einheit der Juden gefestigt. Durch die unterschiedliche Festlegung der Feste hatte die Kirche jedoch einen weiteren Bruch zwischen Juden und Christen entstehen lassen.

Julian der Hellene und einige Jahre der Hoffnung

Die Herrschaft des Kaisers Julian von 360 bis 363 brachte den Juden einige wenige Jahre des Aufatmens und der Hoffnung. Er war ein Anhänger der griechischen

Religion und gleichzeitig tolerant gegenüber allen Religionen, daher strebte er danach, die Vormachtstellung des Christentums einzudämmen. Da er Christ gewesen war, erhielt er von der Kirche den Schandnamen „Julian der Apostat" (der Abtrünnige). Er ermutigte die Juden zum Wiederaufbau des Tempels in Jerusalem und zur Wiedereinsetzung des Opferdienstes. Die ganze jüdische Welt fühlte sich neu belebt. Das Werk begann unmittelbar. Für die Christen mussten die Rückkehr der Juden nach Jerusalem und der Wiederaufbau des Tempels eine vollkommene Widerlegung ihrer Grundauffassung von den von Gott verstoßenen, heimatlosen Juden bedeuten. Als die Arbeiten begannen, ging ein hellenischer Tempel in Jerusalem in Flammen auf. Dies wurde von den Christen als ein göttliches Werk und eine Warnung bezeichnet. Es scheint jedoch naheliegender, dass die Christen selbst diesen Tempel niedergebrannt haben. Julian wurde am 10. Juni 363, möglicherweise von einem christlichen Araber, getötet. Die Juden waren wieder der Wut ihrer Bedränger ausgesetzt und sollten das bald zu spüren bekommen.

Die Verfolgung der Juden setzt sich fort

Seit dem Untergang des Tempels standen Patriarchen an der Spitze des gesamten jüdischen Lebens. Rom bestätigte sie in ihrem Amt und gab ihnen den Titel „Ehrenpräfekte". Sie stammten aus dem Haus Davids und gaben den Juden ein Gefühl der Eigenständigkeit. Honorius and Theodosius II. schafften das jüdische Patriarchat im Land Israel ab. Im Jahr 415 wurde der letzte Patriarch Gamaliel VI. seines Ehrentitels enthoben, weil er gegen die antijüdischen Gesetze verstoßen habe, indem er Synagogen bauen liess, Beschneidungen von Sklaven in die Wege leitete und Christen erlaubte, ihre Streitigkeiten vor einem jüdischen Gericht auszutragen. Als der Patriarch starb, erging an das Sanhedrin eine offizielle Forderung, die für den Unterhalt des Patriarchen bestimmten Gelder an die kaiserliche Schatzkammer auszuliefern, obgleich diese Gelder mit Erlaubnis Roms gesammelt worden waren. Dies war das Ende des jüdischen Patriarchats, des letzten Überbleibsels jüdischer Unabhängigkeit. Stattdessen wurde der Bischof von Jerusalem zum Patriarchen erhoben und erhielt damit einen Titel, den er noch immer trägt. Um sie ihrer eigenen Tradition zu entfremden, verbot Justinian die Predigt in der Synagoge und erlaubte nur die Vorlesung aus der den Juden sprachlich geläufigen griechischen Septuaginta neben dem hebräischen Text des Toraabschnitts. Nun konnten Christen, sollten sie in die Synagoge kommen, keine Schriftauslegung mehr hören, die der christlichen widersprach.
Die Bedeutung und die Kraft des Judentums ebenso wie die Feindschaft der christlichen Geistlichkeit lassen sich noch im 7. Jahrhundert nachweisen. Die Per-

ser unternahmen einen Feldzug gegen das römische Reich und eroberten Palästina. Im Bündnis mit den Juden nahmen sie 614 Jerusalem ein, und die Juden begannen, die heilige Stadt wieder als Sitz des Judentums zu gestalten. Doch dann schlossen die Perser mit den Christen Frieden, und Kaiser Heraklius zog nach der Wiedereroberung des Landes 629 triumphierend in Jerusalem ein. Trotz anders lautender Versprechungen des Kaisers wurden die Juden auf Veranlassung des Klerus teils ermordet, teils mussten sie fliehen, ein weiterer Teil wurde später zwangsgetauft.

Trotz des unglaublichen Drucks von außen traten weiterhin ganze Völker zum Judentum über. Dazu gehörte für kurze Zeit bis zu seiner Zerschlagung das kleine Königreich von Himjar an der Ostküste Arabiens. Es hatte strategische Bedeutung, denn es beherrschte den Weg von Byzanz nach Indien. König Du Noas hatte Juden einschließlich Gelehrter unter seinen Höflingen. Aufgrund ihrer missionarischen Tätigkeit und mit Hilfe der Rabbinen in Tiberias, Sitz der jüdischen Weisen, bekehrten sich König und Volk 517 zum Judentum.

Am Scheideweg

Unter den Kirchenvätern gab es zwei bestimmende Ansichten, wie mit den Juden umzugehen sei. Das Überleben der Juden hing davon ab, welcher der zwei Grundauffassungen die Christen folgen würden. Die eine basierte auf Johannes Chrysostomus, die andere auf Augustinus.

Johannes Chrysostomus und die Strategie der Verleumdung, der Isolierung und Vernichtung der Juden

Die „Acht Reden gegen die Juden" des Kirchenvaters Johannes Chrysostomus in Antiochien (ca. 347–404) sind von einem abgrundtiefen Hass gegen die Juden erfüllt: „Wer nämlich nicht genug bekommen hat von der Liebe zu Christus, der wird auch nie genug bekommen vom Kampf gegen seine Hasser" (7. Hom. 1). Zugleich aber bezeugen diese Reden, den Absichten des Predigers widersprechend, ein enges und freundschaftliches Verhältnis von Christen und Juden im Antiochien seiner Zeit. Dieses zu zerstören sieht er als seine Aufgabe an, und im Laufe der Zeit sollte er Erfolg haben. Die Zahl der Juden in Antiochien muss groß, ihr Ansehen und die Anziehungskraft auch ihres religiösen Lebens bedeutend gewesen sein. Chrysostomus muss zugestehen: „Ich weiß, daß viele die Juden verehren und ihre Lebensweise jetzt für ehrwürdig halten. Dadurch fühle ich mich gezwungen, die verderbliche Ansicht mit Stumpf und Stiel auszureißen" (1. Hom. 3). Für ihn sind die Juden Verbrecher, selbst wenn man ihnen im Einzelnen nichts nachweisen kann. Sie sind Verbrecher, weil sie in seinen Augen die Mörder Christi und damit allesamt Mörder Gottes waren.

In Antiochien, wie auch in anderen Gegenden, lebten Juden und Christen in Freundschaft zusammen. Die Synagoge und ihre Gottesdienste zogen viele Christen an, jüdische Feste wurden von Christen gefeiert. Zahlreiche Christen übernahmen jüdische Glaubensformen zusammen mit christlichen, andere ließen sich beschneiden und traten also zum Judentum über. Aufgrund der Bedeutung des Chrysostomus als Kirchenvater verbreitete die Kirche seine Verleumdungen der Juden und ihres Charakters unerbittlich, bis die Christenheit sie schließlich bedenkenlos übernahm. Von da an sahen Christen Juden und Judentum allgemein nur noch im Licht der kirchlichen Verdammung. Das negative Urteil über Juden und Judentum, welches bis heute die Geschichte durchzieht, basiert daher nicht auf deren Lehren und Leben, sondern auf einer unnachlässigen Propaganda ihrer Verleumdung. Die Juden wurden immer weiter erniedrigt. Selbst solche Nichtjuden, die nach einer ethischen, liebevollen und Kraft gebenden Religion suchten, konnten sich im Laufe der Zeit nicht mehr vorstellen, dass das Judentum eine solche Religion sein könne. Daher gingen die Übertritte zum Judentum auf eine geringfügige Zahl zurück.

Einige Zitate sollen den abgrundtiefen Hass des Kirchenvaters illustrieren. In der Begründung seiner Forderung, die Juden zu verabscheuen, ergeht er sich geifernd in lügenhaften Schmähungen über die Juden: „Mit Menschen also, sag mir, dämonenbesessenen, die soviele unreine Geister haben, die sich von Schlachtungen und Morden genährt haben, geht ihr zusammen und es schaudert euch nicht dabei? Muß man sie denn grüßen und ganz normal mit ihnen reden, muß man nicht vielmehr sich von ihnen abwenden als von einer gemeinen Schande und Krankheit für die ganze Welt?

Haben sie nicht jede Art von Schlechtigkeit verübt? ... Welche Tragödie, welche Weise von Gesetzwidrigkeit haben sie nicht in den Schatten gestellt mit den schändlichen Morden am eigenen Geschlecht. *Sie opferten ihre Söhne und Töchter den Dämonen* (Ps 105,37); die [Gesetze der Natur] haben sie verkannt, die Wehen vergessen, die Sorge für ihre Kinder mit Füßen getreten, die Gesetze der Blutsverwandtschaft von Grund auf verkehrt, sie sind roher als alle Tiere geworden. Tiere geben ja oft sogar ihr Leben hin und achten nicht auf ihre eigene Rettung, um die Jungen zu beschützen. Die aber haben, ohne daß ein einziger zwingender Grund vorhanden gewesen wäre, die ihnen Entsprossenen mit ihren eigenen Händen geschlachtet, um damit die Feinde unseres Lebens, die rachsüchtigen Dämonen zu verehren. Worüber dürfte sich einer wohl zuerst erschrecken, über ihre Gottlosigkeit oder ihre Rohheit und Unmenschlichkeit? ... Haben sie nicht aus Hemmungslosigkeit die triebhaftesten der Tiere in den Schatten gestellt?" (1. Hom. 6) „Was wollt ihr, daß ich weiter aufzähle? Die Raubzüge, die Raffereien, den Verrat an den Armen, Diebstähle, Schummeleien? ... ‚Aber ihre Feste haben etwas Ehrwürdiges, Großartiges!' Nun, gerade diese haben sie als unrein erwiesen. ... Gott haßt sie und du machst mit? Auch sagte er nicht, ‚dieses und jenes Fest', sondern alle gleicherweise" (1. Hom. 7).

Diese Anklagen sind reine Erfindungen. Spricht er von Juden, die ihre Kinder erschlugen, so verdreht er die Glaubenstreue der Juden, die es vorzogen, ihre Kinder hinzuopfern, statt sie der Zwangstaufe auszuliefern.

Chrysostomus ist der Ansicht, dass Gott den Juden nur in Jerusalem zu beten erlaubte. Da diese Stadt ihnen nun entzogen worden ist, so ist jedes ihrer Gebete eine Blasphemie. Wenn Chrysostomus die Propheten zitiert, so reißt er die Zitate aus ihrem Zusammenhang. Jesaja verurteilt in der Tat die Feste derer, welche keine soziale Gerechtigkeit kennen, und ruft sie auf, sich zu reinigen: „Läutert euch ... lernet Guttun, suchet das Recht, lenket die Erschöpften, rechtet für die Waise, streitet für die Witwe. Geht doch her, wir wollen uns vergleichen, hat Gott gesprochen, wurden wie Scharlach eure Sünden, sollen sie weiß werden wie Schnee" (Jes 1,16–18).

Chrysostomus zitiert niemals einen Vers, der den Juden Trost, Mut und Hoffnung zuspricht.

Verachtung für die Synagogen

Chrysostomus weiß, dass viele seiner Gläubigen die Synagoge besuchen. Er will sie davon abbringen, indem er behauptet, die Synagoge sei ein Ort von Dämonen. Wiederum weist er mit Abscheu auf das gute Verhältnis beider Gruppen hin. „Da es solche gibt, welche die Synagoge für einen ehrwürdigen Ort halten, ist es nötig, auch diesen einiges zu sagen: ‚Weswegen verehrt ihr diesen Ort, den man doch verachten und verabscheuen und von dem man sich abwenden müßte?' ‚Das Gesetz ist dort deponiert', sagen sie, ‚und die Prophetenbücher'. Ja, was soll das? Wird denn etwa, wo solche Bücher sind, auch gleich der Ort heilig werden? Sicher nicht! Ich jedenfalls hasse die Synagoge am meisten und wende mich von ihr ab, weil sie (die Juden), obgleich im Besitz der Propheten, den Propheten nicht glauben ..." (1. Hom. 5). „Denn wenn auch kein Götzenbild dort steht, so bewohnen doch Dämonen den Ort. ... Denn sag mir, wo die Dämonen wohnen, ist da nicht der Ort der Gottlosigkeit, auch wenn dort keine Statue steht? Wo Christusmörder zusammenkommen, wo das Kreuz weggeschafft, wo gegen Gott gelästert, wo der Vater nicht erkannt, wo am Sohn gefrevelt, wo die Gnade des Geistes außer Kraft gesetzt wird, wo vielmehr sie selbst Dämonen sind, ist da der Schaden nicht größer? Denn dort ist unverhüllt und weithin sichtbar die Gottlosigkeit, und sie können nicht leicht einen, der bei Verstand und besonnen ist, an sich ziehen und verführen. Hier aber – indem sie behaupten, Gott zu verehren, sich von Götzenbildern abzuwenden, Propheten zu haben und sie in Ehren zu halten, indem sie mit diesen Worten reichlich Köder zubereiten – lassen sie die Einfacheren und Dummen ungeschützt in ihre Netze fallen" (1. Hom. 6).

Die jüdischen Feste

Teilnahme an jüdischen Gottesdiensten und Riten scheint unter den Mitgliedern der christlichen Gemeinde, vor allem an den Feiertagen, weit verbreitet gewesen zu sein. Daher sieht sich Chrysostomus genötigt, von diesen Festen zu sprechen. Seine Predigen gehen den jüdischen Festen voraus. Mit dem Pessachfest und dem Fasttag des Jom Kippur (Versöhnungstag) beschäftigt er sich eingehend. Diese waren wohl für Christen besonders anziehend. Bezüglich des Pessachfestes führt er unter anderem aus, es sei für Christen unmöglich, ein Fest an dem Tage zu feiern, an welchem Christus von den Juden gekreuzigt wurde. Wer dies tue, werde von Christus zu ewiger Verdammung verurteilt. Christen dürfen keine Matzot mit Juden essen oder von Juden annehmen. Seine besondere Verdammung gilt dem Jom Kippur. Sie ist gerichtet „an alle, die das Fasten mit den Juden mithalten, und an die Juden selbst. Sie wurde fünf Tage vor ihrem Fasten gehalten nach einer anderen Rede". „Das gesetzwidrige und unreine Fasten der Juden steht jetzt vor der Tür. ... Denn was gegen den Entscheid Gottes geschieht, auch wenn es Fasten, auch wenn es Opfer ist, das ist von allen das Fluchwürdigste" (2. Hom. 1).
Da Gott in Christus selbst zu der sündhaften Menschheit kam, um sie von der Sünde zu befreien, ist nach Chrysostomus der jüdische Fasttag für Gott ein Gräuel.
Aber Chrysostomus weiß, dass viele seiner Gläubigen sich dem Fasten des Jom Kippur anschließen. Seine Worte vor den Herbstfesten, Rosch Haschana, dem „Fest der Trompeten", Sukkot, dem „Laubhüttenfest", und dem „Fasten" [Jom Kippur, welches er nach Sukkot anführt, obwohl Jom Kippur dem Sukkotfest vorangeht] bezeugen gegen Chrysostomus' Willen die enge Verbundenheit von Juden und Christen in der Stadt: „Die Feste der unseligen, unglücklichen Juden sind im Kommen, die anhaltend eines nach dem anderen stattfinden, die Schofarhörner, die Laubhütten, die Fastentage. Und von den vielen aus unseren Reihen, die behaupten, unsere Gesinnungsgenossen zu sein, gehen die einen hin, bei den Fest-

feiern zuzuschauen, die anderen feiern sogar mit und nehmen an den Feiern teil. Diese schlechte Gewohnheit will ich also jetzt von der Kirche wegjagen ... [jetzt geht es um diejenigen, die sich wegen ihrer Sympathien für das Judentum als krank erweisen]. Wenn wir die nicht jetzt behandeln, wo die Festtage der Juden nahe sind, ja vor der Tür stehen, dann fürchte ich, daß unter dem Einfluß der unzeitgemäßen, deplazierten Gewohnheit und der großen Unwissenheit einige an deren gesetzwidrigem Tun teilnehmen. Und dann werden die Reden über sie (für uns) überflüssig sein. Dann werden sie, ohne etwas gehört zu haben, heute mit ihnen fasten, dann werden wir, wenn die Sünde begangen ist, umsonst das Heilmittel auflegen" (1. Hom. 1).

Diese Worte weisen darauf hin, dass Chrysostomus befürchtet, dass Christen zu Zugesellten der Juden werden könnten, wenn sie einmal angefangen haben, jüdische Gottesdienste zu besuchen. Er weiß ebenfalls, dass Frauen vom Judentum besonders angetan sind, und rügt die Männer, die diesem Tun keinen Zaum anlegen. Diese Männer mögen dem Gebot der Kirche treu sein, haben aber nichts gegen einen Synagogenbesuch der Frauen einzuwenden. Wie er ausführt, ist der Mann zum Haupt über das Weib gesetzt, doch weckt er sie morgens nicht auf, wenn die Kirche ruft, läßt sie aber am Rosch Haschana früh in die Synagoge gehen. „Wenn aber der Teufel sie zu den Trompeten ruft, und sie aufmerken und auf den Ruf hören, dann haltet ihr sie nicht zurück ... Hast du nicht Angst, daß deine Frau einen Dämon erwischt? ... Wie nun, sag mir, wagst du es, mit Dämonen zu tanzen und dann zur Versammlung der Apostel zurückzukommen? ... Das habe ich zu euch gesagt, sagt ihr das zu jenen, und jene zu ihren Frauen ... Und wenn einer ein Katechumene ist, der diese Krankheit hat, soll er im Vorhof der Kirche aufgehalten werden; wenn einer gar ein getaufter Christ ist, soll er vom heiligen Mahl weggeschickt werden" (2. Hom. 3).

Johannes Chrysostomus' zusammenfassendes Urteil

„Solche vernunftlosen Geschöpfe, die sich zur Arbeit nicht eignen, sind geeignet zur Schlachtung. Wie es ja auch diese erfahren haben: Da sie sich nämlich zur Arbeit als unbrauchbar erwiesen, haben sie sich als solche, die zur Schlachtung geeignet sind, herausgestellt. Deswegen sagt auch Christus: *Meine Feinde, die nicht wollen, daß ich über sie König werde – führt sie hierher und macht sie ... nieder* (Lk 19,27).

Damals hättest du fasten sollen, Jude, als das Saufen so Furchtbares an dir wirkte, als die Völlerei die Gottlosigkeit gebar, nicht jetzt. Jetzt ist das Fasten nämlich unzeitig und greuelvoll. Wer sagt das? Jesaja selbst, der laut ruft: *Nicht dieses*

Fasten habe ich mir gewählt (Jes 58,5). Weswegen? *Weil ihr zu Zank und Streit fastet und mit Fäusten die Untergebenen schlagt* (Jes 58,4). Wenn aber damals, als du deine Mitsklaven schlugst, dein Fasten greulich war, ist dann jetzt, nachdem du deinen Herrn niedergeschlagen und geschlachtet hast, dein Fasten willkommen? ... Damals fasteten sie zu Zank und Streit; jetzt aber zu Völlerei und äußerster Zügellosigkeit, mit nackten Füßen auf dem Marktplatz tanzend, geben vor zu fasten, verhalten sich aber wie Betrunkene. ... Diese aber führen Reigen von Lustknaben zusammen und einen großen Haufen von Hurenweibern, ziehen das ganze Theater samt denen von der Bühne in die Synagoge mit. Zwischen Theater und Synagoge gibt es nämlich keinen Unterschied ..." (1. Hom. 2).

„Wo aber eine Hure steht, ist auch der Ort ein Hurenhaus. Ja, mehr noch: Nicht ein Hurenhaus und Theater ist die Synagoge, sondern eine *Räuberhöhle* und ein Unterschlupf für wilde Tiere. Eine *Hyänenhöhle*, heißt es nämlich, *ist mir euer Haus geworden* (Jer 7,11; 12,9). ... Und: *Ich verließ mein Haus, ich habe mein Erbe verstoßen* (Jer 12,7).

Wenn es aber Gott verläßt, welche Hoffnung auf Rettung gibt es dann noch? Wenn es Gott verläßt, wird jener Ort die Behausung für Dämonen. Aber natürlich werden sie behaupten, daß auch sie Gott anbeten; doch fern sei es, so etwas zu sagen! Kein Jude betet Gott an. ... Wenn sie tatsächlich den Vater nicht kennen, den Sohn kreuzigten, die Hilfe des Geistes ausschlugen, wer würde es da nicht wagen zu sagen, der Ort sei ein Unterschlupf für Dämonen? Nicht Gott wird dort angebetet. Das sei ferne! Sondern ein Ort des Götzendienstes ist es" (1. Hom. 3). Darum erklärt er weiter: „Aber wie ihre Trompeten widergesetzlicher waren als diejenigen, die im Theater ertönen, und ihr Fasten schändlicher als jede Sauferei und Völlerei, so sind auch die Hütten, die jetzt bei ihnen aufgestellt werden, in keinem Punkt besser als die Häuser, welche Huren und Flötenspielerinnen beherbergen. Und keiner soll die Kühnheit dieser Rede verurteilen! Kühnheit ist es nämlich, die äußerste und ein Vergehen, über sie nicht so zu denken. Wenn sie nämlich mit Gott rivalisierend und *sich dem heiligen Geist widersetzend* (Apg 7,51) handeln, wie ist es da nicht nötig, ein solches Urteil über sie zu fällen?" (7. Hom. 1)

Wie Chrysostomus Tatsachen verdreht, zeigt seine irrige Behauptung, die Juden tanzten am Fasttag mit nackten Füßen auf dem Marktplatz. Als Zeichen der Kasteiung trägt der Jude am Jom Kippur keine Lederschuhe, also gingen diese Juden ohne Schuhe in die Synagoge.

Jüdische Gerichte: Immer wieder entfachen Christen die Wut des Kirchenvaters. So zieht es eine Christin vor, vor einem jüdischen Gerichtshof einen Eid abzulegen. Sie kennt die Gottergebenheit und Aufrichtigkeit der jüdischen Richter.

Daher fühlt und denkt sie, ihr Eid vor ihnen habe größere Kraft. Dafür wird sie vom Kirchenvater angeprangert.

Jüdische Ärzte: Viele Christen sind von jüdischen Ärzten geheilt worden, andere suchen Heilung. Chrysostomus wendet sich mit Entsetzen dagegen. Seine Eifereungen bezeugen allerdings die Anerkennung und den Zulauf, den jüdische Ärzte bereit zu jener Zeit genossen. Chrysostomus sagt: „Wenn er dich dann auf gewisse Heilungen hinweist und zu dir sagt: ‚Sie versprechen Heilungen' und ‚gerade deswegen laufe ich zu ihnen', dann enthülle [den Betrug] ihrer Magie, ihrer Zaubersprüche, ihrer Amulette, ihrer Zaubertränke. Denn auf keine andere Art scheinen sie zu heilen noch heilen sie wirklich. Das sei ferne! Ich übertreibe gewaltig und sage sogar: Auch wenn sie wirklich heilen, ist es besser zu sterben als zu den Feinden Gottes zu laufen und sich auf diese Art heilen zu lassen. Denn was ist der Nutzen, daß der Leib geheilt werde, wenn die Seele zugrunde geht? Was ist der Gewinn, hier Trost zu erlangen und dann ins unsterbliche Feuer gesandt zu werden?" (8. Hom. 5)

Christen, die sich beschneiden lassen: Mit besonderem Zorn wendet er sich gegen solche, die sich der Beschneidung unterziehen. Dass er sich mit diesem Thema auseinandersetzt, lässt darauf schließen, dass es sich nicht um wenige Einzelfälle handelte, sondern verbreitet war. Ein Mann, der sich beschneiden läßt, hat nach seiner Ansicht den Heilsplan Christi zunichte gemacht. Er steht nun ganz „unter dem Gesetz", d.h., er ist Jude geworden – und mit dem Fluch des Gesetzes belegt worden. „Sag mir nicht, daß die Beschneidung nur ein Gebot ist. Dieses eine Gebot legt dir das ganze Joch des Gesetzes auf. Wenn du dich nämlich nur zum Teil in den Herrschaftsbereich des Gesetzes hineinbegibst, dann mußt du dem Befehlshaber auch im übrigen gehorchen; wenn du es nämlich nicht erfüllst, wirst du natürlich notwendigerweise gezüchtigt und ziehst den Fluch auf dich" (2. Hom. 2).

Juden als Menschenhasser: Zeigen sich Juden den Christen gegenüber freundlich und hilfsbereit, so bedeutet dies Chrysostomus zufolge nicht, dass diese Gefühle auch wirklich echt sind. In Wirklichkeit, behauptet er, verabscheuen sie die Christen, denn sie sind Christen- und Menschenhasser. „Hast du denn keine Angst vor Gott? Wenn nicht, so hab wenigstens Respekt vor den Juden! Mit was für Augen wirst du sie ansehen? Mit was für einem Mund [mit ihnen] reden, wenn du bekennst, ein Christ zu sein, aber zu ihren Synagogen rennst und um ihre Hilfe bittest? Bedenkst du nicht, mit wieviel Gelächter sie dich überschütten werden, mit wieviel Witzen, wieviel Spott, wieviel Schande und wieviel Tadel, nicht offen, doch in ihrem Inneren" (8. Hom. 8). Gegen diese Verleumdung zu argumentieren ist unmöglich, da der Kirchenvater das Herz der Juden zu kennen vorgibt.

Es kann keine Verständigung zwischen Juden und Christen geben: Eine Verständigung zwischen Christen und Juden kann laut Chrysostomus niemals möglich sein. Es besteht aber bereits zwischen beiden eine enge Verbundenheit, die er anprangert. „Besteht denn wirklich nur ein kleiner Unterschied zwischen uns und den Juden? Geht denn wirklich unser Streit nur um Bagatellen, so daß du glaubst, es sei ein und dasselbe? Was vermischt du Unvermischbares? Jene haben Christus gekreuzigt, den du anbetest. Siehst du, wie groß der Unterschied ist? Was läufst du zu jenen, den Mördern, der du sagst, du betest den Gekreuzigten an?" (4. Hom. 3)

Die Ergebnisse der Hetze

Für unsere Betrachtung sind die Gedanken des Chrysostomus insofern von Bedeutung, als seine Predigten bezeugen, dass zu dieser Zeit in Antiochien und anderswo ein enges und freundschaftliches Verhältnis zwischen Juden und Christen bestand, welches für viele Christen zu einer Verbundenheit mit jüdischen Glaubensformen führte, und eine Reihe von ihnen sogar zum Judentum brachte. Chrysostomus trug wesentlich dazu bei, dass dieses Vertrauen in Hass umschlug. Wie vielen Judenhassern diese Predigten im Laufe der Jahrhunderte zum Leitfaden wurden, die Juden bis auf den Tod zu verfolgen, lässt sich nicht sagen. Chrysostomus steht am Anfang von Jahrtausenden der Hetze gegen die Juden, die unendlich vielen den Tod brachte. Bis in die jüngste Vergangenheit wurden seine Predigten von Antisemiten benutzt, verbreitet und in zahlreichen, selbst nichtchristlichen Völkern des Nahen Ostens, den Kindern von jüngstem Alter an in radikalster Weise eingetrichtert.
Der Jude aus freier Wahl muss sich dieser Verleumdungen bewusst sein. Den Juden ist unbedingt klar, dass das Judentum und die Juden keine der negativen Eigenschaften besitzen, die ihnen so oft nachgesagt wurden und werden. Es waren und sind die Judenfeinde, welche sie auf diese Art verleumdeten und verleumden. Im Kampf gegen diese Verleumdungen dienen die Juden der universalen Gerechtigkeit. Im Ertragen der Schmähungen dienen sie, gemäß dem jüdischem Glauben, Gott. Es muss anerkannt werden, dass die Verordnungen des Zweiten Vatikanischen Konzils in den sechziger Jahren des 20. Jahrhunderts die Verleumdungen gegen die Juden zurückwiesen und sich eine enge Gemeinschaft zwischen Juden und Katholiken, wie anderen christlichen Konfessionen, entwickelt hat. Es ist zu

hoffen, dass sie von Bestand sein werden. Es gibt jedoch immer noch auch Christen, die weiterhin an diesen Verleumdungen festhalten. Ihnen müssen die Juden, einschließlich der Juden aus freier Wahl, in irgendeiner Form begegnen.

Augustinus und die Theologie der vollkommenen Erniedrigung der Juden

Augustinus (354–430), ein Anhänger des Bischofs Ambrosius, widersprach der Meinung seines Zeitgenossen. Die Juden sollten nicht ausgerottet werden, sie sollten nach Gottes Willen überleben, denn sie seien Zeugen des Sieges der Kirche. Das bedeutet, sie dürfen gerade eben ihr Leben fristen, müssen aber in Elend, Heimatlosigkeit und Verachtung existieren. Diese Lehre rettete den Juden das Leben, machte dieses aber unsicher und elend. Die siegreiche Kirche sorgte dafür, dass der „göttliche Plan" zur Verwirklichung kam, indem sie die Juden rücksichtslos schmähte und unterdrückte. Augustinus schreibt: „Christus wurde gemäß früherer Prophezeiungen geboren (Mi 5,2, Jes 7,14) ... Um Gott in seiner Person bekannt zu machen, vollbrachte er viele Wunder ... deren erstes ist das große Wunder seiner Geburt, das letzte seine Himmelfahrt mit seinem Körper, welcher wieder von den Toten ins Leben zurückgebracht worden war. Aber die Juden, welche ihn töteten und sich weigerten, an ihn zu glauben und daran zu glauben, dass er sterben musste, um wieder aufzuerstehen, erlitten elende Verwüstung durch die Römer, wurden vollkommen aus ihrem Reich entwurzelt ... Sie wurden in alle Welt versprengt, denn in der Tat gibt es keinen Teil der Welt, wo sie nicht zu finden sind – und somit, unter dem Beweis ihrer eigenen Schrift tragen sie Zeugnis für uns, dass wir die Prophezeiungen über Christus nicht erfunden haben ... [eine Zahl der Juden wurden Christen] aber der Rest von ihnen war verblendet, und über sie ist vorausgesagt: ‚Ihr Tisch werde ihnen zur Schlinge, zur Vergeltung und zu einer Falle. Ihre Augen müssen finster werden, dass sie nicht sehen. Beuge ihre Rücken ewig' (Ps 69,20–21). Daraus ergibt sich, wenn Juden nicht an unsere Schriften glauben, so werden ihre eigenen Schriften an ihnen erfüllt, während sie diese mit blinden Augen lesen ... Unsererseits finden wir diese Prophezeiungen, welche aus den Büchern unserer Gegner hervorgehen, als genügend; denn wir erkennen, dass, um dieses Zeugnis zu geben, welches sie, gegen ihren Willen, durch den Besitz und die Erhaltung dieser Bücher zu unserem Vorteil liefern, sie selbst unter alle Nationen zerstreut werden, in alle Richtungen, in welche sich die Kirche verbreitet. In der Tat gibt es eine Prophezeiung, welche lange vor dem Ereignis gerade über diesen Punkt im Buche der Psalmen, welches sie ebenfalls lesen, gegeben wurde. Es findet sich an folgender Stelle: ‚Hinsichtlich meines Gottes, seine Gnade geht mir voran; mein Gott hat mir dies gezeigt an meinen

Feinden. Erschlage sie nicht, damit sie zu irgendwelcher Zeit dein Gesetz je nicht vergessen' ohne hinzuzufügen ‚zerstreue sie'. Denn wenn sie mit diesem Zeugnis der Schrift nur in ihrem eigenen Land lebten, und nicht überall, dann wäre das offensichtliche Ergebnis, dass die Kirche, welche überall ist, sie nicht unter allen Nationen als Zeugen der Verkündungen, die im voraus bezüglich Christus gegeben wurden, verfügbar hätte" (Civitas Dei, Buch 18, Kapitel 46). Hier setzt der Kirchenvater wiederum voraus, dass nur die Christen das „Alte Testament" verstehen und den Juden das Verständnis ihrer eigenen Schrift versagt ist. Dem Juden und der Jüdin aber ist die Tora, wie Juden sie von Anbeginn verstanden, das Wort Gottes – und nicht ein Hinweis auf das Neue Testament.

Die Ideen beider Männer waren von gestaltendem Einfluss. Beide lesen die hebräische Bibel im Licht des Christentums, ohne zu fragen, ob der christliche Bericht nicht so gestaltet wurde, dass man die Geschehnisse auf jüdische Verkündungen der Vorzeit stützen konnte. Die Möglichkeit, die Tora in anderer Weise zu verstehen, wurde ausgeschlossen. Dies galt als legitim, denn das Alte Testament enthielt nach christlicher Ansicht die Verkündigungen des kommenden Christus. Die Juden also, in ihrer Verblendung, lasen ihre eigenen Schriften in falscher Weise, sie waren die Feinde der Christenheit. Ihr Verständnis des biblischen Textes konnte nicht geduldet werden. Dennoch kamen die beiden Kirchenväter aus der Exegese der hebräischen Schrift zu gegensätzlichen Ergebnissen. Augustinus erkannte den Juden weiterhin eine Funktion im göttlichen Heilsplan zu. Daher erlaubte er ihnen zu leben, aber im Elend und unter der Kontrolle der Kirche, während Chrysostomus die Juden als vollkommen verrottet und jenseits jeder Vergebung ansah und deshalb für ihre Vernichtung kämpfte. Furcht vor dem Tod durch christliche Hand begleitete und verschärfte die Unsicherheit der Juden. Die Zeit, in der Judentum und Christentum hätten miteinander wetteifern können, war vorbei, die Möglichkeit eines gegenseitigen Dialogs als gleichwertige Partner bestand nicht mehr. Im Licht der Lehren beider Männer basiert das Weiterbestehen des Judentums nur auf den Tücken und der Verschwörung seiner Anhänger. Auch dies mag der Jude aus freier Wahl erfahren. Seit dem Zweiten Vatikanischen Konzil haben die Christen unter Führung der katholischen Kirche ihre Fehler eingestanden und sich zur Verbundenheit mit den Juden bekannt. Es ist zu hoffen, dass dieses enge Verhältnis von Christen und Juden weiter bestehe und sich vertiefe.

Rückgang, doch kein Ende der Übertritte

Aufgrund des Drucks durch die christlichen Staaten traten mit Beginn des 5. Jahrhunderts weniger Menschen zum Judentum über. Juden entsagten dem Streben, ihre Botschaft zu verbreiten. Man erklärte dies damit, dass „die Gerechten aller Völker" Anteil an der künftigen Welt haben, was in der Tat jüdisches Lehrgut ist. Christen, die gute Menschen sind, haben keinen Grund, sich dem Judentum anzuschließen, denn sie können ohnehin des ewigen Lebens sicher sein. Man zögerte, Nichtjuden aufzunehmen. Dennoch suchten und fanden Nichtjuden ihren Weg zum Judentum. Anfang des 5. Jahrhunderts, inmitten der Judengesetze, erschien der Talmudtraktat Gerim, ein Leitfaden zum Übertritt. Forscher sind zu dem Ergebnis gekommen, dass es in den Jahren von 1000 bis 1200 möglicherweise 15000 neue Proselyten gab, niemals aber weniger als 5000 pro Jahrhundert, d.h. etwa einen Proselyten pro Woche (Norman Golb, 32–37).

Die Chasaren

Unter dem Druck des byzantinischen Reichs sahen sich die Juden gezwungen auszuwandern. Die Küstenländer des Schwarzen Meers, sowohl die Krim wie der Kaukasus, boten Freiheit. Phanagoria beherbergte im 8. Jh. viele Juden. Im 6. Jh. hatten die Chasaren im Grenzland zwischen Europa und Asien, d.h. zwischen dem Kaukasus, der Wolga und dem Don, ein unabhängiges Reich gegründet. Kaufleute aus aller Herren Länder kamen zu den Märkten, darunter auch Juden. Ihrer Missionstätigkeit gelang es, König Bulan und die gesamte Oberschicht zum Übertritt ins Judentum zu bewegen. Einer von Bulans Nachfolgern nahm den Namen Obadja, Diener Gottes, an, den auch der zum jüdischen Propheten gewordene Edomiter getragen hatte. In der Folgezeit konnte nur ein Jude König werden. Während in den umliegenden Ländern die nichtjüdischen Armen häufig gezwungen waren, ihre Kinder in die Sklaverei zu verkaufen, um sie und sich selbst zu erhalten, hatten in diesem jüdischen Staat selbst die Ärmsten der neuen Juden dieses nicht nötig: Sie und ihre Kinder fanden Hilfe. Angehörige anderer Religionen mit ihrer eigenen Gerichtsbarkeit wurden toleriert. Die Kunde von diesem jüdischen Staat erreichte Hasdai ibn Schaprut (910–970), den jüdischen Arzt und diplomatischen Berater zweier Kalifen von Cordoba. Seine Anfrage an den Chasarenkönig wurde von König Josef bestätigend beantwortet. Das Chasarenreich entwickelte sich zu einer bedeutenden Macht. Es gelang ihm, den militärischen Vorstoß des Islam nach Osteuropa zum Stillstand zu bringen. Im Lauf der Jahrhunderte verblasste jedoch seine Größe. Es wurde wiederholt von feindlichen Nachbarn überfallen, bis es schließlich, nach der Unterwerfung 969 unter die Kiewer Rus, im Jahr 1016 endgültig erlosch. Seine jüdischen Bewohner verbanden sich mit den Juden der Diaspora und sind daher die Vorfahren vieler heutiger Juden Osteuropas.

*Die Proselyten im Denken und in den Entscheidungen bedeutender
jüdischer Lehrer des Mittelalters*

Jehuda Halevi und Maimonides sind für das Verhältnis der geborenen Juden zu den Proselyten und damit für deren Anerkennung in der jüdischen Gemeinschaft von großer Bedeutung.
Jehuda Halevi (1086 bis nach 1141), geboren in Toledo, lebte in Cordoba. Er war Arzt, Dichter und Denker, ein Mann tiefsten Gefühls und größter Liebe. Er machte im Alter die Pilgerfahrt ins Heilige Land, um dort zu leben, doch fand er, der Legende nach, im Angesicht Jerusalems Gott anbetend, den Tod.
Moses ben-Maimon, Maimonides (1135–1204), gehört zu den bedeutendsten Philosophen des Mittelalters. Geboren in Cordoba, bekam er muslimischen Fanatismus früh zu spüren. Bekehrung zum Islam oder Tod, so lautete der Kampfruf der radikalen Almohaden gegen die Ungläubigen. Maimonides und seine Familie mussten fliehen. Nach langen Fahrten ließ er sich in Fustat (Alt-Kairo) nieder und wurde Hofarzt des Kalifen. Er schrieb einen Kommentar zu den Sprüchen der Väter, einem Traktat der Mischna, in dem die hohe Ethik der Rabbinen zum Ausdruck kommt. Er verfasste „Mischne Tora", einen Kodex der gesamten Halacha, und schuf den „Führer der Verwirrten", ein grundlegendes philosophisches Werk, das die ganze Scholastik beeinflusste. Die Dreizehn Glaubenartikel stammen von ihm. Rationalist und Aristoteliker, unternahm er es, die Wahrheit der Tora gegenüber der Philosophie des Aristoteles vernunftmäßig zu beweisen. Sein gigantisches Werk blieb von dauerndem Einfluss.
Jehuda Halevi gestaltete sein philosophisches Werk um das Geschehen im Chasarenland und nannte es „Der Kusari – zur Verteidigung einer geschmähten Religion". Er erzählt: König Bulan hatte einen Traum, der sein Leben veränderte. Ihm wurde mitgeteilt, sein Streben nach wahrem Glauben sei edel und würdig, aber er habe den rechten Weg zum einem wahren Glauben noch nicht gefunden. So zog er je einen christlichen und muslimischen Weisen zu Rate, doch deren Antworten befriedigten ihn nicht. Erst nach langem Zögern rief er einen Weisen der Juden, deren Religion so sehr verachtet wurde. Und ausgerechnet dieser Weise überzeugte ihn. Die Juden leiden, weil sie das Herz der Menschheit sind und wie dieses von allen Krankheiten des Körpers zuerst angegriffen werden. Die Juden sind das auserwählte Volk, das um der Menschheit willen leidet. Schwingt sich die Menschheit dazu auf, Logik mit Herzensgefühl zu verbinden, dann wird die Einzigartigkeit des ewigen Judentums von allen anerkannt. König Bulan wurde Jude. Er hatte die Vorurteile gegen das Judentum überwunden. Klares Denken offenbarte ihm die Wahrheit.
Für Jehuda Halevi sind die Proselyten zwar anerkannte Juden, aber nicht ganz

gleichwertig. Ihm zufolge wählte Gott von Anfang an für jede Generation einen besonders geliebten Menschen aus mit dem Auftrag, die Menschheit unter Gott ethisch zu führen. Die Berufung dieses Menschen ging biologisch auf einen seiner – von Gott ausgesuchten – Nachkommen über. Die Nachkommen Jakobs, das Volk Israel, erhielten diese Auszeichnung für alle ihre Zugehörigen und deren Nachkommen. Den Proselyten fehlt diese Ahnenschaft. Sie werden vollständige Juden und müssen als solche anerkannt werden. Die höchste Stufe der Gnade, nämlich die Erwähltheit zur Prophetie, wird ihnen aber nicht zuteil. Halevi ist der einzige Denker im Judentum, der die Juden in gewissem Sinne als eine biologisch bedingte Gemeinschaft sieht und daher den Proselyten dem geborenen Juden nicht gleichsetzt, zumindest nicht, wenn es um die höchste Erwählung geht.

Maimonides dagegen besteht mit größtem Nachdruck darauf, dass die Proselyten den geborenen Juden in jeder Weise gleich und gleichwertig sind. Damit übernimmt er die von Anfang an bestimmende Grundauffassung des Judentums. Dies legt er in seinem Hauptwerk, „Mischne Tora", dar. Damit bestätigt er den Geist des überlieferten Judentums und setzt ihn durch. Die folgenden zwei Briefe* geben seine Überzeugung wieder.

Der folgende Brief des Maimonides an Obadja, den Ger Zedek aus der Normandie, spiegelt nicht nur Maimonides' Gedanken, sondern auch die Bedeutung dieses Proselyten. Die Normandie war zu jener Zeit ein großes und blühendes Zentrum jüdischen Lebens. So erhielten z.B. die jüdischen Kinder und, darüber hinaus, die Jugendlichen in Vorbereitung zum Rabbineramt eine höchst gründliche Erziehung (s. Golb, Jewish Proselytism). Obadja, der Maimonides' Werk gekannt haben muss und von ihm ehrenvoll als ein gelehrter Mann angesprochen wird, tritt uns daher als ein hervorragender Mann innerhalb einer bedeutenden jüdischen Umgebung entgegen.

„Ich habe die Anfrage des Herrn Obadja, des weisen und gelehrten Proselyten, erhalten. Möge Gott ihn für sein Werk belohnen, möge ihm vollkommener Lohn vom Gott Israels zukommen, unter dessen Fittichen Schutz zu nehmen er gekommen ist. Du fragst mich, ob es auch dir erlaubt sei, in den Gebeten, die du allein oder in der Gemeinde darbietest, zu sagen: ‚Unser Gott und Gott unserer Väter', ‚Du, der uns durch seine Gebote geheiligt hat', ‚Du, der uns abgesondert hat', ‚Du, der uns auserwählt hat', ‚Du, der uns als sein Eigen genommen hat', ‚Du, der uns aus dem Lande Ägypten herausgeführt hat', ‚Du, der unseren Vätern Wunder tat' und dergleichen. Du kannst all dies in der vorgeschriebenen Weise sagen, ohne das Geringste an ihnen zu ändern. In gleicher Weise, wie jeder Jude durch

---

* Isadore Twersky, A Maimonides Reader, © Behrmann, 475f und 477 – Übersetzung ins Deutsche von Leo Trepp.

Geburt seine Segnungen und Gebete spricht, so sollst auch du vollkommen gleich segnen und beten, ob du allein seiest oder in der Gemeinde betest. Der Grund dafür ist, dass unser Vater Abraham das Volk belehrte, seinen Geist öffnete und ihm den wahren Glauben und die Einheit Gottes offenbarte: Er verwarf die Götzen und schaffte ihre Verehrung ab; er brachte viele Kinder unter die Flügel der Schechina und gab ihnen Rat und Beratung und entbot seinen Söhnen und den Mitgliedern seines Hauses nach ihm, Gottes Wege für immer zu hüten, wie geschrieben: ‚Ja, ich habe ihn erkannt, auf dass er entbiete seinen Söhnen und seinem Hause nach ihm: Sie sollen hüten MEINEN [Gottes] Weg, Wahrhaftigkeit und Recht zu tun' (Gen 18,19). Von diesem Augenblick an und für immer, wird ein jeder, der das Judentum annimmt und die Einheit des Göttlichen Namens bekennt, wie dies in der Tora vorgeschrieben ist, den Jüngern unseres Vaters Abraham, Friede sei mit ihm, zugerechnet. Diese sind Abrahams Haus, und er ist es, der sie zur Wahrheit bekehrte. Wie er seine Zeitgenossen durch sein Wort und seine Belehrung bekehrte, so bekehrt er künftige Generationen durch das Vermächtnis, das er seinen Kindern und seinem Hause nach ihm hinterließ. So ist unser Vater Abraham, Friede sei mit ihm, der Vater seiner frommen Nachkommen, die seine Wege hüten, der Vater seiner Schüler und aller Proselyten, die das Judentum annehmen.

Deshalb sollst du beten: ‚Unser Gott und Gott unserer Väter', denn Abraham, Friede sei mit ihm, ist dein Vater, … Da du unter die Fittiche der Schechina gekommen bist und Gott bekannt hast, besteht kein Unterschied zwischen uns und dir, und alle Wunder, die uns erwiesen wurden, wurden fürwahr uns und dir erwiesen. So wird es im Buch Jesaja gesagt: ‚Nimmer spreche der Sohn der Fremde, der IHM Anhangende, solche Sprache: ER sondert mich ab von seinem Volk' (Jes 56,3). Es besteht keinerlei Unterschied in irgendeiner Weise zwischen dir und uns. Du sollst unbedingt den Segen sprechen, ‚der uns auserwählt hat' und ‚der uns gegeben hat' und ‚der uns als sein Eigen genommen hat' und ‚der uns abgesondert hat'. Denn der Schöpfer, gepriesen sei ER, hat in der Tat dich auserwählt und dich den Nationen abgesondert und hat dir die Tora gegeben. Denn die Tora wurde uns und den Proselyten gegeben, wie es geschrieben ist: ‚Einerlei Satzung sei für euch und für den Ger, welcher als Ger unter euch weilt, eine Weltzeit-Satzung für eure Geschlechter: gleich ihr, gleich sei der Ger vor IHM' (Num 15,15). Und wisse, dass unsere Väter, die Ägypten verließen, zum großen Teil dort Götzendiener waren, sie hatten sich mit den Heiden vermischt und ahmten ihre Wege nach, bis der Heilige, gesegnet sei ER, Moses, unseren Lehrer, den Meister aller Propheten, sandte. Dieser sonderte uns ab von allen Völkern und brachte uns unter die Fittiche der Schechina, uns und alle Proselyten, und gab uns allen ein Gesetz. Betrachte deine Herkunft nicht als minderwertig. Während wir die Nachkommen Abrahams, Isaaks und Jakobs sind, leitest du dich zurück auf IHN, bei dessen Wort die Welt geschaffen wurde, wie es Jesaja sagt: ‚Der Eine wird sagen: Ich bin Gottes, der Andere sich beim Namen Jakob rufen' (Jes 44,5)."

Der folgende Brief zeigt zwei Wesenszüge des Maimonides. Trotz der Verfolgungen, die er unter den Muslimen hatte erdulden müssen, war er ihrem Glauben gegenüber vollkommen objektiv. Darüber hinaus war er kampfbereit in der Verteidigung der Gleichberechtigung aller zum Judentum Übergetretenen. Ein Lehrer der Tora hielt die Proselyten für minderwertig und brachte dies einem übergetretenen Juden gegenüber zum Ausdruck; dafür wurde er von Maimonides scharf verurteilt. Da auch heute noch viele Juden den Proselyten ihre Gleichwertigkeit absprechen und sie als minderwertige Juden ansehen, gewinnt dieser Brief ganz besondere Bedeutung.

Es handelt sich um eine Diskussion über den Islam. Der Proselyt vertrat den Standpunkt, dass Muslime keine Götzendiener seien, sondern den einen Gott anbeten. Damit hatte er Recht. Doch wurde er von seinem Lehrer, der anderer Ansicht war, beschimpft. Die rhetorische Frage, die Maimonides sich in seiner Antwort an den gedemütigten Proselyten selbst stellte, war: Wäre ein geborener Jude in gleicher Weise beschämt worden, selbst wenn er nicht Recht gehabt hätte? Dieses schreibt er dem Juden aus freier Wahl:

„Als dein Lehrer dich einen Narren nannte, da du in Abrede gestellt hattest, die Muslime seien Götzendiener, sündigte er schwer, und es gehört sich, dass er dich um Verzeihung bitte, obgleich er dein Lehrer ist. Dann lasse ihn fasten und weinen und beten; vielleicht wird er Vergebung finden. War er betrunken, dass er die dreiunddreißig Stellen vergaß, an welchen das Gesetz uns bezüglich der Gerim ermahnt? Denn selbst hätte er Recht gehabt, und du wärest im Irrtum gewesen, so war es seine Pflicht, sanft zu sein, umso mehr, da die Wahrheit bei dir lag, und er im Irrtum war. Und in einer Diskussion, ob ein Muslim ein Götzendiener ist, hätte er gegenüber einem Ger Zedek vorsichtig sein müssen, seine Gefasstheit nicht verlieren dürfen, und ihn [nicht] beschämen dürfen. Denn unsere Weisen haben erklärt: ‚Wer seiner Wut freien Lauf läßt, gilt in Gottes Augen als Götzendiener.' Und wie groß ist die Pflicht, welche das Gesetz uns in Bezug auf die Proselyten auferlegt. Es ist uns geboten, unsere Eltern zu ehren und zu fürchten, wir stehen unter der Verordnung, [in Gehorsam] auf die Propheten zu hören. Ein Mensch mag ehren, fürchten und gehorchen, ohne zu lieben. Aber bezüglich des ‚Ger' ist es uns geboten, ihn mit der ganzen Kraft unseres Herzensgefühls zu lieben. Und er nannte dich einen Narren! Wie erstaunlich! Ein Mann, der seinen Vater und seine Mutter verlässt, seinen Geburtsort, sein Land und dessen Macht aufgibt, und sich dieser erniedrigten, verachteten und versklavten Gemeinschaft anschließt, der die Wahrheit und Gerechtigkeit des Gesetzes dieses Volkes erkennt und alle

Dinge der Welt aus seinem Herzen stieß – soll so einer Narr genannt werden? Gott verhüte! Gott nannte dich nicht einfältig, sondern weise, du Schüler unseres Vaters Abraham, der ebenfalls seinen Vater und seine Verwandten verließ und sich zu Gott wandte. Und ER, der Abraham gesegnet hat, wird dich segnen und dich würdig machen, alle die Tröstungen zu sehen, welche für Israel bestimmt sind, und all das Gute, welches Gott uns erweisen wird, denn Gott hat Gutes für Israel versprochen."

In dem Briefwechsel des Maimonides mit Obadja begegnen wir einem denkenden Menschen mit einer tiefen Liebe zu seinem gewonnenen Judentum. Er hat den Namen des Propheten Obadja angenommen, welcher der Überlieferung nach ebenfalls ein Proselyt war. Er fragt sich, ist er dieses Namens würdig, könnte der Geist der Prophetie grundsätzlich auf ihm ruhen? Maimonides nimmt ihm seine Angst. Im Gebet wie in der Erwartung der Gottesnähe ist der Proselyt den geborenen Juden vollkommen gleichwertig.

Maimonides Briefwechsel mit dem vom Islam übergetretenen Proselyten zeigt dessen Willenskraft. Er wusste, dass er ständig um sein Leben fürchten musste, denn wer aus dem Islam austrat, war gemäß den islamischen Gesetzen des Todes. Dennoch muss er sich als Jude zu erkennen gegeben haben, denn er ging in die Jeschiwa, um Tora zu lernen. Die Art und Weise, in der Maimonides diesen zwei Gerim begegnete, sollte allen geborenen Juden als Vorbild gelten. Seine Worte haben niemals ihre Gültigkeit verloren

6 Mittelalter und Renaissance

Unter den Proselyten, die im Mittelalter ihren Weg zum Judentum fanden, waren schlichte Menschen und hervorragende Persönlichkeiten. Sogar christliche Geistliche erkannten in der Tora und dem jüdischen Lebensweg die Erfüllung des Sehnens ihrer Seele nach Frieden. Gemäß dem Staatsgesetz konnte der Übergetretene zum Tod verurteilt werden, und diese Strafe wurde auch oftmals verhängt. Proselyten wurden auf dem Scheiterhaufen verbrannt. Im Islam können Muslime, die sich einer anderen Religion anschließen, bis heute mit dem Tod bestraft werden.
Wir führen einige wenige Beispiele von Proselyten an, welche die Stärke dieser Menschen zeigen, die trotz aller Bedrohung ihren Weg wählten. Einige von ihnen gingen in die allgemeine jüdische Geschichte ein.

Niederlassung in Deutschland

Die erste Urkunde, die uns von der Niederlassung der Juden in Deutschland Kunde gibt, ist das Edikt Konstantins aus dem Jahre 322, das die Juden der Stadt Köln verpflichtet, an der Stadtverwaltung mitzuwirken. Bisher waren sie von dieser Pflicht, die der des Sabbatgebots hinderlich sein konnte, befreit. Darüber hinaus waren die Stadtältesten verpflichtet, die jährlichen Schulden der Stadt aus eigenen Mitteln zu decken. So gesehen war das Edikt kein Privileg, sondern der Entzug eines bestehenden Privilegs. Wahrscheinlich kamen die Juden mit den römischen Legionen über die Alpen und ließen sich am Rhein nieder. Bis zum ersten Kreuzzug hatten sie eine verhältnismäßig friedliche Zeit. Kaiser wie Bischöfe erkannten ihren Wert beim Aufbau des während der Völkerwanderung verwüsteten Landes. Die Juden konnten der Wirtschaft, aber auch der Kultur des Landes auf die Beine helfen. Die Karolinger förderten sie. Karl der Große berief den Juden Isaak unter seine Gesandten an den Sultan Harun al-Raschid. Isaak kehrte als einziger von dieser Reise zurück und brachte dem Kaiser als Geschenk des Sultans einen Elefanten mit.

Kaiser Ludwig der Fromme begünstigte die Juden in jeder Weise. Erzbischof Agobard von Lyon (772–840) war entsetzt über die engen Verbindungen von Christen und Juden und die Anziehungskraft des Judentums auf die Christen. In wütenden Hetzpredigten wie in Ersuchen an den Kaiser um neue Gesetze strebte er sie zu erniedrigen – vergeblich. Der Kaiser billigte ihretwegen sogar die Verlegung des städtischen Wochenmarkts von Samstag auf Sonntag.

Angehörige der Familie Kalonymus aus Lukka wurden von Kaiser Otto II. in Mainz angesiedelt, wo sie als große Handelsherren wesentlich zum Aufstieg der Stadt beitrugen. Ihre Schiffe segelten bis zum Schwarzen Meer, ihre Karawanen gingen bis in den fernen Orient. Juden und Christen konnten miteinander befreundet sein. Doch die Sicherheit der Juden hing vom Willen der jeweiligen Herrscher ab. Die Freundschaft ihrer Nachbarn war bedingt. Darum schrieb Rabbenu Gerschom (ca. 960–1028) aus Mainz: „Von Exil zu Exil wurden wir vertrieben, nichts ist uns geblieben als diese Tora." Um sie zu bewahren, schuf er in Mainz das Zentrum des geistigen Lebens der Juden. Er wurde zur „Leuchte der Diaspora". Durch ihre Talmud-Hochschulen wurden Mainz, Worms und Speyer zu Weltzentren des Judentums. Gerade im Talmud, der „mündlichen Tora", fanden die Juden innere Stärke, Hoffnung und Kraft zum Widerstand. Deswegen ließen die Päpste den Talmud wiederholt verbrennen. Den Juden sollte ihre geistige Stütze genommen werden. Auf Verordnung von Papst Gregor IX. wurden im Jahr 1242 oder 1244 – hier gibt es unterschiedliche Zeitangaben – 24 Wagenladungen hebräischer Bücher in Paris öffentlich verbrannt.

Die Anziehungskraft des Judentums für Nichtjuden bestand weiter. In Deutschland bekannten sich neben Hausfrauen und Kaufleuten auch gesellschaftlich hochstehende und gelehrte Persönlichkeiten zur Religion Abrahams.

Der adlige Alemanne Bodo, der Hauspriester am Hof des Kaisers Ludwig des Frommen gewesen war, trat 839 zum Judentum über. Er musste fliehen und entkam in das muslimische Cordoba, von wo aus er in scharfer Form gegen das Christentum agierte.

Ebenfalls im 9. Jahrhundert trat ein gewisser Pater Nestor zum Judentum über. Es wird berichtet, er habe sich von den religiösen Führern der verschiedenen Religionen über die Grundlagen ihres Glaubens beraten lassen und dann das Judentum als die für ihn richtige Religion erkannt. Vielleicht war Jehuda Halevi von diesem Bericht mitbeeinflusst, als er seinen „Kusari" schrieb.

Anfang des 11. Jahrhunderts trat Wezelin, der Kaplan des Kaisers Heinrich II., zum Judentum über. Es wird angenommen, dass er nach Ägypten floh. Er veröffentlichte eine Streitschrift gegen das Christentum. Diese mag den Kaiser veranlasst haben, die Mainzer Juden im Jahr 1012 für kurze Zeit aus Mainz zu verbannen. Andreas, Erzbischof von Bari, trat gegen 1070 zum Judentum über.

Über diese Fälle finden wir nichts in christlichen Dokumenten, wohl aber in den Manuskripten, die im 19. Jahrhundert in der Genisa einer Synagoge zu Kairo gefunden wurden und die uns wertvolle Aufschlüsse über das Mittelalter geben. Der Mut dieser Juden aus freier Wahl ist zu bewundern. Ihres Vermögens beraubt, mussten sie ihres jüdischen Glaubens wegen auswandern und dann oftmals von der Wohltätigkeit anderer Juden leben. Eine Proselytin erklärte: „Nicht wegen eines Denars oder eines Dirhem [als wohltätige Gaben] habe ich mich der Mühe unterzogen, in ein fremdes Land auszuwandern, [sondern aus Liebe zum Judentum]." Wie Norman Golb berichtet, waren die Proselyten großenteils gebildete Menschen mit Zugang zur Heiligen Schrift. Die Spannungen um das Jahr 1000 in Erwartung des Endes der Zeit mögen u.a. zu ihrer Rückkehr zu einer alten Form des Glaubens beigetragen haben. Der Beitrag, den Juden aus freier Wahl zum Judentum leisten können, wird weiterhin aus dem Leben des Johannes (ca. 1170–1240) aus Oppido in Süditalien erkenntlich. Er entstammte dem normannischen Adel und war ein katholischer Priester, bis ihn ein mystischer Traum zum Übertritt bewegte. Im Jahr 1202 wurde er Jude und nahm den Namen Obadja an (nicht identisch mit Obadja, an den Maimonides schrieb). Seine weiten Reisen führten ihn nach Syrien, dem Heiligen Land, Ägypten und Mesopotamien. Zu seinen Werken gehört eine Autobiographie, in der er auch die Verfolgungen der Juden beschreibt. Vor allem aber ist er der Verfasser des ältesten hebräischen musikalischen Manuskripts. In ihm vertont er Piyyutim, die Anklänge an den Gregorianischen Gesang haben (Golb). Wir könnten noch andere Namen nennen. Memorialbücher vieler Gemeinden, welche aller Verstorbenen ehrend gedenken, bezeugen die entgegenkommende Aufnahme von Proselyten. Dasselbe gilt für halachische Entscheidungen bedeutender Rabbiner des Mittelalters.

Die Kreuzzüge und die Notwendigkeit zur Vorsicht

Mit dem ersten Kreuzzug veränderte sich das Verhalten der Christen abrupt und vollständig. Diese Verwandlung kam, so die Worte eines jüdischen Zeitgenossen, wie „ein Donnerschlag aus blauem Himmel". In seinem Klagelied über die schrecklichen Pogrome schreit Meschullam ben Kalonymus mit großer Bitterkeit heraus: „Unsere guten [christlichen] Freunde von gestern kennen uns nicht mehr und benehmen sich, als hätten sie uns nie gekannt." Dies sollte sich während der Zeit der Nationalsozialisten wiederholen. Gemäß dem Mainzer Memorbuch gaben zehn Proselyten, sieben Männer und drei Frauen, in den Pogromen des ersten Kreuzzuges (1096) freiwillig ihr Leben „zur Heiligung des Namen Gottes". Sie werden als Söhne und Töchter Abrahams, des Vaters, bezeichnet.

Gute individuelle Verbindungen zwischen Juden und Christen mögen sich später wieder entwickelt haben, doch das Vertrauen war dahin. Man musste vorsichtig sein, bevor man einen Christen ins Judentum aufnahm. Zum einen konnte das spätere Schicksal des Proselyten der Tod auf dem Scheiterhaufen sein. Zum zweiten musste man sich der Überzeugung des Kandidaten sicher sein. Unter dem unnachgiebigen Druck der Christen würde er sich vielleicht dem Judentum wieder entfremden. Das hätte auch Konsequenzen für das Schicksal der jüdischen Gemeinde gehabt, denn von einem abtrünnigen Proselyten drohte ihr möglicherweise Gefahr in Form von Verfolgung und Vertreibung. So blieb die jüdische Bereitschaft, Proselyten aufzunehmen, zwar grundsätzlich erhalten, aber die Bedingungen wurden sehr erschwert. Dies wirkt im orthodoxen Judentum bis heute nach. Für die Kirche diente die geringe Zahl der Übertritte zum Judentum als Beweis, dass das Judentum verachtet wurde.

Martin Luther verstärkt den Judenhass

Martin Luther (1483–1546) spaltete die Kirche. Mit großem Mut vertrat er seine Reformation vor Kaiser Karl V. und vor den Fürsten des Landes, unter denen er viele Anhänger fand. Die katholische Kirche hingegen fürchtete, durch Luthers reformiertes Christentum ersetzt zu werden. Diese Zeit brachte den Juden große Bedrängnis, denn von jetzt an wurden sie von zwei Seiten verfolgt. Luther war ein Mann innerer Gegensätze. In seinem Kampf gegen die katholische Kirche kam ihm der Gedanke, die Juden könnten sich dem nun gereinigten Christentum anschließen. Daher schrieb er: „Ich hoffe, wenn man mit den Juden freundlich handelt und aus der heiligen Schrift sie säuberlich unterweiset, es sollten ihrer Viele rechte Christen werden ..." („Dass Jesus Christus ein geborener Jude sei", Traktat, Wittenberg 1523). Darin sah er sich getäuscht. Aus dieser Enttäuschung heraus schrieb er das Pamphlet „Von den Juden und ihren Lügen" (1543). Wie er darin berichtet, mag er sogar gedacht haben, die Juden wollten ihn zum Judentum gewinnen. „Drei gelehrte Juden kamen zu mir, der Hoffnung, sie würden einen neuen Juden an mir finden, weil wir hier zu Wittenberg hebräisch anfingen zu lesen, gaben auch für, weil wir Christen ihre Bücher begünsten zu lesen, sollt's bald besser werden ..." Die Juden müssten daher durch „scharfe Barmherzigkeit" als Verdammte auf ihren Platz verwiesen werden. Dies bedinge: „Erstlich, dass man jede Synagoge und Schule mit Feuer anstecke und was nicht verbrennen will, mit Erden überhäufe und beschütte, dass kein Mensch einen Stein oder Schlacke davon sehe ewiglich ... Zum anderen, dass man ihre Häuser desgleichen zerbreche und zerstöre ... dafür mag man sie etwa unter ein Dach oder einen Stall tun, wie die Zigeuner, dass sie wissen, sie seien nicht Herren in unserem Lande, wie sie rühmen, sondern im Elend und gefangen ... Zum dritten, dass man ihnen nehme alle ihre Betbüchlein und Talmudisten, darin solche Abgötterei, Lügen, Fluch und Lästerung gelehrt wird. Zum vierten, dass man ihren Rabbinen bei Leib und Leben verbiete, hierfort zu lehren, denn solches Amt haben sie mit Recht verloren ... Zum fünften, dass man den Juden das Geleit und Strasse ganz und gar aufhebe, denn sie haben nichts auf dem Lande zu schaffen ... Zum sechsten, dass man ihnen den Wucher verbiete und nehme ihnen alle Barschaft und Kleinod an Silber und Gold, und lege es zur Seite zu verwahren ... Zum siebten, dass man den jungen, starken Jüden und Jüdin in die Hand gebe Flegel, Axt, Karst, Spaten, Rocken, Spindel und lasse sie ihr Brot verdienen im Schweiß der Nasen ... Besorgen wir uns, dass sie uns möchten an Leib, Weib, Kind, Gesinde, Vieh etc. Schaden tun, wenn sie uns dienen oder arbeiten sollen, weil es zu vermuten ist, dass solch edle Herren der Welt und giftige, bittere Würmer, keiner Arbeit gewohnt, so ungern sich so hoch demütigen würden unter den verfluchten Gojim. So lasset uns bleiben bei gemeiner Klugheit der anderen Nationen, als Frankreich, Hispanien, Böhmen, etc. und mit ihnen rächen, was sie uns abgewuchert und danach gütlich geteilet, sie aber immer zum Landes ausgetrieben."

Aus Luthers Worten spricht seine Furcht, die Juden seien noch immer auf der Suche nach potentiellen Proselyten oder zumindest „Zugesellten". Durch das Lesen der hebräischen Schrift in ihrem Originaltext und des Talmuds würden diese zum Entschluss kommen überzutreten. Diese Furcht mag zu seiner „scharfen Barmherzigkeit" beigetragen haben. Er prangert die Juden als Lügner an und fordert ihre vollkommene Erniedrigung. Die Juden waren gewiss nicht „Herren", aber Luther bezeichnet sie als solche und unterstellt – nicht ganz zu Unrecht –, dass sie die Hoffnung, Christen für ihre Religion zu gewinnen, nicht aufgegeben haben. Luthers Vorschläge waren für die Juden verheerend. Sie pflanzten Vorurteile in die Köpfe der Menschen, die zum Teil noch immer bestehen. Sie erklären die Spannung zwischen Juden und Protestanten in Deutschland. Sie wurden zum Vorbild für die Nationalsozialisten. Da Luther lehrte, die Kirche müsse dem Staat und seinen Gesetzen untertänig sein, wirft dies auch ein Licht auf den weitgehenden Gehorsam der christlichen Kirchen gegenüber den Gesetzen der Nationalsozialisten, so lange diese den christlichen Glauben als solchen nicht angriffen. Luther forderte die Ausrottung des Judentums, wie es später die Nationalsozialisten auf das Grausamste zu verwirklichen versuchten. Allerdings wollte Luther die Ausrottung nicht aus rassischen Gründen. Sobald Juden Christen wurden, konnte ihnen das „verwahrte" Vermögen wieder zurückzugeben werden.

Spanien und Rom: Konversion zum Christentum aus Angst

Die Angst vor der erfolgreichen protestantischen Reformation führte die katholische Kirche zu brutalen Maßnahmen gegen die Juden in Spanien und Rom. Der Papst fühlte sich bedroht. Man hielt die Juden für Initiatoren der Reformation, denn Luther hatte ja in einem frühen Pamphlet erklärt, er wäre lieber Jude als Katholik. Der Papst wollte der Welt zeigen, dass nur die katholische Kirche das wahre Christentum verkörpere. Schon durch ihr Überleben hatten die Juden die Ansprüche des Christentums grundsätzlich in Frage gestellt. Wenn der Papst die Juden gewaltsam dazu brachte, zur katholischen Kirche überzutreten, dann konnte er der Welt zeigen, wie sich die Prophezeiungen dieser Kirche gegen die Juden erfüllten, und so ihren Anspruch als der einzig wahren Kirche untermauern.
In Spanien wurde die Inquisition eingesetzt. Ihr Erfolg war überraschend groß. Juden wurden in Massen zu Konvertiten (Conversos). Diese wurden – zum Teil zu Recht – verdächtigt, weiterhin heimlich die jüdischen Glaubensregeln zu befolgen; darum nannte man alle Konvertiten verächtlich „Marranos", Schweine. Der Inquisition blieben ohnehin alle zum Christentum konvertierten ehemaligen Juden grundsätzlich verdächtig. Sie wurden ständig überwacht.
Bei den damaligen Übertritten zeigt sich ein krasser Gegensatz zwischen Judentum und Christentum und beider Umgang mit Konvertiten. Während Juden aus freier Wahl vollkommen als Juden anerkannt wurden und auch als Rabbiner wirken konnten, führte in Spanien die Regel der „limpieza de sangre", der Blutreinheit, d.h. der Rasse, zur Entrechtung der Konvertiten. Im Jahr 1449 erließ der

Stadtrat von Toledo die Verordnung, dass kein Converso jüdischer Abstammung in der Stadt ein Amt bekleiden dürfe. Die Päpste widersprachen zwar, doch der König von Kastilien erhob die Verordnung zum Staatsgesetz. Im Jahr 1546 setzte Papst Paul III. einen Converso als hohen Priester am Dom von Toledo ein. Der Erzbischof von Toledo widersetzte sich, und der Papst musste nachgeben. Im folgenden Jahr verordnete der Bischof, dass von nun an kein Priester jüdischer Abstammung jemals im Dom von Toledo amtieren dürfe. Aufgrund ihrer Rasse wurden nun Conversos von jedem Amt an Universitäten, in Zünften, einer Reihe von Städten und sogar Mönchsorden ausgeschlossen. Auch hier konnte Hitler ein Vorbild finden.

Gian Pietro Carafa (1476–1559), der fanatische päpstliche Nuntius in Spanien, leitete und überwachte die Maßnahmen gegen die Conversos. „Würde selbst mein Vater zum Häretiker", sagte er, „so würde ich für ihn das Holz sammeln, um ihn zu verbrennen." Carafa war Vorsitzender bei der öffentlichen Verbrennung Dutzender von Marranen. Er verordnete die Beschlagnahme aller Talmudexemplare, ließ alle Synagogen und jüdischen Häuser durchsuchen und dann die Bücher öffentlich verbrennen. Im Jahr 1494 wurden alle gläubigen Juden aus Spanien vertrieben. 1542 brachte der Papst die spanische Inquisition nach Rom, und setzte Carafa als Großinquisitor ein. Als sich in einem uns überlieferten Fall herausstellte, dass sogar ein Franziskanermönch zum Judentum übergetreten war, arrangierte Carafa im Jahre 1553 dessen Verbrennung auf dem Scheiterhaufen. 1555 wurde Carafa als Paul IV. Papst, und eine Schreckenszeit brach über die Juden herein. Der neue Papst verordnete für die gesamte Christenheit: Juden waren in ein Ghetto zu stecken, welches nur ein Tor haben durfte, sie durften keinen Grundbesitz haben, keine Universität besuchen, durften keine christlichen Bediensteten beschäftigen, ihre Steuern waren zu erhöhen, ihre Geschäftstätigkeit zu beschränken, zu regulieren und zu überwachen, sie mussten ein Abzeichen tragen, das sie kenntlich machte, und durften sich nicht mit „Herr" anreden lassen. Im Lauf der Jahrhunderte wurde das Leben für die Juden in anderen Ländern erträglicher, nicht aber in Rom. Dort bestand das Ghetto für mehr als 300 Jahre. Erst 1870, als das neugeschaffene Königreich Italien dem Papst das Land entriss, wurde das Ghetto abgeschafft.

Die Reaktion der Juden

Die von der Kirche erhoffte Lähmung des Judentums verwirklichte sich nicht. Jüdische Schöpferkraft und die Kraft zum Widerstand regenerierten sich immer wieder. Isaak Luria (1534–1572) gab den aus Spanien vertriebenen Juden die

Gewissheit, dass gerade ihr Leiden notwendig sei, um die zerbrochene Welt wieder herzustellen. Luria war ein Mystiker und lebte in Safed im Heiligen Land. Die Mystik sah in der Schechina, dem Innewohnen Gottes in der Welt, eine Emanation Gottes, welche Menschen mit Gott verbindet und den Weltfrieden vorbereitet. Luria lehrte, Gott und seine Schechina seien durch menschliche Sündhaftigkeit getrennt und die göttlichen Funken der Schechina in den Abyss der Welt zerstreut worden. Chaos sei das Ergebnis. Israels Leiden sei dazu bestimmt, diese Funken zu sammeln, Gott und Schechina wieder zu vereinigen und damit Tikkun Olam, die Wiederherstellung der Welt, für alle Geschöpfe zu erwirken. So mussten die Juden in alle Welt zerstreut werden und bitter leiden. Im Leiden dienten sie Gott und Welt. Auch die Vertreibung aus Spanien lag im göttlichen Plan der Aufgabe der Juden. So gaben sie trotz aller Schwierigkeiten und Gefahren niemals auf, selbst nicht in Rom.

Der Übertritt des Franziskanermönchs, der in Rom auf dem Scheiterhaufen verbrannt wurde, weil er Jude geworden war, legt ein Zeugnis ab. Auch dieser Fall beweist die Überzeugungskraft des Judentums, selbst in schwerster und gefährlichster Zeit und selbst für einen Mann, dem christliches Dogma Lebensluft gewesen sein muss. Gleiches hören wir aus anderen Ländern.

Juden beurteilen das Christentum – die Angst der Kirche vor den Juden

Trotz des Leids, das ihnen von den Christen zugefügt wurde, verloren die Juden nie ihre Objektivität gegenüber dem christlichen Glauben. Christen waren als Monotheisten anzuerkennen. Dies betonte Rabbenu Jakob „Tam", der „Vollkommene", ein Enkel Raschis und einer der großen Kommentatoren des Talmud, obgleich er selbst im zweiten Kreuzzug schwerste Martern und furchtbare Verwundungen erleiden musste. Maimonides erhob schwere Anklage gegen das Christentum wegen seiner Unmenschlichkeit gegenüber den Juden. Und dennoch bestätigte er, dass sowohl Christen wie Muslime den Namen des einzigen Gottes in die Welt trügen und damit einem Plan des göttlichen Schöpfers dienten, dessen Gedanke und Wege wir nicht ergründen können. Doch würden die Menschen in den Tagen des Messias die Fehler in ihrer Interpretation der Tora erkennen und zur Wahrheit des Judentums zurückkehren. Das heißt, alle Menschen werden Juden und liebevoll aufgenommen.

Die Angst der Kirche vor einer Missionstätigkeit der Juden erhielt sich die Jahrhunderte hindurch. Die Familie Trepp ist in Fulda seit 1450 urkundlich dokumentiert. In der Erneuerung seines Schutzbriefs (der Aufenthaltserlaubnis für Juden) meines Vorfahren Hirtz Trepp aus Fulda wurde im Jahr 1670 bestimmt, er werde seinen Schutz sofort und für ewig verlieren, sollte er je versuchen, Christen zum Judentum zu bekehren. Erst im 20. Jahrhundert, vor allem mit dem Zweiten Vatikanischen Konzil, änderte sich diese Haltung.

Vergangenheit und Gegenwart – Juden in schwerster Not finden Trost in der Tora

Es ist die Pflicht der Rabbiner, die einen Nichtjuden ins Judentum aufnehmen, ihm oder ihr von den Leiden zu berichten, welche ihnen als Juden zugefügt werden können. In unserer Zeit wird die Schoa, die Ermordung der Juden durch die Nationalsozialisten, zu einem überwältigenden Beispiel. Die Geschichte des Mittelalters bereitet den Weg zur Schoa. Die Juden haben überlebt, denn Tora gab ihnen die Kraft. Geborene Juden und Juden aus freier Wahl müssen sich immer bewusst sein, dass es nicht die Schoa ist, welche die Juden zusammenhält. Nicht das Leiden, sondern die Antwort der Juden auf das Leiden bestimmt das jüdische Wesen und Überleben. Diese Antwort liegt in der hartnäckigen Treue zur Tora. In ihr wird das jüdische Volk als Gemeinschaft des Bundes geschaffen, in ihr lernt der Jude, wie er als Mitglied der Bundesgemeinschaft zu leben hat, und in ihr findet er Ziel und Hoffnung in der Erwartung der messianischen Zeit des ewigen Friedens.

7 Das Zeitalter der Aufklärung und die umstrittene Judenemanzipation

Die Geschichte von der Emanzipation bis zur Gegenwart, vor allem in Deutschland, ist von wesentlicher Bedeutung für unsere Betrachtung. Denn auch wenn die Übertritte zum Judentum nachließen, so hörten sie dennoch nie auf.

Emanzipation bedeutet Befreiung von willkürlicher Macht. Das Zeitalter der Aufklärung brachte den Juden zwar eine relative Emanzipation, aber auch neue, schwere Leiden. Das lag an der grundsätzlichen Beurteilung der Juden durch führende Denker der Zeit. Die Ansichten dieser Männer wirken noch immer, und ihre Folgen sind spürbar. Dessen muss sich der Jude aus freier Wahl bewusst sein. Er oder sie wird diese Folgen irgendwann in seinem eigenen Leben spüren.

Bedeutung und Ergebnisse der Aufklärung

Die Aufklärung, die im 17. Jahrhundert begann, unterwarf auch die Religion dem Urteil der Vernunft. Der britische Philosoph John Locke erklärte, dass der Staat nicht etwa unter Gottes Gnaden entstanden sei und sein Herrscher eine göttliche Berufung habe. Der Staat entstehe durch einen Vertrag der Bürger mit ihrem Herrscher. Dieser verpflichte sich, das Leben, die Freiheit und das Besitztum der Bürger zu schützen. Werde der Herrscher despotisch, so habe das Volk das Recht, ihn zu stürzen. Die Religionszugehörigkeit eines Bürgers sei seine Privatsache und dürfe daher keinen Einfluss auf seine Rechte haben. Das sind die Grundlagen der amerikanischen Unabhängigkeitserklärung. Damit wurde der Übertritt zum Judentum eine private Angelegenheit, die den bürgerlichen Status des neuen Juden in keiner Weise änderte.

Die französische Nationalversammlung machte die Gleichberechtigung der Juden in ihrer letzten Sitzung am 13. November 1791 zum Gesetz. Napoleon und die französischen Armeen erzwangen sie in den von ihnen eroberten Ländern. Doch bereits 1808 schränkte Napoleon sie wieder ein. Die Juden Frankreichs sind bis in die Gegenwart wiederholt schweren Angriffen ausgesetzt.

Der große jüdische Denker Moses Mendelssohn (1729–1786) setzte sich für die Gleichberechtigung der Juden in Deutschland ein. Nach vieler Mühe und ebenso vielen Rückschlägen wurde sie 1871 für ganz Deutschland Gesetz. Vollkommen war sie nie, da sie niemals von allen Deutschen als Grundelement der Gerechtigkeit akzeptiert wurde.

Judenfeindliche Denker und ihre Philosophien

Einer der bedeutendsten Wegbereiter der Aufklärung war Voltaire (1694–1778). Er verabscheute jede Religion, lehnte die Verdammung der Juden als „Mörder Christi" ab, fand verurteilende Worte gegen die Inquisition und ihre vielen Todesurteile. Dennoch gestand er den Juden keine Gleichberechtigung zu. Seiner Meinung nach waren sie ein Volk mit einem verdorbenen und verderblichen Charakter. Die Menschenrechte sollten zwar für alle Menschen gelten, aber waren die Juden überhaupt als Menschen anzusehen? Und wenn ja, waren sie sicherlich keine Menschen wie alle anderen. Eine Reihe einflussreicher Denker des 19. Jahrhunderts folgte diesem Vorbild antijüdischer Haltung, vor allem in Deutschland. Auch Dichter gehörten zu ihnen. Sie fanden bedeutenden Nachhall in der deutschen Bevölkerung. Die Gedanken mittelalterlicher Kirchenväter wie z.B. Chrysostomus sowie die Ideen Voltaires wurden belebt und erweitert, doch wurden ihre Aussagen jetzt nicht mit der Religion, sondern mit der so genannten Rasse der Juden begründet. So hieß es nun, die Juden seien charakterlich völlig verderbt. Sie wurden gleichzeitig als Kapitalisten, Anbeter des Geldes, und zersetzende Kommunisten verdammt; anderen zufolge war ihr Gott das Fressen oder die Macht. Einige Beispiele aus Deutschland geben einen Einblick, gegen welche Vorurteile Juden in dieser Zeit zu kämpfen hatten. Männer, die in Deutschland in Theologie, akademischer Lehre und Kunst führend waren, verfassten Unmengen von Hetzschriften gegen die Juden, die in weiten Kreisen gelesen wurden. Die Rassentheorie wurde „wissenschaftlich" begründet.

Johann Gottlieb Fichte (1762–1814), ein Mitbegründer der Universität Berlin und ihr erster Rektor, war ein Patriot, der das Volk durch seine „Reden an die deutsche Nation" im Aufstand gegen Napoleon mitriss. Er erklärte, man könne die Juden nur dann emanzipieren, wenn man ihnen allen in einer Nacht die Köpfe abschlage und ihnen neue aufsetze, in denen kein einziger jüdischer Gedanke sei.

Unter den anderen Universitätsprofessoren sei nur Heinrich Treitschke (1834–1896) genannt. Er war einer der meistgeachteten Historiker seiner Zeit. 1880 prägte er das Schlagwort „Die Juden sind unser Unglück". Der Abneigung, die Franzosen und Engländer gegenüber den Deutschen wegen deren Vorurteilen über die Juden hegten, trat er mit dem Argument entgegen, Deutschland werde von Ostjuden „überschwemmt", deren Kinder dann Börsen und Zeitungen beherrschten. Ein Straßenname in Berlin-Steglitz hält die Erinnerung an Treitschke noch immer ehrend wach.

Richard Wagner (1813–1873) schrieb 1850 die Schmähschrift „Das Judentum in der Musik", In der er den Juden als „Rasse" jegliches Talent für Musik abspricht. Die Werke jüdischer Komponisten sind für ihn wertlos. In seinen Opern tragen Intriganten oftmals jüdische Züge.

1896 erschien das Buch „Die Grundlagen des neunzehnten Jahrhunderts" von Houston Stewart Chamberlain (1855–1927). Bis zum Ersten Weltkrieg erlebte es bereits zwölf Auflagen. Kaiser Wilhelm II. las es abends seinen Kindern vor, empfahl es den Beamten zur Lektüre und hätte es begrüßt, wenn es in allen öffentlichen Schulen eingeführt worden wäre. Das Werk behauptet den Gegensatz zwischen reinrassigen und schöpferischen Völkern wie den Deutschen auf der einen und den reinrassigen Juden auf der anderen Seite, die der Welt nur Chaos und Verderben bringen. Diese Hetze fand in der Politik ihren Niederschlag. Einer der einflussreichsten Propagandisten des Antisemitismus war Adolf Stöcker (1839–1909). Er war der Hofprediger Kaiser Wilhelms I. Als Gründer der „Christlich-Sozialen Arbeiterpartei" rief er in seinem Wahlpamphlet alle auf, für diese zu stimmen: „… jeder Arbeiter, Bürger und Bauer, jeder Künstler, Literat und Lehrer, jeder Richter, Offizier, Arzt und Rechtsanwalt, jeder Staatsbeamte und Bedienstete, Kaufmann und Handwerker, jeder Kleriker, Philosoph und Forscher ..., der arischen Blutes ist und der seine Muttersprache und Heimat liebt". Denn es gehe „... gegen den Todfeind des Deutschtums, den Judenkapitalismus und die asiatische Geldmoral. Zeigt euren Mut als stolze Germanen, indem Ihr Alle, die ihr unter der skrupellosen Konkurrenz des Judentums und der furchtbaren Geißel des Großkapitals leidet ... für diejenige Partei eintretet, von welcher das fremde Parasitenvolk mit Entschlossenheit und nach Gebühr bekämpft wird". Stöckers Partei gewann nicht, aber seine Propaganda hatte Erfolg. 1881 wurde dem Reichskanzler Bismarck eine Petition vorgelegt, die von 250 000 Bürgern unterschrieben war und eine wesentliche Rücknahme der Gleichberechtigung der Juden forderte. Im Reichstag wurde diese Petition von den Konservativen unterstützt, der Rest der Parteien schwieg. 1882 wurde der erste „Internationale antijüdische Kongress" in Dresden abgehalten. Er rief die Bevölkerung auf, die Juden an jedem Ort zu bekämpfen. Ein zweiter Kongress folgte 1883. Im Laufe der folgenden Jahre wurde die antisemitische „Deutsche Reform-Partei" gegründet, die 1893 zwölf Abgeordnete in den Reichstag entsandte.

Die Bewegung breitete sich aus. Eine Reihe von Verbänden wie der „Bund der Landwirte", der „Deutschnationale Handlungsgehilfenverband" und Studentenverbindungen nahm keine Juden mehr auf und trug die Hetze weiter. Der Alldeutsche Verband machte es sich zur Aufgabe, auch die Deutschen im Ausland „deutsch" zu erziehen. Die „völkische" Presse wie beispielsweise die antisemtische Tageszeitung „Die Kreuzzeitung" gab dem Judenhass Nahrung. Selbst die Familienzeitschrift „Die Gartenlaube", die etwa zwei Millionen Leser erreichte, schloss sich der antijüdischen Propaganda an. Die Bürger wurden mit Pamphleten überschüttet.

Der Erste Weltkrieg endete für das deutsche Volk in tiefstem Elend. Meine Eltern verloren alles, was sie mit schwerer Arbeit errungen hatten. Die Bevölkerung versank in Selbstmitleid. Diese Situation wurde von den Hetzern ausgebeutet. Sie gingen sofort wieder ans Werk. Die Demokratie, die von der Weimarer Republik angestrebt wurde, war den Deutschen fremd, die Gegenpropaganda fand Resonanz. Die Juden wurden nun beschuldigt, dem siegreichen deutschen Heer den Dolchstoß versetzt zu haben und verantwortlich zu sein für die Niederlage und ihre tragischen Folgen für Deutschland. Sie fungierten weiterhin als Sündenbock, um die Bevölkerung von den geschichtlichen Tatsachen abzulenken. Walther Rathenau, der als Außenminister den Siegern viele Konzessionen an Deutschland abgerungen hatte, wurde als „Judensau" von rechtskonservativen Freikorpsangehörigen ermordet.

Diese Atmosphäre war kaum dazu geeignet, einen Deutschen an einen Übertritt denken zu lassen. Vielmehr schuf sie die Voraussetzung, dass die Weimarer Verfassung unter den Nationalsozialisten in Bedeutungslosigkeit verfiel und während des Zweiten Weltkriegs die Ausrottung der Juden möglich wurde. Die Kirche blieb stumm, geistliche Führer unterstützen die Nationalsozialisten. Der Widerstand unter den deutschen Nichtjuden war gering, wenngleich es einige wenige gab, die aufgrund ihrer Gewissensstärke unter Lebensgefahr Juden retteten.

In dieser Zeit konnte kein jüdisches Kind die öffentliche Schule durchlaufen, ohne antisemitischen Schmähungen ausgesetzt zu sein. Ich ging währen der Weimarer Zeit in die Schule und kann persönlich davon Zeugnis ablegen. In meiner Kindheit wurde auch am Familientisch immer die Frage besprochen, in wie weit ein Nachbar, ein Beamter oder eine Partei antisemitisch seien. Die „Judenfrage" wurde in Deutschland zur allumfassenden, niemals ruhenden Auseinandersetzung innerhalb der Gesellschaft. In Wirklichkeit bildeten die Juden eine winzige Minderheit von weniger als einem Prozent, und die Aufmerksamkeit, mit der sie bedacht wurden, stand in einem krassen Missverhältnis zu ihrem Anteil an der Gesamtbevölkerung.

Wie konnte dies sein? Einer der Gründe war die unablässige Diffamierung. Deutschland hatte erst spät zu einer Einheit gefunden. Bis zum Jahr 1871 gab es nur eine große Zahl unabhängiger und mehr oder weniger schwacher Staaten. Als das Deutsche Reich geschaffen wurde, waren die anderen Völker bereits mächtige Nationalstaaten. Man glaubte sich von Feinden umgeben. Die Judenhasser schürten die Angst noch. Deutschland wurde als schwach und bedroht dargestellt. Ein im Hintergrund arbeitender Feind suche das deutsche Volk zu untergraben: die Juden. Eine Erklärung der Propagandisten: Im Mittelalter, als das Kaiserreich stark war, waren die Juden unterdrückt. Jetzt waren sie auf dem Wege zur Gleichberechtigung oder hatten diese erreicht, während Deutschland schwach war. Deshalb konnten es nur die Juden sein, welche die Schwäche Deutschlands verursachten und Nutzen daraus zogen. Das ganze Volk hatte sich im Kampf gegen sie zusammenzuschließen. Die Juden gehörten nicht zum „Volk". Die Antisemiten erklärten, dass die Deutschen ein auserwähltes Volk seien, dessen Erwähltheit in der Reinheit seiner Rasse bestehe. So konnte selbst der kleinste „völkische" Mensch sich allen „Nichtariern" gegenüber als überlegen dünken, ohne für dieses Privileg Verpflichtungen übernehmen zu müssen. Nur sein Misstrauen vor den „zersetzenden Juden" durfte er nie verlieren. Sie hatten für alle Nöte und Rückschläge des deutschen Volkes verantwortlich zu sein. Daher musste ein „guter Deutscher" danach streben, diese verseuchenden „Nichtarier" aus dem Volk zu entfernen. Darin mag die Anziehungskraft der Rassenlehre gerade auch für die niederen Schichten der Bevölkerung gelegen haben. Diese immer wieder eingepeitschten Ansichten wurden den meisten Deutschen schließlich zur zweiten Natur. Sie waren logischen Gegenargumenten gegenüber verschlossen.

Abgesehen von der Unmenschlichkeit, eine Gemeinschaft zur Gänze als schädlich zu verurteilen, lag darin auch gleichzeitig eine Paradoxie; eine endlose Zahl von Menschen anderer Sippen und Völker hatte sich den Juden als Proselyten angeschlossen. Daher war es widersinnig, von gewissermaßen genetisch vererbten Rassen- und Charakterfehlern der Juden zu reden. „Reinrassige Juden" gab es überhaupt nie, aber die antisemitischen Philosophen und Gelehrten und die Hetzer, die so sprachen, wurden gehört.

Übertritte in dieser Zeit

Aus den genannten Gründen ging die Zahl der Übertritte zum Judentum in dieser Zeit bedeutend zurück. Da man eine intuitive Angst vor Juden hatte, konnte man sich ihnen nicht anschließen. Außerdem galt es als „Rassenschande", schon bevor daraus ein staatlicherseits deklariertes Verbrechen wurde. Meistens waren es Frauen, die aus Liebe zu ihrem Mann auch dessen Glauben annahmen. Ihre Liebe zu ihren Gatten war so tief, dass die meisten in der Nazizeit dem Druck, sich scheiden zu lassen, widerstanden und damit den Männern das Leben retteten. Ich kannte einige dieser Frauen und auch ihre Kinder, die zu vorbildlichen Juden wurden. Ich kannte einen nichtjüdischen Mann, der nach Theresienstadt fuhr, um die Entlassung seiner jüdischen Frau zu fordern: Tatsächlich wurde sie ihm zurückgegeben. Und ich kannte einen großartigen Deutschen, der in der Zeit ungeheuerlichster Judenschmähung aus Überzeugung zum Judentum übertrat.

Das Bild eines großen deutschen Juden aus freier Wahl

Baron Ernst von Manstein entstammte dem hohen Adel, dessen Denken von Judenfeindschaft durchsetzt war. Er war ein enger Verwandter des Generalfeldmarschalls Erich von Manstein, der unter Hitler diente. „Der Baron", wie wir ihn nannten, trat mit seiner Frau vor dem Ersten Weltkrieg aus reiner Liebe zum Judentum über. Ich kannte ihn als älteren, zutiefst frommen Mann. Er war Dozent für Kunst am jüdischen Lehrerseminar in Würzburg und hatte bedeutendes jüdisches Wissen. Gleich dem Empfänger des Briefs von Maimonides sprach er stolz von „unseren Vätern" und – wie ich mich erinnere – in tiefer Klage am Fasttag des 9. Aw von der Zerstörung des Tempels: „Um unserer Sünden willen ging unser Volk ins Exil." Die Verfolgungen, denen er wie alle seine jüdischen Brüder und Schwestern ausgesetzt war, vertieften seine Verbundenheit mit ihnen.
Wie Abraham fand er den Weg in das geistige Land seiner Berufung, das Juden-

tum. Seine Entscheidung zog ihm wohl den Ausschluss aus seiner Familie zu. Doch sah er sich durch seinen Übertritt in den wahren Adel erhoben. Dem Judentum wurde er zum Segen. Nach ihrem Tod fanden er und seine Frau ihre Ruhestätte auf dem jüdischen Friedhof zu Würzburg. Der nationalsozialistische Generalfeldmarschall, wohl fürchtend, die Kunde von einem Baron von Manstein auf dem jüdischen Friedhof könne ihn unter den Nazis seine Position kosten, ließ die Überreste auf den nichtjüdischen Hauptfriedhof der Stadt überführen. Nach dem Krieg kümmerten sich die versprengten Mitglieder der Gemeinde unter Führung ihres Rabbiners aus Vorkriegstagen, Dr. Siegmund Hanover, darum, dass diese Überreste wieder zu ihrer Ruhestätte unter den Juden Würzburgs heimkehren konnten. Den Grabstein finden wir auf dem Jüdischen Friedhof in Würzburg. Dem Leben dieses treuen Juden wohnt ein Segen inne. Einer Gesellschaftsgruppe entstammend, die mit anderen den Weg zu dem Verbrechen an den Juden ebnete, schloss er sich diesem verachteten Volke an. Er kam aus Liebe, gab Liebe und ruht nun umgeben von denen, die ihn liebten. Diesem Vorbild zu folgen ist Auftrag der Juden, seien sie als Juden geboren oder Juden aus freier Wahl.

Erneuerung und bleibende Probleme

Nach dem Zweiten Weltkriege setzte ein Wandel ein. Überlebende Juden und solche, die Asyl suchten, durften wieder kommen, Deutschland zeigte sich großzügig mit Einwanderungsgenehmigungen und in der Unterstützung der Mittellosen. Man war generös in Wiedergutmachungszahlungen an die Überlebenden und in der Hilfe für Israel. Man verabscheute, zumindest im Rückblick, die Ermordung der sechs Millionen Juden. Man hätte aber nichts darin gesehen, hätte man sie lediglich „auf ihren Platz verwiesen", ihnen also den Zugang zu bestimmten Berufen verboten und sie sonstigen Reglements unterworfen. So war es selbst nach dem Krieg noch oft zu hören. Man bezeichnete die Juden auch nach dem Krieg als arrogant und machte ihnen zum Vorwurf, dass sie hervorragende Plätze in Wissenschaft und Wirtschaft einnahmen. Dabei übersah man geflissentlich, dass die Juden dies durch Intelligenz und Fleiß erreicht hatten, und man ignorierte, wie viel Deutschland durch das Werk dieser Juden erreicht hatte. Für viele Menschen blieben die Juden „anders". Auch hört man heute wiederholt gutmeinende Menschen von einer Verständigung zwischen Juden und Deutschen reden, obgleich es sich doch um eine Verständigung zwischen Deutschen verschiedenen Glaubens handelt. – Mittlerweile ist die Zahl der Übertritte in Deutschland gestiegen. Der Mut der Juden, nach dem Holocaust jüdisches Leben wiederaufzubauen, mag zu diesen Entscheidungen beigetragen haben. Manche haben sich allerdings gefragt, ob viele dieser Übertritte nicht dem Wunsch entspringen, von der Seite der Täter auf die der Opfer zu wechseln. Darüber nachzudenken ist sinnvoll, doch oft bleibt dieser Vorwurf ohne Substanz. Wenn man es richtig nimmt, haben sich die Konvertiten im Laufe der Jahrhunderte in der Regel „zu den Opfern" gesellt, denn sie begaben sich von der Seite der Herrschenden auf die der Verfolgten und begaben sich dadurch sogar oft in Lebensgefahr. So ist auch der vorbildliche Jude Baron von Manstein vom judenhassenden Adel auf die Seite der Verleumdeten gewechselt. Wir werden uns mit diesen Fragen noch eingehend beschäftigen.

Der sich in Deutschland erneut regende überspannte Nationalismus, wie er besonders in Ostdeutschland im Zuwachs der Rechtsradikalen seinen Ausdruck findet, gibt zu denken. All zu oft hört man, es sei „Zeit, einen Schlussstrich unter den Holocaust zu ziehen". „Anti-Zionismus" maskiert oftmals antisemitisches Denken. Der Kampf der Israelis gegen den Terror wird als Aggression angesehen und dient sogar als Beweis des schlechten Charakters aller Juden. Diejenigen, die sich aus freier Wahl dem Judentum anschließen, müssen einerseits damit rechnen, in gewissen Kreisen der nichtjüdischen Umwelt unter dem alten Negativstereotyp „Jude" gesehen und behandelt zu werden. Andererseits kann es passieren, dass sie innerhalb der jüdischen Gemeinschaft unter dem Vorurteil der Orthodoxie zu leiden haben. Sie haben aber bereits durch ihren Übertritt den Juden in ihrem Streben nach Erneuerung sehr geholfen, gerade als Deutsche. Sie können dazu beitragen, das Virus des Antisemitismus zu isolieren und zu seiner Dezimierung beizutragen. Damit leisten sie, gemeinsam mit den geborenen Juden, dem deutschen Volk in dessen Verpflichtung einen hervorragenden Dienst.

Die Aufnahme von Proselyten ins Judentum – Vergangenheit und Zukunft

Aus der Geschichte wissen wir, dass die Juden zu allen Zeiten danach strebten, dem jüdischen Volk und dem Glauben weitere Menschen zu gewinnen. Die Rasse spielte und spielt keine Rolle. Die Juden sind ethnisch gemischt wie wohl kaum eine andere Gemeinschaft auf so engem Raum und in so enger Verbundenheit. In Israel finden wir europäische Juden, schwarze Juden aus Äthiopien, dunkle aus Jemen, Juden aus Indien und aus Nordafrika. Viele von ihnen erduldeten schwere Verfolgungen, bis Israel sie in die von ihnen ersehnte Heimat holte. Es gab chinesische Juden, die in ihrem Land eine hohe jüdische Kultur entwickelten. In Tokio haben japanische Juden eine Synagoge. In den USA bestehen Gemeinden aus jüdischen Schwarzen. Einwanderer aus vielen Ländern, von Neuseeland bis Afrika, haben sich ihnen angeschlossen. Es mag, wie in jeder Familie, Reibungen geben, doch alle betrachten sich als Brüder und Schwestern. Und alle sind den Menschen gegenüber offen, die sich ihrer Gemeinschaft anschließen wollen. Ich selbst habe eine Zeitlang mit Abraham Setzuso Kotsuji korrespondiert, einem japanischen Konvertiten. Er gehörte den höchsten Kreisen Japans an und war Erzieher des ehemaligen Kaisers. Seine Beschäftigung mit dem Judentum hatte ihn zum Übertritt geführt, der auch vom orthodoxen Rabbinat in Israel anerkannt wurde.

Die Ansicht eines bedeutenden Lehrers: Leo Baeck

Leo Baeck (1873–1956) war eine der großen Persönlichkeiten der jüdischen Geschichte. Er verkörperte das Ideal des modernen Rabbiners. Von Anfang an bereit, kämpferisch für das Judentum einzustehen, wurde er zum Haupt der deutschen Juden in der Nazizeit und lehnte Berufungen ins Ausland ab, um seinen Brüdern und Schwestern Helfer und Tröster zu sein. Er überlebte Theresienstadt. Sein Werk „Das Wesen des Judentums" erschien bereits 1905. Es war eine Antwort auf die Herabwürdigung des Judentums gegenüber dem Christentum in Adolf von Harnacks Werk „Das Wesen des Christentums" (1900).

Leo Baeck sieht im Judentum nicht etwa die Weiterbildung anderer Religionen, sondern die Ursprungsreligion der Menschheit, eine aus sich selbst entstandene Stiftung. Es strebe nach der Verbreitung und Verkündung der Ethik und sehe seine Auserwähltheit nur in der Verantwortung für die Welt. Wer sich überhaupt einer Religion zuwenden wolle, müsse sich dem Judentum als Ursprungsreligion anschließen. Seine Erkenntnisse führen Baeck zu dem Ergebnis, dass eine Missionstätigkeit der Juden unter den Nichtjuden dem Geist des Judentums entspreche. In seinem Standardwerk „Das Wesen des Judentums" beschäftigt er sich ausführlich mit diesem Thema und bezieht sich dabei mehrmals auch auf die Proselyten. Unter anderem führt er aus:

„Das Judentum ist nicht nur ethisch, sondern die Ethik macht sein Prinzip, sein Wesen aus … Der bestimmte ethische Charakter bezeichnet so die Schöpfung der jüdischen Religion, den neuen Weg, der gefunden ward. Und er ist durchaus neu, nicht etwa bloß die veränderte Fortführung eines alten" (56) … „Der jüdische Monotheismus ist nicht eine aus natürlicher Entwicklung [aus Naturreligionen oder anderen Religionen] hervorgegangene, sondern eine gestiftete Religion. Der „eine Gott" Israels ist nicht das letzte Wort eines alten bis dahin gelangten Denkens, sondern das erste Wort eines neuen Denkens, einer neuen, der sittlichen Logik … ein Sonnenaufgang war damit der Weltgeschichte beschieden … Es gibt in der Geschichte der Menschheit kein Zweites, das ihm gliche, nichts was der Entstehung des Monotheismus, so wie er in Israel aus dem sittlichen Bewusstsein, aus der sittlichen Forderung geboren wurde, entspräche … [Es handelt sich in der Religion] wesentlich um die Stellung des Menschen zur Welt. ... [Die jüdische Religion] heißt dieses Verhältnis zur Welt durch den Willen und die Tat sittlich bejahen, sie zeigt in der Welt den Acker der Lebensaufgaben" (57) „... sie ist der Ausdruck zu wirken und zu schaffen ... sie fordert ein Hinauf, ein Werden, den weiten Zug zur Zukunft ... [sie] ist die Religion des Altruismus, da sie das Streben nach Vollkommenheit dem Menschen zuspricht, der seinen Weg zu Gott gefunden hat, indem er den Menschenbruder sucht, durch Gerechtigkeit und Liebe gegen ihn Gott dient. ... [Es gibt Menschen, die wollen gar keine Religion] Wer aber Religion nicht entbehren will und in ihr die entschiedene religiöse Beziehung zu einer wirklichen Welt begehrt, der wird die Israelitische Religion als Offenbarung ansprechen müssen. Mit diesem Worte soll es also auch gesagt werden, dass sie die klassische Erscheinung aller Religion ist ... Nur in Israel hat es einen ethischen Monotheismus gegeben, und wo er späterhin anderwärts zu finden ist, dort ist er mittelbar oder unmittelbar von Israel hergekommen." (59) „Die Existenz dieser Religionsform war durch die Existenz des israelitischen Volkes bedingt ... Das jüdische Volk wurde durch seine Aufgabe verschieden, das ist die Bedeutung der ‚Auserwähltheit'. Judentum ist klassische Religion, ihre Träger sind auserwählt. Dies gab den Juden als Träger eine innere Unabhängigkeit. Da die Juden des Mittelalters ihrer Religion so völlig gewiss waren, konnten sie den Fortschritten des Denkens, d.h. der Wissenschaft unbefangen entgegenkommen. Beides wurde den lebenden und nachfolgenden Geschlechtern erhalten: die Achtung vor der Wissenschaft und die Sicherheit der religiösen Überzeugung" (63). „Da aber alle Menschen im Ebenbilde Gottes geschaffen sind, so ist dem jüdischen Volk zwar eine Eigentümlichkeit des Berufes, aber keine Exklusivität des Heils gegeben. Die jüdische Aufgabe ist es, zur ethischen Tat zu erziehen, welche zu Gott hinführt, aber alle guten Menschen, die die ethische Tat verfolgen, haben Anspruch auf das Heil. Judentum erkennt sich niemals als allein selig machende Religion (69). Das Judentum macht den Universalismus zum bewusst vorgesetzten Ziel. Es erwartet erst in dem universellen Gottesreich [der Ethik], welches alle Menschen umschließt, seine Erfüllung, und sieht seine Aufgabe darin, die Menschen dahin zu führen" (77).

„Das Judentum hat denn auch das Gebot des Weges zur Menschheit, der Mission, die der Besitz der Religion fordert, erzeugt. Es ist nicht die Mission, die aus dem natürlichen Expansions- und Herrschaftsbedürfnis hervorgeht, worin sich jede Kirche zu entfalten sucht, sondern sie erwächst aus dem innersten Glaubensbedürfnis, die Menschen zu bekehren und zu belehren, auf dass sie in der Wahrheit sich finden und sich zusammenfinden." (77)

„Das Judentum war die erste Religion, die im Dienste einer Idee Mission trieb, und die jüdische Propaganda hat dem Christentum den Boden für seine Ausbreitung gegeben. Nicht religiöse, sondern politische Gründe sind es vor allem gewesen, welche dann diesem Streben, das Reich der Gläubigen auszudehnen, im Judentum allzu früh Schranke und Ende bereitet haben. Aber das Bewusstsein des Missionsrechtes und der Missionspflicht ist darum nicht geschwunden ... als wesentlicher Teil des Daseinsrechts und der Daseinspflicht ist es immer festgehalten worden." (79)

„Für das Freie im Menschen, der das Gute erwählt, gebraucht die Bibel das Wort ‚Gott dienen'. Es will sagen, wir können der Gottheit gegenüber etwas tun – nicht nur in Demut etwas empfinden; wir können ihr etwas gewähren durch das, worin wir selbständig sind, durch die Erfüllung des Sittlichen, durch die Verwirklichung des Guten. Durch das, was uns gehört, das Unsere, das was wir nicht bloß von Gott empfangen haben, sondern was wir schaffen, unser Wirken und Vollbringen geben wir ihm, wir schaffen es vor ihm und für ihn. Im Dienste des Freien wenden wir uns zu ihm, sein Gebot auf uns zu nehmen ... (136)

Durch seine Geburt hat der Mensch seinen Platz, den er nicht gewählt; in den Bezirk seines Daseins ist er hineingestellt, hinein geschaffen worden, aus seinem Boden ist er herausgewachsen. Er hat die Heimat seines Lebens, die Bestimmung seines Anfangs, aus der heraus er wird. Jeder Mensch erfährt um das alles, was er nicht gemacht, um dieses Gebilde seines Daseins, um alles, was ihn umgrenzt und umkreist. Gott hat ihn hierhin und nicht dorthin eingepflanzt. Aber es gibt auch ein Gebiet seines Lebens, in das er von Gott nicht hineingesetzt worden ist, in das er vielmehr gleichsam Gott hineinführt, ein Gebiet in das er hinein tritt, für das er sich als Freier entschieden hat, damit es sein werde und damit Gottes sei."

Er kann eine Welt des Lebens, wie das alte Wort sagt, „zu der seinen nehmen", eine Welt des Guten, des Göttlichen, eine Welt, welche Gott dient, in welcher allein das Gebot Gottes herrscht. Für sie hat die mündliche Lehre den sprachlichen Ausdruck geformt, sie spricht vom „Reiche Gottes". Es ist das Reich dessen, der Gott erwählt, der „Gottes Willen zu dem seinen gemacht", und dadurch sich mit Gott verbunden hat, das Reich, welches nicht durch die Fügung von Geburt und Beginn allein, sondern durch den Willen des Menschen erlangt wird, nicht geschenkt, sondern errungen. Es ist daher in besonderem Sinne dem Proselyten zugehörig, ihm, den sein eigener Entschluss zu Gottes Gebot hingeführt hat.

Baeck führt auch aus, warum die jüdische Religion die für den Proselyten wirklich geeignete ist. Warum ist gerade die jüdische Religion die für den Proselyten wirklich geeignete? Denn nur sie verkündet dies mit absolutem Nachdruck und macht dieses Streben dem Einzelnen zur Aufgabe. Baeck sagt es so: „Das Reich Gottes bedeutet hier nichts Überschwängliches, nichts Jenseitiges und Überweltliches; es bedeutet nichts anderes als das Dasein des Menschen, der sich in bereitem, freien Gehorsam zu Gott hingewandt hat, sodass er darin sein Leben gestaltet, in der Welt lebt, in welcher das ewige Sittengesetz, das Gottesgebot waltet, in welcher durch die Tat des Menschen das Jenseits ins Diesseits hineingeführt wird, Jenseits und Diesseits zu einem einen werden ... In dem Werke des Menschen wird das Reich Gottes erschlossen: So sagt die mündliche Lehre: ‚Gott spricht: nehmt mein Reich und nehmt meine Gebote zu eigen'. ‚Als Israel sprach: alles, was der Ewige geredet hat, wollen wir tun – da war ein Reich Gottes.' ‚Höre Israel, der Ewige ist unser Gott, der Ewige ist einzig – das ist das Wort vom Reich Gottes'. Es ist im Grunde dasselbe, wie das, worin die Heilige Schrift die Aufgabe des Volks benennt: ‚ein Reich von Priestern und ein heiliges Volk' zu sein. Das Reich Gottes ist die sittliche, ideale Wirklichkeit, die der Mensch schaffen soll." (137f)

Wenn das Judentum so voll seiner Bedeutung für die Welt überzeugt ist, warum haben die Juden die Jahrhunderte hindurch keine aktive Missionstätigkeit ausgeübt? „Alle Voraussetzungen und alle Ziele des Judentums führen dazu, dass es die Welt zu sich zu bekehren sucht –oder mehr genauer noch: nicht sowohl zu bekehren als viel mehr zu belehren sucht. Sein Glaube an Gott wie sein Glaube an den Menschen fordert es. Als der Kampf um die religiöse Existenz zum ersten Male Zeiten der Ruhe ließ und nicht mehr alle Kräfte in Anspruch nahm, begann in der Tat auch alsbald die Predigt für die Völker. Mit dem Fortschritt der Diaspora, die den Bezirk der jüdischen Gemeinde über die Grenzen des alten Heimatlandes ausdehnte, hielt die Verkündung und Mission gleichen Schritt, die das Gebiet der Gläubigen über das jüdische Volk hinaus erweiterte. Und es war eine Predigt ohne Kompromiss."

„Der Zerstörung des Tempels folgten zwei vergebliche jüdische Aufstände des Geistes und Willens gegen Rom und die Verfolgungen von Trajan in der Diaspora und Hadrian im Mutterlande, welche sie ausgebluteten.

Durch Verfolgungsmaßregeln wurden selbst sie in die engsten Schranken geführt: die offene Zugehörigkeit zum Judentum war damals Jahre hindurch ein Martyrium. Das eigene Gebiet lag wüst und in Trümmern da, wer sollte daran denken, über die Grenzen hinauszublicken? Das einst eroberte und reich bestellte Land musste fürs erste aufgegeben werden, und in die verlassene Stätte zog das Christentum ein." (287f)

„Die Kirche stand vor dem Judentum, und ihr Herrschaftsbedürfnis wie ihr Besitzstolz musste in ihm den Stein des Anstoßes erblicken. Das Heidentum konnte sie weit unter sich sehen; seine Religion war eitel Wahn und Irrgebilde. Aber die Juden musste sie, gern oder ungern anerkennen, so bedingt es auch geschah ... Trotz allem und wider Willen fühlte man, dass man ein Erbe war, ein Erbe von Lebenden. Und noch mehr, diese Lebenden wollten nicht die Alten nur sein, die Gewesenen, sie stellten vor sich die Zukunft hin, sie riefen gegenüber dem Gekommenen das Kommende an; unterlegen standen sie doch als Widerlegende da. So war das Judentum wie ein lebendiger Einspruch gegen die allumfassende Geltung der Kirche. Und alle Bekehrungsversuche prallten an ihm ab. Wie ein Granitblock, der von den Jahrtausenden der Vergangenheit zeugt und die Dauer der Zeiten für sich fordert, ragte es inmitten der anderen Welt empor." (288f)

„So beginnt der große vergebliche Kampf der Kirche und ihrer Völkerscharen gegen das Judentum. Die Leiden der Väter waren ihr gar bald zu Sünden der Kinder geworden; sie hat ... mit allen Künsten der Erdichtung, allen Maßregeln der Folter und des Zwanges, die ihre eigenen Ahnen schmerzlich erfahren hatten, das Judentum verfolgt. Erfinderische Kraft, die ausgereicht hätte, Wüsten zu Gottesgärten zu machen, wurde dazu aufgewandt, die Juden zu quälen und zu bedrücken. Mit allen Marterwerkzeugen arbeitete man und bemühte man sich, sie zu verwerfen, und dann, wenn man sie im Elend, das man ihnen bereitet hatte, sah, sich den beruhigenden Trost zusprechen zu können, dass Gott sie verworfen habe. Zu der Kränkung fügte man den Hass ... Und es war der vergebliche Hass so wie der vergebliche Kampf, alle Eroberungszüge mussten zuletzt doch an ihm, dem Judentum vorübergehen, sich mit ihm abfinden.

Ein Wall feindlicher Gesetze wurde denn errichtet, die die jüdischen Gemeinden absondern sollten, um den Anschein zu schaffen, dass sie in der Welt nicht da waren, nicht minder aber auch deshalb um ihnen jede Möglichkeit des religiösen Einflusses abzuschneiden. Und das gelang in der Tat. Die Zwangsmauern des Ghettos stiegen immer höher empor, das Dasein der Juden wurde abgeschlossen. Die, die es lebten, und alle dort lebten es mit, hatten ihr Eigenes, und sie trugen das Bewusstsein des Eigenen in sich. Aber sie konnten nur zu sich davon sprechen, nicht es hinaus rufen. Wie hätten die, welche die Gefangenen in den Landen waren, die von der Welt abgesperrten, der Welt draußen ihre Religion verkünden sollen – ganz zu schweigen davon, dass ein Übertritt zum Judentum damals der Weg dahin war, dem Scheiterhaufen sein Opfer zu zeigen. Über die Juden das Urteil zu sprechen, dass sie so lange ihre Religion nicht gepredigt hätten, das ist, dem Gefesselten vorwerfen, dass er aus dem Kerker nicht hinausgehe. Aber die Gedanken zogen immer hinaus. Und war einst irgendwo und irgendwann der Freie Atemzug vergönnt gewesen, so hatte sich die alte Kraft des Belehrens und Bekehrens wieder geregt. Die Geschichte der Juden in Arabien, die der Chazaren und manche Einzelerscheinungen erzählen hiervon." (289f)

Weiter sagt Baeck: „Doch das waren seltene Ereignisse gewesen. Die Not der Zeit gestattete es kaum, sich daran auch nur zu erbauen. Der harte Kampf ums religiöse Dasein erforderte die ganze Kraft. Nur die vollkommene Hingebung und der stete Wille zur Aufopferung konnten ihr Dasein im Judentum haben und ihm das Dasein geben. Alles Vermögen musste dem gelten, die ideelle Selbsterhaltung beanspruchte alles. Aber auch damit durfte man überzeugt sein, in der Menschheit zu leben. Die Gemeinde des Judentums wusste, dass sie in ihrem religiösen Besitz die Verheißung hütete. Man begriff, dass auch die Existenz eine Verkündigung sein kann, schon das Dasein eine Predigt an die Welt." (290)

In einem Vortrag vor der Weltunion für Progressives Judentum nach dem Zweiten Weltkrieg im Jahr 1949 ruft Baeck kühn erneut zu einer Judenmission auf. Diese habe aufgrund des äußeren Drucks ausgesetzt werden müssen, doch sei die Zeit gekommen, das Unterbrochene wieder aufzunehmen. Die Welt hungere nach der Botschaft des Judentums. Gerade durch die Wiedererstehung des Staates Israel sei es für das Judentum von Bedeutung, diese Botschaft zu vermitteln. Nach Leo Baeck kreist das Judentum immer um zwei Pole. Heute sei der eine der nationale Geist der Juden in Israel, begründet in der Erneuerung des von Gott versprochenen Landes. Der andere Pol sei die Missionstätigkeit der Diasporajuden. In ihm findet der universale Geist des Judentums seinen Ausdruck. Voraussetzung dabei sei allerdings, dass die Juden vollkommen im Judentum verwurzelt seien, dass sie Tora lernten und Mizwot übten.

8 Die Bedeutung der Juden für die Menschheit

Welcher Gemeinschaft schließt sich der Jude aus freier Wahl heute an? Die Zahl der Juden in der Welt ist niedrig. Es machen nur etwa 14,5 Millionen unter den ca. sechseinhalb Milliarden der Weltbevölkerung aus. Und dennoch spielen sie eine außerordentliche Rolle im Bewusstsein und im Gewissen vieler Menschen. Das liegt unter anderem an dem Beitrag, den sie innerhalb der Gesellschaft leisten. Auf allen Gebieten des menschlichen Fortschritts, in der Philosophie, in den Geisteswissenschaften, der Literatur, der Kunst, der Musik, der Naturwissenschaft und Medizin sind sie bahnbrechend gewesen und haben der Menschheit lebenserhaltende und lebensrettende Werte gegeben. Doch darin liegt nicht der Ursprung ihrer Bedeutung.

Vielmehr fanden sie den einig-einzigen Gott. Ihnen war und blieb er der Gott, der alle Menschen liebt, sich ihrer erbarmt und sie erlöst. Diesem Gott gaben und geben sie ihr ganzes Sein und Leben. Sie erkannten sich in einem Bund von ihm auserwählt, die Verantwortung für alle Menschen als gleichwertige Gotteskinder zu tragen. Darum waren und blieben sie die Vorkämpfer für soziale Gerechtigkeit in der Welt. Sie waren und blieben „das Volk, das ich mir gebildet habe, auf dass meinen Preis sie erzählen" (Jes 43,21). Dieser Lobpreis besteht in der Antwort auf den göttlichen Ruf: „Ich, GOTT, rief dich an in Bewährung, ich fasse dich an der Hand, ich will dich verwahren, ich will dich begeben zu einem Volksbund, zu einem Weltstämme-Licht, blinde Augen zu erhellen, aus dem Kerker Gefangene zu führen, aus dem Hafthaus, die in Finsternis sitzen" (Jes 42,6f). Juden gaben nie die Hoffnung auf, dass „in der Späte der Tage, festgegründet ist der Berg SEINES Hauses. Strömen werden zu ihm die Weltstämme alle ... Denn Weisung fährt von Zion aus, von Jerusalem SEINE Rede. Richten wird er dann zwischen den Weltstämmen ... Ihre Schwerter schmieden sie zu Karsten um, ihre Speere zu Winzerhippen, nicht mehr hebt Stamm gegen Stamm das Schwert, nicht lernen sie fürder den Krieg" (Jes 2,2–4). Für diese Aufgabe und diese Hoffnung gingen sie als Märtyrer in den Tod, allein im 20. Jahrhundert sechs Millionen. Dies war für die Juden Kiddusch Haschem, die Heiligung des Namen Gottes. Wegen dieser unbedingten Gottesergebenheit blieb das jüdische Volk unzerstörbar, während andere Nationen im Laufe der Jahrtausende zu höchster Macht aufstiegen, um dann ins Nichts zu versinken.

Das Judentum ist die geistige Mutter des Christentums und des Islam, beide monotheistische Religionen. Doch zollten diese der Mutter nicht Dank und Anerkennung, sondern überzogen sie mit Hass. Es war vielleicht Neid gegenüber der Mutterreligion oder Furcht vor der Rivalität. Wenn eine neue Religion ein Fortschritt gegenüber dem Judentum war, warum waren dann die Juden überhaupt noch da? Sie waren es um ihrer Aufgabe willen. Leo Baeck sagte einmal, je weiter eine der Folgereligionen sich vom Judentum entferne, desto mehr verliere sie ihre Liebe zu allen Menschen und ihre menschlich-sozialen Verpflichtungen, vor allem gegenüber Menschen mit unterschiedlichen Ansichten über Gott. So blieben die Juden alle Zeiten hindurch die „Protestanten", denn durch ihr Dasein protestierten sie gegen die Abschwächung des göttlichen Mandats der Liebe und Gerechtigkeit in neuen Gottesbegriffen. Sie waren immerwährende Herausforderung. Gleichzeitig aber erhielten sie sich ihre Anerkennung und Liebe für die Anhänger der neuen Religionen. Hätten diese daher einen Dialog mit den Juden angestrebt, wäre der Welt unendlich viel Gutes gewonnen worden. Sie wählten den anderen Weg, von welchem das Christentum erst langsam zurückzukehren begonnen hat. Die Not der Juden stößt oftmals nur auf Schweigen, während Angriffe, selbst Terror gegen sie, durchaus zustimmende Erwähnung finden können. In seltsamer Weise scheinen die neuen Religionen der Juden zu bedürfen. Um den Wert ihres Glaubens zu untermauern und ihre eigene Verbundenheit untereinander zu vertiefen, glauben sie, sich gegenüber den Juden und dem Judentum verschließen zu müssen. So könnte man das Judentum auch als in negativer Weise für die Welt unentbehrlich betrachten.

Die Juden aber ersehnen gerade das Gegenteil. Sie hegen keine Hassgefühle gegen die anderen Religionen und deren Anhänger, doch sind sie entsetzt über deren Taten. Sie haben erkannt, dass die Welt bei weitem noch nicht erlöst ist, und wis sen doch, dass diese Weltgemeinschaft zu erlösen ist. Dazu möchten sie beitragen. In der Tatsache, dass sie trotz aller Verfolgungen noch immer existieren, sehen sie eine Fügung des liebenden Gottes im Hinblick auf *alle* seine Kinder.

Hermann Cohen, der große jüdische Philosoph des 19. und frühen 20. Jahrhunderts, sieht im Überleben der Juden als eine winzige Minorität eine ethische Herausforderung für die gesamte Majorität der Menschheit, einen Ruf zur Barmherzigkeit. Eine Minorität kann sich gegenüber einer überwältigen Majorität nicht wirklich wehren. Sie kann nur dann menschlich leben, wenn die Majorität sich des göttlichen Auftrags zur Barmherzigkeit aktiv bewusst ist. In der Barmherzigkeit gegenüber dem Schwachen, allen Schwachen, liegt der Beginn der Erlösung der Welt. Darum sind und bleiben die Juden für die Welt wichtig. Hermann Cohen besuchte im Jahre 1913 das polnische Ghetto, um dort jüdische Schulen einzurichten, und wurde wie ein Prinz empfangen. Einmal fragte er einen kleinen Jungen: „Wie wird es denn sein, wenn der Messias kommt?" Und das Kind antwortete: „Nu, alle Menschen werden sein Jieden." Dieses bedeutet nicht, dass alle Menschen den jüdischen Glauben annehmen werden, aber sie werden im Geiste jüdischen Gottvertrauens, jüdischer Menschenliebe und jüdischen Gerechtigkeitsgefühls allen Menschen gegenüber handeln, und der Menschenhass wird verschwinden.

Diesem Volk und seinen Idealen schließt sich der Jude aus freier Wahl an. Schweres kann ihm oder ihr von der Umwelt zugefügt werden, doch weiß dieser neue Jude, dass er oder sie einem ewigen Volk angehört, das im Bunde Gottes steht und darum überlebt, weil es dem Willen eines liebenden Gottes gemäß zu leben und zu leiden bereit ist. Denn Erlösung wird kommen – sie kommt von Gott durch das Mitwirken der Menschen.

II Der Übertritt in der Gegenwart

1 Der Entscheidungsprozess

Gewissensfragen für die Kandidaten

Bevor sich jemand endgültig entscheidet, einer Religion beizutreten, die ihn oder sie in eine ihm bisher verschlossene Welt führen wird, müssen einige Fragen abschließend geklärt sein. Der Kandidat oder die Kandidatin sollten sich ungefähr vorstellen können, was sie erwartet. Sie sollten sich prüfen, ob sie zum einen mit eventueller Ablehnung umgehen können und ob sie zum anderen die nötige Energie besitzen, sich einen neuen Freundeskreis aufzubauen. Dieser ist notwendig, besonders, wenn jemand konvertieren möchte, ohne einen jüdischen Partner zu haben. Das Judentum ist eine Religion des Tuns in jeder Beziehung, und vieles tut man gemeinsam mit anderen. Vor allem aber müssen sich Kandidat oder Kandidatin über ihre Motive im Klaren sein. Sind sie nur um das persönliche Seelenheil besorgt, dann benötigen er oder sie keinen Übertritt zum Judentum. Ungleich anderen Religionen gibt das Judentum die Gläubigen anderer ethischer Glaubensbekenntnisse nicht der Verdammnis hin. Es erklärt: „Alle rechtschaffenen Menschen aller Nationen haben Anteil an der künftigen Welt" (tSanh 13,2). Nur sieben Gebote sind, dem Judentum nach, für alle Menschen verpflichtend. Sie wurden Grundbedingungen des Bundes, den Gott nach der Sintflut mit Noah und der ganzen Menschheit schloss (Gen 9,1–17). Sie lauten: Anerkennung Gottes, unbedingte Unverletzlichkeit und Schutz jeden menschlichen Lebens, sexuelle Moral, Schutz von Eigentum, Gerechtigkeit als Grundlage allen Rechts, gerechte Rechtsprechung durch gerechte Gerichte und Sorge für Tiere, dass sie nicht leiden (bSanh 56 a). Alle diejenigen, die sich an diese Gebote gebunden fühlen, gelten dem Judentum nach als Rechtschaffene. Sie sind des Seelenheils gewiss.
Weiterhin gilt: Auch ohne einen Übertritt kann der Nichtjude auf die Solidarität der Juden zählen. Ein Nichtjude kann damit rechnen, dass Juden für ihn beten, ihm hilfsbereit mit Rat und Tat zur Seite stehen, seine Hungrigen speisen, seine Heimlosen aufnehmen, seine Kranken heilen, seine Trauernden trösten. Juden lebten und leben mit ihren nichtjüdischen Mitbürgern in Frieden, sehen sie als gleichwertig an, halten dem Staat die Treue, fördern die Gesellschaft und beten für die Gemeinschaft und für jeden in ihr. Dies beruht bereits auf der Verordnung des Propheten Jeremia an die Exilanten in Babylonien: „… siedelt … mehret euch dort, mindern dürft ihr euch nimmer, und strebt dem Frieden der Stadt nach, dahin

ich euch verschleppen ließ, und betet für sie zu Gott, denn in ihrem Frieden wird euch Frieden sein" (Jer 29,1–7). Schalom, das hebräische Wort für Frieden und damit Ganzheit, ist in Wirklichkeit der Inbegriff alles Guten.

Deutsche Kandidaten müssen sich zudem damit auseinandersetzen, inwieweit die Vernichtung der europäischen Juden, die von deutschen Nichtjuden ersonnen wurde, Beweggrund ihres Handelns ist. Pnina Levinson berichtet in ihrem Buch über ehemalige Nazis, die nach dem Krieg den wenigen Überlebenden in den deutschen Gemeinden das Leben dadurch schwer machten, dass sie sich unbedingt der jüdischen Gemeinschaft anschließen wollten. Über die Gründe kann man spekulieren, am wahrscheinlichsten ist, dass diese Menschen darauf aus waren, sich auf die effektivste Weise reinzuwaschen. Motive dieser Art lassen sich heute wohl ausschließen, da es immer weniger Menschen gibt, die unmittelbare Täter waren oder hätten sein können. Heute finden sich Rabbiner eher mit dem Wunsch mancher Kandidaten konfrontiert, einen Gegenpol zu Eltern oder Großeltern zu bilden, mit der Konversion also einen Schritt zu machen, der sie möglichst weit von ihren Vorfahren und deren Taten wegführt. Manche wünschen, Eltern oder Großeltern mit ihrer Entscheidung zu verletzen, wieder andere sehen sich lieber als Verbündete und Gefährten der Opfer als deren Verfolger.

Zu Recht weisen Rabbiner aller Richtungen Menschen ab, die aus diesen Gründen zu ihnen kommen. Das Judentum ist auch nach der Schoa eine Religion und eine Bundesgemeinschaft unter Gott. Dieses zu betonen ist wichtig, weil auch auf jüdischer Seite die Ermordung der Juden und das Leid immer stärker als Identifikationsmomente gesehen werden. Das ist sowohl auf dieser Seite wie auch auf Seiten der Nichtjuden falsch und gefährlich. Zum einen wird es der Größe, der Heiligkeit und der Schönheit des Judentums in keiner Weise gerecht, zum anderen bleibt irgendwann nicht mehr viel, dann nämlich, wenn die Schoa in die Geschichte eingeht und Juden wie auch Nichtjuden eine neue Form des Gedenkens und der Erinnerung finden müssen.

Auf der anderen Seite treten die Kandidaten ja tatsächlich nicht nur einer Religions- sondern auch einer Bundesgemeinschaft bei, die von ihrer Vergangenheit geprägt ist. Und diese Vergangenheit hat immer auch Verfolgung geheißen, von der die Schoa die furchtbarste Ausformung war. Für Kandidaten bedeutet das: Sie müssen sich mit dem Judenmord auseinandersetzen und eine Haltung dazu finden. Wenn sie dabei trotz ihres Nichtjüdischseins mit den Opfern leiden und eine wahre Empathie für sie empfinden, ist dies umso besser. Manche Juden sehen schon das als Philosemitismus. Doch das ist nicht gerechtfertigt. In Wirklichkeit erbringen solche Nichtjuden mit einer wahrhaft empfundenen Empathie nur etwas, das von weitaus mehr Deutschen nach dem Krieg zu erwarten gewesen wäre. Wahrscheinlich krankt das so genannte Holocaust-Gedenken an nichts mehr als daran, dass es von Beginn an nur wenige Menschen gab, die mit den Opfern empfunden haben, die versucht haben, sich auch gefühlsmäßig einer Verantwortung zu stellen. Für die meisten waren die Erinnerungen aufgezwungenes Mahnen an die eigene Schuld, und heute, nach so vielen Jahrzehnten, wären viele froh, wenn sie es endgültig einstellen könnten. Von Menschen, die selbst Juden werden wollen, darf man anderes erwarten. Doch sei noch einmal darauf hingewiesen, dass ein Mitfühlen nicht bedeutet, sich mit den Opfern gleichstellen zu wollen. Ein Grund für einen Übertritt kann das nicht sein.

Der Kandidat in Deutschland sollte sich informieren und vor allem Zeitzeugenberichte lesen. In allen deutschen jüdischen Gemeinden gibt es Menschen, die entweder selbst noch Opfer waren oder aber Kinder von Opfern sind. Auch mit ihnen kann das Gespräch gesucht werden. Doch sollten der Kandidat oder die Kandidatin auch mit einer Ablehnung rechnen und diese sofort akzeptieren. Im Bekanntenkreis der Autoren allerdings finden sich viele Menschen, die über ein ernsthaftes Interesse an ihrem Schicksal nicht böse sind, sondern eher darunter leiden, dass sich offensichtlich immer weniger Menschen für die Verbrechen im so genannten Dritten Reich interessieren. So findet der 9. November als Tag der Reichspogromnacht kaum noch Erwähnung. Heute ist er der Tag des Mauerfalls!

Genau so, wie es sinnvoll ist, sich mit dem Schicksal der Juden während der Nazizeit zu beschäftigen, ist es sinnvoll, sich vor dem Übertritt bereits darüber zu informieren, wo die eigene Familie während der Zeit zwischen 1933 und 1945 stand. Doch welches Resultat auch immer solche Nachforschungen haben mögen, auf den Übertritt an sich sollten sie keinen Einfluss haben. Einen Übertritt in Erwägung zu ziehen, weil man sich gegen die eigenen Eltern oder Großeltern stellen möchte, wäre sogar unjüdisch. Denn die Tora verpflichtet den Juden, Vater und Mutter zu ehren. Genauso wenig aber sollte sich jemand von einem ernst gemeinten und durchdachten Übertritt abschrecken lassen, *weil* Mitglieder seiner Familie Nationalsozialisten gewesen sein mögen. Wie wir gesehen haben, erklärt die Bibel kategorisch, dass den Kindern die Schuld ihrer Ahnen in keiner Weise zugemessen werden kann. Ihnen wächst allein Verantwortung aus der Vergangenheit zu. Doch diese können Nachfahren der Täter auch angemessen übernehmen, ohne sich der Gemeinschaft der Opfer anzuschließen. Ein Übertritt aus Schuldgefühlen muss und sollte also nicht erfolgen und würde auch, sofern sich der Kandidat offen zu seinen Motiven bekennt, von allen Rabbinern abgelehnt.

Andere Probleme, die ein Mensch haben mag, können durch einen Übertritt ebenfalls nicht gelöst werden. Wenn sich jemand ausgeschlossen oder allein fühlt, muss er damit rechnen, es auch als Jude zu bleiben. Wenn jemand psychische Probleme hat, sollte er sie nicht zu lösen versuchen, indem er sich ausgerechnet einer Minderheit anschließt.

Verpflichtung auf ein jüdisches Leben und moralisches Handeln

Jüdisches Leben basiert auf der Erfüllung von Mizwot. Zu diesen müssen der Proselyt oder die Proselytin sich verpflichten. Judentum ist nicht lediglich Glaube, es ist das Tun, das zu immer vertiefterem Glauben führt. Die Mizwot sind in Tora und Überlieferung verankert. Der Jude oder die Jüdin aus freier Wahl nehmen es auf sich, das ganze Leben lang Tora zu lernen, um aus ihr immer neue Lebenskraft zu finden und die Mizwot zu verstehen. Die Tradition spricht von zwei Formen der Mizwot, solchen zwischen dem Menschen und Gott und solchen zwischen Menschen und Menschen. Bereits der Prophet Jesaja spricht von der Bedeutung des Sabbats als einer grundlegenden Mizwa gegenüber Gott (siehe unten). Tora und Überlieferung geben eine Fülle weiterer Mizwot. Die Mizwot gegenüber dem Mitmenschen finden sich ebenfalls in der Tora und der Überlieferung. Zu ihnen gehören unter anderen Ehrung und Beschützung eines jeden Menschenlebens, Hilfsbereitschaft, Streben nach Sozialgerechtigkeit und Frieden, auch das Vermeiden jeglicher Nachrede. Hass gegenüber anderen gilt als schwere Sünde. Vernachlässigung und Vergehen von Sünden gegen Gott finden göttliche Verzeihung, wenn der Mensch Teschuva tut, das heißt, in Bekenntnis und Umkehr von der früheren Lebensweise wieder den rechten Weg findet. Das Wort Teschuva bedeutet Umkehr. Sünden gegen Mitmenschen bedingen zusätzlich, dass der Mensch die Verzeihung eben dieses Mitmenschen erringt, erst dann wird auch Gott ihm oder ihr vergeben.

Unehrliches und gehässiges Handeln gegenüber Juden und Nichtjuden und ein Handeln, das der Umwelt ein schlechtes Bild von Juden geben kann, ist nicht nur verboten, sondern gilt als Chillul Haschem, Entweihung des göttlichen Namens. Einzelnes Benehmen wie verbitterte Machtkämpfe in jüdischen Gemeinden, die an die Öffentlichkeit dringen, können ebenfalls zu Chillul Haschem werden. Der Kandidat muss sich bewusst machen, dass er mit seiner Entscheidung künftig nicht nur Verantwortung für sich persönlich übernimmt, sondern auch Verantwortung als Repräsentant einer Gruppe. Unverantwortliches Verhalten einzelner Juden erlaubt allerdings nicht, Juden in einer stereotypischen Weise zu beurteilen. Bei Chillul Haschem geht es allein um die Frage, inwieweit ein zwischenmenschliches Verhalten das Gottesbild beeinflusst, welches man den Juden zuschreibt.

Unverheiratete Kandidaten müssen sich bewusst sein, dass sie sich gemäß der Halacha als Juden nur mit anderen Juden verheiraten können und ihre Kinder als bewusste Juden erziehen müssen. Wenn jemand bereits mit einem Nichtjuden verheiratet ist, sollte er sich seine Entscheidung zu konvertieren sehr gut überlegen. Wie sollen seine Kinder in einer gemischten Ehe aufwachsen? Wie will er in der Partnerschaft zum Beispiel mit einem Christen die jüdischen Feiertage verbringen? Warum überhaupt will er oder sie jüdisch werden, wenn der Partner es nicht ist? Viele Rabbiner lehnen bei solchen Konstellationen einen Übertritt ab. Sie wollen Familien nicht trennen. Ausnahmen werden nur dann gemacht, wenn Kinder in der Beziehung nicht mehr zu erwarten sind und wenn der Partner oder die Partnerin sich völlig einverstanden erklärt mit dem Schritt des Gefährten und einwilligt, ihn aktiv auf seinem Weg zu begleiten. Wie er das im Einzelfall handhaben will, entscheidet jeder Rabbiner selbst.

Auf der anderen Seite muss sich auch jemand, der einen jüdischen Lebenspartner hat, vor Augen führen, dass er oder sie eine Religion, in der sie vielleicht fest verwurzelt sind, nicht einfach verlassen können, um dem Partner einen Gefallen zu tun. Sie müssen der neuen Religion und Lebensform wegen diesen Schritt tun. Natürlich wird es in der Praxis meist der jüdische Partner sein, dessentwegen ein Interesse daran überhaupt geweckt wird. Dagegen haben Reform- und konservative Rabbiner in der Mehrzahl auch nichts einzuwenden. Sie unterstützen Menschen auf diesem Weg, schon, um die Einheitlichkeit einer geplanten Familie zu wahren. Orthodoxe Rabbiner dagegen lehnen Kandidaten ab, wenn diese offen bekennen, dass ihr jüdischer Lebensgefährte einer der Anlässe für den Übertritt ist.

Wohin die Reise geht

Ferner sollte sich jemand, der eine Konversion erwägt, vor Augen führen, wie er als Jude in Deutschland leben wird. Er trifft hier auf eine weitaus geringere jüdische Vielfalt als beispielsweise in den USA. Wohnt er nicht in einer größeren Stadt, wird er weite Strecken zurücklegen müssen, um an einem Gemeindeleben überhaupt teilnehmen zu können. Das wird zu Schwierigkeiten am Schabbat führen, an dem er – zumindest, wenn er sich einer orthodoxen Gruppierung anschließt – nicht Auto fahren darf. In einigen Gemeinden fehlt es zudem an einer richtigen rabbinischen Betreuung. Es gibt kaum Strukturen, die für ein jüdisches Leben erforderlich sind. Zum Beispiel fehlt es an Mikwen, Kindergärten und Schulen. Der Kandidat wird daneben oft auf Menschen treffen, die traumatisiert sind, verunsichert und sich ihm gegenüber ablehnend verhalten.
Das Leben wird teurer werden. Koscheres Essen kostet oft mehr als das, was für herkömmliche Nahrung auszugeben ist. Zudem ist es nicht immer leicht, in Deutschland überhaupt koschere Nahrung zu bekommen. Eine gute Versorgung gibt es lediglich in wenigen Großstädten. Nun könnte der Kandidat einwenden, dass er viele Juden kennt, die nicht koscher essen, vielleicht sogar nicht einmal milchig und fleischig trennen. Doch zumindest zum Zeitpunkt des Übertritts soll

der Kandidat alle Mizwot erfüllen, zu denen auch die Einhaltung der Kaschrutregeln zählt. So weist selbst das liberale Europäische Bet Din darauf hin, dass der Kandidat für einen jüdischen Haushalt separates Geschirr und Besteck für milchiges bzw. fleischiges Essen benötigen werde. Allerdings gesteht die Reformbewegung den Juden innerhalb des Gesetzesrahmens ein Maß verantwortlicher Autonomie zu. Auf die Beachtung bestimmter Mindestanforderungen allerdings legt auch sie wieder zunehmend Wert, allein um damit dem Familientisch den jüdischen Charakter zu geben. Ferner wird vom Kandidaten erwartet, sich eine Grundausstattung jüdischer Kulturgegenstände zuzulegen. Dazu gehören zumindest eine Mesusa für die Eingangstür – in vielen jüdischen Haushalten finden sich auch an den Türpfosten der Zimmertüren Mesusot – zwei Kerzenhalter für den Freitagabend und eine Menora. Außerdem muss er sich Gebetbücher, Bibel und andere Literatur kaufen. Die meisten Rabbiner erwarten zudem, dass eine jüdische Zeitung oder ein Magazin abonniert wird, um sich über aktuelle Themen auf dem Laufenden zu halten. Daneben folgt das Judentum einer strengen Sozialethik. In seinem Werk „Die Frage an den Einzelnen" sagt Martin Buber 1936: „Der Weg vom Einzelnen zu Gott geht über die Gesellschaft." Das heißt, der Jude muss durch die Gesellschaft und für die Gesellschaft zu Gott finden. So gilt das Gebet im Minjan als wertvoller als das Einzelgebet, weil hier nicht nur für sich allein, sondern auch für die anderen gebetet wird. Gebete sind entsprechend im Plural formuliert. Heute bedeutet das unter anderem, dass von Juden erwartet wird, sich zu engagieren und für soziale Zwecke zu spenden. Nicht nur in Deutschland, sondern auch in Israel warten Organisationen auf Unterstützung.

Eine neue Beziehung

Mit der Konversion wird der Kandidat in vielfältiger Hinsicht ein neues Leben beginnen. Er muss sich von lieben Gewohnheiten verabschieden und sein Verhältnis zu seiner Umwelt neu ordnen. Zunächst gilt dies in vielen Fällen für die Kirche, die sein Leben, wenn er sie auch schon seit Jahren nicht mehr besucht oder vielleicht sogar schon verlassen haben mag, oftmals stärker geprägt hat, als es ihm bewusst ist. Das merkt man meist erst, wenn man einer anderen Religionsgemeinschaft angehört und versucht, sein neues Leben dieser Religion gemäß zu gestalten.
Wenn es auch in Deutschland längst eine Trennung zwischen Staat und Kirche gibt, wird das Leben doch in vielen Dingen bestimmt von Vorgaben, die ursprünglich christlichen Werten geschuldet sind. So ist der offizielle Ruhetag nach wie vor der Sonntag. Die christlichen Festtage sind gesetzliche Feiertage. Und in

den Kalendern sind allein diese vermerkt. Termine wie Jom Kippur oder Pessach sucht man meist vergeblich. In den Vereinigten Staaten, in denen eine kulturelle Vielfalt selbstverständlicher ist, verhält sich dies schon anders. Doch wie es sein könnte, wenn das gesamte Leben tatsächlich jüdisch geprägt wäre, erfährt man nur in Israel. Zu der besonderen Beziehung, die jeder Jude nicht nur aus diesem Grund zu dem Staat im Nahen Osten hat, werden wir noch kommen.

Jemand, der zum Judentum konvertieren will, muss sich klar machen, dass dieser Schritt nicht nur der Wechsel in eine andere Religionsgemeinschaft ist wie beispielsweise der Wechsel von den Katholiken zu den Protestanten. Der Konvertit zum Judentum wechselt darüber hinaus von der Mehrheitsgesellschaft in eine Minderheit. Somit wird sich nicht nur seine Beziehung zu Gott verändern, sondern auch seine Beziehung zu vielen Privilegien, die diese Majorität besitzt, ohne sich ihrer bewusst zu sein.

Besonders im Arbeitsleben kann sich für den Kandidaten vieles ändern. Was soll er Freitagabend machen, wo er eigentlich in der Synagoge sitzen sollte oder zu Hause, um die Kerzen zu zünden und stattdessen noch vor seinem Computer in der Firma verharrt? Nicht jeder Arbeitgeber lässt sich verständnisvoll darauf ein, den Angestellten entsprechend eher gehen zu lassen. Das gleiche gilt für den Schabbat, der für viele Arbeitnehmer regulärer Arbeitstag ist. Ein streng orthodoxes Leben ist oftmals nur unter Opfern möglich. An jüdischen Feiertagen muss Urlaub genommen werden, um frei zu bekommen.

Auch das Freizeitverhalten wird sich ändern müssen. Hat der Kandidat vorher den Sonnabend genutzt, um sich mit Freunden zu treffen, in Ruhe einzukaufen oder Sport zu treiben, wird man ihn nun in der Synagoge erwarten. Einkaufen verbietet sich ohnehin von allein. Vielleicht werden nun einige einwenden, sie würden aber Juden kennen, die sehr wohl am Schabbat einkaufen gingen und die Synagoge nur an den hohen Feiertagen besuchten. Das ist richtig. Doch auch hier gilt, was bereits ausgeführt wurde: Man tritt nicht zum Judentum über, um nicht als Jude zu leben, sondern um gerade dieses zu tun.

Antisemitismus

Antisemitismus gibt es seit Jahrhunderten, und er trifft natürlich auch Juden aus freier Wahl. Werden die Kandidaten damit umgehen können? Oft sind antisemitische Äußerungen nicht gegen einen anwesenden Juden gerichtet, sondern werden gemacht, ohne dass der Gesprächspartner oder derjenige, von dem die Äußerung kommt, wissen, dass ein Jude im Raum ist. Werden die Kandidaten dann den Mut haben aufzustehen? Das bedeutet nicht, dass dies in jeder Situation von ihnen zu erwarten ist, doch sollten sich Kandidaten mit solchen Fragen auseinandersetzen. Sie müssen sich ein Bild darüber machen, was als Antisemitismus eingeordnet werden kann und was nicht, und sie müssen sich klarmachen, dass dies in Zukunft auch ihr Problem sein wird, mit dem sie offensiv umgehen sollten. Ein Vorbild dabei können ihnen zu Juden gewordene Ehepartner von geborenen Juden in der Nazizeit sein, die von den Machthabern weiterhin als „arisch" eingestuft wurden und die ihren jüdischen Partnern trotz ungeheuren Drucks der Umwelt durch ihre Standhaftigkeit oftmals das Leben retteten.

Gott ist einzig

Eine Grundfrage besteht ferner darin: Können der Kandidat oder die Kandidatin die Gottesauffassung des Judentums vollkommen übernehmen? Dies ist für Christen von großer Bedeutung. Das Judentum zollt dem Christentum als einer monotheistischen Religion vollkommene Anerkennung. Für sich selbst aber verneint es die Trinität und die Menschwerdung Gottes in Jesus Christus. Gott ist absolut einig-einzig. Gott ist jenseits jeder menschlichen Verkörperung. Dieses Prinzip ist grundlegend. Es wurde von der Lebensauffassung Abrahams geprägt. Gott offenbart sich nicht, aber Gott offenbart seinen Willen. Der Zugang des Einzelnen zu Gott ist unmittelbar.

Weiterhin müssen der Kandidat oder die Kandidatin sich prüfen: Können sie sich die Geschichtsauffassung des Judentums zu eigen machen? Diese wurde ebenfalls von der Lebensauffassung Abrahams geprägt. Abraham lebte für seine Nachkommen, damit diese am ewigen Frieden der gesamten Menschheit arbeiten. Die Juden leben für einen ewigen Frieden und sehen darin die zukünftige Erfüllung des Menschengeschlechts. Dieses Ziel verkörpert sich in der sicheren Erwartung des kommenden Messias. Juden glauben mit unerschütterlicher Zuversicht an das Kommen des Messias, entweder als Person oder als Symbol einer messianischen Zeit in der Zukunft. Der Messias ist keine Inkarnation Gottes, sondern ein Mensch, welcher von Gottes Geist erfüllt ist. Seine Aufgabe ist es nicht, die Menschen aus den Klammern der Erbsünde zu erlösen, sondern – ganz konkret – der Menschheit auf dieser Erde den ewigen Frieden zu bringen. Der Mensch und die Menschheit sind weder in Sünde verstrickt noch erlöst. Alle Menschen sündigen, aber sie können Teschuva tun, sie können umkehren, die Menschheit ist nicht erlöst, aber erlösbar.

Die Juden sehen die Bestätigung des Messias darin, dass sich das Wort des Propheten Jesaja erfüllt: „In der Späte der Tage (ist) der Berg SEINES Hauses ... festgegründet zuhäupten der Berge, ... auf ihn werden Völker strömen ... Sie werden sprechen: ‚lasst uns gehen, aufsteigen zu SEINEM Berge, dass er uns weise in seinen Wegen, dass auf seinen Pfaden wir gehen! Denn Weisung [Tora] fährt von Zion aus, SEIN Wort von Jerusalem, so SEINE Rede. Richten wird er dann zwischen der Völkermenge, ausgleichen unter mächtigen Stämmen bis in die Ferne hin; ihre Schwerter schmieden zu Karsten sie um, ihre Speere zu Winzerhippen, nicht hebet mehr Stamm gegen Stamm das Schwert, nicht lernen sie fürder den Krieg. Haus Jakobs, lasst nun uns gehen, einhergehen in SEINEM Licht" (Jes 2,1–5). Micha findet die gleichen Worte, doch schließt er statt mit dem Ruf zum „einhergehen" mit der Verkündigung des Segens der Erfüllung für den schlichten einzelnen Menschen: „Sondern sie sitzen, jedermann unter seinem Rebstock, unter seinem Feigenbaum, und keiner scheucht sie auf ..." (Mi 4,4). Ist es der Menschheit aus eigener Kraft gelungen, diesen Frieden zu erreichen, dann besiegelt ihn der Messias; ist die Menschheit so tief gesunken, dass dies unmöglich erscheint, dann erwirkt dies der Messias mit Gottes Hilfe.

Hermann Cohen sieht in der jüdischen Messiashoffnung einen der bedeutendsten Beiträge des Judentums. Durch diese Hoffnung wird Geschichte mehr als eine Reihe von Episoden oder menschlicher Kämpfe um Macht. Geschichte strebt einem Ziel zu, welches in der Messiasidee seinen Ausdruck findet. Jede geschichtliche Epoche muss daran gemessen werden, ob sie dem Ziel zustrebe oder sich von ihm abwandte. Jeder geschichtliche Augenblick wird bedeutungsvoll. Der Messias: „Kein Heros ist er, aber den Menschen bringt er den Frieden", sagt Cohen (Jüdische Schriften). Dies bedeutet, dass der Jude jedes Geschehen durch die Augen des Judentums sehen soll. Viele Juden tun dies nicht, dem Juden aus freier Wahl wird es zum Auftrag, sie zu belehren und zu ermahnen.

Ein Gott der Liebe

Ferner haben der Kandidat oder die Kandidatin sich zu prüfen: Können sie Gott als Gott der Liebe erkennen und nicht, wie es den Juden so oft nachgesagt wird, als Gott der Härte und Vergeltung? Gott selbst verkündigt seine Eigenschaften: „GOTT, GOTT, Gottheit, erbarmend und gönnend, langmütig, reich an Huld und Treue, bewahrend Huld ins tausendste [Geschlecht], vergebend Fehl, Abtrünnigkeit, Versündigung, straffrei jedoch, straffrei lässt er nicht ..." (Ex 34,6f). Aus ihrem Verständnis Gottes erklärten dazu die jüdischen Weisen: „Gott" ist er dem Menschen, bevor dieser sündigt, „Gott" ist er dem Menschen auch, nachdem dieser gesündigt hat. Werden die Eigenschaften Gottes in Gebeten zitiert, so werden die letzten Worte ausgelassen, Gott straft dieser gottesfreundlichen Interpretation zufolge also nicht. Einige weitere Beispiele seien erwähnt. Zu Zion spricht Gott:

„Vergisst denn ein Weib ihren Säugling, ohn' Erbarmen für den Sohn ihres Leibes? Auch diese mögen vergessen, ich aber, ich vergesse dich nicht" (Jes 49,15).
„Wie ein Vater sich der Kinder erbarmt, erbarmt sich Gott der ihn Fürchtenden. Denn er ist's, der weiß um unser Gebild. Eingedenk, dass wir Staub sind" (Ps 103,13).
Nach dem Tod des Königs Salomon zerbrach sein Reich in zwei Teile. Das nördliche Königreich, „Israel" genannt, umfasste zehn Stämme, dort wurde wieder Götzendienst ausgeübt, das südliche, „Juda", umfasste nur zwei (1Kön 11). Der erste König des nördlichen Reiches war Jeroboam aus dem Stamm Efraim. Von diesem schwer versündigten nördlichen Königtum, nach seinem führendem Stamm „Efraim" genannt, sagt Gott: „... wie oft ich ja wider ihn rede, muss ich sein denken noch, denken. Drum wallt ihm mein Eingeweid zu, ich muss sein mich erbarmen, erbarmen, ist Gottes Erlauten" (Jer 31,20). Der Jude kennt Gott als erbarmend und gütig, denn Gott weiß um der Menschen Schwäche. Sein Gericht gilt denen, welche Menschen und Welt vernichten, allen anderen ist Gott gnädig.
Der Kandidat oder die Kandidatin müssen sich prüfen: Verstehen sie, dass selbst dem einfachen Juden eine Aufgabe für die Welt zuerteilt ist, dass das Leiden des Einzelnen wie das des jüdischen Volkes mit dieser Aufgabe zu tun hat? Dass es daher nicht als Strafe oder Mittel der Zucht angesehen werden darf, sondern als Prüfung der Bewährung? Als „Seelenverachtete", als „Abscheu der Stämmewelt", als „Knecht der Zwingherrn" gewinnt Israel die Fähigkeit, allen Menschen als Gleichwertigen beizustehen: „Zu gering ist's dafür, dass du mir Knecht warst, zu erstellen Jakobs Stäbe, die Bewährten Israels umkehren zu lassen ... (sondern) den Weltstämmen gebe ich dich zum Licht, dass meine Freiheit (verwirklicht) werde bis an den Rand des Erdreichs ... am Tage der Befreiung helfe ich dir, ich will dich aber verwahren, ich will dich aber begeben zu einem Volksbund, das Erdreich herzustellen, verödete Eigentume wieder (dem Besitzer) einzueignen, zu den Gekerkerten sprechen: ‚Fahret aus!' und denen in Finsternis: ‚Werdet offenbar!' (Jes 49,7–9). Dieser Ruf zu Tikkun Olam, der Wiederherstellung der Welt, ergeht wiederholt: „So hat der Gottherr, ER, gesprochen, der die Himmel schuf und sie spannte, der die Erde bereitete zusamt den aus ihr Gesprossenen, der dem Volk auf ihr Odem gab, Hauch den sie Begehenden: Ich rief dich an in Bewährung, ich fasse dich an der Hand, ich will dich verwahren, ich will dich begeben zu einem Volksbund, zu der Weltstämme Licht, blinde Augen zu erhellen, aus dem Kerker Gefangene zu führen, aus dem Hafthaus, die in Finsternis sitzen, ICH BIN DA, das ist mein Name ..." (Jes 42,5–8).
Diese Bewährung erstreckt sich auf das tägliche Leben des Juden. Es soll vorbildlich sein. Dazu muss der Proselyt sich verpflichten.

Haltung zum Staat Israel

Der Kandidat oder die Kandidatin müssen bereit sein, sich der Verbundenheit der Juden zum Staat Israel anzuschließen. Dieses Land wurde Abraham für alle seine Nachkommen von Gott zugesichert. Der Prophet Jesaja sagt: „Tora und das Wort Gottes fahren von Zion und Jerusalem aus" (Jes 2,3). Diese Erwartung hat das jüdische Volk zu allen Zeiten gehabt. Im täglichen Gebet erflehten und erflehen sie den Tag, an dem sie wieder als freie Menschen im verheißenen Land, um Jerusalem geschart, leben könnten. Wesentlich war nicht, dass alle Juden sich dort ansiedelten, sondern dass ein unabhängiger jüdischer Staat dort entstehe, von welchem Tora in die Welt gehen werde. Dies wurde nach dem furchtbaren Martyrium im Holocaust zur Wirklichkeit. Doch der jüdische Staat wurde vom Anfang seines Bestehens an von Feinden der Juden angegriffen, um ihn zu vernichten. Verbundenheit der Seele mit Israel und das Einstehen für den jüdischen Staat mit allem Vermögen ist daher eine Grundpflicht für jeden Juden und jede Jüdin. Der Staat Israel ist eine Oase des Sozialrechts in der Region geblieben, doch muss er und müssen die dortigen Juden gegen furchtbaren Terror ankämpfen, um nicht vernichtet zu werden. Israel, wie der große moderne jüdische Denker Abraham Heschel sagte, gibt uns die Kraft, an die Erlösung der Menschheit zu glauben (A. Heschel, Israel: An Echo of Eternity). Israel ist ein Grundpfeiler des jüdischen Überlebens.

In seiner Verteidigung mag seine Regierung Fehler machen, doch der Geist der Tora bestimmt sein Wesen. Die Pflicht, für das Überleben, den Frieden und das Wohlergehen Israels einzustehen, obliegt allen Juden, natürlich auch den Juden aus freier Wahl. Der Psalm 128 wird von den Weisen als eine besondere Verheißung an die Proselyten interpretiert. Darum ergeht der dort ausgesprochene Segen besonders an sie: „Gott segne dich von Zion her, und mögest du sehen, dass es Jerusalem wohl ergeht, alle Tage deines Lebens. Und mögest du Kinder deiner Kinder sehen und Frieden über Israel" (Ps 128,5f). Selbst die modernsten Reformgemeinden in den USA sehen es als beste Voraussetzung an, Kindern ein jüdisches Bewusstsein zu vermitteln, indem man sie für eine Zeit nach Israel schickt. Und alle Richtungen des Judentums erwarten von den Kandidaten, Israel möglichst noch vor der Konversion zu besuchen. Dies kann aus finanziellen Gründen nicht immer erfüllt werden. Doch die grundsätzliche Erwartung zeigt, wie wichtig Erez Jisrael allen Strömungen im Judentum auch heute ist.

2 Vorbereitungen

Wer hilft?

Hat sich der Kandidat den Übertritt gut überlegt und glaubt, sich seiner Sache sicher zu sein, sucht er einen Rabbiner, der mit ihm die nächsten Schritte geht. Franz Rosenzweig zufolge hat man im Judentum einstmals nur einen Weg gesehen. Heute aber gebe es viele Wege, aber eine gemeinsame Landschaft. Und diejenigen, die auf den verschiedenen Wegen liefen, dürften nie den Blick auf die anderen Wege und diejenigen verlieren, die auf ihnen liefen. Hält jemand für seine Person die Orthodoxie als für sich den wahren jüdischen Weg, bietet es sich natürlich an, sich an einen orthodoxen Rabbiner zu wenden. Es gibt nur wenige orthodoxe Rabbiner, die Konversionen grundsätzlich positiv gegenüberstehen, auch wenn sie Menschen, die vor einem orthodoxen Bet Din zu Juden geworden sind und ein frommes Leben führen, unvoreingenommen beurteilen, wie es ihnen die Halacha gebietet.

Sieht ein Kandidat das Judentum als eine Einheit mit vielen Wegen an, von denen ein jeder gleichberechtigt und gleichermaßen wertvoll ist, mag er sich anderen Richtungen als der Orthodoxie anschließen. Übertritt bedeutet stets den Eintritt in das Judentum. Dennoch ist es sinnvoll, sich das unterschiedliche Denken der verschiedenen Strömungen schon vor der Konversion klarzumachen. Reformrabbiner und konservative Rabbiner sehen mehrheitlich in dem Wunsch von Nichtjuden, zum Judentum überzutreten, einen potentiellen Gewinn für die jüdische Gemeinschaft.

In Deutschland stehen dem Kandidaten mittlerweile mehrere Möglichkeiten zur Verfügung, zu seiner Konversion vor ein Bet Din zu treten. Zum einen gibt es das Bet Din der Orthodoxen Rabbinerkonferenz. Neben dieser Einrichtung steht neuerdings die Allgemeine Rabbinerkonferenz, die ebenfalls ein Bet Din gebildet hat. Sie versteht sich als pluralistisch, in ihr sind also nichtorthodoxe Richtungen gleichberechtigt vertreten. Beide Rabbinerkonferenzen sind beim Zentralrat der Juden in Deutschland angesiedelt und haben dessen Unterstützung. Kandidaten, die nichtorthodox konvertieren wollen, sollten sich an das Allgemeine Bet Din wenden. Seit einiger Zeit hat daneben die konservative Masorti-Bewegung ein Europäisches Bet Din in London gegründet. Doch können sich deutsche Kandidaten, die Wert auf einen dezidiert konservativen Übertritt legen, zunächst ebenfalls an die Allgemeine Rabbinerkonferenz wenden, denn in ihr sind auch Masorti-Rabbiner vertreten. Hinzu kommt das Europäische Bet Din der Union für progressives Judentum, das auch in Deutschland Vertreter hat. Das Europäische Bet Din hat bereits einen Leitfaden herausgegeben, in dem sich alles findet, was die

Kandidaten wissen sollten. Bislang liegt er nur in Englisch vor und heißt „Jewish by choice". In Kürze soll er auch in deutscher Sprache erscheinen, ebenso wie die englische Fassung erarbeitet von Rabbiner Walter Rothschild. Außerdem erarbeiten beide Rabbinerkonferenzen derzeit einen Leitfaden für Nichtjuden, die an einer Konversion interessiert sind.

Idealerweise wird derjenige Rabbiner gewählt, dessen Synagoge besucht werden soll. Welchen Rabbiner der Kandidat auch anspricht, er muss immer damit rechnen, nach seinen Motiven gefragt zu werden. Sich über sie wirklich vollkommen bewusst zu sein, ist also nicht nur für das eigene Seelenwohl des Kandidaten geboten, sondern Voraussetzung für ein ernsthaftes Gespräch über die Konversion mit einem Lehrer. Viele Rabbiner halten sich an das halachische Gebot, den Kandidaten dreimal abzulehnen. Dies hat den Sinn festzustellen, ob jemand den Übertritt wirklich will. Ist ein Kandidat entschlossen, wird er sich davon nicht abhalten lassen.

Im Gegensatz zu den nichtorthodoxen Richtungen sehen orthodoxe Rabbiner in der Beziehung mit einem Juden oder einer Jüdin keinen Grund für eine Konversion und lehnen Interessierte ab, die das als Motivation nennen. Reform- und konservative Rabbiner dagegen sehen in solchen Übertritten eine positive Voraussetzung für ein späteres jüdisches Leben dieses Paares und seiner Kinder. Zudem wird dies als eine Möglichkeit gesehen, das Überleben des jüdischen Volkes zu sichern. Hat sich der Rabbiner überzeugt, dass es dem Kandidaten ernst ist, wird er ihm eine Reihe von Aufgaben für die kommende Zeit nennen. Über sie entscheidet ein jeder individuell. Doch gibt es einige notwendige Voraussetzungen, auf deren Erfüllung nicht verzichtet werden kann. Auf sie wird noch einzugehen sein.

Schon gleich zu Anfang sollte der Kandidat auch danach fragen, was ihn der Übertritt kosten wird. Nach wie vor vertreten viele Rabbiner die Ansicht, das Judentum sei nicht käuflich. Auch die Autoren dieses Buches sind der Auffassung, dass dies immer noch zu gelten hat. Das Judentum ist eine Gabe an die Menschheit. Es ist unbezahlbar. Dadurch, dass man es käuflich macht, suggeriert man, es könne durch Geld erworben werden, während es in Wirklichkeit allein durch Überzeugung erworben werden kann. In Amerika gehören Übertritte zum Pflicht-Arbeitsprogramm für die Rabbiner. Die Arbeitsstunden, die sie dafür aufwenden, sind bereits mit ihrem Gehalt entgolten. Auch andere Kosten entstehen nicht. In jeder größeren Stadt gibt es eine Synagoge und eine Mikwe – diese wird oft von allen Richtungen benutzt – und ein Bet Din lässt sich ohne viel Aufwand zusammenstellen. Fahrtkosten oder Spesen fallen hier also meist ebenfalls nicht an. Anders sieht es in Europa aus, wo jüdische Strukturen sich erst langsam wieder aufbauen und festigen. Besonders die Reform- und konservativen Rabbiner, von denen es nur wenige gibt und die meist verschiedene Gruppen oder Gemeinden in weit auseinander liegenden Städten betreuen müssen, können Schwierigkeiten haben, ein Bet Din zusammenzustellen. In manchen Fällen müssen Kollegen aus dem Ausland eingeflogen werden. Das verursacht natürlich zusätzliche Kosten, die von den Gemeinden nicht übernommen werden können. Die muss normalerweise der Kandidat tragen. Zudem leisten viele orthodoxe sowie nichtorthodoxe Rabbiner mit den Übertritten Mehrarbeit, die von niemandem finanziert wird. Seriöse Rabbiner informieren über Aufwendungen und erklären den Kandidaten, wie sich die für sie entstehenden Kosten zusammensetzen. So gibt es für die Batej Din der beiden anerkannten Rabbinerkonferenzen in Deutschland verbindliche Gebührenordnungen. Auch die Union informiert den Kandidaten vor dem Übertritt in Merkblättern über die zu entrichtenden Geldbeträge. Üblich ist es in den USA wie auch in Europa, einen Betrag an die Mikwefrau zu entrichten. Dieser ist von Gemeinde zu Gemeinde verschieden, manchmal beruht die Höhe des Betrages auch auf dem Prinzip der Freiwilligkeit.

Etwas völlig anderes und nicht zu tolerieren ist es, eine bedeutende Erleichterung des Übertritts gegen die Zahlung eines Geldbetrages anzubieten. Es soll auch in Deutschland vorgekommen sein, dass jemand unter Umgehung eines Lernprozesses oder einer ernst zu nehmenden Prüfung plötzlich Jude war. Rabbiner, die eine solche Möglichkeit anbieten, entehren das Judentum und ihren Berufsstand. Kandidaten, die nach einer solchen Möglichkeit suchen, sollten sich bewusst machen, dass dies die denkbar schlechteste Voraussetzung ist. Am Anfang steht in diesen Fällen Unaufrichtigkeit und Respektlosigkeit der neuen Religion gegenüber.

Ebenso sollte der Kandidat es sorgfältig überdenken, ehe er andere, vermeintlich einfache Wege geht, wenn er ein ernsthaftes Interesse daran hat, künftig als Jude zu leben. Mittlerweile werden Lehrgänge für Übertritte im Internet angeboten. Doch können solche Angebote allenfalls als Zusatz angesehen werden. Denn einen Anschluss an jüdisches Leben und an eine jüdische Gemeinde, in der die Kandidaten sich einmal zu Hause fühlen möchten, werden sie auf diesem Weg nicht finden. Abgesehen davon und von der Qualität solcher Angebote ist es fraglich, ob sie eine Gemeinde finden würden, die sie als Mitglieder aufnimmt.

Wissen muss sein

Bevor sie vor das Bet Din treten, müssen die Kandidaten lernen. Meist erwarten die Rabbiner, dass sie sich während ein bis zwei Jahren gründlich mit Literatur über das Judentum beschäftigen. Dazu gehört ein Grundstudium der Tora genauso wie das Wissen über die Feiertage und den Aufbau des Gottesdienstes. Erforderlich ist ferner ein Grundwissen über den Aufbau und Inhalt des Gebetbuchs, des Talmuds, des Schulchan Aruch sowie über die Gebote im Judentum und die Grundzüge jüdischer Geschichte, einschließlich der Formen des Antisemitismus und der Ermordung der Juden unter den Nationalsozialisten. Auch Grundkenntnisse des Hebräischen werden von den Kandidaten erwartet. Er oder sie sollten am Abschluss ihres Lernens in der Lage sein, wichtige Segenssprüche und Gebete auf hebräisch zu sprechen, und sie sollten wissen, was diese im Deutschen bedeuten. Hebräisch- wie auch viele andere Kurse zu relevanten Themen werden an Jüdischen Volkshochschulen oder in Gemeinden angeboten. Meist ist dafür eine Gebühr zu entrichten.

Weiterhin sollen die Kandidaten ein jüdisches Leben führen können. Das heißt, sie müssen wissen, wie der Schabbat einzuhalten ist, wie die Kaschrutregeln beschaffen sind und wie der jüdische Lebenszyklus und die Vorschriften für die einzelnen Ereignisse wie Bar Mizwa oder eine Hochzeit aussehen. In allen Punkten wird lediglich Basiswissen erwartet. Es gibt also keinen Anlass, den Lernprozess als unüberwindbare Hürde anzusehen. Auf der anderen Seite kann auf ein bestimmtes Maß an Wissen nicht verzichtet werden. Dies gilt eigentlich auch für geborene Juden. Das Fehlen an Wissen auf deren Seite führt häufig zu Konflikten, über die noch zu sprechen sein wird. Hat der Kandidat einen jüdischen Partner oder eine jüdische Partnerin, sollten diese in den Lernprozess einbezogen werden. Zum einen dient dies der Beziehung. Schließlich tritt der nichtjüdische Partner ja häufig auch des jüdischen Partners und dessen Familie wegen über. So ist es nur folgerichtig, wenn der geborene Jude zeigt, dass das Judentum auch für ihn wichtig ist. Zudem gilt das Lernen der Tora als besonders bedeutende Mizwa, so dass dies von Juden ohnehin erwartet werden kann. Und in diesem speziellen Fall kann das gemeinsame Lernen helfen, später tatsächlich ein jüdisches Leben zu führen, das von beiden Partnern gewollt ist und das beide mit Bedeutung füllen können.

Praxis, soweit es geht

Judentum ist Praxis. Am einfachsten erlernt man den Aufbau des Gebetbuchs, indem man es jeden Tag benutzt, entweder zu Hause oder, zumindest am Schabbat, in der Synagoge. Was der Schabbat bedeutet und welcher Segen er für die Menschheit ist, wird jemand am besten erfahren, indem er ihn einhält und einen Tag in der Woche auf Arbeit, Kochen, Einkaufen und alles, was ihn in der Woche beschäftigt, verzichtet.

In den meisten Fällen werden die Kandidaten ohnehin bereits an Gottesdiensten teilgenommen haben, vielleicht haben sie die Synagoge sogar schon an einem hohen Feiertag besucht. Bevor sie vor ein Bet Din treten, ist dies unabdingbar. Sie sollten zumindest einen Jahreszyklus verfolgt haben. Sie werden dabei Tora lernen, denn jeden Schabbat wird ein anderer Wochenabschnitt verlesen, und traditionsgemäß werden dabei im Lauf eines Jahres die fünf Bücher Mose gelesen. Das gilt zumindest in orthodoxen Synagogen. Die Konservativen lesen jeweils nur ein Drittel des Wochenabschnitts und beenden den gesamten Zyklus damit erst in drei Jahren. Damit folgen sie der antiken palästinischen Tradition. Auch die Reform hält dies so. Den Kandidaten erschließt sich durch den regelmäßigen Besuch der Synagoge zudem der Verlauf des jüdischen Jahres. Sie werden alle Feiertage erleben, der Bibel folgend angefangen bei Pessach über Schawuot bis hin zu Rosch Haschana und schließlich Jom Kippur, dem höchsten jüdischen Feiertag, an dem selbst viele Juden fasten, die sich als nicht religiös bezeichnen. Anschließend folgen Sukkot, Schemini Azeret und Simchat Tora. Das darauf folgende Chanukka, ein kleineres Fest ohne biblischen Hintergrund, hat heute wieder eine besondere Bedeutung gewonnen. Wenn der Winter sich langsam dem Ende neigt, feiert man Tu bi Schewat, das Neujahrsfest der Bäume, an dem traditionsgemäß besonders die Kinder neue Bäume pflanzen. Purim, das auf den Ereignissen im Buch Esther basiert und vor allen Dingen Geschenke an die Freunde und an die Armen vorschreibt, folgt einen Monat vor Pessach. Dieses Fest zeigt seit der frühen Neuzeit Anklänge an die Karnevalskultur.

Viele Kandidaten sind unsicher, inwieweit sie aktiv an Gottesdiensten teilnehmen können. Eine aktive Teilnahme muss sich aus Respekt vor der Tora und den Gemeindemitgliedern und aus halachischen Gründen sehr in Grenzen halten. So ist es unter Rabbinern strittig, ob Nichtjuden die Tora küssen dürfen, wenn diese vor und nach dem Lesen durch die Synagoge getragen wird. In dieser Frage zum Beispiel kommt es auf die Haltung des zuständigen Rabbiners an. Daneben sollte der Gast auch auf die Ansichten der jüdischen Synagogenbesucher achten. Wenn er merkt, dass sie mit einigen Dingen Schwierigkeiten haben, sollte er auch darauf Rücksicht nehmen. Schließlich möchte er in dieser Synagoge einmal eine Heimat finden.

Nichtjuden dürfen nicht zur Tora aufgerufen werden. Auch der Aron Hakodesch, der Schrein, in dem die Torarollen aufbewahrt werden, darf in Gottesdiensten von Nichtjuden nicht geöffnet werden, ebenso wenig wie die Tora von ihnen getragen, aufgehoben oder eingekleidet werden darf. In Reformsynagogen werden zu festlichen Gelegenheiten oft Gruppen aufgerufen, beispielsweise alle Cousins oder alle Tanten eines Bar oder einer Bat Mizwa. Gehört zu ihnen ein Nichtjude oder eine Nichtjüdin, sollten sie von sich aus diese Ehre ablehnen und sitzen bleiben, auch wenn sie vielleicht in wenigen Tagen übertreten. Auch einen Tallit anzulegen und die dazugehörige Bracha zu sagen, bleibt allein Juden vorbehalten. Gebete dürfen von Nichtjuden mitgesagt werden. Eine Ausnahme gilt für das Kaddisch der Trauernden, das nur von Menschen gesagt wird, die im Trauerjahr sind oder Jahrzeit haben. Selbstverständlich steht es Kandidaten frei, an Fasttagen wie Jom Kippur oder Tischa be Aw zu fasten. Genauso können sie am Kiddusch teilnehmen oder mit den anderen Gemeindemitgliedern zu Sukkot in der Sukka essen, sofern sie dort willkommen sind. Doch an dem Brauch, an Sukkot die Lulaw-Palmzweige zu schütteln und um die Bima zu tragen, sollten wiederum nur Juden teilnehmen. Dies ist keine vollständige Aufzählung. Ist sich der Kandidat unsicher, ob er etwas tun soll oder nicht, sollte er sich im Zweifelsfall dagegen entscheiden, bis er den Rabbiner befragt hat. Vielleicht ist auch sein Verhältnis zu anderen Gottesdienstbesuchern so gut, dass er diese fragen kann. Mit der Zeit wird der Ablauf den Kandidaten immer vertrauter erscheinen. Auch wenn sie noch nicht alles lesen können, werden sie irgendwann Gebete mitsagen können. Und sie werden sich wahrscheinlich immer wohler fühlen.

Dasselbe gilt für die Feiertage, die zu Hause begangen werden. Noch vor ihrer Konversion sollten die Kandidaten einmal an allen Feiertagen teilnehmen. Am einfachsten ist dies, wenn ihr Partner Jude ist. Dann gibt es eine jüdische Familie, die bestenfalls in dem noch nichtjüdischen Partner ihres Angehörigen eine Bereicherung für das eigene Leben sieht und dessen Wunsch überzutreten mit Sympathie und Respekt begleitet. In diesen Fällen wird der Kandidat beispielsweise einen Seder erleben, dessen Ablauf ihm erklärt wird und in den er einbezogen wird, soweit es die Halacha erlaubt. Diese verbietet einem Nichtjuden jedoch lediglich, den Seder zu leiten. Die Familie kann dem Kandidaten den Weg ins Judentum in jeder Beziehung erleichtern, indem sie ihn soweit wie möglich in das eigene jüdische Leben einbezieht. Doch auch dabei sollten Grenzen nicht überschritten werden. Chanukkakerzen zu zünden und dabei den Segen zu sprechen, ist nur Juden erlaubt. Das gleiche gilt für das Zünden und das Sprechen des Segens über die Schabbatkerzen.

In diesen Fragen gibt es allerdings auch andere Meinungen, die hauptsächlich von der amerikanischen Reformbewegung vertreten werden. Um nämlich nichtjüdische Partner in das Judentum hineinzuziehen, wird ihnen vieles zugestanden. So wäre ihnen nach dieser Meinung das Zünden der Kerzen wohl erlaubt, weil man damit die Hoffnung verbinden würde, ihnen die jüdische Religion durch Praxis näher zu bringen. Doch auch auf andere Weise kann den Kandidaten geholfen werden, sich dem Judentum und den Traditionen der Familie immer stärker verbunden zu fühlen, z.B. indem ihm ein Siddur der Familie geschenkt wird. Auch wenn es Freitagabend stets ein auf eine bestimmte Weise zubereitetes Huhn gibt, wird es für das künftige Familienmitglied eine Freude sein, das Rezept zu erfahren. Nirgends wie in der Familie kann der Kandidat so intensiv erfahren, dass das

Judentum nicht nur Religion ist, sondern Brauch, Tradition, Gemeinschaft und vieles mehr.

Gibt es keinen jüdischen Partner, sollten die Kandidaten versuchen, sich einer Chawura anzuschließen, einer Gruppe von Menschen, die gemeinsam Tora lernen, die Feste begehen und in vielen Fällen die Familie ersetzen. Hier können sie lernen, Vorbilder finden und sich im begrenzten Rahmen als Juden üben. Finden sie eine solche Gruppe nicht, ist es vielleicht möglich, eine neue zu gründen, an der allerdings Juden beteiligt sein müssen, wenn die Gruppe nicht nur sehr begrenzt handlungsfähig sein soll.

Kandidaten, die in Deutschland oder auch in Amerika orthodox konvertieren wollen, müssen den Beweis erbringen, dass sie aus absoluter Überzeugung und nur aus solcher übertreten wollen, und sich einer langen Zeit der Vorbereitung, einschließlich der Erfüllung der Gebote und Verbote hingeben, bevor ihre Kandidatur berücksichtigt werden kann. In Deutschland kommt erschwerend hinzu, dass es wirklich orthodoxe Lebensformen nur selten gibt. Zwar nennen sich viele Gemeinden orthodox, doch deren Mitglieder führen in der Mehrheit kein frömmeres Dasein als andere. Für die Kandidaten bedeutet dies eine besondere Härte aus mehreren Gründen: Zum einen werden sie schwerlich Vorbilder für die Lebensform finden, die ihnen während ihrer Vorbereitung und in Zukunft abverlangt wird. Zum anderen werden sie sich sicherlich nicht nur einmal fragen, warum sie alle Pflichten erfüllen müssen, die von den meisten geborenen Juden nicht erfüllt werden. Die Antwort eines deutschen orthodoxen Rabbiners hierauf: „Ich kann keinem geborenen Juden sein Judesein absprechen, wenn er nicht jüdisch lebt. Aber einen Nichtjuden muss ich nicht zum Juden machen, wenn er nicht jüdisch leben will." Und jüdisch zu leben bedeutet in diesem Fall, nach der Halacha zu leben, wie sie im orthodoxen Sinn interpretiert wird. Konkret heißt das: Jemand, der nicht in einer Stadt lebt, in der es eine Synagoge mit einem täglichen Minjan und mindestens einen koscheren Laden sowie eine Mikwe für die Frauen gibt, wird große Schwierigkeiten haben, orthodox zu konvertieren.

Wann ist der Kandidat fertig?

Manche Rabbiner bitten Menschen, die bei ihnen vorsprechen, zunächst für einige Monate die Synagoge zu besuchen und dann wiederzukommen. Das kann den Kandidaten in ihrer Entscheidungsfindung helfen. Vielen zeigen erst die Praxis und der Umgang mit den Menschen, denen sie sich anschließen wollen, ob dies tatsächlich das Leben ist, das sie für den Rest ihres Lebens führen möchten. Auch wenn jemand dachte, das Judentum sei für ihn die passende Religion und Kultur, und darüber bereits mit einem Rabbiner und anderen gesprochen hat, sind er oder sie noch an nichts gebunden. Letztendlich dient die gesamte Vorbereitungszeit ebenfalls der letzten Selbstreflektion der Kandidaten, auch wenn diese sich eigentlich sicher fühlen sollten, bevor sie eine solche Vorbereitung auf sich nehmen. Doch bis sie in der Mikwe untergetaucht sind, können sie sich immer noch anders entscheiden. Und, so ist hinzuzufügen, sie sollten dies unbedingt tun, wenn sie auch nur geringste Zweifel an ihrer Entscheidung haben, Jude oder Jüdin zu werden.

Erst wenn jemand ohne jeden Zweifel fühlt, dass er bereit ist, in das Judentum einzutreten, ist er oder ist sie fertig für den Übertritt. In manchen Fällen, in denen die Kandidaten wenig selbstsicher sind und den Übertritt auf Jahre hinausschieben, ist es auch schon vorgekommen, dass der Rabbiner ihnen gesagt hat, aus seiner Sicht seien sie nun bereit. Doch die Entscheidung liegt bei den Kandidaten. Selbstverständlich müssen die Vorbereitungen und die Studien, die mit dem jeweiligen Rabbiner abgesprochen sind, beendet sein. Doch kann nie jemand alles wissen. Und mit dem offiziellen Übertritt ist das Lernen nicht vorbei. Lernen ist, wie bereits ausgeführt wurde, eine Mizwa, und zum Lernen zusammenzukommen ist für zahlreiche Juden ein großes Vergnügen. Für die Kandidaten ist es nicht so wichtig, perfekter Hebräisch zu sprechen als viele geborene Juden. Vielmehr sollen sie mit dem Leben, das sie in der Vorbereitungszeit führen, zufrieden und ausgefüllt sein. Das Lernen sollte ihnen keine Verpflichtung sein, sondern Freude. Die Teilnahme am Gottesdienst sollte nicht die Erfüllung einer Pflicht sein, sondern einem tief empfundenen Bedürfnis entspringen. Idealerweise wird es dem Kandidaten dann irgendwann gehen wie einem Proselyten, den der Autor auf seinem Werdegang begleitet hat und der eines Tages zu ihm sagte: „Ich bin fertig. Nun passt das Judentum mir wie ein Handschuh."

3 Die Familie und der Freundeskreis

Die Familie des Konvertiten ist in unterschiedlicher Weise von Bedeutung. Zum einen sind jüdische Vorfahren der Grund für den Wunsch mancher Kandidaten überzutreten. In diesem Fall spielt zumindest dieser Teil der Familie eine große Rolle. Meist versuchen die Kandidaten, alles über die jeweiligen Ahnen und deren Lebensumstände herauszufinden. Sie suchen einen Punkt, an den sie wieder anknüpfen können. In diesem Fall steht das Element der Familie als Anstoß für den Schritt da. In den Gesprächen, die wir mit Konvertiten geführt haben, hat diese Konstellation in zwei Fällen eine Rolle gespielt. In beiden schildern die Betroffenen ihren Werdegang so plastisch und bewegend, dass wir denken, dieser besonderen Situation und Rolle der Familie mit diesen Schilderungen Genüge getan zu haben.

Dann gibt es, sofern ein jüdischer Partner vorhanden ist, dessen Familie, die sich oftmals erst an den Gedanken gewöhnen muss, dass jemand Familienmitglied wird, der oder die einst Nichtjude war. Die Vorbehalte unterscheiden sich nicht von denen, die Juden grundsätzlich oftmals Konvertiten gegenüber haben. Diese wie auch die besonderen Bedenken mancher Familien werden im sechsten Kapitel dieses Teils ausführlich dargestellt. Wenn es um die jüdische Familie des Partners geht, also um die neue Familie des Kandidaten, kann dieser vor dem Übertritt nicht viel mehr tun, als seinen Respekt vor dem Judentum und seinen festen Willen zu bekunden, sich dieser Religion anzuschließen.

In den folgenden Abschnitten soll die Rede sein von der eigenen Familie des Kandidaten, die große Schwierigkeiten haben mag, sich mit dem Übertritt ihres Kindes abzufinden. Freunde sind vielen Menschen häufig genauso innig verbunden wie Eltern oder Geschwister. Auch sie sollen in diesen Ausführungen Erwähnung finden.

Offenheit der Kandidaten

Wahrscheinlich kann niemand mit Sicherheit vorhersagen, wie seine Familie auf seinen Übertritt reagieren wird. Auf jeden Fall aber sollte sie in den Prozess einbezogen werden. Immerhin wird sie in absehbarer Zeit einen Juden in ihren Reihen haben und sich auf einiges einstellen müssen, das völlig neu für sie ist. Uns sind Menschen begegnet, die ihren Eltern auch Jahre nach dem Übertritt noch keinen Ton darüber erzählt hatten. Damit haben diese Juden einen großen Teil ihrer Identität versteckt. Man kann sich nur ausmalen, wie verletzt diese Eltern sein werden, sollten sie durch Zufall plötzlich von diesem Schritt ihres Kindes erfahren. In Deutschland ist die Bindung an die Kirche in vielen Familien nur noch locker vorhanden oder fehlt gänzlich. Probleme wie sie in den Vereinigten Staaten auftauchen, entstehen hier somit seltener. Dass sich in Deutschland jemand um das Seelenheil seines Kindes sorgt oder denkt, es werde als Jude im Fegefeuer schmoren, ist uns in unseren Gesprächen nicht geschildert worden. Eher belastet die nationalsozialistische Vergangenheit die Gespräche, wenn es zu jüdischen Themen kommt. Genauso, wie auch heute noch Menschen konvertieren, weil sie ihre Eltern oder Großeltern, die mit dem so genannten Dritten Reich sympathisiert haben, verletzen wollen, kann es in der Familie zu antisemitischen Äußerungen kommen, wenn ein Familienmitglied sich zum Judentum bekennen will. Uns ist in ein Fall bekannt, in dem ein Konvertit von einer nahen Angehörigen als „Volksverräter" bezeichnet worden ist. Häufig ist auch der wiederkehrende Hinweis darauf, wie falsch sich der heutige Staat Israel verhalte, eine Kritik nicht an diesem Staat, sondern an dem Volk der Juden insgesamt. In allen diesen Fällen sollten die Kandidaten ruhig, aber bestimmt darauf hinweisen, dass sie ihren Weg gehen werden, weiterhin das Gespräch suchen, es aber nicht mehr führen können, ohne dass ihnen und der von ihnen gewählten Religionsgemeinschaft Respekt entgegengebracht wird.

Oftmals hat eine zunächst ablehnende Haltung in Wahrheit nichts mit dem Judentum zu tun. Die meisten nichtjüdischen Deutschen haben nur ein sehr begrenztes Wissen über diese Religion. So drückt Ablehnung oft nichts anderes aus als die Furcht, der Kandidat wende sich mit seinem Schritt nicht nur einer neuen Religion zu, sondern lehne damit auch seine bisher gelebte Kultur plötzlich ab. „Und was ist mit Weihnachten?", fragte eine Mutter entgeistert, als ihre Tochter ihr von ihrer Beziehung mit einem Juden und ihrem Konversionswunsch erzählte. Hier hilft nur viel Geduld und Verständnis. Die Kandidaten sollten zu zeigen versuchen, dass sie mit ihrem Schritt nicht die Familie verlassen, sondern nur das Christentum. Feste, die damit zu tun haben, können also nicht mehr gemeinsam gefeiert werden. Doch kann der Kandidat gleichzeitig versichern, dass man im Laufe der Jahre sicherlich Wege finde, auch während der christlichen Feste eine gute Zeit miteinander zu verbringen.

Wenn ein jüdischer Partner einer der Gründe für den Übertritt ist, kommt aus der Familie zudem häufig die Frage: „Warum wird er oder sie nicht einfach Christ?" Auch dahinter steckt meist kein Antisemitismus, sondern zum einen natürlich Bequemlichkeit. Schließlich müssten sich in diesem Fall andere Menschen umstellen. Zum zweiten drückt diese Frage oft auch Besorgnis aus. Wie wird der Kandidat, in diesem Fall das eigene Kind, Schwester oder Bruder, als Jude oder Jüdin in Deutschland leben? Der Kandidat sollte sich viel Zeit nehmen, um auf Fragen wie diese einzugehen. Wird er auf solche Äußerungen nur knapp reagieren, unwirsch oder gar aggressiv, kann er sicher sein, dass sie nicht wieder gestellt werden. Das heißt aber nicht, dass die Bedenken verschwunden sind. Sie werden nur nicht mehr geäußert, das heißt, es wird nicht mehr *mit* dem Kandidaten und dessen oder deren jüdischem Partner gesprochen, sondern *über* sie. Und das ist immer die schlechtere Variante. Eine Möglichkeit zu reagieren ist, der Familie im Gespräch klarzumachen, wie wichtig es für das jüdische Volk nach der Ermordung der europäischen Juden ist, nicht noch mehr Mitglieder zu verlieren. Wenn die Partnerin jüdisch ist und der Mann konvertieren möchte, kann daneben auf die Familienbezogenheit des Judentums hingewiesen werden und auf den unschätzbaren Vorteil, als Familie eine einzige Religion gemeinsam zu praktizieren. Wenn es um eine Frau geht, die übertreten möchte, kann und sollte zudem auf das jüdische Religionsgesetz hingewiesen werden, nach dem es sich nach der Mutter richtet, ob Kinder als Juden zur Welt kommen oder nicht.

Doch sollte bei allem nicht vergessen werden, dass es in erster Linie die Religion ist, derentwegen jemand übertritt. Auf jeden Fall also sollte der Kandidat seiner Familie schildern, was das Judentum ihm bedeutet, warum es für ihn so wertvoll ist und warum er vermutlich auch ohne alle anderen Gründe anstreben würde, dieser Religion anzugehören.

Chance zum interreligiösen Dialog

Was für die Familie gilt, ist auch für gute Freunde richtig. Menschen, die lange das Leben mit dem Kandidaten geteilt haben, sollten die Chance bekommen, ihn auch in dieser Zeit zu begleiten. Es ist ratsam, sowohl Familie als auch Freunde vertraut zu machen mit dem Neuen, das es bald auch in ihrem Leben geben wird. Bücher eignen sich gut dazu, seien es solche über das Judentum selbst, Biographien oder Erfahrungsberichte von Emigranten oder Überlebenden. Viele Konvertiten haben die Erfahrung gemacht, dass Angehörige oder Freunde so begannen, sich ernsthaft mit diesen für sie oft neuen Themen zu beschäftigen und daraus Fragen und Gespräche erwuchsen, die letztlich zu einer tieferen Beziehung führten. Das wurde von allen Seiten als Bereicherung empfunden. Der plötzlich nahe Kontakt mit Juden und jüdischem Leben kann Sichtweisen und Haltungen verändern. So begann der junge Bruder einer Konvertitin, die mit einem geborenen Juden verheiratet war, nach Literatur über die ermordeten Juden in seiner Heimatgemeinde zu suchen. Er hatte sich vorher nie mit der Frage beschäftigt, inwieweit der Judenmord in der nationalsozialistischen Zeit auch mit seiner nächsten Umgebung zu tun hatte, und war erschüttert zu lesen, wie gleichgültig die gesamte Bevölkerung diesen Geschehnissen gegenüber gestanden hatte und wie sehr sie bemüht war, sie nach dem Zweiten Weltkrieg schnellstmöglich zu vergessen, und sich selbst gegen Erinnerungstafeln an bestimmten Plätzen wehrte. Später kann die Einladung an Familie und Freunde erfolgen, einmal mit in die Synagoge zu kommen. Diesen Schritt sollte der Kandidat aber erst gehen, wenn er sich selbst in seiner neuen Umgebung sicher fühlt. Er sollte in der Lage sein, den Gästen ihre Fragen zu beantworten und ihnen den Verlauf des Gottesdienstes, die Kultgegenstände sowie Bima und Toraschrein zu erklären. Solange dies noch nicht der Fall ist, wird er sich nicht wohl fühlen, und auch die Gäste sind vielleicht eher peinlich berührt, als dass ihnen diese Geste etwas geben würde. Viele Rabbiner raten ohnehin, mit Einladungen solcher Art bis nach dem formellen

Übertritt zu warten. Dann kann der Konvertit Familie und Freunden als selbstbewusster Jude gegenübertreten. Er kann sie mit Dingen und Abläufen bekannt machen, die ihm längst vertraut sind. Aus solchen Begegnungen können interreligiöse Gespräche entstehen, die tatsächlich mit Substanz und nicht allein mit gegenseitigen Toleranzbekundungen gefüllt sind.

Gleiches gilt für jüdische Familienfeste, zu denen die Familie und Freunde des Kandidaten eingeladen werden. Zumindest die ersten Sederabende sollte der Kandidat ohne nichtjüdische Familie und Freunde im Kreis seiner jüdischen Familie oder seiner Chawura verbringen. Judentum verlangt Praxis, und es ist angenehmer für ihn, die ersten Sicherheiten im Umgang mit seiner neuen Religion ohne forschende oder gar kritische Blicke nichtjüdischer Angehöriger oder Freunde zu gewinnen. Später allerdings sind die jüdischen Feste die beste Gelegenheit, Nichtjuden in das neue Leben einzubeziehen.

4 Die Form des Übertritts

Vergangenheit prägt die Gegenwart

Die Form der Übernahme ins Judentum wird im Traktat Jewamot des Babylonischen Talmuds auf Seiten 46 und 47 behandelt, welche auszugsweise hier wiedergegeben werden.

R. Hija ben Abba sagte im Namen von Rabbi Jochanan: Bei einem Proselyten sind drei [aufnehmende Personen] erforderlich. Das ergibt sich daraus, dass in der Tora in diesem Zusammenhang das Wort „Recht" erwähnt wird (Lev 19,33, bJew 46b). Dies bedeutet, dass der Übertritt ein religionsrechtlicher Schritt ist, daher muss er, wie alle Rechtsangelegenheiten, vor einem Bet Din, einem Gerichtshof aus drei Rabbinern, stattfinden. Der Kandidat muss von Zeugen identifiziert werden, auch bezüglich einer schon stattgefundenen Beschneidung (bJew 46b–47a).

Die Rabbanan lehrten: Will ein potentieller Proselyt in heutiger [d.h. damaliger, aber auch unserer] Zeit zum Judentum übertreten, dann sage man zu ihm: „Was veranlasst dich, Proselyt zu werden? Weißt du denn nicht, dass Israel in der jetzigen Zeit niedergeschlagen, herumgestoßen, erniedrigt und zerfleischt wird und Leiden über es kommen?" Sagt er, „Dies weiß ich und bin dessen gar nicht würdig", so nehme man ihn sofort auf und mache ihn nun mit einem Teil der leichteren und einem Teil der schwereren Gebote bekannt, (wobei die Gebote der Tora, den Armen in vieler Weise zu helfen, betont werden). Auch macht man ihm die Bestrafung [für Übertretung der Gebote] bekannt (wobei die Speisegesetze und der Sabbat betont werden) … Und wie man ihm über die Bestrafung für Übertretung der Gebote mitteilt, so mache man ihm die Belohnungen ihrer Befolgung bekannt und spreche zu ihm: „Wisse, dass die zukünftige Welt nur für die Zaddikim, die vollkommen Bewährten, erschaffen worden ist. Die Juden unserer Zeit sind nicht fähig, weder übermäßig viel Gutes noch übermäßige Leiden zu ertragen (d.h. sie gehören nicht zu den vollkommenen Frommen, strebet danach, sie zu übertreffen). [Vorlage für das Gespräch ist Naomis Dialog mit Ruth.] Doch rede man nicht zu viel auf ihn ein und nehme es nicht zu genau. Ist er einverstanden, so beschneide man ihn sofort … Und sofort nach seiner Genesung lasse man ihn untertauchen. Zwei Gelehrte stehen neben ihm und machen ihn mit einigen der leichteren und einigen der schwereren Gebote bekannt [Bei der ersten Begegnung war es nur Belehrung, jetzt wird es Verpflichtung" (Raschi zu bJew, 46b–47a)] Nachdem er untergetaucht und heraufgestiegen ist, gilt er in jeder Beziehung als Jude. Eine Frau setzen Frauen bis an den Hals ins Wasser, und zwei draußen stehende Schriftgelehrte machen sie mit einigen der leichteren und einigen der schwereren Gebote bekannt … „Gleich den [Bestimmungen bezüglich des] Tauchbades, worin eine Menstruierende [nach ihrer Regel] untertaucht, [sind die Bestimmungen für das Tauchbad, in welchem] Proselyten untertauchen. Was beim Untertauchen als Trennung gilt, gilt auch beim Proselyten" (bJew 47a,b). [Das Maß des Tauchbeckens und die Notwendigkeit, dass es „lebendiges Wasser", Fluss-, Regen- oder Seewasser sei, sind bei beiden gleich; außerdem darf der oder die Untertauchende nichts tragen, was den Körper vom Wasser trennt] Zwei Gelehrte stehen neben ihm … „Rabbi Chija im Namen Rabbi Jochanans hat aber doch gesagt, bei einem Proselyten seien drei notwendig?" So sagte [in der Tat] Rabbi Jochanan dem [im Lehrhaus vortragenden] Lehrer: „Lehre drei" (bJew 47b).

Das Prüfungsgespräch

Grundsätzlich hat sich nichts geändert. In der Antike wurden der Kandidat oder die Kandidatin nur kurz über die Pflichten eines Juden belehrt. Heute fordert man von den Kandidaten eine lange währende Unterweisung im Judentum, für die, vor allem in amerikanischen jüdischen Gemeinden, besondere Erwachsenenschulen bestehen. Die Kandidaten werden angehalten, jüdische Lebensformen anzunehmen und die Gottesdienste regelmäßig zu besuchen. Zum angesetzten Termin erscheint der Kandidat vor einem Bet Din und wird von Zeugen vorgestellt und identifiziert. Das Bet Din stellt nun Fragen, die Rabbiner erforschen die Motive, welche bei dem Entschluss zum Übertritt maßgeblich waren, überprüfen dann die Kenntnisse vom Judentum und befragen die Suchenden über ihre Pläne zur Gestaltung eines wahren jüdischen Lebens. Deutsche Kandidaten müssen besonders mit Fragen nach einer möglichen jüdischen Lebensgestaltung in der Bundesrepublik rechnen oder danach, wie sich die Familie zum Übertritt stellt. Auch mit Fragen, in denen es um die Haltung zur Schoa geht, muss gerechnet werden.

Für die orthodoxen Rabbiner stehen praktische Dinge wie der Synagogenbesuch, die Einhaltung des Schabbats und der Kaschrutregeln im Vordergrund. Bevor Kandidaten vor ein orthodoxes Bet Din treten, müssen sie also ein, zwei Jahre ein wirklich orthodoxes Leben geführt haben. Danach werden sie befragt werden. Einige Rabbiner halten auch die Prüfung ganz praxisnah. So bieten sie den Kandidaten beispielsweise eine Nuss an. Wissen diese nicht, welches der richtige Segen ist, der darüber gesprochen wird, ist dies für die Rabbiner der Hinweis auf fehlende jüdische Lebenspraxis. Manche orthodoxen Rabbiner nehmen den Kandidaten das Versprechen ab, ihre Übertritts-Bescheinigung zurückzugeben, wenn sie sich irgendwann entscheiden sollten, nicht mehr streng halachisch zu leben, beispielsweise den Schabbat nicht mehr in der Form zu halten, in der die Orthodoxie es von ihnen erwartet. Es soll streng orthodoxe Rabbiner geben, die sogar einige Zeit nach dem Übertritt erneut einen Termin eines Bet Din ansetzen, um zu überprüfen, ob der Konvertit noch „jüdisch" lebt. Tut er es nach ihrer Auffassung nicht, kann ihm sein „Judesein" aberkannt werden. Danach wäre er nach dem Ausspruch dieser Entscheidung wieder Nichtjude. Doch ein solches Vorgehen würde der Halacha zutiefst widersprechen. Ein Jude ist ein Jude, egal wie er lebt. Keine menschliche Entscheidung, es sei denn seine eigene, kann aus ihm einen Nichtjuden machen. Das gilt für einen Juden aus freier Wahl genauso selbstverständlich wie es für einen geborenen Juden gilt.

Die Frage: „Bist du dir bewusst, dass Israel in der jetzigen Zeit niedergeschlagen, herumgestoßen, erniedrigt und zerfleischt wird und zerfetzt werden mag, und Leiden über es kommen?" ist heute noch so relevant wie in der Antike. Zugleich betont das Bet Din das Privileg, Jude sein zu dürfen. Der Kandidat oder die Kandidatin geben eine feierliche Erklärung ab, dass sie ihre frühere Religion völlig aufgeben, sich dem Judentum und dem jüdischen Volk vollkommen anschließen und, falls sie nicht verheiratet sind, dass sie einen jüdischen Lebenspartner nehmen werden. Sie verpflichten sich, ein jüdisches Haus zu gestalten, die Mizwot zu befolgen und ihre Kinder durch Beispiel und Erziehung zu treuen Juden heranzubilden. Diese Erklärung wird von den Kandidaten auch schriftlich abgegeben.

Die Beschneidung

Für Männer ist die Beschneidung obligatorisch. Schon für Abraham war sie Vorbedingung, um in den Bund mit Gott einzutreten. Seither ist sie für Juden sichtbares Zeichen und das Siegel des Bundes. Da sie beim Erwachsenen mehr Risiken birgt, erfolgt sie meist im Krankenhaus, das der Mann allerdings am selben Tag wieder verlassen kann, wenn die Narkose aufgehört hat zu wirken. Gibt es keinen Mohel in der Klinik, der die kleine Operation durchführt, kann der Eingriff auch von einem jüdischen Arzt vollzogen werden, der gleichzeitig den erforderlichen Segen spricht. Die Reform- und konservative Bewegung in den USA bilden seit den 1980er Jahren vor allem Ärzte in den religiösen Vorschriften bezüglich der Beschneidung aus und erteilen ihnen nach bestandener Prüfung ein Diplom als Mohel. Die Beschneidung muss spezifisch als solche zum Eintritt in das Judentum vorgenommen worden sein. Ist jemand als Kind oder auch später aus hygienischen Gründen beschnitten worden, zählt dies nicht. In diesem Fall fordern Orthodoxe und Konservative Hatafat Dam Brit, den Entzug eines Tropfen Bluts – Blut des Bundes – an Stelle der Beschneidung. Dieser Eingriff wird von einem Mohel vollzogen und ist in einigen Augenblicken vorüber. Er wird vor der Mikwe angesetzt. Die Reformbewegung verlangt seit 1892 keinen Eingriff bei einem erwachsenen Konvertiten mehr, wenn er als Kind oder später beschnitten worden ist.

Die Mikwe

Dann folgt das Tauchbad in der rituellen „Ansammlung des Wassers", der Mikwe. Wie sie zu beschaffen sein hat, beschreibt schon der Talmud. Bei dem Wasser muss es sich um lebendiges Wasser handeln, was heute meist dadurch erfüllt wird, dass dem Becken auch frisches Regenwasser zugeleitet wird. Steht eine Mikwe nicht zur Verfügung, kann der Kandidat auch in einem Fluss oder See untertauchen. Bei einem Mann sind die männlichen Rabbiner Zeugen des Untertauchens, um sicher zu sein, dass der Körper vollkommen vom Wasser überdeckt ist. Bei einer Frau kann das Eintauchen in die Mikwe sofort nach der Erklärung stattfinden. Dabei stehen die männlichen Rabbiner außen, die Betreuerin der Mikwe versichert sich und sie, dass das Wasser den Körper vollkommen umhüllt hat. Nach dem ersten Untertauchen ist der Übertritt vollzogen, doch taucht der neue Jude nochmals unter, da er oder sie jetzt zuvor den Segen sprechen können: „Gesegnet seist Du, Gott ... welcher uns das Untertauchen geboten hat." Dann wird der Danksegen von allen Anwesenden gesprochen: „Gesegnet, Du, Gott, ... der uns am Leben hielt, uns erhalten hat, uns zu diesem Zeitpunkt gebracht hat."

Das Wasser der Mikwe dient nicht dazu, den Körper der Kandidaten zu reinigen. Deshalb müssen sie sich vor dem Untertauchen vorbereiten. In den modernen Mikwen stehen dafür Duschen und andere Vorrichtungen zur Verfügung. Meist wird den Kandidaten vorher gesagt, was sie selbst mitbringen sollen. Zudem sollten sie an das Geld für die Mikwefrau denken und sich vorher beim zuständigen Rabbiner erkundigt haben, wie hoch eine solche Anerkennung sein sollte.

Ein neuer Name

Der neue Jude erhält einen Segen, in welchem der hebräische Namen verliehen wird. Diesen hat er sich vorher bereits ausgesucht. Dafür sollte er sich viel Zeit nehmen. Es gibt unzählige Vorbilder in der Bibel, deren Namen die Kandidaten für sich selbst wählen können. Er oder sie sollten sich fragen, welche Person wirklich von Bedeutung für sie ist. Schließlich tragen sie diesen Namen für den Rest ihres Lebens. Mit ihm werden sie zur Tora aufgerufen, auf ihn werden sich ihre Kinder einmal beziehen, und mit ihm werden sie in die Erde gebracht werden. Vielleicht gibt es in der Familie des Proselyten Juden, mit denen er sich verbunden fühlt, oder er findet sie in der Familie des jüdischen Partners. Vorschläge können auch vom Rabbiner oder lieben jüdischen Freunden kommen.
Alle Proselyten werden Söhne oder Töchter „unseres Vaters Abraham" wie der Mutter Sara. Dem muss allerdings nicht unbedingt gefolgt werden. Manche Juden möchten nicht bei jedem Aufruf zur Tora daran erinnert werden und andere darauf aufmerksam machen, dass sie Konvertiten sind. Aus diesem Grund wählen sie einen anderen Namen, den sie ihrem hebräischen Namen folgen lassen. Ist der Vater Jude, benutzen manche Konvertiten dessen Namen. Andere finden in ihrer Familie jüdische Menschen, die ihnen Vorbild sind und als deren Kinder im Geiste sie sich sehen können. Wieder andere entscheiden sich für den Namen des Rabbiners, mit dem sie gelernt haben und den sie als ihren geistigen Vater ansehen.
Aus Sicht der Autoren ist die Entwicklung, sich mit der Namensnennung von seiner Konversion zu distanzieren, keine besonders glückliche. Denn es gibt nichts, das die Konvertiten verstecken müssten. Im Gegenteil, der Tradition entsprechend können sie stolz auf ihren Schritt sein. Schließlich haben sie unter Mühen etwas für sich gewählt, in das andere ohne eigene Entscheidung hineingeboren worden sind. Und es gibt viele Proselyten, die tatsächlich froh über ihre eigene Leistung sind. In Kalifornien wurde einer jungen Konvertitin, die einen jüdischen Vater hatte, angeboten, statt „bat Awraham" den Namen ihres leiblichen Vaters hinten an zu setzen. Dankend lehnte sie ab. „Ich habe mich selbst für diesen Schritt ent-

schieden. Ich bin stolz darauf, und ich möchte es genauso dokumentiert haben", sagte sie und zeigte damit jüdisches Selbstbewusstsein. Auf jeden Fall sollte der Kandidat seinen Namenswunsch mit seinem Rabbiner besprechen. Denn nicht alle Rabbiner stehen der neuen Sitte positiv gegenüber. Das Bet Din überreicht den „Juden aus freier Wahl" das Diplom der Aufnahme mit ihrem nunmehrigen hebräischen Namen und den Unterschriften der Rabbiner. Meist erhalten die Konvertiten das Original, während die Synagoge oder die Organisation, bei der das Bet Din angesiedelt ist, eine Kopie aufbewahrt.

Konversion von Kindern

Tritt eine Frau zum Judentum über, etwa weil sie sich mit einem Juden verheiraten möchte oder bereits mit ihm verheiratet ist, treten Kinder aus dieser Beziehung meist gemeinsam mit ihrer Mutter über. Dieser Schritt ist wünschenswert und wird auch von den meisten Rabbinern unterstützt. Erforderlich werden kann er auch dann, wenn ein jüdisches Paar ein nichtjüdisches Kind adoptiert hat und dieses in seiner Tradition aufziehen möchte. Ist das Kind nach dem jüdischen Recht noch nicht erwachsen, also eine Tochter noch nicht 12 und ein Sohn noch nicht 13 Jahre alt, können die Eltern darüber entscheiden. Der Grund liegt darin, dass man einem Menschen nach dem halachischen Prinzip etwas Gutes antun kann, ohne seine Zustimmung zu haben, wörtlich heißt es, ohne seine Gegenwart zu haben. Haben die Eltern dies getan, kann sich das Kind in diesen Fällen allerdings selbst gegen das Judentum entscheiden, wenn es das genannte Alter erreicht hat. Dies ist der Zeitpunkt, an dem man ihm eigene Autonomie auch in dieser Frage zuerkennt. Äußert es sich gar nicht, bleibt es Jude oder Jüdin. Meist wird es dann Bar oder Bat Mizwa werden. Von nun an muss es alle Mizwot erfüllen, die einem Juden vorgeschrieben sind und wird zum Minjan gerechnet.
Je jünger das Kind ist, umso unkomplizierter ist die Zeremonie. Ein Bet Din ist auch hier erforderlich, in den meisten der Fälle ohnehin schon vorhanden. Auf schwierige Fragen verzichtet es in diesem Fall allerdings. Voraussetzung ist immer, dass eine jüdische Erziehung des Kindes sichergestellt ist und es an einem aktiven jüdischen Leben teilnimmt. Auf jeden Fall müssen die Kinder in die Mikwe. Auch Babies und Kleinkinder müssen vollkommen untergetaucht werden, so dass jede Körperstelle mit Wasser bedeckt ist. Söhne müssen beschnitten werden. Ist dies bereits erfolgt, muss wie bei Erwachsenen auch eine symbolische Beschneidung erfolgen, also ein Tropfen Blut entnommen werden. Über die konkreten Erfordernisse entscheidet das jeweilige Bet Din. Die Reformbewegung verzichtet beispielsweise auf Hatafat Dam Brit, also auf die symbolische Be-

schneidung durch die Abnahme eines Tropfen Bluts. Die amerikanische Reform erkennt auch Kinder jüdischer Väter als Juden an, wenn sie jüdisch erzogen werden. Ihr zufolge ist also in diesem Fall eine Konversion überhaupt nicht nötig.
Jemanden zum Juden zu machen bedeutet eine große Verantwortung, die hier die Eltern auf sich nehmen. Sie sollten sich diesen Schritt gut überlegen und ihn dann gehen, wenn sie selbst ein jüdisches Leben führen wollen. Kinder müssen anders als Erwachsene, die sich selbst entschieden haben, sorgfältig auf den Übertritt vorbereitet werden. Mit älteren sollten die Eltern den Schritt offen diskutieren und seine Vorteile schildern, aber auch auf die Nachteile hinweisen. Immerhin wird das Kind künftig einer Minderheit angehören, die sich immer noch Vorurteilen ausgesetzt sieht. Auch Brit Mila oder Hatafat Dam Brit müssen mit einem Jungen erörtert werden. Je besser er versteht, warum dieser Eingriff erforderlich ist, umso weniger furchtsam wird er ihm entgegensehen.

5 Keine Garantie auf Akzeptanz

Nach seinem Übertritt vor einem ordentlichen Bet Din ist aus dem Kandidaten ein Jude geworden. Er ist also solcher anzuerkennen. Die Realität sieht dennoch anders aus. Nicht alle Rabbiner und damit dessen Gemeinden akzeptieren alle Konvertiten. Was also wird von einem Menschen erwartet, der als Jude leben will? Und was erwarten geborene Juden von den Konvertiten, um sie als ihresgleichen zu akzeptieren? Einheitliche Antworten auf diese Fragen gibt es nicht. In den folgenden Abschnitten wollen wir versuchen, die Grundhaltungen der wichtigsten Strömungen im Judentum darzustellen. Die Rekonstruktionisten sind nicht aufgeführt, da diese Richtung in Deutschland kaum eine Rolle spielt.

Die Haltung der Orthodoxie

Gemäß der Halacha, dem jüdischem Religionsgesetz, sind ein Mann oder eine Frau Jude oder Jüdin, wenn sie entweder von einer jüdischen Mutter auf die Welt gebracht oder gemäß der Halacha ins Judentum aufgenommen wurden. Die Geschichte, die in unserer Zeit im Holocaust mündete, hat Juden zur Zurückhaltung gegenüber der Aufnahme von Konvertiten veranlasst. Das orthodoxe israelische Rabbinat ist sehr vorsichtig geworden; die Orthodoxen der Diaspora haben sich ihm angeschlossen. Dabei handelt es sich nicht um die ethnische Zugehörigkeit des Kandidaten, sondern um die Berücksichtigung aller halachischen Einzelheiten bei der Aufnahme, wie sie von den Orthodoxen definiert werden. Es ist ein großes Problem unserer Zeit, dass das Oberrabbinat von Israel nur diejenigen Übertritte anerkennt, welche vor Rabbinern stattfanden, die ihrerseits vom Oberrabbinat anerkannt sind. Also muss es sich um ein Bet Din gehandelt haben, dessen Mitglieder streng orthodox sind. Es ist für das israelische Oberrabbinat ohne Belang, dass die Aufnahme vollkommen gemäß der Halacha stattgefunden hat. Es erkennt sie nur dann an, wenn ihm die amtierenden Rabbiner genehm sind, d.h. sich all seinen Verordnungen unterwerfen. Aus dieser Haltung können guten Juden, die selbst oder deren Mutter ihren Übertritt vor einem konservativen oder Reform-Bet Din vollzogen haben, im orthodoxen Judentum große Schwierigkeiten entstehen. Selbst wenn es sich um ein Bet Din handelte, in dem auch nur ein einziger solcher Rabbiner mitwirkte, wird es Schwierigkeiten geben. Außerdem steht das Oberrabbinat in Israel der Aufnahme von Gerim zögerlich gegenüber, ganz im Gegensatz zu den Rabbinen der klassischen Antike. Gemäß der Halacha muss es diese aufnehmen, aber deren Zahl ist sehr klein. Die orthodoxen Rabbiner in Israel stellen den Suchenden schwerste Bedingungen und lassen sie oftmals jahrelang warten, um ihnen am Ende doch eine Absage zu erteilen. Da unter den orthodoxen Rabbinern in den meisten Ländern der Einfluss des israelischen Oberrabbinats sehr groß ist, bestehen auch dort oftmals Probleme für Menschen, die Juden werden wollen.

In Deutschland ist die Zahl derer, die orthodox konvertieren, sehr klein, in vielen Jahren liegt sie im einstelligen Bereich. Das ist erschreckend wenig, besonders wenn man an die vielen Nichtjuden aus der ehemaligen Sowjetunion denkt, die gemeinsam mit ihren jüdischen Partnern in die Bundesrepublik gekommen sind und die sich oft orthodox orientieren. Der Nichtjude, der den Übertritt zum Judentum in Erwägung zieht, muss sich mit diesem Problem auseinandersetzen. Soll er oder sie den schweren Weg des Übertritts durch die Orthodoxie mit seinem unsicheren Ziel wählen oder den mehr versprechenden durch das nicht-orthodoxe Judentum, dessen Haltung noch darzustellen sein wird? Sind sie gemäß der halachischen Vorschriften – vor allem Beschneidung und Mikwe – durch ein rabbinisches Bet Din aufgenommen worden, so sollen Konvertiten sich als volle Juden ansehen und sich keineswegs als Juden zweiter Klasse betrachten. Dennoch sollten sich Kandidaten schon vor ihrem Übertritt klarzumachen versuchen, wo und wie sie als Juden leben wollen. Planen sie, Alija zu machen, also nach Israel auszuwandern, sollten sie am besten dort konvertieren. Dies gilt umso mehr, als es schon vorgekommen ist, dass selbst Übertritte, die vor einem orthodoxen Bet Din in der Diaspora stattgefunden haben, von dem Oberrabbinat nicht anerkannt worden sind. Der Staat Israel gewährt zwar auch denen, die von nicht-orthodoxen Rabbinern in der Diaspora aufgenommen wurden, das Bürgerrecht bei der Einwanderung, doch will der Kandidat sicherlich auch ein religiöses Leben führen. Und dies ist in Israel immer noch von der Orthodoxie geprägt, wenn sich auch mittlerweile Bewegungen gebildet haben, denen kleine, nichtorthodox geprägte Gemeinden entsprungen sind. Sie stehen der Haltung der Rabbinen der Antike viel näher, sind Neuankömmlingen offen und geben ihnen die Möglichkeit, sich als Juden zu bewähren. Doch die Frage „Wer ist Jude?" ist ein Streitpunkt mit bedeutenden Konsequenzen geblieben. Versuche, durch Konzessionen an das israelische Oberrabbinat zu einer Lösung zu kommen, sind bisher gescheitert. Das Oberrabbinat hat einen religiösen Pluralismus im Judentum bisher strikt verweigert.

Die Orthodoxie vertritt also gegenwärtig mehrheitlich erneut das Prinzip, auf welchem das Überleben der mittelalterlichen Juden basierte. Für sie war, wie Leo Baeck es sagt, das Überleben im eigenen Bereich die einzige Aufgabe. Auch sie konnte Predigt an die Welt sein. Das Überleben gemäß strengster Halacha ist heute wieder das grundlegende Anliegen der Orthodoxie, auch in Deutschland. Sie ruft zu einem in sich Hineingehen auf, zumal – zumindest nach einigen Vertretern – die Schoa bewiesen hat, dass die Hoffnung auf eine Akkulturierung eine Illusion und der Anschluss an die Umweltkultur ein lebenszerstörender Irrtum war. Ein „Hinausreichen" erfolgt nur in solchen Fällen, wo eine Person der Halacha nach Jude ist, weil er eine jüdische Mutter hat, sich aber vom Judentum weggewendet hat.

Die Haltung der Reform

Das nicht-orthodoxe Judentum, dem in Amerika die überwältigende Zahl der Juden angehört, zollt den neuen Brüdern und Schwestern vollkommene Anerkennung. Es lässt sich dabei von bedeutenden Rabbinern wie Leo Baeck leiten, der, wie wir gesehen haben, sogar für eine aktive Werbung für das Judentum eintritt. Am weitesten geht die Reformbewegung.

Im Jahr 1978 legte Rabbiner Alexander Schindler, der Präsident der Union of American Hebrew (Reform) Congregations, sein Programm vor. Juden sollten zu Nichtjuden, welche keiner religiösen Gemeinschaft angehörten, „hinausreichen". Sie sollten danach streben, vor allem solche Nichtjuden anzuziehen, welche mit Juden verheiratet waren. Lehrveranstaltungen, Zusammenkünfte und gedruckte Lehrmittel sollen diesem Zwecke dienen. Der Vorschlag wurde einstimmig angenommen. Im Jahr 1983 wurde die Kommission für Reformjüdisches „Hinausreichen" (Outreach) geschaffen, in welcher die Gemeinden wie der Rabbinerverband gemeinsam vertreten sind. Das „Hinausreichen" ist eine der Amtsfunktionen des liberalen Rabbiners und der Gemeindevorsteher. In den siebziger und achtziger Jahren des 20. Jahrhunderts nahm die Zahl der Übertritte nichtjüdischer Ehepartner bedeutend zu, dann fiel sie wieder ab. Dieser Rückgang mag zum Teil ein Ergebnis einer Resolution der Reform-Rabbinerkonferenz aus dem Jahr 1983 sein. Nach dieser sind Kinder jüdischer Väter und nichtjüdischer Mütter als Juden anzuerkennen, wenn diese Kinder in einem jüdisch profilierten Haus aufwachsen, jüdische Erziehung erhalten, Bar Mizwa oder Bat Mizwa werden, und sich als Juden identifizieren. Die Hoffnung, den Kreis der Juden zu erweitern, mag aber auch negative Folgen gehabt haben. Eine nichtjüdische Mutter mag aus dieser rabbinischen Entscheidung schließen, dass sie selbst nicht überzutreten hat. Sie muss lediglich ihren Kindern eine jüdische Erziehung und ein jüdisches Haus geben. Andererseits ist die Zahl der Übertritte aus Überzeugung weiterhin gewachsen. Viele dieser Juden aus freier Wahl sind zu Stützen und Erbauern jüdischen Lebens geworden. Unter ihnen gibt es eine Reihe von Rabbinern und Rabbinerinnen.

Mittlerweile findet die Haltung der amerikanischen Reform auch Kritiker. Zunehmend wird die Gefahr in den Vordergrund gestellt, dass nichtjüdische Ehepartner keinen Grund mehr sehen überzutreten. Hinzu kommt, dass heute das vor Jahrzehnten noch selbstverständliche Bemühen von Juden, einen jüdischen Ehepartner zu finden, von der Hälfte der amerikanischen Juden als „rassistisch" angesehen wird. Die Folge ist in den USA deutlich zu beobachten. Die Zahl der Mischehen steigt von Jahr zu Jahr. Und beunruhigenderweise betrachten sich die Kinder aus diesen Ehen immer häufiger nicht mehr als Juden. Nach einer Untersuchung unter Studenten aus dem Jahr 2001 definierten sich nur 37 Prozent der Kinder aus solchen Ehen mit einer jüdischen Mutter und lediglich 15 Prozent derer, die einen jüdischen Vater hatten, als Juden. In der Realität wachsen diese Kinder häufig mit einem diffusen Angebot aus verschiedenen Kulturen auf. So wird „Weihnukka" gefeiert, und einen Sederabend gibt es überhaupt nicht.

Es erstaunt nicht, wenn auch Reform-Rabbiner in Europa diese Entwicklung mit Sorge betrachten. Hier sind die Folgen der Judenvernichtung immer noch mehr als deutlich zu sehen und zu spüren. Ja, man könnte sagen, sie prägen den Großteil des Lebens in den jüdischen Gemeinden. Deshalb haben sich auch die Reform-Rabbiner in Deutschland der Haltung ihrer amerikanischen Kollegen nicht angeschlossen. Sie vertreten nach wie vor die matrilineale Abstammungslinie. Kinder von jüdischen Vätern und nichtjüdischen Müttern werden also nicht als Juden angesehen. Jedoch wird ihnen die Konversion erleichtert, wenn sie bereits als Minderjährige ohne ihre nichtjüdische Mutter übertreten wollen und nachweisen können, dass sie jüdisch erzogen werden. Kandidaten können vor dem Europäischen Bet Din konvertieren, von dem es, wie erwähnt, auch eine deutsche Vertretung gibt.

Die Haltung der Konservativen

Das konservative Judentum in Amerika ist dem Reformjudentum allmählich gefolgt. Es sieht im Wachstum der Übertritte einen positiven Wert für das Judentum und das jüdische Volk. Daher wird der Übertritt nicht erschwert. Gerade darin aber liegt einer der Gründe, Kinder mit einem jüdischen Vater und einer nichtjüdischen Mutter nicht als Juden anzuerkennen. Es wäre ja für die Mutter nicht schwierig gewesen, sich vor der Geburt der Kinder dem jüdischen Glauben anzuschließen. Außerdem könnte es für einen solchen Menschen, der sich von Kind auf immer als Jude gefühlt hatte, ein Schock sein, wenn er später erfährt, dass er außerhalb der Reform von keiner anderen jüdischen Richtung jemals als Jude anerkannt worden ist und wird und dass, zum Beispiel anlässlich einer Eheschließung mit einem traditionell orientierten Juden, sein eigener Übertritt notwendig ist, damit er – erst von diesem Augenblick an – als Jude gilt. Eine weitere Begründung für die Haltung des konservativen Judentums liegt darin, dass die Entscheidung des Reformjudentums das gesamte Judentum spaltet. Als Antwort auf das Problem der Mischehen schuf die „Rabbinical Assembly", die internationale Organisation der konservativen Rabbiner, in den achtziger Jahren ein Komitee mit dem Namen „Keruv and Giyur" (Annäherung und Übertritt). Dieses veröffentlichte Richtlinien, die für Übertritte von grundsätzlicher Bedeutung sind: „Wir vertreten einen dreistufigen Weg in Behandlung von Mischehen: Zu Anfang erstreben wir, diese zu verhindern, (ist dies nicht möglich,) dann fördern wir den Übertritt, und schließlich, wenn beide Versuche nicht gelingen, (üben wir) keruv zur (glaubensmäßig) gemischten Familie." Das bedeutete, dass man Übertritten positiv gegenüberstand, auch wenn möglichst versucht werden sollte, geborene Juden dazu zu bringen, innerhalb der Glaubensgemeinschaft zu heiraten.

Die Erklärung wurde 1995 vom Führungsrat des konservativen Judentums angenommen und von allen Untergliederungen der konservativen Bewegung übernommen.

Inzwischen finden sich das Komitee und die Bewegung vor eine zusätzliche Aufgabe gestellt. Denn das Ziel der Rabbiner, Juden in erster Linie mit Juden zu vermählen, ist mitnichten erreicht worden. In den Jahren von 1960 bis 1980 wuchs die Zahl der Mischehen bedeutend an. Nachkommen aus diesen Ehen fühlen oftmals eine tiefe Verbundenheit mit dem Judentum, sind aber halachisch keine Juden. „Sie sind unsere Kinder und Enkelkinder, und sie suchen eine offene Tür zu unserer Gemeinschaft. Ihnen muss das Tor geöffnet werden", heißt es in der entsprechenden Erklärung des Komitees. Dazu macht es auch Vorschläge, die bereits von einigen Gemeinden befolgt werden. Dazu gehören: Annoncen in der allgemeinen Presse, die auf die Offenheit der Gemeinschaft hinweisen sollen, darunter das Bild einer offenen Tür mit einer Mesusa. Weiter gibt es Gruppentreffen, Gemeinschaftsabende, in denen die Teilnehmer von ihrem Weg zum Judentum erzählten und Ähnliches. Der Erfolg war bedeutend und führte zu Übertritten zum Judentum und Eintritten in die jüdischen Gemeinden. In weiteren Versuchen sollen Rabbiner in ihrem Streben weitgehende Hilfe des Rabbinerverbandes finden, selbst wenn es um praktische Dinge wie den Bau einer Mikwe geht, die für Übertritte unerlässlich ist. Von Bedeutung ist die Erklärung: „Nächst der Förderung von Übertritten, vor allem unter Menschen mit jüdischen Ahnen, hofft unser Komitee Kollegen ermutigen zu können, in lokalen jüdischen Zeitungen Artikel zu veröffentlichen und darzustellen, warum es weder falsch noch unmoralisch ist, nichtjüdische Familien zum Übertritt zu ermutigen" (Avis D. Miller, chair RA Keruv and Giyur Committee: Keruv and Giyur –The Newsletter, Rabbinical Assembly, Vol. 65, Number 1, September 2004).

In Deutschland baut die Masorti-Bewegung konservative Gemeinden auf. Daneben gibt es einige Gemeinden, die sich konservativ orientieren, bereits seit mehreren Jahren, seien sie Mitglieder der Masorti-Bewegung oder nicht. Diese Gemeinden verstehen es nach wie vor, das Leben ihrer Mitglieder, die häufig aus der früheren Sowjetunion kommen, jüdisch zu prägen. Auch in diesen Gemeinden werden die Kinder jüdischer Väter und nichtjüdischer Mütter nicht als Juden anerkannt. Doch tut man alles, um ihnen und ihren Müttern die Übertritte erstrebenswert zu machen.

6 Das neue Leben

Leben in der Gemeinde

Vor einigen Jahren erschien ein Interview mit einer Kantorin in einer jüdischen Wochenzeitung. Der Vater dieser Frau war konvertiert, als er ihre Mutter, eine Jüdin, heiratete. Ob es ihr als geborener Jüdin nicht merkwürdig erscheine, dass ihr Vater übergetreten sei, wurde die junge Frau gefragt. Geistesgegenwärtig und völlig richtig antwortete sie, ihr Vater sei schließlich länger Jude als sie. Die Frage spiegelt die Geisteshaltung vieler geborener Juden. Selbst in Amerika haben Konvertiten in Gemeinden zu kämpfen. In einem Artikel für die Ausgabe Herbst 2003 der United Synagogue Review, einer vierteljährlich erscheinenden Publikation der United Synagogue of Conservative Judaism, die Organisation, in der sich die konservativen Synagogen weltweit vereinigt haben, schreibt Harold Schulweis, ein führender konservativer Rabbiner, dass er selbst von unreligiösen Juden den Satz gehört habe: „A shikse bleibt a shikse, und a goy bleibt a goy." Eigentlich sind beides Schimpfwörter, mit denen nichtjüdische Frauen und Männer bezeichnet werden, wenn man das Wort „goy" auch nicht immer als Schimpfwort benutzt. Schulweis beschreibt auch, wie viele Proselyten sich ihr Leben lang nicht richtig zugehörig fühlen. Manchen wird das auf verschlüsselte Weise gesagt, andere spüren dies, ohne dass sie es an Geschehnissen oder Äußerungen festmachen könnten. Auch die amerikanischen Proselyten fühlen sich danach nicht alle willkommen oder wurden gar freudig aufgenommen. Schulweis äußert seine Befürchtungen, dass sich eine wenig freundliche Haltung den Konvertiten gegenüber negativ auf den Charakter des Judentums und des jüdischen Volkes auswirken werde. Manchmal bewege man sich hart an den Grenzen zum Rassismus, sagt er. Seiner Überzeugung nach würden die Gemeinden gerade in Zukunft Konvertiten gebrauchen. Und zwar deshalb, weil immer mehr Juden Nichtjuden als Ehepartner wählen. Diese demographische Situation solle man in eine spirituelle Chance verwandeln, sagt er, zum einen, indem man sich an geborene, religiös nicht besonders interessierte Juden wende und sie wieder einzubeziehen versuche, und zum anderen, indem man sich an interessierte Nichtjuden und Konvertiten wende, um sie hineinzuziehen.

Diese Möglichkeit ist in einigen amerikanischen Gemeinden schon vor längerer Zeit gesehen worden. Besonders die Reformbewegung versucht, auf die Konvertiten zuzugehen. Mittlerweile gibt es in nichtorthodoxen Gemeinden zahlreiche Rabbiner beiderlei Geschlechts, die das Judentum aus freien Stücken für sich gewählt haben. Es gibt weiße, asiatische oder schwarze jüdische Lehrer, Kantoren oder Rabbiner, die Proselyten sind und die von ihren Gemeinden und anderen Einrichtungen geschätzt und respektiert werden. Wegen der vielen Mischehen gibt es schon Gemeinden, deren Mitglieder mehrheitlich Konvertiten sind.

In Amerika ist es für Konvertiten insgesamt nicht nur deshalb einfacher als in Deutschland, weil sie sich zwischen verschiedenen Strömungen entscheiden können und besonders in Ballungsgebieten mehrere Synagogen zur Auswahl stehen, sondern weil es den einzelnen Richtungen auch leichter fällt, sich gegenseitig zu akzeptieren. Das macht Kontakte auch unter den einzelnen Juden einfacher. So reagierte eine streng orthodoxe Bekannte auf die Mitteilung der Autorin, sie sei konvertiert, mit dem Satz: „Das ist großartig. Ich freue mich so. Ich bin regelrecht entzückt." Und auf den zaghaften Einwand der Autorin, sie fühle sich aber eher der konservativen Richtung verbunden, sagte ihre Gesprächspartnerin: „Das ist deine Entscheidung. Jeder lebt so, wie er sich wohl fühlt. Und ich bin nun mal in der Orthodoxie groß geworden." Ihre Freude minderte sich dadurch keineswegs.

Ein solcher Dialog ist in der Bundesrepublik schwer vorstellbar. In Deutschland gibt es wieder die Einheitsgemeinde. So hieß sie schon vor dem Krieg. Doch ist die Definition dieses Begriffes heute vollkommen verschieden von der damaligen. Vor der Schoa handelte es sich bei der Einheitsgemeinde tatsächlich um eine Organisation, unter deren Dach sowohl die Orthodoxie als auch die Liberalen zu Hause waren. Ihre Entstehung basierte auf der Entscheidung des Würzburger Rav, Rabbiner Seligmann Baer Bamberger, der größten talmudischen Autorität im Deutschland des 19. Jahrhunderts. Dieser erklärte, orthodoxe und liberale Juden dürften einer Gemeinde angehören, solange den Orthodoxen alle Rechte und Institutionen gewährt seien. In der Einheitsgemeinde wurden die Richtungen völlig gleichberechtigt behandelt. Man akzeptierte sich gegenseitig. Die winzige so genannte Reformgemeinde, die der damaligen Richtung des Reformjudentums in Amerika entsprach und von der es nur eine einzige in Berlin gab – sie feierte den Schabbat am Sonntag, lehnte das Tragen von Kippot ab und hielt den Gottesdienst in Deutsch – war kein Mitglied der Einheitsgemeinde. Das gleiche gilt für die Austrittsgemeinden. Diese unterschieden sich in keiner Weise von den orthodoxen Synagogen in den Einheitsgemeinden, vertraten aber das Prinzip von Rabbiner Samson Raphael Hirsch, dass Orthodoxe nicht derselben Gemeinde wie die Liberalen angehören dürften. Der Grund dafür sei, dass aus den Steuern der Orthodoxen liberale Einrichtungen unterhalten würden, was halachisch verboten sei.

Heute haben es nichtorthodoxe Strömungen unter dem Dach der so genannten Einheitsgemeinde schwer. Jahrelang ging man davon aus, dass nichtorthodoxe Juden in orthodoxen Synagogen beten können, während dies den Orthodoxen in nichtorthodoxen Einrichtungen unmöglich ist. So reichte es aus dieser Sicht, lediglich orthodoxe Synagogen und Einrichtungen zu haben, da diese ja allen offen stünden. Die Anerkennung der Allgemeinen Rabbinerkonferenz durch den Zentralrat ist darum ein wichtiger Schritt. Damit knüpft der Zentralrat zumindest auf dieser Ebene an die Vorkriegssituation des deutschen Judentums an. Diese Erneuerung ist dringend notwendig. Viele Gemeindemitglieder fanden und finden sich in den orthodoxen Einrichtungen nicht zurecht, sei es, weil ihnen die lange ausschließlich hebräische Liturgie unverständlich war und ist, sei es, weil sie als Frauen abgetrennt durch eine Mechitza sitzen mussten und müssen. Daher wurden sie der religiösen Inspiration beraubt. Die Folge war und ist, dass nur wenige an den Gottesdiensten teilnehmen. Doch obgleich viele ihr Leben nicht nach orthodoxen Vorschriften gestalten und nur zu den hohen Feiertagen und besonderen Gelegenheiten in die Synagoge gehen, bezeichnen sich die meisten Gemeindemitglieder als orthodox und stehen Neuerungen in jeder Weise äußerst kritisch gegenüber.

Dieses grundsätzliche Misstrauen bezieht sich auch und gerade auf Konvertiten, die von vielen als nicht wirklich dazugehörig angesehen werden. Diese Haltung äußert sich oft offen, so wenn auf die Frage, ob jemand Jude sei, geantwortet wird, er oder sie seien übergetreten, oder beispielsweise über einen vermeintlichen Konvertiten gesagt wird: „Sein Name klingt auch überhaupt nicht jüdisch" und dies als Untermauerung einer gerade geäußerten Antipathie dient. Daneben wird Konvertiten zu allen möglichen Gelegenheiten ihr früheres Leben als Nichtjude vorgehalten. Viele Proselyten, mit denen wir gesprochen haben, fühlten sich verletzt, weil in sachlichen Diskussionen ihre Konversion als Argument ihnen gegenüber benutzt worden war. Dann fallen Sätze wie „Kannst ja wieder zurückgehen" oder „Klar, dass Du das so siehst, mit Deiner Vergangenheit" oder „Wieso willst Du uns erzählen, ob das richtig oder falsch ist" oder „Das Recht hast Du doch gar nicht". Von allen als Juden akzeptiert fühlen sich nur die wenigsten Konvertiten. Selbst hochrangige Vertreter der deutschen Juden äußern sich dahingehend, dass Konvertiten in erster Linie den Wunsch entwickelten überzutreten, weil sie sich von der Seite der Täter auf die Seite der Opfer stellen wollten. So ist auch die Stimmung in den meisten Synagogen. Über die Auffassung des Judentums, dass die Sünden der Väter den Nachkommen nicht anzurechnen seien, ist bereits ausführlich berichtet worden. Danach ist es halachisch falsch, heutigen deutschen Nichtjuden indirekt ihr Tätersein vorzuhalten. Dennoch sind die Konvertiten mit dieser Haltung konfrontiert. Hinzu kommt die Grundhaltung der Orthodoxie, nach der Übertritte, die vor einem nichtorthodoxen Bet Din stattgefunden haben, nicht anerkannt werden. Und da die meisten Übertritte in Deutschland von einem solchen Bet Din dokumentiert worden sind, wird also die Mehrzahl der Konvertiten von den orthodoxen Rabbinern nicht akzeptiert. Deren Haltung lässt natürlich die Gemeinde nicht unberührt und trägt zu deren ohnehin vorhandener Ablehnung bei.

Entsprechend schwer kann es für sie sein, überhaupt Mitglied einer Gemeinde zu werden. Zumindest wenn jemand von einem nichtorthodoxen Bet Din geprüft und aufgenommen wurde, müssen er oder sie manchmal viele Anläufe machen, um dieses Ansinnen durchzusetzen. Denn die wenigsten Rabbiner und Gemeindevorsitzenden denken wie ein orthodoxer Rabbiner in Berlin, der sagt: „Darum ist die Einheitsgemeinde von solcher Wichtigkeit. Wenn ein Konvertit von uns Orthodoxen nicht akzeptiert wird, gibt es immer noch die liberale Synagoge, die ihn anerkennt. Ich finde das wunderbar. Darum ist es ein großes Problem, wenn es in einer Gemeinde nur eine Synagoge, also nur eine Richtung gibt. Das wird für den Rabbiner schwer, es wird für die Gemeinde schwer, und es wird für die Menschen schwer." Das Problem für die Konvertiten ist nicht nur, dass nicht alle Juden so denken, sondern dass es besagte Vielseitigkeit in den meisten deutschen Städten gar nicht gibt und es so tatsächlich, wie von dem Rabbiner beschrieben, für alle Beteiligten sehr schwer wird. Erst ganz langsam scheint sich die grundsätzliche Haltung in wenigen Gemeinden zu ändern. So gibt es mittlerweile auch nichtorthodoxe Synagogen, die von einer Gemeinde unterhalten werden. Diese zeigen sich den Konvertiten sehr viel entgegenkommender. Doch selbst wenn es eigentlich eine liberale Rabbinerstelle gibt, ist diese nicht immer besetzt. So gelingt es dem neuen Juden in manchen Fällen erst bei einem Rabbinerwechsel oder dem Wechsel des Gemeindevorsitzenden, in die Gemeinde aufgenommen zu werden. Erst in den letzten Jahren bilden sich Reformgruppen in verschiedenen Orten. Auch die Bildung der vornehmlich nichtorthodoxen Allgemeinen Rabbinerkonferenz kann zu mehr Pluralität im deutschen Judentum beitragen.

Auf ähnliche Reserviertheit können Konvertiten auch in der eigenen Familie stoßen, dann nämlich, wenn sie einen Juden geheiratet haben. Es gibt orthodoxe Familien, die Trauerriten einhalten, wenn ihr Kind sich mit einem Nichtjuden oder einem Konvertiten verbindet. In diesen Familien sind Gespräche kaum mehr möglich. Vorbehalte einem Konvertiten gegenüber speisen sich zum einen aus den beschriebenen Gefühlen heutiger deutscher Juden, zum anderen aber auch aus einer Unsicherheit heraus. Diese ist auch in manchen amerikanischen nichtorthodox orientierten Familien zu finden, deren Mitglieder über ähnliche Probleme berichten wie deutsche Juden. Denn das Wissen der Konvertiten ist häufig groß, während die Familie zwar jüdisch fühlt, doch ihr Wissen hinter dem des neuen Juden zurückbleibt. Viele Äußerungen erklären sich aus dieser Situation. Doch sollte es die Familie als großen Gewinn ansehen, dass sich das neue Mitglied aus freiem Willen in die jüdische Gemeinschaft begeben hat. Oft wurde geschildert, dass darüber hinaus auch der jüdische Partner wieder einen neuen Zugang zu seiner Religion gefunden hat. Denn viele Konvertiten gestalten ihren Alltag wirklich jüdisch und erwarten das auch von ihrem Partner. Einige müssen dann allerdings enttäuscht feststellen, dass der Mensch, dessentwegen sie sich für das Judentum entschieden haben, im Grunde zufrieden ist, wenn seine Kinder jüdisch werden, und es ihm ansonsten reicht, zu den hohen Feiertagen in die Synagoge zu gehen und einen schönen Sederabend zu haben. Das kann zu großen Konflikten führen, weswegen Rabbiner meist versuchen, den jüdischen Partner in den Prozess der Konversion einzubeziehen. Das Paar sollte sich daneben schon frühzeitig darauf einigen, wie sein künftiges jüdisches Leben verlaufen soll.

Auch die Familie sieht das jüdische Engagement des Schwiegerkindes in manchen Fällen eher mit Befremden als mit Freude. Den Autoren sind Bemerkungen wiedergegeben worden wie „Deutsche machen eben immer alles perfekt" oder „Immer wissen die Neuen es besser" oder „Wenn es Dir hier nicht passt und Du alles verändern willst, warum bist Du denn übergetreten?" Wenn solche Äußerungen nicht in einem wirklich verletzenden Ton gemacht werden, sollte man darüber hinweg gehen. Daneben sollte das neue Familienmitglied sein Interesse an dem zeigen, was die Familie ihm voraushat: Tradition, Geschichte und ein selbstverständliches jüdisches Bewusstsein, das Generationen überlebt hat. Lydia Kukoff, eine amerikanische Konvertitin und Dozentin für jüdische Erziehung beschäftigt sich in ihrem Buch „Choosing Judaism" speziell mit solchen familiendynamischen Prozessen.

Engagement oder Zurückhaltung?

Die meisten der nichtorthodox übergetretenen Konvertiten engagieren sich in den wenigen nichtorthodoxen Synagogen oder Gruppen, die es in einigen Städten Deutschlands gibt. Hier sind sie weitgehend akzeptiert. Doch ist ein Phänomen überall zu beobachten: In einigen Synagogen in Amerika wie auch in Deutschland können diejenigen am wenigsten mit warmer Aufnahme rechnen, die übergetreten sind, ohne einen jüdischen Partner zu haben, die sich also allein und aus freier Entscheidung für ein Leben als Jude entschieden haben. Dies ist besonders in orthodoxen Gemeinden erstaunlich, gilt doch in der Orthodoxie diese freiwillige Hingabe als einziger wirklich anerkennenswerter Grund für eine Konversion. Doch in nichtorthodoxen Synagogen ist diese Haltung ebenso vorzufinden. Oft werden die Motive nichtjüdischer Deutscher, die ohne sichtbaren Anlass konvertieren, hinterfragt. Ironischerweise kommen Angriffe auf Konvertiten auch von anderen Juden aus freier Wahl. Rabbiner, die viel mit Konvertiten zu tun haben, erklären sich dies mit dem Bedürfnis, den eigenen Übertritt vergessen zu machen. Ein weiterer Grund sei eine gewisse Überheblichkeit mancher Konvertiten mit jüdischen Vorfahren anderen Konvertiten gegenüber. Auch in diesen Synagogen werden in den nächsten Jahren noch viele Gespräche zwischen Konvertiten und Konvertiten und vor allen Dingen zwischen Konvertiten und geborenen Juden stattfinden müssen.

Ein Entgegenkommen muss von beiden Seiten erwartet werden. Einsichtsfähigkeit und Rücksichtnahme sind von den Proselyten besonders bezüglich der Schoa gefordert. Haben die Konvertiten das Recht, sich in die Gemeinschaft einzubeziehen, wenn es um die Ermordung der Juden geht? Grundsätzlich ja. Maimonides legt ausdrücklich fest, dass die Konvertiten in jeder Weise in die Schicksalsgemeinschaft der Juden eingegliedert sind. Trotzdem gibt es immer noch häufig Spannungen in einzelnen deutschen Gemeinden zwischen geborenen Juden und Konvertiten, die sich auf die Judenverfolgung zurückführen lassen. Und die lassen sich nicht allein unter Berufung der Konvertiten darauf lösen, dem jüdischen Denken zufolge Gleichberechtigung erwarten zu können. Wahrscheinlich würden Sätze, wie sie die Amerikanerin Anita Diamant in ihrem Buch zum Thema Übertritte schreibt, in Deutschland Unbehagen auslösen. Auch Diamant fordert die

Kandidaten auf, sich mit dem Holocaust auseinander zu setzen und sagt, „Indem sie zum Judentum konvertieren, machen sie den Holocaust zu ihrem eigenen persönlichen Albtraum." Gleichzeitig erzählt sie von einer Kandidatin, die von ihren Ängsten berichtet, von den Nazis verfolgt zu werden und sich fragt, ob sie ihre Kinder solchen Gefahren aussetzen dürfe. Viele geborene Juden in Deutschland würden sich befremdet fühlen, so etwas von einem deutschen Konvertiten zu hören. Eine solche Haltung der geborenen Juden widerspricht zwar den Gesetzen und Prinzipien des Judentums. Der Konvertit ist ihnen, wie wir gesehen haben, in jeder Weise vollkommen gleich. Dennoch muss er sich bewusst machen, dass es solche Empfindungen unter den geborenen Juden gibt und dass es einem Gebot menschlichen Mitgefühls entspricht, darauf Rücksicht zu nehmen. Was allerdings nicht bedeutet, Probleme dieser Art nicht zu thematisieren. Für eine Auseinandersetzung eignen sich kleinere Gruppen gut, in denen die Teilnehmer sich vertrauen und aufeinander hören können.

Auch vor diesem Hintergrund lautet die Antwort auf die Frage, ob Konvertiten sich in den Synagogen engagieren sollten, natürlich „ja". Schließlich lebt das Judentum nur dann, wenn es auch praktiziert wird. Warum also überhaupt diese Frage? Weil es durch ein starkes Engagement auch in nichtorthodoxen Gruppen zu Spannungen kommen kann und kommt. Und der Grund dafür liegt weniger bei den Proselyten, als bei den schon bestehenden Gemeinden. Die Zahl derer, die als Deutsche konvertieren und die in Deutschland leben wollen, ist nicht groß. Rabbiner schätzen, dass es derzeit jährlich höchstens 100 Übertritte vor einem nichtorthodoxen Bet Din gibt, wahrscheinlich, so die Auskunft, sei die Zahl noch geringer und liege bei knapp unter 50. Da es keine zentralen Register oder dergleichen gibt, lässt sich die Zahl nicht genau bestätigen. Dass es selbst bei diesen Zahlen Probleme geben kann, liegt an folgendem: Die Konvertiten verteilen sich auf wenige Synagogengemeinschaften in der Bundesrepublik. Und hier stoßen sie in der Mehrheit auf Menschen, die in der zweiten und dritten Generation von der Schoa geprägt sind und die oft erst selbst wieder auf Umwegen zum Judentum gefunden haben. Ihr Wissen ist häufig entsprechend bruchstückhaft. Die Dynamik einer solchen Gemeinschaft kann sich stark verändern, wenn einer solchen Gruppe plötzlich eine ebenso große Gruppe, oder – und dies ist derzeit tatsächlich an manchen Orten der Fall – eine größere Gruppe von Konvertiten gegenübersteht. Diese wissen häufig mehr, sind aktiv, und plötzlich geben sie den Ton an. Warum eigentlich nicht, werden jetzt manche fragen. Geborene Juden und Juden aus freier Wahl sind doch gleichgestellt. Das ist richtig. Dennoch gilt es eines zu bedenken: Judentum ist nicht nur Wissen, obgleich dies unabdingbar ist. Doch es ist ebenso eine Art zu leben, ein Lebensgefühl, das Wissen, einem Volk mit einer schmerzlichen Vergangenheit anzugehören und vieles mehr. Es gilt also nicht nur gemeinsam zu lernen, sondern auch in einen Dialog über Erfahrungen und Lebensgefühle einzutreten. Und auf beiden Feldern können beide Seiten voneinander profitieren. Besserwisserische Töne müssen immer vermieden werden. Es ist also keine grundsätzliche Zurückhaltung, die sich die neuen Juden in der ersten Zeit auferlegen sollten, sondern es ist die Erwartung an sie, sich dem für sie neuen Umfeld mit Respekt und Sensibilität zu nähern. Es gibt Beispiele, die den Autoren besonders aus Berlin bekannt sind, in denen geborene Juden und Proselyten es schaffen, zusammen zu lernen, Probleme meist aus dem Weg zu räumen und sich so als fromme, moderne Betergemeinschaft selbstständig zu entwickeln.

Neben dem Lernen gibt es für den neuen Juden viele andere Möglichkeiten, sich zu engagieren. Ehrenamtliche Arbeit ist in deutschen Gemeinden derzeit noch ausbaufähig. Über die Gemeinde ist zu erfahren, welche Gruppen bereits existieren. Interessiert sich jemand für etwas, das noch nicht angeboten ist, spricht nichts dagegen, sich Gleichgesinnte zu suchen und etwas Neues aufzubauen. Hierfür gibt es zahlreiche Möglichkeiten, angefangen bei Fahrdiensten, um ältere Menschen in die Synagoge zu bringen, über Besuche in Krankenhäusern bis hin zur Begleitung von Sterbenden. Finanzielles Engagement wird nicht nur für die eigene Gemeinde, sondern auch für Einrichtungen in Israel erwartet.

Offener Umgang mit der neuen Religion

Während manche Konvertiten es gar nicht abwarten können, sich endlich auch anderen gegenüber als Juden bezeichnen zu dürfen, behalten andere auch nach dem Übertritt diesen Schritt für sich. Hier kann es keinen allgemeinen Leitfaden geben. Jeder neue wie auch jeder geborene Jude muss selbst entscheiden, inwieweit und in welchen Situationen er oder sie sich offenbaren. Für den Bekannten- und Familienkreis gilt natürlich anderes: Erwarten Konvertiten von Menschen, die sie bereits als Nichtjuden kannten, künftig als Juden behandelt zu werden, müssen sie von ihrem neuen Leben schon erzählen. Notwendig wird es auch in manchen Arbeitsverhältnissen sein. Voraussetzung für einen offenen Umgang mit der neuen Religion ist in erster Linie, dass sich der Konvertit oder die Konvertitin als Juden fühlen. Doch auch nach dem Übertritt kann dies in einigen Bereichen Monate, in manchen Jahre dauern. Das ist nicht erstaunlich, denn immerhin haben er oder sie jahre- oder jahrzehntelang eine andere Identität gehabt. Doch das Wissen, Jude zu sein, wird immer selbstverständlicher werden, und es wird sich umso schneller verfestigen, je jüdischer die Proselyten tatsächlich leben.

Ist es ihnen anfangs noch fremd, die Bracha über die Kerzen zu sprechen, wird dies, wenn sie es regelmäßig tun, schnell zu einer Handlung werden, ohne die kein richtiges Schabbatgefühl aufzukommen vermag. Und ist das tägliche Lernen, und mag es nur eine halbe Stunde sein, zur Routine geworden, ist es bald schwer, darauf zu verzichten. Dinge wie diese sind es, die den Konvertiten helfen, das jüdische Bewusstsein zu festigen. Das unterscheidet sie im Gegensatz zu allen vermeintlichen Unterschieden tatsächlich von solchen geborenen Juden, die sich jüdisch fühlen, ohne dies zu reflektieren oder mit Handlungen untermauern zu müssen.

Je stärker sich der Proselyt selbst als Jude sieht, umso größer wird auch das Bedürfnis sein, sich in bestimmten Situationen als solcher zu erkennen zu geben. So erging es zumindest der Autorin in manchen Diskussionen über Israel oder über den wachsenden Antisemitismus in der Bundesrepublik Deutschland. Die Erfahrung, sich in bestimmten Augenblicken aus Solidarität und Zuneigung als Juden bekennen zu müssen, ist uns von vielen Gesprächspartnern bestätigt worden.

Weihnachten ist weg – neue Traditionen begründen

Viele neue Juden machen eine merkwürdige Feststellung: Sie trennen milchig und fleischig, gehen am Schabbat in die Synagoge, haben sogar statt ihres alten Vornamens einen hebräischen angenommen, und dann kommt Weihnachten, und sie verspüren ein leichtes Gefühl des Verlustes, wobei sie sich äußerst schuldig fühlen. Dabei haben sie in Wirklichkeit tatsächlich etwas verloren, nämlich die Tradition, ein Fest zu feiern, das sie vielleicht schon lange nicht mehr mit christlichem Inhalt gefüllt haben, aber das sie mit der Familie begingen und das ihnen ein warmes Gefühl vermittelte. Vertrautes ist plötzlich weg: Lieder, die von Kindesbeinen an auswendig gesungen wurden, Gerüche, die einem Konvertiten auch nach Jahren noch bekannt vorkommen. Es wäre unmenschlich zu erwarten, dass sie sich an all das nicht mehr oder nur noch ohne Emotionen erinnern. Doch den Erinnerungen werden sie sich umso schneller ohne Wehmut stellen können, je besser sie es schaffen, neue, jüdische Traditionen für sich und ihre Familie zu begründen.

Damit sollten sie frühestmöglich beginnen. So können der Kiddusch und das gemeinsame Essen am feierlich gedeckten Tisch am Freitagabend die Stimmung aller Beteiligten grundlegend verändern. Nach einer Weile wird niemand mehr darauf verzichten wollen. Ebenso wird der eigene Seder ein besonderes Erlebnis sein, das Erinnerungen an andere Feste aus der Vergangenheit leichter in den Hintergrund rücken lässt. Auch wenn sich die neuen Juden anfangs noch so fremd und hilflos am Sedertisch fühlen, können sie darauf vertrauen, dass ihnen der Ablauf, die Segenssprüche und Lieder des Abends von Jahr zu Jahr vertrauter und damit lieber werden. Das gleiche gilt für Chanukka. Viele Juden begehen dieses eigentlich unbedeutende Fest in den letzten Jahren immer bewusster. Gerade Familien mit Kindern versuchen, dem christlichen Weihnachtsfest etwas Eigenes, Frohes gegenüber zu stellen. Es gibt wunderschöne Chanukkalieder, die irgendwann die „Stille Nacht, heilige Nacht" vollkommen ersetzt haben werden. Hier geht es nicht darum, christliches Leben gegen jüdisches einzutauschen. Diese Entscheidung ist längst gefallen und vollzogen. Es geht darum, das jüdische Leben auch gefühlsmäßig mit jüdischen Inhalten zu füllen. Juden, nicht nur die aus freier Wahl, stellen häufig fest, dass ihnen die wiederkehrenden Feste umso mehr Wärme und Geborgenheit vermitteln, je aktiver sie sich daran beteiligen. Diese Empfindungen werden für die Konvertiten von Jahr zu Jahr stärker werden, und irgendwann ist es wirklich, auch gefühlsmäßig „ihr" Neujahr, „ihr" Pessach und „ihr" Jom Kippur. Wer auch nur einmal das „Awinu malkenu" am Versöhnungstag als eigenen, aus der tiefsten Seele kommenden Anruf an Gott mitgesungen und erlebt hat, wird so sehr davon erfüllt sein, dass er wahrscheinlich nicht mehr viel aus der Vergangenheit vermissen wird.

Ein Gewöhnungsprozess für alle

Wie der neue Jude selbst sich in seine Religion einfinden muss, sollte er auch seinen Angehörigen und Freunden Zeit geben, sich an die veränderten Umstände zu gewöhnen. Beide Seiten sollten die Ansprüche dabei nicht zu hoch schrauben. Selbst Jahre nach dem formalen Übertritt kann es passieren, dass nichtjüdische Angehörige Grüße zu Weihnachten schicken. Natürlich ist das Gedankenlosigkeit, und es ist ärgerlich, aber ehe man sich darüber ärgert, ist es sinnvoller, solche Dinge direkt anzusprechen. So kann man zum Beispiel sagen: „Vielen Dank für Deine Weihnachtsgrüße. Ich habe sie als Botschaft zum Chanukka-Fest angesehen. Aber ich sollte Dir nächstes Jahr wirklich vorher sagen, wann genau das stattfindet." Daneben ist zu vermerken, dass auch geborene Juden ihr Leben lang von verschiedener Seite Grüße zu christlichen Festen bekommen und dies in den meisten Fällen als freundliche Geste der Verbundenheit ansehen, ohne sich großartig Gedanken darüber zu machen. Diese Gelassenheit fehlt den Konvertiten zumindest am Anfang häufig. So äußerte sich eine Kandidatin, die vor ihrem Übertritt stand, erschrocken und verunsichert, als ihr ein Polizist im jüdischen Gemeindehaus „Frohe Weihnachten" wünschte. Diese nette, wenn auch unbedachte Geste schien für sie eine Art von Antisemitismus zu sein. Die Selbstsicherheit, auf solche Dinge gelassen zu reagieren, werden sich auch Juden aus freier Wahl im Laufe der Zeit erarbeiten.

Es wird viele Entscheidungen geben, die der Konvertit künftig nicht nur für sich selbst treffen, sondern bei denen er auch auf andere Rücksicht nehmen muss, beispielsweise auf seine nichtjüdische Familie. Vielleicht wird sie nach wie vor Wert darauf legen, Weihnachten gemeinsam zu begehen oder zu Ostern Süßes zu verteilen. Wie man diese Ereignisse in Zukunft gestaltet, muss gemeinsam besprochen werden. Eine Entscheidung sollte dabei ganz sicher feststehen: Sobald die Konvertiten eigene Kinder haben, die jüdisch erzogen werden, müssen deren Interessen im Vordergrund stehen. Das dürfte die Teilnahme der Kinder an nichtjüdischen Gottesdiensten verbieten und sollte auch bedacht werden, wenn es um die nichtjüdischen Feste geht, beispielsweise um die Teilnahme an der Bescherung unter dem Weihnachtsbaum, selbst wenn dies von allen Seiten nur noch als kulturelles Geschehen ohne jeden Glaubensbezug angesehen wird.

Eine weitere schwierige Umstellung, die auch die Familie und die engeren Freunde betrifft, sind die veränderten Essgewohnheiten. Konvertiten und auch schon die Kandidaten sollten ihre Angehörigen und Freunde bitten, sich vor Einladungen kurz mit ihnen abzusprechen, damit sichergestellt ist, dass sich die angebotenen Gerichte mit den Speisegeboten, denen sich der Betreffende verpflichtet fühlt, vereinbaren lassen. Und auch in dieser Beziehung darf der Konvertit zwar Respekt, aber keine Wunder erwarten. Am besten bittet er seine Nächsten, in Zukunft vegetarisch zu kochen, wenn er eingeladen ist oder zumindest ein vegetarisches Gericht bereit zu halten. Wenn sich jemand für den orthodoxen Lebensweg und damit für eine glatt koschere Küche entscheidet, sind seine Schwierigkeiten, überhaupt auswärts zu essen, natürlich entsprechend größer. In allen Fällen empfiehlt sich auch hier Literatur. Mittlerweile beschäftigen sich viele Bücher mit Kaschrutfragen. Daneben gibt es einige gute Kochbücher mit koscheren Rezepten. Auch Verwandte und Freunde werden über solche Hilfestellungen dankbar sein.

Insgesamt sind alle notwendigen Umstellungen weniger kompliziert, wenn sie nicht als Verpflichtungen angesehen werden, sondern als Konsequenzen des wichtigsten Schrittes im Leben der Konvertiten: der Entscheidung, nicht nur zu konvertieren, sondern als bewusste und stolze Juden zu leben.

III Erfahrungen von Proselyten

1 Einführung in die Interviews

Was ist für Nichtjuden attraktiv am Judentum? Und: Unterscheidet sich die Antwort auf diese Frage abhängig von dem Land, in dem sie leben? Wir haben dies auf einer wissenschaftlichen Ebene bereits zu beantworten versucht. Wir haben gesehen, dass Menschen häufig übertreten, wenn sie einen Juden oder eine Jüdin heiraten. Und dass dies ein Ehe- und besonders ein Familienleben sehr erleichtern kann. Manche treten über, weil ihr Vater Jude ist oder war oder sie sonst aus einer jüdischen Familie stammen. Doch auch Menschen, die bislang keinen familiären Kontakt zur jüdischen Religion hatten, fühlen sich angezogen.

Haben diese Konvertiten irgendetwas außer ihrer neuen Religion gemein? Wie denken sie, wie fühlen sie, wie handeln sie? Im Lauf der vergangenen drei Jahre sind wir zahlreichen Juden in Deutschland und in den USA begegnet, die bereit waren, mit uns über ihren Übertritt zu sprechen. Oft haben uns diese Gespräche sehr bewegt. Wir haben Menschen in Deutschland getroffen, die seit Jahren vergeblich versuchen überzutreten, aber auch solche, die als nichtjüdische Partner eines geborenen Juden sich dessen Religion langsam nähern wollten und rüde zurückgestoßen wurden. Wir haben in beiden Ländern Menschen getroffen, deren Hingabe an das Judentum uns zu Tränen gerührt hat. Wir haben auch Unterschiede in den zwei Ländern gesehen, Unterschiede, die in erster Linie mit der Ermordung der europäischen Juden zu tun haben. Natürlich ist es für einen Deutschen mit anderen Fragen und Skrupeln verbunden, sich zum Volk des Bundes zu bekennen, als für einen Amerikaner. Doch sind deutsche Konvertiten in der Mehrheit wirklich psychisch bedrückte Menschen, die sich auf der Opferseite sehen wollen, wie dies immer wieder von geborenen Juden in der Bundesrepublik behauptet wird? Uns ist allenfalls eine Person aufgefallen, über deren Motive wir uns nicht klar werden konnten. Vor allem aber haben wir in unseren Interviews Folgendes gesehen, und zwar in Deutschland wie in den USA: Es ist in erster Linie die Religion selbst, die die neuen Juden anzieht, es ist die Offenheit dieser Religion, der unmittelbare Zugang zu Gott und das Sozialbewusstsein, ihre Wärme und Familienbetontheit, es sind ihre Feste und Gottesdienste.

Die neuen Juden, denen wir begegnet sind, führen in der Mehrheit ein vorbildliches jüdisches Leben. Wir haben zehn Gespräche zur Veröffentlichung ausgewählt, die uns in besonderer Weise zu zeigen scheinen, welche bedeutende Rolle die Religion im Leben dieser Menschen spielt. Für die Darstellung haben wir uns für die Erzählform aus der Ichperspektive entschieden. Sie reflektiert die Haltung unserer Gesprächspartner am besten. Die meisten von ihnen sind vor einem konservativen oder einem Reform-Bet Din übergetreten. Wir haben aufgeschrieben, was uns die Konvertiten erzählten, und versucht, uns jeder Wertung zu enthalten. Das bedeutet nicht, dass die Autoren manchen Äußerungen und Geisteshaltungen der Interviewpartner, seien sie religiöser oder gesellschaftlicher Natur, nicht kritisch gegenüberstehen. Um des besseren Verständnisses der Leser willen hat die Autorin auch ihre eigene Geschichte aufgeschrieben. Sie ist den Interviews vorangestellt.

2 Mein eigener Weg zum Judentum

Zum ersten Mal habe ich über Juden gehört, als ich 12, vielleicht 13 Jahre alt war. Wir saßen zu dritt im Zimmer meiner beiden Brüder und schauten fern. Im Fernseher wurde ein Beitrag gezeigt über die Befreiung eines Konzentrationslagers. Wir wussten nicht, was wir da sahen. Ich wusste nicht einmal, was ein Konzentrationslager ist. Das einzige, was ich sah, waren Berge von Leichen, die zusammengeschoben wurden. Ich begann, laut zu weinen. Als mein Vater ins Zimmer kam und fragte, was los sei, sagte ich, „Guck, was sie da machen. Das sind alles Menschen. Wer hat das getan?" Er warf nur einen kurzen Blick auf den Bildschirm und sagte: „Das sind Juden." Es klang nicht positiv, und ich hatte das Gefühl, dass irgendetwas sehr falsch war. Wir mussten den Fernseher ausmachen. Von da an versuchte ich, etwas über die Juden zu erfahren, darüber, was mit ihnen geschehen war. Das war nicht einfach. Die Schule half nicht. Unser Geschichtslehrer, der Offizier im Zweiten Weltkrieg gewesen war, kam immer nur bis zur Weimarer Republik. Vielleicht wurden in der Oberstufe Kurse über das sogenannte Dritte Reich angeboten. Ich weiß es nicht, weil ich bis dahin schon längst selber gelesen hatte, was in der Nazizeit passiert war. Doch blieb das alles abstrakt. Ich kannte keine Juden, und die Nichtjuden, mit denen ich über diese Zeit reden wollte, reagierten merkwürdig. Ich wusste nicht, wohin mit dem Zorn, der sich in mir aufbaute. Mein Wertesystem änderte sich in dieser Zeit radikal. Fast alle Menschen, vor denen Respekt zu haben in der kleinen Stadt erwartet wurde, waren aktive Nazis gewesen. Ob es der geachtete Schreibwarenhändler war, der Lebensmittelkaufmann, Lehrer oder Großgrundbesitzer. Meine Eltern hatten einige Namen schon früher immer wieder mal erwähnt, doch erst jetzt, als ich sie konkret danach fragte, erzählten sie über Menschen aus der Zeit. Über die wenigen Juden, die damals in der Stadt lebten, wussten sie nichts. Zumindest sagten sie das. Ich wusste nicht, was ich davon halten sollte. Besonders die Haltung meines Vaters schien mir merkwürdig. Während meine Mutter in der Nazizeit den Konfirmandenunterricht der Bekennenden Kirche besucht hatte und später stolz auf ihre Mutter war, die sie als tiefgläubige Protestantin dorthin geschickt hatte, schien sich mein Vater gewandelt zu haben. Als Jugendlicher wäre er fast von der Schule geflogen, weil er gesagt hatte, Hitler verliere den Krieg ohnehin, zu Hause hörte er den englischen Sender, und von der Flak, zu der er als 16-Jähriger noch eingezogen wurde, floh er zusammen mit dem gleichaltrigen Sohn des Generals und versteckte sich bis Kriegsende in seinem Heimatdorf. Von seinem Vater erzählte man noch in meiner Jugend, dass er niemals den Hitlergruß gesagt habe, sondern stets mit dem in Norddeutschland üblichen „moin, moin" gegrüßt habe. Als die Engländer in das Dorf meines Vaters kamen, war er voller Freude und übersetzte von da an für sie. In dieser Zeit hat er seinen Spitznamen „Charlie" bekommen. Über all das hätte er später froh sein können. Er war es aber nicht. Nach dem Krieg entwickelte er eine merkwürdige Trotzhaltung. Er versuchte, die Fehler, Vergehen und Verbrechen der anderen Länder zu finden, um die seines eigenen zu relativieren. Weil er wusste, dass ich mich viel mit der deutschen Vergangenheit und besonders mit der Ermordung der Juden auseinander setzte, sagte er jedes Mal, wenn etwas über Israel in den Nachrichten kam: „Da kannst Du mal sehen, was die Juden jetzt mit anderen Menschen machen." Anfangs argumentierte ich noch, später verließ ich einfach den Raum, wenn dieses Thema aufkam. Bis in mein frühes Erwachsenenalter hinein begegneten mir Juden immer nur auf diese Weise, als Opfer oder als Menschen, über die man abstrakt redete.

Das war die eine Seite, eine andere war die religiöse. Bereits in der Konfirmandenzeit schrieb ich in einem Aufsatz zu der Frage, wer Jesus Christus für uns sei, er sei sicher ein guter, mutiger Lehrer gewesen, der neue Wege habe gehen wollen, aber ganz sicher hielte ich ihn nicht für den Sohn Gottes. Unser Pastor schrieb mir darunter, das sei intelligent ausgeführt, aber nicht christlich. Das kümmerte mich nicht weiter, ich engagierte mich im CVJM, ging mit meiner damals besten Freundin oft in ihre Kirche zu den Baptisten und dachte, es ist egal, wenn ich vieles anders sehe, Gott weiß ja, wie ich denke. Das ging eine gewisse Zeit, aber spätestens, als ich anfing zu studieren, funktionierte es nicht mehr. Auf mehreren Wegen versuchte ich, den christlichen Glauben so „umzugestalten", dass er sich weiterhin mit meiner Auffassung verbinden ließe, das heißt, alles, was mit der Person Jesu zusammenhing, in einer sehr, sehr freien Weise zu interpretieren. Ich beschäftigte mich viel mit der feministischen Theologie, die mich allerdings auch nicht weiterbrachte. Und irgendwann erschien es mir nur folgerichtig, aus der Kirche auszutreten. Wie konnte ich auf Dauer Dinge beten, die ich in Gedanken ständig umformulieren musste? Also ging ich in den Semesterferien ins Kirchenbüro meiner Heimatgemeinde und fragte, wie man austreten könne. Die Mitarbeiterinnen, die wussten, wie engagiert ich früher gewesen war, baten mich, vorher mit dem Pfarrer zu sprechen. Das tat ich auch. Mittlerweile war ein neuer Pastor da, von ihm hatte ich schon öfter Beiträge in der Zeitung gelesen, die mir gefallen hatten. Und auch unser Gespräch verlief sehr positiv. „Wenn ich selbst wegen aller meiner Zweifel aus der Kirche austreten sollte, ach du meine Güte", sagte er. „Wir brauchen Zweifler, wir brauchen Menschen wie Sie, um voran zu kommen." Das gefiel mir, ausgetreten bin ich aber doch.

Allerdings trat ich kurze Zeit später wieder ein. Ich hatte mich in unseren neuen Pfarrer verliebt, und es machte ihm in der kleinen Stadt schon Schwierigkeiten genug, dass er mit einer Studentin in wilder Ehe lebte. Wir heirateten dann auch sehr schnell, nachdem der Bischof höchstpersönlich bei meinem späteren Mann angerufen und ihn gefragt hatte, wann er sich denn zu entscheiden gedenke. Durch meinen Mann erfuhr ich erstmals ausführlich über das Judentum als Religion. Eigentlich war es nicht zu fassen. Ich hatte unzählige Bücher über die Ermordung der Juden in meinem Bücherregal stehen, doch wusste ich kaum etwas über die lebenden Juden und über die Schönheit des Judentums. Natürlich ist mir in dieser Zeit auch klar geworden, dass diese Religion das Gottesbild vermittelte, das seit langer Zeit mein eigenes war. Doch wäre ich nicht einmal im Traum auf die Idee gekommen, sie zu meiner eigenen zu machen. Zunächst einmal, weil ich durch den Beruf meines Mannes sehr gebunden war und es somit rein praktisch gar nicht gegangen wäre. Doch es gab einen anderen Grund, der schwerer wog. Mittlerweile hatte ich über meinen Mann und später in meinem Beruf als Journalistin Juden kennen gelernt, die Opfer oder Nachkommen der Opfer waren. Ich fühlte einen ungeheuren Respekt ihnen gegenüber und lange Zeit sogar Schuld. Nie hätte ich mir angemaßt, durch die Annahme ihrer Religion mich zu ihnen zu gesellen.

Diese Haltung blieb auch, nachdem mein Mann überraschend an einem Hirntumor starb. Ich war verzweifelt, schrie Gott an und haderte mit ihm und hatte eine große Sehnsucht, diesen Gott, der mir so nahe war, obgleich ich ihn so angriff, auch in den Gottesdiensten zu finden. Doch dort gab es nur den dreieinigen Gott, den Vater, den Sohn und den heiligen Geist. Ich wusste nicht, was das sein sollte, ich wusste nicht, wohin ich gehen sollte. Also ging ich lange nicht mehr in die Kirche. Irgendwann besuchte ich zum ersten Mal eine Synagoge. Ich hatte angefangen, einmal im Jahr eine längere Zeit in New York zu verbringen. Dort war es einfach, Anschluss an jüdisches Leben zu finden. Die Menschen freuten sich, wenn jemand interessiert war. Doch diese Unbefangenheit verlor sich in Deutschland schnell wieder. Durch meine Vorstandstätigkeit in der Gesellschaft für christlich-jüdische Zusammenarbeit in Oldenburg – auch diese Arbeit war ein

„Erbe" meines Mannes – lernte ich zwar immer mehr Juden kennen. Doch es blieb eine unsichtbare Wand, die ich selbst auch gar nicht antasten wollte. Ab und zu ging ich auch in Deutschland in die Synagoge. Hier schienen die Menschen mir kritisch, ja oft feindselig Besuchern gegenüber zu sein. Ich verstand das, und je länger desto mehr fühlte ich mich wie in einer Zwickmühle. Wieso sollten die Menschen nett zu mir sein, nachdem sie annehmen konnten, dass ihre Angehörigen vielleicht von einem meiner Angehörigen umgebracht worden waren? Andererseits sagte ich mir: „Aber ich bin ich, ein eigener Mensch, und ich nehme die Verantwortung für die Vergangenheit auf mich". Ich wünschte mir sehr, dass auch jüdische Menschen das so sähen. Und wirklich taten das auch einige, wie sich herausstellen sollte. Später kam ich ohnehin zu einer völlig anderen Haltung. Ich versuchte, besonders jungen Menschen nahezubringen, dass das Judentum nicht etwas ist, das sich allein durch das Verbrechen definiert, das deutsche Nichtjuden an Juden begangen hatten, sondern dass es etwas Lebendiges, etwas Schönes und Heiliges ist. Fertig bin ich mit diesen Gedanken, mit den Zweifeln, mit der Auseinandersetzung immer noch nicht. Sie sind Gegenstand vieler Gespräche, die ich heute mit meinem Lebensgefährten und mit Freunden führe, die geborene Juden sind.

Ich wäre wahrscheinlich an diesem Punkt stehengeblieben. Wäre ab und zu in die Synagoge gegangen, hätte daneben lange Zwiegespräche mit Gott gehalten und weiter gehofft, dass er mich kennen möge, dass er mir verzeihe und wissen möge, was ich wirklich denke und fühle, nämlich, dass ich ihn als einzigen Gott sehe. Doch dann traf ich meinen jetzigen Lebensgefährten, der mit einer innig geliebten Freundin verheiratet gewesen war. Obgleich ich ihn also kannte, kamen wir erst nach ihrem Tod wirklich in Kontakt, und so ist „treffen" glaube ich das richtige Wort. Trotz unseres Altersunterschieds verliebten wir uns ineinander, und als Rabbiner freute er sich natürlich sehr über mein Interesse am Judentum. In unserem ersten gemeinsamen Urlaub brachte er mir Hebräisch bei. Dann begannen wir, systematisch zu lernen. Ohne viel nachzudenken wusste ich, dass ich nun doch übertreten würde. Mein Partner bestärkte mich in diesem Wunsch. Meine Bedenken verstand er zwar, teilte sie aber nicht. „Kein junger Deutscher und keine junge Deutsche tragen Schuld für das, was passiert ist", sagte er, „allerdings tragen sie alle die große Verantwortung, die Demokratie, die Freiheit und die Rechte anderer Menschen besonders zu schützen und zu verteidigen. Aus dieser besonderen Verantwortung können sie sich nicht lösen." Noch heute sprechen wir regelmäßig über diese Fragen. Ein Jahr später trat ich vor das Bet Din, das der Hauptrabbiner unserer Synagoge in San Francisco zusammengestellt hatte. Die Rabbiner stellten mir inhaltliche Fragen und waren interessiert daran, wie ich mir ein jüdisches Leben in Deutschland überhaupt vorstelle. Es war auch eine Rabbinerin im Bet Din. Sie ist mit mir in die Mikwe gegangen und hat mich, als ich aus dem Wasser herauskam, gesegnet. Das und ihre Fragen, ob ich zum Beispiel dem Volk Israel bedingungslos angehören möchte, haben mich zum Weinen gebracht. Diese Momente gehören zu den bewegendsten meines bisherigen Lebens. Ich wählte den hebräischen Namen Rachel und war stolz, als ich mein Zertifikat auf hebräisch mit diesem Namen unterschreiben konnte.

Ich hatte immer gedacht, es spiele keine besonders große Rolle, ob ich nun übertrete oder nicht. Schließlich komme es auf mein Denken und auf meine Gefühle an. Heute weiß ich, dass dies falsch war. Ja, es stimmt, schon als junge Erwachsene erstrebte ich vieles, von dem ich nicht wusste, dass die Tora es vorschreibt. Ich wollte es einfach. Als mein Lebensgefährte mich einmal fragte, was mein Lebensziel sei, sagte ich ihm, ich wolle ein Mensch werden, ein Mensch in seiner vollen Bedeutung. Das strebe ich immer noch an, ebenso wie ich weiterhin versuchen möchte, sozial zu leben, andere Menschen in ihrer Andersartigkeit zu respektieren und für andere da zu sein. Sicherlich hätte ich das alles auch tun können, ohne Jüdin zu sein. Doch es ist sehr schön, eine Ganzheit zu spüren: Meine Religion, mein Gottesbild und meine innere Haltung decken sich nun. Ich lebe, was ich im Innersten vertrete und verantworten kann. Zum Beispiel ist das Judentum die einzige Religion, die Andersgläubige ausdrücklich respektiert und ihnen das Seelenheil garantiert, wenn sie die sieben Grundgebote für die gesamte Menschheit einhalten. Ich finde das sehr schön: ein in der Religion verankertes Toleranzgebot.

Und auch im Zusammenleben mit meinem Partner ist die gemeinsame Religion etwas, das zur Ganzheit beiträgt, einer anderen Form von Ganzheit. Unsere Partnerschaft vertieft sich durch gemeinsame Erfahrungen in der Synagoge, durch Auseinandersetzungen um religiöse Richtungsfragen, durch gemeinsame Gebete und durch das Lernen zu Hause. Jeden Morgen legt er Tefillin, um sich zumindest einmal am Tag seiner jüdischen Identität zu versichern und sie zu fühlen. Heute verstehe ich das gut. Sicherlich hat er mir geholfen, mich selbst schneller als Jüdin zu fühlen. Auch wenn er nicht da war, habe ich mich in der ersten Zeit bemüht, jeden Freitagabend die Kerzen zu zünden, wenn mir das auch zunächst etwas aufgesetzt vorkam. Heute könnte ich es mir nicht anders vorstellen. Ohne die Religion zu praktizieren, hätte ich dieses Gefühl der Zugehörigkeit nicht aufgebaut. Das Judentum ist stark auf die Familie, deren Zusammenhalt ausgerichtet. Ich bin glücklich, ein ganzer, ein vollwertiger Teil seiner Familie zu sein, an den Sederabenden nicht als religionsfremder Gast, sondern aktiv teilnehmen zu können, an Jom Kippur gemeinsam mit den anderen zu fasten und an Chanukka selbst die Lichter zünden zu dürfen. Meine Geschwister haben meinen Werdegang miterlebt und fanden meinen Schritt nur folgerichtig. „Na endlich", kommentierte mein jüngster Bruder den Übertritt. Alle drei sind nicht kirchengebunden, so konnte keiner von ihnen das Gefühl entwickeln, ich hätte einen Weg verlassen, der für ihn selbst wichtig ist. Sicherlich hätte es meine Entscheidung nicht beeinflusst, wenn solche Probleme aufgetreten wären. Doch war es gut für mich, meinen Weg ohne solche Auseinandersetzungen gehen zu können.

Sowohl in Amerika als auch in Deutschland haben wir viele jüdische Freunde. Die Familie und unsere Freunde in den USA haben meinen Übertritt überaus positiv gesehen. Für sie ist es viel normaler, dass jemand konvertiert, als in Deutschland. Es gibt viele Mischehen, und oft treten die nichtjüdischen Partner über. Alles ist viel einfacher, die liberalen Juden sind ebenso geachtet wie die Orthodoxen. Das „Judesein" wird gerade in großen Städten auch von Nichtjuden für nichts Besonderes gehalten. Man ist unbefangener. Einen Vergleich zwischen dem Leben in den USA und Deutschland sollte man ohnehin besser nicht machen, wenn man weiterhin glücklich als Jude in Deutschland leben möchte. Ich weiß natürlich, dass es diese Unbefangenheit in Deutschland nicht geben kann, doch sehne ich mich oft danach. Unsere jüdischen Freunde in Deutschland haben sich zum Teil über meinen Schritt gefreut, andere haben es gar nicht richtig mitbekommen, schließlich hat sich nicht viel an unserem Leben geändert. Seit ich meinen Mann kenne, haben wir einen jüdischen Haushalt geführt.

Meine nichtjüdischen Freunde haben meine Entscheidung respektiert, von einigen Menschen, die ich für Freunde gehalten habe, musste ich mich allerdings distanzieren. Ihre Kritik an Israel ging weit über das Erträgliche und Tolerable hinaus. Sie äußerten sich klar antisemitisch. Als ich eine solche Erfahrung zum ersten Mal machte, habe ich hinterher geweint. Plötzlich fühlte ich mich an einem großen Tisch völlig allein. Schon von jeher war ich antisemitischen oder ignoranten Äußerungen gegenüber empfindlich, was mich nicht immer beliebt machte, besonders nicht bei älteren Menschen, die meinen blonden Zopf offenbar gerne als Zeichen einer besonderen Verbundenheit ansahen. Das letzte Mal verließ eine Unverbesserliche vorzeitig die U-Bahn. Dem war Folgendes vorausgegangen. Neben uns saß ein Jugendlicher, der sich ein wenig lümmelte und seine Musik hörte. Sie sagte: „Diese Jugend heute weiß sich nicht mehr zu benehmen." Ich antwortete: „Na ja, als wir jung waren, haben wir uns auch anders verhalten als heute." Darauf sie: „Wir zu unserer Zeit nicht." Ziemlich verdutzt entgegnete ich, das könne ja wohl kaum sein, da das die Zeit der nationalsozialistischen Herrschaft gewesen sein müsse. „Ja", sagte sie, „und wir wussten noch, was Recht und Ordnung ist." Ich habe sie dann nur noch gefragt, wie sie so etwas überhaupt sagen könne, nach dem, was sie heute wisse. Woraufhin sie wutentbrannt aufstand und ging. Mich machen manche Stereotypen wirklich krank. Vor allem das Verhältnis zu Israel und die Beurteilung des israelisch-palästinensischen Konflikts scheinen mir bei vielen, auch bei jungen Menschen, von dem Bedürfnis getragen, durch einseitige Belastung und Verurteilung der Israelis und deren Handeln eigene Entlastung zu erfahren. Nur wenige bemühen sich, diesen Konflikt von beiden Seiten zu sehen, seine Geschichte zu lesen und ihn in einer Weise zu beurteilen, die seinem Verlauf gerecht wird.

Für mich ist Israel eine Art Heimat. Ich bin stolz, wenn ich etwas Positives lese und ärgere mich, wenn israelische Politiker Entscheidungen treffen, die aus meiner Sicht nicht richtig sind. Immer stärker erfahre und fühle ich, dass das Judentum nicht nur eine Religion ist. Es ist eine Ethik, eine Lebenshaltung mit dem damit verbundenen Handeln, es ist ein Auftreten anderen gegenüber, und es ist ein Gemeinschaftsgefühl mit anderen Juden, egal, ob sie reich oder arm, weiß oder schwarz, orthodox oder liberal sind. Wir Juden gehören nicht nur einer gemeinsamen Religion an, sondern sind ein Volk. Und für mich ist es eine große Ehre, diesem Volk anzugehören. Bereut habe ich meinen Übertritt noch nie. Manchmal denke ich zwar, wie viel unkomplizierter vieles im Umgang der Juden in Deutschland untereinander sein könnte, doch solche Gedanken zu äußern bringt wenig, weil oft unsachlich darauf reagiert wird. Das ärgert mich. Mittlerweile fühle ich allerdings eine größere Akzeptanz. Irgendwann sollten Juden einfach Juden sein, egal ob durch Geburt oder aus freier Wahl. Wir müssen gemeinsam sehen, dass wir weiterkommen, und dazu ist Kritik notwendig. Doch um sie auch von Konvertiten annehmen zu können, müssen die geborenen Juden sie wirklich als ihresgleichen ansehen. In dieser Beziehung ist es in den USA einfacher. Ich weiß nicht, ob man diese verschiedenen Verhaltensweisen allein mit der Ermordung der Juden und den Traumatisierungen begründen kann, die sie bei den Überlebenden und deren Kinder hinterlassen hat. Natürlich sind die Nachgeborenen hier oft traumatisiert. Doch auch in unserem amerikanischen Freundeskreis sind viele die Kinder von Überlebenden oder Emigranten. Und dennoch respektieren sie mich bei jeder Gelegenheit als dazugehörig, als Jüdin. Dort kann ich sein, wie ich will und bin, eben auch selbstironisch, sarkastisch oder sehr kritisch, und dies alles auch in jüdischen Fragen. Und wenn eine meiner Aussagen nicht auf Gegenliebe stößt, würde das niemand in einen Zusammenhang damit bringen, dass ich nicht als Jüdin auf die Welt kam. Vielleicht hat das auch damit zu tun, dass die meisten in diesem Kreis konservative oder Reformjuden sind. Und wahrscheinlich kann es diese Unbefangenheit im Umgang in Deutschland noch nicht geben. Wünschen tue ich es mir dennoch manchmal.

3 Aussagen von Juden aus freier Wahl

Übertritte in Deutschland

Eric Lehmann

Eric Lehmann ist ein echter „Meenzer". Er unterhält sich gerne mit anderen Menschen, ist humorvoll und offen für alles Neue. Der gelernte Hotelfachmann wurde 1975 geboren und arbeitet heute in einem Ingenieurdienstleistungsbüro, in dem er unter anderem für den Einkauf zuständig ist. Der Single bezeichnet sich als konservativ bis orthodox. Seine Kippa trägt er auch im Geschäft. Offiziell ist er seit 2003 Jude.

Ich bin als Einzelkind in einer katholischen Familie groß geworden, wurde also getauft und habe den normalen christlichen Weg eingeschlagen. Sonntags musste ich in die Kirche. Mitgegangen sind meine Eltern nicht, meine Mutter hat mir eine Mark gegeben, fünfzig Pfennig für den Klingelbeutel und fünfzig Pfennig fürs Kerzenanzünden, da sollte ich dann für sie beten. Eigentlich war ich ganz gerne dort. Doch schon in der Grundschule fing ich an, mich für andere Kulturen zu interessieren. Als ich sieben oder acht Jahre alt war, haben wir zum Beispiel im Religionsunterricht die zehn Gebote durchgenommen, und zwar in der jüdischen Form, die sich ja in der Zählung von der christlichen unterscheidet. Wir sprachen die Gebote durch: Ich bin der Ewige, Dein Gott. Und: Gedenke des Sabbattages, ihn zu heiligen. Und ich habe gefragt: Was ist denn Sabbat? Die Lehrerin hat erklärt, dies sei der Ruhetag der Juden, und zwar ein Sonnabend. Und meine Gegenfrage war sofort: Machen wir Christen es denn richtig? Schließlich halten wir ja den Sonntag als Ruhetag ein. Das konnte sie nicht beantworten. Schon als Kind haben mich die Geschichten aus dem alten Testament sehr interessiert. Ich fand sie so farbenfroh. Besonders die Geschichten von Jakob und Joseph und seinen Brüdern hatten es mir angetan.

Jesus war für mich immer nur ein Mensch und nicht die Inkarnation Gottes. Als Kind konnte ich mir darüber natürlich noch keine Gedanken machen, aber als ich ungefähr 14 war, fing ich an, gezielter Fragen in diese Richtung zu stellen. Als Katholik hat man mit 15 ja die Firmung, um den Glauben noch einmal zu bestätigen, also begann ich darüber nachzudenken, was ich da eigentlich bestätigen sollte. Und ich kam zu dem Schluss, der für mich heute noch gilt: Jesus ist als Jude geboren und als Jude gestorben. Das war's aber auch. Er war einer der vielen Lehrer damals. Ich entwickelte Zweifel an der christlichen Lehre und begann mich anderweitig zu orientieren. Schon vorher hatte ich mich für den Buddhismus begeistert. Mein Zimmer sah, als ich zwischen elf und 13 Jahre alt war, aus wie ein Chinarestaurant. Da standen eine Buddhafigur aus Porzellan herum und kleine Philosophenfiguren, ich hatte Schirme und Lampions. Für so etwas habe ich in dieser Zeit wirklich mein Geld ausgegeben. Ich glaube, in dem Alter mochte ich den Buddhismus auch deshalb, weil die Götter alle so bildhaft dargestellt waren. Aber richtig begründen kann ich das Interesse eigentlich gar nicht mehr. Es war einfach etwas Neues. Das Katholische kannte ich nun wirklich gut, das Evangelische auch ein bisschen durch Klassenkameraden. Ich wollte etwas anderes.

Ein wenig Kontakt hatte ich auch schon mit dem Judentum gehabt. Als Zehnjähriger habe ich ein Jahrbuch durchgeblättert. Komischerweise haben mich als Kind Bücher für Erwachsene immer mehr interessiert als Kinderbücher. Ich blätterte also in diesem Jahrbuch und sah eine Abbildung der Synagoge in Weisenau, einem etwas abgelegenen Mainzer Stadtteil. Das Gebäude sah schlimm aus. Ich bin zu meiner Oma gegangen und habe sie gefragt: „Was ist denn das?" Und sie sagte, „Das ist ein Gotteshaus. Da gingen die Juden früher beten. Das sind die mit dem schwarzen Kaftan und den Schläfenlocken." Na ja, heute weiß ich, dass ich da gleich ein Vorurteil mitbekommen hatte, wie Juden aussehen. Damals habe ich mir allerdings nichts dabei gedacht, weil ich selbst überhaupt nichts wusste. Für mich war es nur sehr schlimm zu hören, dass ein Gotteshaus in einem solchen Zustand war. Es stand sogar da, dass es als Hühnerstall genutzt worden sei. Innen drin lag Müll. Ich hatte keine Ahnung, was passiert war, warum nicht nur diese Synagoge in einem solchen Zustand war, doch ich fühlte, dass hier irgendwas nicht stimmte. Ich wollte tatsächlich eine Spendenaktion für die Synagoge starten. Meine Mutter redete mir das aus. „Du kannst doch nicht mit einer Sammelbüchse durch Weisenau laufen und Geld sammeln", sagte sie. 1988 fing ein bekannter Mainzer Bürger allerdings genau damit an. Er sammelte Geld, und heute ist die Synagoge wieder ein Gotteshaus und ein Lehrhaus.

Erst Jahre später sollte ich mit dem Judentum auf eine Weise in Berührung kommen, die mein Leben veränderte. Schon immer hatte ich vorgehabt, nach Israel zu fahren. Ich wollte wissen, wie es da aussieht. Vor allem auch, weil mich die Spuren Jesu interessierten. Auch wenn ich die Vorstellung ablehnte, dass er der Sohn Gottes ist, hat er mich als Mensch weiter interessiert. Er interessiert mich heute noch. Mit 19 Jahren bekam ich dann die Chance, Israel tatsächlich kennen zu lernen. Ich war in dieser Zeit mit einem Mädchen befreundet, dessen Eltern sich kulturell sehr engagierten. Alle zwei Jahre organisierten sie Bildungsreisen für ihren großen Familien- und Freundeskreis. 1993 saßen wir im Sommer bei ihnen auf der Terrasse, und ich bekam mit, dass sie für das nächste Jahr eine Reise nach Israel planten. Und während ich noch dachte: „Hoffentlich kann ich da irgendwie mitkommen", sagte meine Freundin: „Da kann der Eric doch mitfahren." Ich habe von da an mein ganzes Geld für diese Reise gespart. Ich war noch in der Ausbildung in einem Mainzer Hotel, und dies sollte mein erster richtiger Urlaub werden. Als wir 1994 im Heiligen Land ankamen, war gerade Ostern. Für uns, die wir mehrheitlich Katholiken waren, sollte es natürlich die besondere Attraktion sein, diverse christliche Stätten um diese besondere Zeit zu besuchen. Wir haben an wichtigen Gottesdiensten teilgenommen und die Osternacht in der Dormitio-Abtei auf dem Zionsberg in Jerusalem erlebt. Doch was mich besonders beeindruckt hat, war eine jüdische Feier. In diesem Jahr fiel Ostern zeitlich mit dem Pessachfest zusammen. Unser Hotel in Eilat hat einen Sederabend ausgerichtet, und zwar für Israelis, die keinen eigenen Seder zu Hause ausrichten wollten. Die Touristen waren ebenfalls eingeladen, viele der Hotelgäste waren amerikanische Juden, doch auch wir als Nichtjuden haben teilgenommen. Mir hat das sehr gefallen, diese Familienatmosphäre, das gute Essen, das man zusammen genossen hat. Heute würde ich sagen, wir sind viel zu schnell gegangen, denn eigentlich wird es an den Sederabenden nach dem Lesen der Haggada immer am lustigsten.

Ebenfalls in Eilat hatte ich dann das einschneidende Erlebnis. Wir waren am Freitagabend zum Gottesdienst in einer Synagoge. Sie war noch im Rohbau, doch man hatte unten im Keller schon eine provisorische Synagoge eingerichtet. Wir sind hingekommen, haben uns auf die Plätze gesetzt, die frei waren, und von Anfang an hat mich alles fasziniert. Der Rabbiner saß da, sein Enkel kam, er hat ihn auf seinen Schoß gezogen, irgendwann ist eine Katze durch den Raum gedüst, die Leute, denen wir ihre Stammsitze weggenommen hatten, setzten sich woanders hin. Alles war unkompliziert. Ich fand das unglaublich schön, einen Gottesdienst mit so einfachen Mitteln zu gestalten. Es war lebendig. Ich glaube, in dem Moment wusste ich, dass dies meine Zukunft ist. Der Besuch in Israel war anders ausgegangen, als ich gedacht hatte. Ich war der Kirche damals schon sehr entfremdet. Und ein wenig hatte ich auch darauf gesetzt, dass mich der Besuch all der heiligen christlichen Stätten vielleicht wieder auf die Spur bringen könnte. Doch davon konnte nun keine Rede mehr sein. In Yad Vashem habe ich mir meinen ersten Siddur gekauft, obgleich ich kein Wort darin lesen konnte, den habe ich heute noch immer dabei. In Jerusalem habe ich in den letzten Tagen eine Mesusa erstanden. Zu Hause habe ich in Deutsch das Sch'ma Jisrael auf ein winziges Blatt Papier geschrieben und es hineingelegt. Das war Blödsinn, wie ich heute weiß, doch ich wollte etwas tun, irgendwie anfangen. Mit dieser Mesusa ist außerdem eine Geschichte verbunden, die mich bewegt hat. Ich habe den Inhaber des Geschäfts, in dem ich sie gekauft habe, auf Englisch angesprochen, und er antwortete auch in dieser Sprache. Doch plötzlich fragte er in Deutsch: „Wo kommen Sie her?" Ich sagte: „Aus der Nähe von Frankfurt." „Kenne ich", sagt er. Na ja, wenn er das schon kennt, kennt er vielleicht auch Mainz, dachte ich, und sagte: „Eigentlich komme ich aus Mainz." Und er sagte: „Ich auch." Wie sich herausstellte, hatte seine Familie vor ihrer Flucht aus Nazideutschland ein ganz bekanntes Mainzer Geschäft betrieben. Wir haben uns dann unterhalten, bis mich die Mutter meiner Freundin aus dem Laden herausbugsiert hat. Vor zwei Jahren, als ich in Israel war, wollte ich ihn wieder besuchen, doch es ging ihm nicht gut. In seinem Geschäft konnte ich nur mit seiner Tochter sprechen. Die Mesusa von ihm habe ich noch, sie hängt an meiner Küchentür.

In einem anderen Laden hatte ich auch noch eine kleine Torarolle gefunden. Vor meiner Freundin habe ich diese Käufe geheim gehalten. Sie war strikt katholisch geprägt und hat ziemlich allergisch darauf reagiert, dass ich mich plötzlich mit einer anderen Religion beschäftigte. Unsere Beziehung ist bald darauf auseinander gegangen.

Nach diesem Urlaub wollte ich unbedingt in die Synagoge in Mainz. Doch es hat noch ein Jahr gedauert, bis ich endlich da war. Ich habe mich nicht getraut, allein und ohne Grund hinzugehen. Einfach morgens aufzuwachen und zu sagen: Heute gehe ich in die Synagoge, wäre mir nicht in den Sinn gekommen, dazu waren die Berührungsängste zu groß. Im Herbst 1995 kam meine Chance. Ich habe meinen Zivildienst im Bischöflichen Ordinariat gemacht, beim Deutschen Jugendwerk. Wir hatten dort immer einen so genannten Besinnungstag, an dem sich alle Mitarbeiter mit verschiedenen Themen beschäftigten, irgendwo hinfuhren, Workshops machten und so weiter. Einer dieser Tage hatte neben anderen Angeboten das Buch Kohelet zum Thema, das war verknüpft mit einem Ausflug in die Mainzer Synagoge. Einen Ausweichpunkt auf dem Programm habe ich erst gar nicht mehr angekreuzt. In der Synagoge habe ich sofort einen netten Mann kennen gelernt, der Gabbai in dieser Gemeinde war und uns geführt hat. Ihn habe ich gefragt, ob ich auch zum Gottesdienst kommen könne. Klar kannst Du kommen, hat er gesagt. Ich bin anschließend sofort in die Buchhandlung gegangen und habe mir mein erstes Buch über das Judentum gekauft, den Grundstock meiner heutigen Bibliothek. Dann habe ich mir am nächsten Sonnabend meine Einheitsübersetzung der Bibel unter den Arm geklemmt – immerhin wusste ich ja schon, dass man die Tora liest – und bin zum ersten Mal am Schabbat in die Synagoge gegangen. Mir hat von Anfang an gefallen, dass der Vorbeter mit der Gemeinde ist. Es ist nicht wie in der Kirche, wo einer vorne steht und den Alleinunterhalter spielt. Außerdem gab es damals noch einen Kantor, der gesungen hat, und ich habe eine Gänsehaut bekommen und mich dem Himmel ziemlich nah gefühlt, so schön war das. Natürlich habe ich kein Wort verstanden, jemand hatte mir das Gebetbuch gegeben, so habe ich immer, wenn ein bekanntes Wort wie beispielsweise Jerusalem kam, versucht, das auf deutsch zu finden und auf diese Weise mitzukommen. Doch auch wenn ich sprachlich nichts mitbekommen habe, konnte ich auf einer anderen Ebene verstehen. Es hat mir gut getan. Und ich wusste endgültig, dies ist mein Weg.

Über einen Bekannten habe ich einen Hebräischlehrer gefunden, bei dem ich zwei Jahre gelernt habe. Mittlerweile lese ich fließend, und es reicht sogar, mir in Israel einen Kaffee zu bestellen oder nach dem Weg zu fragen. Noch im selben Jahr, also 1995, habe ich aufgehört, Schweinefleisch zu essen. Erst bin ich ausschließlich auf Pute gewechselt, dann habe ich mein Fleisch bei türkischen Metzgern geholt, die rituell schlachten. Und nun kaufe ich nur noch im koscheren Geschäft in Frankfurt. Ich lasse mir das Fleisch einschweißen und kaufe meist auf Vorrat. Zu Hause koche ich so, dass mein Rabbiner bei mir essen kann. Das ist für mich eine Ehre. Außer Haus esse ich vegetarisch. Sogar der Koch in unserer Firma weiß das und geht sehr nett darauf ein. Manchmal weist er mich auf Speisen hin: „Die Erbsensuppe kannste essen", sagt er dann zum Beispiel, „ habe ich selbst gemacht, ist kein bisschen Fleisch drin." Auch meine Eltern haben sich darauf eingestellt. Wenn ich bei ihnen bin, kocht meine Mutter extra für mich.

Meine Eltern hatten Zeit, sich an mein Judentum zu gewöhnen. Es war ja eine langsame Entwicklung, die sie außerdem haben kommen sehen, wie sie heute sagen. Meine Mutter hat es hingenommen, als ich 1998 aus der Kirche ausgetreten bin, meinem Vater war das ohnehin nicht wichtig. Er kann mit allen religiösen Institutionen nichts anfangen. Beide Eltern waren schon in der Synagoge. Meine Mutter fand es das erste Mal etwas befremdlich, mein Vater sagte, er brauche so etwas zwar nicht, aber er finde es gut und richtig, dass ich es mache. Wir unterhalten uns öfter darüber. Er ist in jeder Beziehung offen und hat sich intensiv mit dem Judentum auseinandergesetzt, nachdem er gemerkt hat, wie ernst mir das alles ist. Ich finde das schön, aber eigentlich auch selbstverständlich. Schließlich liebe ich meine Eltern, und sie lieben mich. Das heißt für sie auch, dass sie mich mein eigenes Leben führen lassen. Als ich in der ersten Zeit noch bei ihnen wohnte, habe ich das getan und gleichzeitig versucht, sie dabei nicht auszugrenzen. Was bisweilen schwer war. Zum Beispiel habe ich jeden Freitag allein in meinem Zimmer Schabbat gefeiert, Kerzen gezündet und selbstgebackene Challa gegessen. Aus Rücksicht besonders meiner Mutter gegenüber wollte ich es nicht unter ihren Augen machen. Ich hatte Angst, dass es sie traurig macht. Manchmal ist sie aber an diesen Abenden in mein Zimmer gekommen und hat sich einige Minuten zu mir gesetzt. Außerdem liebt sie meine Challa, davon wollte sie immer was.

Zu den hohen Feiertagen im Jahr 2001 habe ich angefangen, eine Kippa zu tragen. Das war so eine Art Selbstversuch, mich nach außen als Jude zu bekennen. Zizit hatte ich damals zwar schon länger an, aber ich trage sie bis heute unter dem Hemd, man sieht sie also nicht. Ich habe meinem Chef gesagt, an den Feiertagen würde ich eine Kippa aufsetzen. Es war für ihn kein Problem. Ich habe dann gemerkt, dass ich mich wohl damit fühle und sie aufbehalten, auch als Jom Kippur vorbei war. „Wie lange gehen denn Eure Feiertage?" fragte mein Chef nach ungefähr zwei Monaten, und ich sagte, ich hätte mich entschieden, sie jetzt immer zu tragen. Auch das war in Ordnung. Ich bin im Unternehmen neben dem Einkauf unter anderem für den Empfang zuständig, und es ist interessant, wie die Kunden auf meine Kopfbedeckung reagieren. Einige haben mir tatsächlich schon zugeflüstert, „Ich komme aus einer jüdischen Familie" oder „Meine Großmutter war Jüdin". Doch sie sagten es so, als sei es ihnen ein belastendes Familiengeheimnis. Schwierigkeiten habe ich wegen meiner Kippa noch nie gehabt.

Zu diesem Zeitpunkt führte ich ein vollkommen jüdisches Leben, hielt den Schabbat, betete in der Synagoge, war aber offiziell noch kein Jude. Seit 1996 wusste ich, dass ich übertreten wollte. Ziemlich schnell hatte ich auch durch Gespräche mit Freunden und Zeitungslektüre herausgefunden, wer für diese Fragen in Deutschland maßgebend ist. Doch ich musste lernen, dass die Rabbiner in diesem Land einen Kandidaten nicht nur dreimal wegschicken, wie es die Halacha vorsieht, sondern ihn – aus meiner Sicht ohne Grund – endlos warten lassen. Fast sieben Jahre sind seit meiner Entscheidung überzutreten bis zu meiner Konversion vergangen. Zuerst habe ich mich an einen Rabbiner gewendet, der als liberal galt und mir von einem Freund empfohlen worden war. Der hat mir sehr nett zurück geschrieben, er sei für mein Einzugsgebiet nicht zuständig, ich möge mich an einen ebenfalls liberalen Rabbiner in München wenden. Doch über den hatte ich soviel gehört, was mir nicht gefallen hatte, dass ich diesem Ratschlag nicht gefolgt bin. Stattdessen habe ich Briefe geschrieben an den Sprecher der Deutschen Rabbinerkonferenz. Wochen nach meinem letzten Brief rief er bei mir zu Hause an, ich habe schon gar nicht mehr damit gerechnet. Er hat mich dann ziemlich lange ausgefragt, um mir anschließend zu sagen, er sei dafür ohnehin nicht zuständig, ich solle mich an den für mich zuständigen Rabbiner wenden. Das Problem war nur: In ganz Rheinland-Pfalz hatte es seit dem Krieg keinen Rabbiner mehr gegeben. Irgendwann habe ich gedacht, ich müsse halt ein wenig geduldig sein und warten.

Dann bekamen wir für zwei Jahre einen Rabbiner in Mainz. Doch der hatte nicht einmal Zeit, Religionsunterricht zu machen, zumindest hat er das behauptet. Für Übertritte hat er sich nicht sonderlich interessiert. Eine Zeit, nachdem er aus Mainz weggegangen war, habe ich ihn in Köln in einem koscheren Restaurant noch einmal wieder gesehen. Er trug plötzlich einen Bart, war also offensichtlich zur orthodoxen Seite gewechselt. Vorher hatte er sich als konservativ bezeichnet. Wir haben uns kurz unterhalten, er fragte auch nach meinem Übertritt, und als ich ihm sagte, dass ich immer noch dabei bin, sagte er: „Gehen Sie nach Amerika oder nach Israel." Das kann aus meiner Sicht nur jemand sagen, der von dem normalen Leben wenig Ahnung hat. Man kann schließlich nicht alles liegen lassen und sich mal eben für einige Monate in ein anderes Land auf und davon machen. Ich hatte mich vorher schon mit diesem Thema beschäftigt. Mir war klar, dass es viel unkomplizierter ist, in den USA überzutreten. Und eines Tages hatte mir mein Hebräischlehrer einen Riesenstapel Bewerbungsunterlagen aus Amerika mitgebracht. Als ich sie sichtete, sah ich erst, wie einfach eine Konversion in den Staaten tatsächlich war. Es waren Unterlagen aus verschiedenen Bundesstaaten dort und man konnte sich die Richtung aussuchen: liberal, konservativ, orthodox. Es stand drin, welche Rabbiner jeweils vor Ort waren, wie lang die einzelnen Kurse gehen und so weiter. Doch um für ein halbes oder für ein Jahr nach Amerika zu gehen, hätte ich meinen Job aufgeben müssen, und das wäre mir zu riskant gewesen. Ich war also auf Deutschland angewiesen.

In der Zwischenzeit hatte ich mir autodidaktisch vieles beigebracht. Ich las mittlerweile gut hebräisch und konnte mühelos mitbeten, ich habe viel Literatur gelesen und manchmal Seminare besucht. Oft habe ich mir Problemsituationen vorgestellt und versucht, sie mit Hilfe von Büchern zu lösen. Man kann das wohl wirklich „learning by doing" nennen. In dieser Wartezeit war ich auch zum ersten Mal in den Vereinigten Staaten. Gemeinsam mit einigen Freunden habe ich Urlaub an der Westküste gemacht und konnte nicht glauben, wie selbstverständlich jüdisches Leben dort war. Von den verschiedenen Synagogen abgesehen gab es überall in den größeren Städten Buchläden und koschere Geschäfte. In San Diego bin ich etwas außerhalb der Stadt auf Einkaufstour gegangen, und zwar in einer Art Kaufhaus für alles, was mit Judentum zusammenhing. So etwas hatte ich noch nie gesehen. In einer Ecke stand Literatur für Erwachsene, in einer anderen konnten Kinder etwas finden, es gab Ecken mit Chanukkiot und Ecken mit verschiedenen Talliot, mit allem, was ich mir hätte vorstellen können. Dort habe ich mir meine ersten Tefillin gekauft. Über vierhundert Dollar habe ich insgesamt ausgegeben.

Einige Zeit später kam endlich ein Rabbiner nach Mainz, der offen war für die Leute, die übertreten wollten. Er hat sich gewundert, dass Beter, die sich so integriert hatten, noch keine Juden waren. „Das muss sich ändern", hat er gesagt. Und: „Es gibt nur einen Weg in das Judentum, nämlich den nach der Halacha." Und in der Halacha steht eben nicht, dass die Rabbiner des Bet Din eine bestimmte religiöse Richtung vertreten müssen. Bei ihm habe ich dann noch ein Jahr gelernt, und anschließend sind wir mit einer größeren Gruppe von Mainz nach Berlin gefahren, wo das Bet Din in der Synagoge an der Oranienburger Straße zusammen getreten war. Der Vorsitzende des Gremiums war der bekannte, mittlerweile verstorbene, liberale Londoner Rabbiner Albert Friedlander, auch seine beiden anderen Kollegen und der Beisitzer galten als liberal, was in diesem Fall bedeutete, dass sie der Reformbewegung angehörten. Ich war der erste, der antreten musste, und sie haben mich inhaltlich geprüft und dann nach meinen Beweggründen gefragt. Anschließend bin ich in die Mikwe gegangen. Beschneiden lassen hatte ich mich schon vorher, so dass mir nur noch der obligatorische Tropfen Blut entnommen werden musste. Als hebräischen Namen habe ich Jakob gewählt.

Am nächsten Schabbat habe ich meine Eltern und meine Freunde zu meinem ersten Aufruf in die Synagoge eingeladen. Es war sehr schön, alle haben sich mit mir gefreut. Ich kenne niemand, der meinen Schritt nicht akzeptiert hätte. Auch meine Mitbeter waren froh. „Willkommen im Club der Verfolgten", hat ein Bekannter aus Frankfurt gesagt, der für mich ein großväterlicher Freund ist. Ich konnte und kann darüber lachen, weil alle wussten, dass mein Wunsch, dem Judentum beizutreten, nichts mit irgendeinem Bedürfnis zu tun hatte, mich auf die Seite der Opfer zu stellen oder was immer den Konvertiten sonst unterstellt wird. Natürlich fühle ich Verantwortung, wenn ich an die Schoa denke, aber ich habe keinen Täterkomplex. Soweit ich weiß, haben meine Großeltern auf beiden Seiten weiterhin ein gutes katholisches Leben in der Nazizeit geführt, auch wenn ich für keinen meiner Verwandten die Hand ins Feuer legen könnte. Ein Rest Unsicherheit bleibt immer. Ich würde mich gerne besonders mit meiner Großmutter mütterlicherseits einmal ausführlich über diese Zeit unterhalten. Manchmal finde ich es schade, dass sich alles in Deutschland, was mit Juden zu tun hat, so sehr auf die Opferrolle fokussiert. Das reduziert aus meiner Sicht die Schönheit und die Bedeutung des Judentums.

Ich führe heute ein bewusstes jüdisches Leben. Ich halte den Schabbat, esse nach wie vor koscher und habe meinen Rabbiner sogar um Rat gefragt, als ich mir eine Katze zulegen wollte. Warum? Wegen des Futters, das ja sicherlich nicht koscher ist und in meiner Wohnung herumstehen würde. Er antwortete, das sei kein Problem, im Gegenteil, der Umgang mit Tieren tue den Menschen gut. Seitdem habe ich meinen kleinen Hausgenossen. Meinen Urlaub verbringe ich so, dass ich eine Synagoge besuchen kann. Bisher hat das ganz gut geklappt. In unserer Gemeinde bin ich mittlerweile Gabbai. Ich versuche, einerseits das Leben in der Gemeinde zu stärken, aber auch den Kontakt nach außen nicht zu verlieren. Eine überspannte Abgrenzung geht mir auf die Nerven. Mein Vorbild ist ein alter Mann aus unserer Gemeinde, der nun leider tot ist. Er hat einmal in einem katholischen Krankenhaus gelegen, und als der Arzt ihn fragte, ob man das Kreuz mit Jesus über seinem Bett entfernen solle, hat er gesagt: „Ach, den lassen sie mal hängen, der war ein guter Jude." Wie er möchte ich wissen, wer und was ich bin, und aus diesem Wissen heraus offen auf andere zugehen können. Beispielsweise bin ich Mitglied in einem Forum für Christen, Juden und Muslime. Wir toben uns in den Sitzungen manchmal richtig aus. Aber zugleich eint uns, dass wir alle bemüht sind, den Menschen mehr Wissen über die einzelnen Religionen zu vermitteln. So planen wir, auch in die Schulen zu gehen. Eines könnte ich allerdings nicht mehr, nämlich in einer Kirche zusammen mit Christen beten. Auch wenn ich nicht mitbeten würde, es wäre mir schon zuviel, wenn sie in meiner Gegenwart ihr Glaubensbekenntnis sagen. Es gibt Grenzen, die ich auch versuche, meinen Eltern klarzumachen. Vor einiger Zeit habe ich ihnen beigebracht, dass ich auf Dauer nicht mehr zu Weihnachten zu ihnen kommen kann. Das wird hart werden, besonders für meine Mutter. Aber hier geht es um meine Identität.

Dazu gehört auch, dass ich eine Jüdin heiraten werde, egal ob sie jüdisch geboren ist oder sich aus freien Stücken dafür entscheidet. Ich möchte eine jüdische Familie gründen und nicht irgendwann ein Wochenendjude sein, und die Mutter ist nun einmal die Religionsstifterin im Judentum. Eine Beziehung ist bereits an diesem Wunsch kaputt gegangen. Ich habe diese Frau geliebt, sogar mir ihr zusammen gelebt, doch sie war nicht bereit, sich wirklich auf mein jüdisches Leben einzulassen, obgleich sie am Freitagabend Kiddusch mit mir gemacht hat und auch mit in die Synagoge gekommen ist. Doch das echte Interesse fehlte. Irgendwann sagte sie: „Du musst Dich für Gott oder für mich entscheiden." Ich habe mich für Gott entschieden. Zurzeit versuche ich, jemand über das Internet kennen zu lernen. Leider ist es in Deutschland ja nicht so, dass man in ein Café' geht und zufällig auf eine nette gleichaltrige Jüdin trifft.

Für mich ist ein lebendiges Judentum wichtig, in dem die Menschen das leben, für das sie mit ihren Worten stehen. Vielleicht fühle ich mich deshalb in der letzten Zeit zu den Leuten von der Chabad-Bewegung hingezogen. Sie kümmern sich, stellen zum Beispiel zu Chanukka achtarmige Leuchter in die Städte, dass Juden sich identifizieren können und Nichtjuden sehen, dass es außer Weihnachten noch etwas gibt. Sie bilden Interessierte weiter, und sie treten selbstbewusst für Israel ein. Während der Zeit, in der ich versucht habe überzutreten, bin ich mit so vielen unschönen Dingen und Scheinheiligkeit konfrontiert worden, dass mir diese Authentizität einfach gefällt. Bei manchen Rabbinern und offiziellen Vertretern fehlt sie. Ich glaube, darum fühlen sich viele Juden auch nicht mehr angezogen von ihren Gemeinden. Es gibt ja einige Beispiele in Deutschland, wo es anders läuft. Und egal, ob orthodox oder liberal, wenn authentische Persönlichkeiten vor ihnen stehen, kommen die Menschen.

Als Kind wollte ich auch immer jemand sein, der anderen etwas geben kann. Damals war das mit dem Bild des Pfarrers verbunden. Heute könnte ich mir gut vorstellen, Religionslehrer zu werden. Das würde mich ausfüllen, glaube ich. Letztes Jahr war ich zu Simchat Tora in der Dresdner Synagoge und habe den Gottesdienst gehalten und die Umzüge mit den Torarollen geleitet. Die Gemeinde war zufrieden. Mich hat dieser Abend glücklich gemacht. Doch ob ich mir zutrauen würde, Rabbiner zu werden, wie es mir neulich ein Rabbiner vorgeschlagen hat, weiß ich nicht. Ohnehin ist gerade vieles relativ unsicher, zum Beispiel, ob ich überhaupt in Deutschland bleibe. Ich hänge sehr an Mainz und habe mir eigentlich vorgestellt, mein Leben hier als Jude glücklich zu beenden. Aber das erscheint mir mehr und mehr unrealistisch. Vor Jahren war ich in dieser Beziehung noch viel optimistischer. Ich dachte, wir würden bald ein Gemeindezentrum haben, die Gemeinde würde wachsen, es würden mehr Kinder kommen. In letzter Zeit denke ich oft, das alles wird sich so nicht entwickeln. Als ich vor zwei Jahren zum ersten Mal bewusst als Jude nach Israel gefahren bin, haben mich einige Dinge noch befremdet. Doch im letzten Jahr habe ich mich heimischer gefühlt. Ich könnte mir durchaus vorstellen, dort zu leben. Nur ist die wirtschaftliche Situation so schlecht, dass ich nicht weiß, ob ich einen Arbeitsplatz finden würde, und ich möchte nicht in die Arbeitslosigkeit gehen. Vielleicht bin ich aber auch nur zu ängstlich und benutze das als Ausrede. Die Wahrheit ist: Noch weiß ich nicht, wo meine Zukunft liegt.

Margot Wolkarz

Margot Wolkarz wurde 1929 geboren. Sie ist eine sehr lebendige, resolute Frau. Nach ihrer Schulzeit wurde sie zur Erzieherin ausgebildet, führte dann aber, nachdem sie ihren Mann kennen gelernt hatte, zusammen mit ihm ein Juweliergeschäft. Erst vor kurzer Zeit hat die Berlinerin den Betrieb verkauft. Ihr Mann ist verstorben, gemeinsam mit ihm hat sie eine Tochter, die ihrerseits längst eine Familie hat. Das Judentum nimmt einen zentralen Platz im Alltag aller Familienmitglieder ein. Margot Wolkarz verwendet, wenn es um den Gottesdienst oder den jüdischen Alltag geht, die aschkenasischen Begriffe für ihre Beschreibungen. Wenn sie in dem großen Esszimmer ihrer Tochter sitzt, in dem sich viele Gebetbücher und große Leuchter für die Schabbatkerzen und für Chanukka finden, ist es schwer sich vorzustellen, dass diese Frau einmal keine Jüdin gewesen ist.

Wenn man es genau nimmt, bin ich wegen meines Mannes übergetreten. Und doch kann ich das nicht so sagen, denn er hat mir völlige Freiheit gelassen, meine Entscheidung kam dann wirklich aus dem Herzen. Kennen gelernt habe ich meinen Mann 1946 durch einen Zufall. Er war einer der Displaced Persons, die in dem Lager in der Eisenacher Straße in Mariendorf in Berlin untergebracht waren. Als meine Mutter und ich eines Tages von meiner Tante in Mariendorf mit der Straßenbahn nach Hause fuhren, unterhielten sich zwei Männer neben uns auf polnisch. Meine Mutter verstand die Sprache, und einiges in dem Gespräch passte ihr nicht. Also mischte sie sich ein. Das Ergebnis war, dass einer der beiden jungen Männer uns von da an öfter besuchte. Und irgendwann hat es dann zwischen uns gefunkt.

Meine Eltern hatten nichts gegen meine Beziehung mit einem Juden einzuwenden. Mein Vater war Ingenieur bei der AEG. Er war im Krieg zwar zwangsverpflichtet worden, stand aber allem Politischen eher neutral gegenüber. Er war völlig mit unserer Beziehung einverstanden. Mit meiner Mutter verhielt es sich etwas anders. Sie kam aus Westpreußen, wo vor dem Krieg viele jüdische Menschen gelebt hatten. Sie war vertraut mit der Religion und kannte zum Beispiel alle jüdischen Feste und Fasttage. In Berlin hatte sie dann zunächst in einem jüdischen Haushalt gearbeitet. Und einer ihrer Jugendfreunde. Paul David hieß er, hat uns bis 1940 regelmäßig besucht. Wenn es klingelte, versteckte er sich, und plötzlich kam er dann gar nicht mehr. Trotz oder wohl eher wegen dieser engeren Bindung zum Judentum hatte sie anfangs Vorbehalte. Sie war ängstlich, dass ich eines Tages das erleben müsste, was die Juden gerade durchgemacht hatten.

Als unsere Beziehung enger wurde, sind wir zusammengezogen. Heiraten konnten wir nicht, weil mein Mann damals staatenloser Ausländer war und ich in dem Moment, in dem wir geheiratet hätten, auch staatenlos geworden wäre. Also starteten wir unseren gemeinsamen Haushalt erst einmal ohne Trauschein. Für mich begann damit in jeder Beziehung ein neues Leben. Ich war evangelisch getauft worden, war aber gleich nach dem Krieg aus der Kirche ausgetreten. Ich konnte einfach mit dieser Art von Glauben nichts anfangen und wollte nicht heucheln. Nach und nach habe ich mich dann in einen jüdischen Alltag eingefunden. Einiges hat mein Mann sich von Anfang an gewünscht, zum Beispiel, dass ich am Freitagabend die Kerzen zünde. Oder dass an den Feiertagen seine Freunde zu uns kommen. Viele hatten ja niemanden mehr. Dieses Leben wurde normal für mich, ich fühlte mich wohl und begann, mich immer mehr zu interessieren. Wenn mein Mann abends in seinen Büchern gelesen hat, habe ich ihm Fragen gestellt. Ich denke, ihn hat das gefreut. Noch intensiver wurde es, als unsere Tochter Miriam 1953 geboren wurde. Schon als kleines Baby ist sie jeden Schabbat mit in die Synagoge gekommen. Am Freitagabend sind wir zu dritt gegangen, und am Sonnabendmorgen hat mein Mann sie allein mitgenommen. Wir hatten ja unser Juweliergeschäft, und jemand musste schließlich im Laden stehen.

Wir sind in die Synagoge am Fraenkelufer in Berlin gegangen. Die wurde erst wieder aufgebaut, also mussten wir behelfsmäßig mit dem Kidduschraum für die Gottesdienste vorlieb nehmen. Es gab noch eine Menge Löcher rund um den Bau herum, in denen haben die Kinder gespielt. Das Miteinander zu der Zeit war sehr familiär. Ich hatte längst jiddisch gelernt und konnte mich gut verständigen. Mein Mann war im Synagogenvorstand. Dass ich noch keine Jüdin war, ist mir kaum

171

bewusst geworden, ich fühlte mich zu Hause. Doch schließlich war es Miriam, die mich zu einer Entscheidung brachte. Sie wollte Bat Mizwa werden, und dazu musste sie natürlich Jüdin sein. Die Vorstellung, dass sie es damals rein formal nicht war, ist komisch für mich. Ich kann mir kein jüdischeres Kind als sie vorstellen. Sie war ein Papakind und hat schon früh angefangen, mit ihrem Vater zu lernen. Als sie fünf war, kam sie in die jüdische Religionsschule, vom staatlichen Religionsunterricht war sie befreit. Mir selbst ist die Entscheidung zu konvertieren nicht schwergefallen. Ich habe angefangen, einmal in der Woche Unterricht beim Rabbiner zu nehmen. Er hat mir beigebracht, wie man die ganzen Brachot sagt, wie man die Feiertage ausrichtet, wie man sich im Sterbefall verhält. Und dann musste ich ja erst einmal richtig hebräisch lesen lernen. Der Rabbiner hat mich regelmäßig abgefragt, es war fast ein wenig schulmäßig, hat mir aber großen Spaß gemacht. Nach zwei Jahren, das war 1964, ist dann das Bet Din zusammengetreten. An diesem Tag habe ich erst die Prüfung abgelegt und bestanden. Anschließend bin ich in die Mikwe gegangen, gemeinsam mit meiner Tochter. Und dann war ich Jüdin. Für mich hat sich im Alltag nicht viel dadurch verändert. Wir haben von Beginn unserer Beziehung an als Juden gelebt, ein anderes Leben hätte ich nie mehr gewollt. Selbst mit Kaschrut war ich längst vertraut. Anfangs hat es mir etwas Mühe gemacht, besonders, weil mein Mann es sehr genau nahm. Zum Beispiel musste ich, um Töpfe zu kaschern, sie in der ersten Zeit noch mit glühenden Steinen auslegen, die dann mit Wasser übergossen wurden. Irgendwann habe ich mitgekriegt, dass niemand das überhaupt noch macht. Die anderen haben sie nur mit Salzwasser ausgekocht. Das habe ich von da an auch gemacht. Milchig und fleischig haben wir immer getrennt und natürlich nie Schweinefleisch gegessen. Und seit jeher halten wir einen streng koscheren Pessach, mit eigenem Geschirr und allem, was dazu gehört. Oft haben auch Rabbiner, die in unserer Synagoge zu Gast waren, bei uns gegessen. Überhaupt hatten wir oft Gäste. Zu den Festtagen saß immer eine große Runde um unseren Tisch herum. Diese Gemeinschaft mit anderen und besonders das Zusammengehörigkeitsgefühl innerhalb der Familie hat mich sehr angezogen. Der Freitagabend war etwas so Besonderes. Es konnte regnen, stürmen, schneien, es war Freitagabend, und die Kerzen wurden gezündet. Wir sind dann nach dem Essen nicht sofort aufgestanden, mein Mann hat noch im Kitzur Schulchan Aruch gelesen, uns auch oft vorgelesen, Miriam hat Fragen gestellt. Das Beisammensein an diesen Abenden war herrlich. Nach meinem Übertritt bin ich Mitglied der Gemeinde geworden. Ohne jede Schwierigkeit. Das lässt sich mit heutigen Verhältnissen gar nicht vergleichen. Damals war der bekannte Heinz Galinski Gemeindevorsitzender, er wollte das Judentum in Deutschland wieder aufbauen. Darum ging es. Die Frage, ob jemand geborener oder Jude aus freier Wahl war, spielte keine Rolle. Viele der überlebenden Männer waren allein und haben nach dem Krieg Christinnen geheiratet. Diese Frauen haben ihre Männer getragen. Ich weiß nicht, was aus vielen Männern geworden wäre, die allein und orientierungslos aus den Lagern kamen, wenn nicht diese christlichen Mädchen ihnen ein Zuhause gegeben, sie aufgefangen hätten. In unserer Synagoge lag der Anteil der Mischehen sicherlich bei über 50 Prozent. Die meisten der Frauen sind übergetreten, spätestens wenn die Kinder kamen. Sie haben vieles in der Gemeinde organisiert: gemeinsames Kochen und Backen, Basare, die Bälle zu Chanukka und Purim. Die Männer hätten gar nicht die Stabilität gehabt. Ich glaube, aus diesem Grund haben damals auch orthodoxe Rabbiner die Übertritte viel liberaler gehandhabt.

Heute erscheint das manchen vielleicht merkwürdig, dass Männer, die ihre Familien verloren hatten, ausgerechnet bei deutschen Christinnen Stütze fanden. Doch auch zwischen meinem Mann und mir stand nie das Furchtbare, was während der Schoa passiert war. Natürlich hat ihn interessiert, was beispielsweise meine Onkel während des Krieges getan hatten. Meinen Vater kannte er ja. Die beiden haben sich wunderbar verstanden. Auch für mich spielte beim Übertritt der Gedanke keine Rolle, dass ich damit praktisch von der Täter- auf die Opferseite wechselte, so wie das heute manchmal den deutschen Konvertiten vorgehalten wird. Ich glaube, das ging den meisten Frauen in meiner Situation damals so. Die Diskussion um Schuld hatte noch gar nicht richtig begonnen. Wer einen Juden heiratete und seinetwegen konvertierte, tat das allein aus Liebe zu dem Mann, oft auch aus Liebe zur neuen Religion. Für ein Theoretisieren, warum man das vielleicht sonst noch tun könnte, war überhaupt keine Zeit. Die Existenz musste neu aufgebaut werden. Ohne es zu reflektieren, stand man aber plötzlich tatsächlich auf der anderen Seite. Von der Familie meines Mannes haben neben ihm nur zwei Cousins überlebt. 48 Familienmitglieder sind ermordet worden. Das hat ihn traumatisiert, auch wenn er kaum darüber gesprochen hat. Vielleicht wäre die Täter-Opfer-Frage aktuell geworden, wenn er mehr über diese Zeit gesprochen hätte. Doch er wollte nicht. „Henri, erzähle doch bitte", habe ich manchmal gesagt, wenn ich sah, dass er mit seinen Gedanken wahrscheinlich bei diesen schrecklichen Ereignissen war. Doch er war froh, dass diese Zeit vorbei war. Erst als er später sehr krank war und nachts viel träumte, begann er, nach seiner Mutter zu rufen. Jede Nacht schrie er nach seiner Mutter. Von seiner Cousine habe ich dann ein wenig erfahren. Er kam aus einer kleinen Stadt, rund 150 Kilometer von Warschau entfernt. Einen Tag, bevor alle Dorfbewohner, unter ihnen fast die gesamte Familie meines Mannes, erschossen worden sind, hat ihn die Cousine mit nach Warschau genommen. So hat er dieses Massaker überlebt. Auch ohne dass er was gesagt hat, habe ich immer Rücksicht genommen auf ihn. Wenn im Fernsehen Berichte zu diesen Themen kamen, habe ich ihm gesagt „Wir müssen uns das nicht ansehen", obgleich es mich schon interessiert hätte. Gemeinsam sind wir nach Polen gefahren. Aber insgesamt hatte das Nachdenken über die Vergangenheit wenig Platz.

Mein Mann wollte auch unbedingt in Deutschland bleiben. 1948 hatte er eine Arbeitserlaubnis als Uhrmacher in den USA. Doch er ist geblieben. Wir haben beide Wert darauf gelegt, uns hier nicht abzusondern, keine mystische Sache aus dem Judentum zu machen, sondern auch den Nichtjuden zu zeigen: Es ist eine ganz normale, wunderbare Religion. Wir hatten immer einen gemischten Freundeskreis, Juden und Nichtjuden. Wir laden zum Beispiel bis heute Christen zum Sederabend ein. Ich glaube, der Kontakt zu Nichtjuden ist der beste Weg, dem Antisemitismus zu begegnen. Wenn die Menschen etwas kennen, haben Vorurteile bei ihnen wenig Chancen. Und wenn sich ein Vorurteil erst einmal festgesetzt hat, ist es schwer zu vertreiben. Immer noch glauben Menschen, dass Juden Menschenblut in die Matza backen. Das muss man sich mal vorstellen. Meine eigene Mutter hat erzählt, dass vor Pessach immer eine christliche Jungfrau verschwand, die man dann später mit aufgeschnittenen Pulsadern im Wald gefunden habe. „Mama", habe ich dann gesagt, „wie kannst Du so einen Blödsinn erzählen. Du isst doch selbst so gern Matza. Wieso isst Du sie denn, wenn da Blut drin isst?" Es ist völlig idiotisch, dass sich so etwas selbst bei intelligenten Menschen festsetzt.

Nach dem Krieg war der Antisemitismus ja ohnehin nicht einfach verschwunden. Wir haben ihn oft erlebt. In dieser Beziehung war ich weitaus empfindlicher als mein Mann. Wenn uns jemand anpöbelte sagte er oft, „Lass' uns weitergehen." Doch das konnte ich nicht. Einmal gingen wir am Kottbusser Damm in Berlin, als ein Mann angerannt kam, die Frau von der Würstchenbude lief hinter ihm her und schrie: „Halten Sie den Mann fest, der hat bei mir gegessen und nicht bezahlt." Er lief an uns vorbei, und ich habe ihn festgehalten und gefragt, „Warum machen Sie denn so was? Die Frau steht hier die halbe Nacht und arbeitet." Woraufhin er sagte: „Euch Juden müsste man vergasen." Wie hatte der gleich gesehen, wer wir sind? Zumindest habe ich ihm ohne zu zögern eine links und eine rechts gegeben. Mein Mann hatte noch gar nicht mitbekommen, was überhaupt passierte, da war schon die Polizei da. In deren Beisein hat der Kerl seinen Spruch noch einmal wiederholt, woraufhin einer der Polizisten sagte, sie würden ihn sofort anzeigen. Später – er war mittlerweile von einem Gericht verurteilt worden – stand dieser Mann dann vor unserer Tür und wollte Geld für die Gemeinde geben. Ich habe ihn rausgeworfen. Ein anderes Mal hat ein Kunde zu mir gesagt: „Ach bei Ihnen wird man doch wirklich anders bedient. Der Jude da drüben ist ja so etwas Unangenehmes." Da habe ich gedacht, „Warte mal, bis Du bezahlt hast." Als ich ihm die Kette schön eingepackt hatte und Grüße an seine Gattin bestellt, habe ich ihm zuletzt gesagt: „Ach, eines möchte ich Ihnen noch sagen: Auch heute haben Sie bei Juden gekauft."

In den letzten Jahren kommt die Feindseligkeit oft aus der muslimischen Ecke. In unserem Laden hatten wir in einem Seitenkasten auch Jüdisches, Davidsterne zum Beispiel oder Chanukka-Leuchter. Darauf reagierten in den vergangenen Jahren immer mehr junge Muslime sehr aggressiv. Sie kamen in den Laden und haben mich als Jüdin beschimpft. Ich habe dann meist gesagt: „Gut, dass Du Deutsch gelernt hast, und die Schimpfwörter gleich dazu." Einschüchtern lassen habe ich mich nie. Ich trage meinen Magen David, ohne ihn zu verstecken. Unsere Tochter habe ich genauso erzogen. Ihr hat mein Mann nach der Geburt einen Magen David um den Hals gehängt, sie hat ihn noch nie abgelegt. Trotzdem bin ich froh, dass es Israel gibt, besonders für meine Enkel. Sie können sich behaupten, das weiß ich. Doch wenn es wirklich ganz schlimm werden sollte, haben sie eine Zuflucht. Das hatten die Menschen während der Schoa nicht. Israel ist für uns Juden ein Halt, für mich ist es wie eine Wand, an die ich mich anlehnen kann. Wir haben viele Freunde dort und die überlebenden Angehörigen meines Mannes. Was mich in den letzten Jahren als Jüdin neben dem wachsenden Antisemitismus am meisten gekränkt hat, kam aus einer ganz anderen Ecke, nämlich aus der sehr orthodoxen. Vor einiger Zeit wollte mein Enkel in der Lauder Stiftung lernen. In der Stiftung regieren die Orthodoxen, allen voran Chabad. Sie haben ihn nicht zugelassen, und zwar mit der Begründung, das Rabbinergericht, vor dem damals die Übertritte stattgefunden haben, sei nicht orthodox gewesen. Darum haben sie ihn nicht als Juden anerkannt. Dabei ist der damalige Oberrabbiner extra für den Übertritt nach Berlin gekommen. Es hat lange Diskussionen in der Familie gegeben. Meine Tochter und mein Schwiegersohn haben sich natürlich gegen diese Entscheidung gewehrt. Doch letztlich hat es nichts genützt. Ich habe wegen dieser Geschichte nächtelang geweint und mir Vorwürfe gemacht. Was habe ich falsch gemacht? Ich habe mich für das Judentum aus freiem Herzen entschieden. Und mein Mann und ich wollten alles richtig machen. Als ich soweit war, habe ich nicht einfach dem Rabbiner ein paar tausend Mark hingelegt, wie das manche gemacht haben, weil sie keine Lust zum Lernen hatten. Ich habe gelernt, weil ich es wollte. Und natürlich, weil ich so geprägt war durch meinen Mann. Der war eben kein Dreitage-Jude, wie so viele es waren. Unser gemeinsames Leben war durch und durch jüdisch. Wir waren zusammen mit zwei anderen Paaren die ersten nach dem Krieg, die im Fraenkelufer unter die Chuppa gegangen sind. Unsere Tochter ist jüdisch erzogen, von uns beiden. Ihr bedeutet ihr Judentum unglaublich viel. Sie hat einen jüdischen Mann geheiratet, worüber mein Mann und ich überglücklich waren, und gemeinsam haben sie ihre Kinder zu guten Juden erzogen. Meinen Enkeln bedeutet ihre Religion so viel, dass ich nicht glaube, dass einer der drei einen nichtjüdischen Partner heiratet. Natürlich wünsche ich mir auch jüdische Partner für sie. Doch wenn es nicht ist, halte ich es mit meinem Mann, der gesagt hat, „Hauptsache, sie entscheiden sich für gute Menschen." Und schließlich hat er es ja auch verstanden, mich an das Judentum heranzuführen. Warum sollten meine Enkel das bei ihren Partnern nicht schaffen?

Wenn ich mir meine Enkel ansehe, glaube ich nicht, dass ich besonders viel falsch gemacht habe. Doch ich merke, dass in Deutschland die Bedingungen für ein jüdisches Leben immer restriktiver werden. Und der Gemeinschaftssinn in den Gemeinden schwindet. Das ist keine gute Entwicklung. Denn das macht den Ultra-Orthodoxen Platz, die nur auf Lücken warten, die sie mit ihren Angeboten füllen können. Ich selbst kann mich nicht beklagen. Die Synagoge ist mein Zuhause. Ich nehme an allem regen Anteil. Und ich habe meine Freundinnen, die ich seit der Anfangszeit der Gemeinde kenne. Das ist schön, auch wenn uns unsere Männer fehlen. Mein Mann ist 1998 gestorben. Am Schluss hatte er Alzheimer, und ich musste ihn ins Heim geben. Jeden Abend bin ich zu ihm gefahren. Bis zuletzt hatte ich das Gefühl, dieser Mensch hat nur Gutes verdient.

Jochen Keune*

Jochen Keune wurde 1930 geboren. Der emeritierte Professor für Physik begann schon früh, sich für das Judentum zu interessieren. Nach einer tiefen Lebenskrise entschied er sich zu konvertieren. Diesen Schritt vollzog er gegen den Willen seiner Frau. Dieser Dissens führt auch heute noch dazu, dass er ein jüdisches Leben in Deutschland nur sehr bedingt führen kann. Anders als in Amerika, wo er sich aus beruflichen Gründen regelmäßig aufhält und wo er viele jüdische Freunde hat.

Ich wurde im Jahre 1930 in Leipzig als Kind einer evangelisch-christlichen Familie geboren. Mein Vater war beamteter Medizinalrat am Reichsgericht, er wurde Ende 1934 aus politischen Gründen entlassen und musste sich nach einer neuen Existenzgrundlage umsehen. Wir zogen nach Gera in Thüringen, wo er sich als praktischer Arzt niederließ. Als ich noch nicht ganz sechs Jahre alt war, verstarb meine Mutter. Meine Kindheits- und Jugendjahre fielen in die Zeit der nationalsozialistischen Herrschaft, in die Zeit des Zweiten Weltkriegs, des Zusammenbruchs und der Teilung Deutschlands. Das Erleben dieser schreckensreichen Zeit hat sich meiner Erinnerung unauslöschlich eingegraben. Der klugen Führung

---

* Name geändert.

durch meinen Vater verdanke ich, dass ich gegen die Propaganda der damaligen Machthaber immun war und deren Täuschung und Lügen zu durchschauen vermochte. Unvergessen ist das Leben in einer Gesellschaft, in der ein offenes oder auch nur unbedachtes Wort, eine falsche Geste die Denunziation durch einen „Volksgenossen" mit all ihren Konsequenzen nach sich ziehen konnte, unvergessen die Begegnungen mit Zwangsarbeitern und ihrem Elend, unvergessen die Selbstmorde der mit uns befreundeten jüdischen Familien, denen mein Vater bis zum bitteren Ende die Treue gehalten hatte. Die Einnahme unserer Stadt im April 1945 erlebte ich als Befreiung von permanenter Angst und Bedrückung. Doch der Traum von Freiheit und Demokratie währte nur wenige Wochen, dann wurde Thüringen an die Rote Armee übergeben, und die Diktatur stalinistischer Prägung begann sich einzunisten. Kurz nach meinem 16. Geburtstag entzog ich mich der neuen Unfreiheit durch die Flucht in die westlichen Besatzungszonen. All das hat mein Denken und Fühlen nachhaltig geprägt.

Im Sommer 1949 begann ich mein erstes Semester als Student der Mathematik und der Naturwissenschaften an der Universität Bonn. Das Studium an der Universität sah ich als spannendes Abenteuer. War mein Leben bis dahin weitgehend von außen bestimmt gewesen, so wollte ich von nun an die unbegrenzt erscheinenden Möglichkeiten geistiger Freiheit nutzen. Zu Anfang des Jahres 1951 bahnte sich eine Wende meines Lebens an. Die Freundschaft mit einer Kommilitonin vertiefte sich zur großen Liebe, die dann zur Grundlage unserer Lebenspartnerschaft wurde. Sie kam aus einer kinderreichen katholischen Familie, die ihren Glauben offen praktizierte und es als selbstverständlich ansah, dass auch die Ehepartner der Kinder katholischen Glaubens sein müssten. Ob ich wollte oder nicht, ich musste mich immer wieder in hitzigen Debatten über Glaubensfragen behaupten. Bis dahin hatten in meinem eigenen Denken religiöse Fragen allenfalls eine sehr untergeordnete Rolle gespielt, aber nun sah ich mich urplötzlich mit der Notwendigkeit konfrontiert, mir Klarheit über meine eigene Position verschaffen und eigene Vorstellungen entwickeln zu müssen. Mein schon lange verlorener Kindheitsglaube konnte hier nicht helfen, ich musste einen Ansatz finden, der vom intellektuellen Niveau her meiner Lebenssituation entsprach und auf philosophischem und wissenschaftlichem Denken beruhte. Ich suchte nach einer Möglichkeit, christlichen Glauben mit rationalem Denken und naturwissenschaftlicher Erkenntnis widerspruchslos zu vereinen.

Ich begann mich mit theologischer Literatur zu beschäftigen. Mir wurde bald klar, dass christlicher Glaube den Glauben an die göttliche Natur des Jesus von Nazareth zwingend voraussetzt. Aber Mensch und Gott in einer Person mir vorzustellen, das war unmöglich. Jedoch ich war guten Willens und versuchte über einige Zeit, mich durch eine Art Autohypnose zur Annahme dieser Vorstellung zu zwin gen, nur um am Ende erkennen zu müssen, dass man sich letztlich nicht selbst betrügen kann. Ich begann an den Universitätsgottesdiensten teilzunehmen, wobei mir wichtig war, dass ich für den damaligen Studentenpfarrer Helmut Gollwitzer, einen Mitstreiter von Martin Niemöller, große Hochachtung empfand und ihm absolutes Vertrauen entgegenbrachte. Doch auch die Teilnahme am Abendmahl und die Entgegennahme der Hostie aus seiner Hand vermochten meinen inneren Widerstand gegen die Christuslehre nicht zu überwinden. Die ersehnte Gnade des Glaubenkönnens wollte sich nicht einstellen, es blieb am Ende nur eine kalte Leere.

Ebenfalls in dieser Zeit wurde ich auf ein kleines Büchlein aufmerksam, das in der Folge für mich sehr wichtig werden sollte: „Der Philosophische Glaube" von Karl Jaspers. Dieses Buch hat mich in meinem eigenen Denken ungeheuer ermutigt, denn ich erlangte Gewissheit, dass der Mensch frei ist, sich seines Verstandes zu bedienen, dass er die Grenzen, die ihm gesetzt sind, aus eigener freier Überzeugung akzeptieren muss. Die Tatsache, dass auch ein angesehener Philosoph wie Karl Jaspers ähnliche Schwierigkeiten mit dem christlichen Dogma hatte wie ich selbst, hat mir Stärke gegeben. Wir lesen bei ihm: „Die Führung des Menschen durch die Transzendenz fällt zusammen mit dem völligen Freiwerden des Menschen. Denn sie geschieht nur über die Freiheit der Selbstvergewisserung. Gottes Stimme liegt in dem, was dem Einzelnen, aufgeschlossen für Überlieferung und Umwelt, aufgeht als eigene Überzeugung. Gottes Stimme wird vernehmlich in der Freiheit der Selbstüberzeugung und hat kein anderes Organ, dem Menschen sich mitzuteilen."

Das Dilemma, in dem ich mich befand, kann ich an Hand des christlichen Glaubensbekenntnisses erläutern. Über den ersten kurzen Satz „Ich glaube an Gott, den Vater, den Allmächtigen, den Schöpfer des Himmels und der Erde" kann ich sinnvoll nachdenken und mich mit ihm beschäftigen. Er ist schwierig genug, geheimnisvoll, von abgründiger Tiefe, alles umfassend, er sagt eigentlich alles, was gesagt werden muss. Der ganze große Rest des Glaubensbekenntnisses, der sich mit dem Christusdogma, mit dem heiligen Geist und mit der Kirche beschäftigt, ist mir völlig unzugänglich. Doch die Unentbehrlichkeit des Christusdogmas ist von Paulus in seinem ersten Brief an die Korinther (1Kor 15,12–19) unmissverständlich betont worden: „Ist aber Christus nicht auferstanden, so ist unsere Predigt vergeblich, so ist auch euer Glaube vergeblich." Dass es sich hier um eine zentrale Aussage der christlichen Lehre handelt, ist mir mit Nachdruck von allen christlichen Theologen vermittelt worden. Karl Jaspers hat das Problem so auf den Punkt gebracht: „Was sollen wir tun? Glauben wollen, was wir nicht glauben können? Wem Gott diese Gnade nicht gibt, der kann ohne Unredlichkeit nicht glauben. Er darf es nicht, wenn Wahrhaftigkeit als erste und ursprünglichste Forderung erfahren wird." (Karl Jaspers, Der Philosophische Glaube angesichts der Offenbarung, München 1962, 167)

Mit Ausnahme des so genannten Alten Testaments war ich bis dahin mit jüdischem Denken noch nicht in Berührung gekommen. Zufällig kaufte ich mir eines Tages als Reiselektüre für eine längere Bahnfahrt ein kleines Taschenbuch von Martin Buber. Es waren Geschichten, die in Russland unter den chassidischen Juden zur Zeit der Napoleonischen Kriege spielten (Gog und Magog). Menschen von tiefer natürlicher Frömmigkeit versuchten, mit den Mitteln des Verstandes und unter Aufbietung allen zur Verfügung stehenden Scharfsinns aus den heiligen Schriften heraus die welthistorischen Ereignisse zu verstehen. Dieses Buch wurde für mich wichtig, weil es zeigte, dass Glauben und Gottesfurcht kein wie auch immer geartetes Dogma benötigen, dass der religiöse Mensch vom Vertrauen in Gott getragen ist und sich in aller Freiheit der Kräfte seines Verstandes bedienen darf. Nach dieser Entdeckung beschäftigte ich mich weiter mit Martin Buber. Die Analyse der „Zwei Glaubensweisen", die Buber in dem gleichnamigen Bändchen darlegt, von Emuna, dem Urvertrauen des Menschen in die göttliche Führung, und Pistis, dem Fürwahrhalten eines in Raum und Zeit realisierten Heilsgeschehens, ließ mich zu der Einsicht kommen, dass für mich selbst die Emuna die einzig mögliche Glaubensweise ist. Die Schriften des alten Testaments wurden mir immer vertrauter. Sie erschienen mir zugänglich und relevant, während ich zu denen des neuen Testaments nur ein sehr distanziertes Verhältnis aufbauen konnte. In Jesus sah ich längst und sehe heute noch einen von der Lehre der Tora erfüllten frommen Juden, dem es auf den wesentlichen Inhalt mehr als auf die formale Erfüllung ankommt. Sehr beeindruckt hat mich der Bericht in Markus, wonach er auf die Frage nach dem wichtigsten Glaubenssatz antwortet: „Sch'ma Jisrael ...", so wie es jeder Jude zu allen Zeiten getan hätte. Jüdische Autoren wie Martin Buber oder Shalom ben Chorin haben für diese Sicht das Wort vom „Bruder Jesus" geprägt. Unterdessen rückte der Zeitpunkt meiner Promotion und unserer Eheschließung heran. Wir wollten in der evangelischen Kirche heiraten. Um der Zeremonie und der Predigt eine inhaltliche Ausrichtung zu geben, die ich auch selbst ohne starke Vorbehalte würde akzeptieren können, schlug ich dem Pfarrer den Trauungsspruch vor, nämlich Psalm 86, Vers 11: „Weise mir, Herr, Deinen Weg, auf dass ich wandle in Deiner Wahrheit, und erhalte mein Herz bei dem einen, dass ich Deinen Namen fürchte." Mit dieser Wahl bin ich auch heute noch glücklich, denn dieser Vers formuliert den Kern meines Glaubens in der knappest möglichen Weise. Dieser Vers ist zu einem Leitspruch meines Lebens geworden.

Mein weiterer beruflicher Weg führte in den nächsten drei Jahren über die Universitäten Heidelberg und Göttingen an die University of California in Berkeley. In Heidelberg lehrten international bekannte Professoren, denen aus aller Welt, vor allem aber aus den USA, Studenten und Postdoktoranden zuströmten. So ergaben sich für mich zum ersten Mal in meinem Leben enge persönliche Kontakte zu jüdischen Kollegen aus den USA, aus denen sich lebenslange Freundschaften entwickelten. In Göttingen sah ich den Dokumentationsfilm „Bei Nacht und Nebel", der zum ersten Mal in filmischer Form über das Konzentrationslager Auschwitz berichtete (es gab ja noch kein Fernsehen für jedermann), ein stiller, nachdenklicher Film mit nur wenigen spärlichen Erklärungen und Kommentaren, ganz auf die Macht der Bilder vertrauend und dadurch umso eindrucksvoller. Als wir unsere Reise für einen dreijährigen Aufenthalt in den USA antraten, begleiteten mich drei Bücher, die mich große Schritte weiterbringen sollten: „Das Wesen des Judentums" von Leo Baeck, „Der Stern der Erlösung" von Franz Rosenzweig sowie „Die Religion der Vernunft aus den Quellen des Judentums" von Hermann Cohen. Besonders seine Idee einer universellen Ethik als zentralem Element des religiösen Denkens, begründet in der Schaffung des Menschen als „Ebenbild" Gottes, übte auf mich eine unwiderstehliche Anziehungskraft aus. In Berkeley wurden wir von Freunden, die wir in Heidelberg kennen gelernt hatten und die mittlerweile nach Berkeley umgezogen waren, mit großer Herzlichkeit und unglaublicher Hilfsbereitschaft aufgenommen. Wir wurden, als ob es ganz selbstverständlich wäre, Teil ihres großen, überwiegend jüdischen Freundeskreises. Auch in meiner beruflichen Tätigkeit hatte ich hier sehr viele jüdische Kollegen und kam zum ersten Mal in meinem Leben in lang andauernden, intensiven Kontakt mit jüdischen Menschen. Mit einer jüdischen Familie im Nachbarhaus entwickelte sich eine enge Freundschaft. Sie hatten eine kleine Tochter, die so alt wie unsere war. Der Vater unserer Nachbarin, Dr. Marcus Breger, stammte aus Czernowitz und war nun Rabbiner in Tucson in Arizona. Er war am Jüdisch Theologischen Seminar in Breslau ordiniert worden und hatte danach bis zu seiner Flucht aus Deutschland an der Berliner Hochschule für die Wissenschaft des Judentums unter Leo Baeck gearbeitet. Er sollte in meinem Leben noch eine wichtige Rolle spielen.

Berkeley war zur Vertiefung meiner jüdischen Studien ein idealer Ort. In der Universitätsbibliothek gab es alles, was man sich wünschen konnte, auch die Buchhandlungen waren wahre Fundgruben. Bei meinen literarischen Streifzügen entdeckte ich zwei für mich besonders wichtige Werke: Den „Führer der Unschlüssigen" von Moses Maimonides und „God in Search of Man" von Abraham Joshua Heschel. Die gedankliche Klarheit und die zwingende Logik von Maimonides haben mich tief beeindruckt. Durch seine aus der Tora abgeleitete grundsätzliche Zurückweisung aller Eigenschaften Gottes, die Endlichkeit in Raum und Zeit implizieren, insbesondere aller anthropomorphen Vorstellungen von Gott, sah ich mich in meinem eigenen Denken bestätigt. Seine ausführliche Analyse der Begriffe, die äußere Form, Abbild, und eigentliches Wesen beschreiben, hat mich zum ersten Mal verstehen lassen, wie der Satz von der Schaffung des Menschen im Ebenbild (b'tselem) Gottes zu interpretieren ist. Dieser Satz wiederum enthält ja die Begründung aller Ethik. Von ganz anderer Art sind die Schriften von Abraham Joshua Heschel, die das Verhältnis von Gott und Mensch im Kontext des realen menschlichen Lebens zum Thema haben, beeindruckend nicht durch kühle Logik, sondern durch die Leidenschaft des Glaubens.

Immer noch, nun schon seit zehn Jahren, versuchte ich mit allem Bemühen, durch meine Studien mich der christlichen Glaubenslehre öffnen zu können. Doch am 15. Oktober 1961, einem Sonnabend, kamen diese Bemühungen zu einem abrupten Ende. Am Abend zuvor hatte uns unsere Nachbarin zu ihrer Geburtstagsfeier eingeladen, es war Simchat Tora, und der größere Teil der Gesellschaft kam in freudiger und gelöster Stimmung aus der Synagoge, darunter auch viele gute Freunde, die ich vom Arbeitsplatz her kannte. Es wurde ein wunderschöner Abend. An jenem Sonnabend, dem Tag nach der Feier, war ich wieder mit meinen Büchern beschäftigt. Ich stieß auf das Zitat aus dem Johannes-Evangelium (Joh 14,6) „Jesus spricht zu Ihm: Ich bin der Weg und die Wahrheit und das Leben; niemand kommt zum Vater denn durch mich", verbunden mit dem Kommentar, dass jeder, der die christliche Lehre kenne, diese aber nicht annehme, an seiner ewigen Verdammnis selbst Schuld trage. Diese Aussage erregte in mir plötzlich eine ungeheure Empörung. Gottes Gerechtigkeit sollte es zulassen, dass der Wahrheit Suchende verworfen und der Heuchler mit einem Lippenbekenntnis angenommen wird? Wenn die wunderbaren Menschen, mit denen ich noch gestern Abend zusammen gewesen und mit denen ich befreundet war, alle der ewigen Verdammnis preisgegeben waren, dann wollte ich mit ihnen in der Hölle schmoren. Ich wollte mein Schicksal mit ihnen teilen und mit ihnen zusammenbleiben. Ich beschloss, mich fortan ganz und ausschließlich dem Judentum zuzuwenden. Das war mein eigentlicher Entschluss, Jude zu werden.

Meine nächste berufliche Station war die Florida State University in der Hauptstadt Tallahassee. Ich fuhr mit dem Auto nach Florida, die Familie wollte mit dem Flugzeug nachkommen. Mein Weg führte über Tucson in Arizona, wo ich Rabbiner Breger einen Besuch abstattete. Meine Absicht war, ausführlich mit ihm über meine Situation zu sprechen. Dazu sollte es jedoch nicht kommen. Ich erreichte Tucson an einem Freitagnachmittag und wurde mit herzlicher Gastfreundschaft von der Familie Breger aufgenommen. In ihrem Kreis erlebte ich meinen ersten Schabbat. Den über die Welt kommenden Frieden, die Würde und die Schönheit dieses Tages habe ich nie vergessen. Am Abend bat ich Rabbiner Breger, ihn zur Synagoge begleiten zu dürfen. Jedoch lehnte er freundlich, aber bestimmt ab. Ich wiederholte meine Bitte am nächsten Morgen, fast inständig flehend, aber wie derum erfuhr ich eine Ablehnung. Mein sehnlicher Wunsch, einmal einen jüdischen Gottesdienst zu besuchen, war nicht in Erfüllung gegangen. Ich war total verzweifelt. Zu dem geplanten ausführlichen Gespräch kam es nicht mehr, und ich reiste früher als eigentlich vorgesehen weiter. Von Florida aus schrieb ich Rabbiner Breger einen langen Brief und erklärte ihm, dass mein Wunsch, in Tucson am Gottesdienst teilnehmen zu dürfen, nicht, wie er vermutet hatte, nur eine reine Höflichkeitsgeste war, sondern einem tief empfundenen Bedürfnis entsprang. Er antwortete, er habe sich geirrt und einen Fehler begangen. Seit dieser Zeit hat uns bis zu seinem viel zu frühen Tod eine feste, unverbrüchliche Freundschaft verbunden.

Im Sommer 1962 trat ich eine neue Stelle am Max-Planck-Institut für Physik und Astrophysik in München an. Während der nächsten vier Jahre dort erschienen Glaubensfragen neben anderen Problemen weniger dringlich. Trotzdem suchte ich Kontakt zu dem Münchner Rabbiner Hans Isaak Grünewald. Über mehrere Semester nahm ich an seinen Vorlesungen über Talmud, Tora, jüdische Geschichte und andere Themen teil. Doch bald merkte ich, dass, so sehr ich auch die Gelehrsamkeit und Scharfsinnigkeit des streng orthodoxen Rabbiners schätzte, wir eine völlig verschiedene Sicht der Dinge hatten. In München erreichte mich 1966 der Ruf auf eine Professur an der Florida State University. Es ging also wieder, diesmal für eine unbestimmte längere Zeit, in die USA. Dort bahnte sich bald eine schwere Ehekrise an. Während meine Frau sich zunehmend unwohl in Amerika fühlte und darauf drängte, nach Hause zu fahren, konnte ich mir immer weniger vorstellen, in Deutschland zu leben. Im Sommer 1969 arbeitete ich während der Universitätsferien in den USA für drei Monate als Gastwissenschaftler wieder am Max-Planck-Institut. Meine Familie war glücklich. Das wiederholte sich im Sommer 1970, allerdings blieb meine Familie die längste Zeit des Jahres in Deutschland. Die Familie drohte zu zerbrechen. In den langen Monaten des Alleinseins befielen mich schwere Depressionen. Ich sah keine Zukunft mehr für mich, weder in Deutschland noch in den USA. Ich glaubte, vor aller Welt das Gesicht verloren und mir allgemeine Verachtung zugezogen zu haben. Jegliche Antriebskraft und Motivation war mir abhanden gekommen, nur mühsam konnte ich mich noch dazu bringen, meinen täglichen Pflichten an der Universität nachzukommen. Das Dasein war absolut freudlos. Oft grübelte ich stundenlang, wie ich meinem Leben ein Ende setzen könnte. Als diese Gedanken immer konkreter und detaillierter wurden, spürte ich, dass ich mich in einer lebensgefährlichen Situation befand, aus der ich schnellstmöglich herausfinden musste. Ich musste Selbstachtung und Lebensmut zurückgewinnen. Ich weiß nicht warum, aber plötzlich war der Entschluss, Jude zu werden, wieder präsent und erfüllte mein ganzes Denken. Wenn mir der Übertritt zum Judentum gelingen würde, dann würde dies eine neue Existenz, neuen Lebenswillen und vor allem neuen Selbstrespekt bedeuten. Ich würde mir beweisen, dass ich gegen den Widerstand aller anderen etwas Außerordentliches, mir überaus Wichtiges tun könnte, dass ich wenigstens einmal im Leben wirklich ich selbst sein könnte. Ein dritter Weg würde sich eröffnen, ich könnte mein Leben in Israel fortsetzen. Selbst unter widrigsten Umständen wäre ein Leben in Israel der Totenruhe auf einem Friedhof in Florida vorzuziehen. Ich beschloss, mit dem Rabbiner der örtlichen jüdischen Gemeinde Kontakt aufnehmen. Überrascht stellte ich fest, dass ich für diesen einfachen Telefonanruf eine enorme psychologische Hürde zu überwinden hatte. Mir wurde bewusst, dass ich im Begriff war, in den Augen eines durchschnittlichen Deutschen einen ungeheuerlichen Tabubruch zu begehen. Nur wenige Jahrhunderte früher hätte mir dafür der Tod auf dem Scheiterhaufen gedroht und selbst nur 25 Jahre früher noch die absolute gesellschaftliche Ächtung. Ich verspürte große Angst. Doch nach Tagen des bangen Zögerns und Zauderns wagte ich den Sprung. Rabbiner Stanley Garfein, ein Mann in meinem Alter und Rabbiner der Reformsynagoge Temple Israel, damals der einzigen Gemeinde am Ort, brachte mir Verständnis und warme Sympathie entgegen. Wir trafen uns zu häufigen Gesprächen und Diskussionen in seinem Haus, er führte mich in die damals noch kleine jüdische Gemeinde ein. Von nun an besuchte ich regelmäßig die Gottesdienste. Noch heute habe ich viele angenehme Erinnerungen an die lieben Menschen, die ich dort traf.

Meine berufliche Situation hellte sich wieder auf. Ich erhielt einen Ruf auf einen Lehrstuhl in Deutschland. Es war mir aber klar, dass eine Aufnahme in die jüdische Glaubensgemeinschaft noch in den USA erfolgen musste, denn in Deutschland hätten sich neue, wahrscheinlich unüberwindliche Schwierigkeiten ergeben. Mir war daran gelegen, alle Vorschriften der Halacha einschließlich der Beschneidung zu erfüllen, um keine Zweifel an der Gültigkeit des Übertritts aufkommen zu lassen. Daher nahm ich das Angebot von Rabbiner Garfein, den Übertritt vor der Reformgemeinde in Tallahassee zu vollziehen, nicht an. Stattdessen wandte ich mich erneut an Rabbiner Breger, der in Tucson eine konservative Gemeinde leitete. Er war einverstanden, und am 24. März 1972 trat dann das Bet Din unter seinem Vorsitz zusammen. Wir saßen im angenehm warmen Sonnenschein des noch frühen Tages auf den Treppenstufen zum Eingang der Mikwe der orthodoxen Synagoge und führten das Prüfungsgespräch. Rabbiner Breger begleitete mich dann zur Mikwe, zum Schluss wurde das Protokoll unterzeichnet. Am Abend dieses Tages konnte ich zum ersten Mal als Jude am Gottesdienst teilnehmen, es war der Vorabend des Schabbat Hagadol. Am Sonntag fuhr ich dann mit Rabbiner Bregers Tochter und ihrer Familie nach Los Angeles, um in deren Haus Pessach zu feiern. Dort schenkten mir Freunde einen Tallit und eine Haggada. Es waren wunderschöne, denkwürdige Tage. Zum ersten Mal wurde mir bewusst, dass Pessach der „Seman Cherutejnu" ist, die Zeit unserer Befreiung, nicht nur zur Zeit des Exodus aus Ägypten, sondern zu allen Zeiten, und dass so dieser Feiertag der Freiheit auch für mich ganz persönlich eine tiefe Bedeutung besitzt.

Eine gute Woche nach dem großen Ereignis in Tucson saß ich in dem Flugzeug, das mich nach Deutschland bringen sollte, und blickte hinaus auf das Rollfeld des Flughafens von San Francisco. Es war ein unbeschreiblich schmerzlicher Abschied von dem Land, in dem ich eine Heimat gefunden und das ich lieben gelernt hatte, und von den Menschen, denen ich nahe gekommen war und die mir viel bedeuteten. Das bunte, ereignisreiche Leben, das ich bis dahin geführt hatte, schien nun einzumünden in ein karges, graues Dasein. Dennoch war ich auch voller Mut und erfüllt von dem festen Willen, das Beste aus der neuen Situation zu machen. Ich war nun Jude und verspürte die Verpflichtung, an den heraufziehenden Schwierigkeiten zu wachsen und mich für die ethischen Werte des Judentums und für meine Mitmenschen einzusetzen. Während der langen Jahre in Amerika hatte ich das feine Gespür für die gesellschaftliche Situation in Deutschland verloren. Die Wiederbegegnung mit Deutschland war ein Schockerlebnis, wie ein Sprung in eiskaltes Wasser. Was in Amerika Normalität war, war hier die Ausnahme. Für mich hatte der Übertritt zum Judentum eine Entscheidung für den Frieden und für die Liebe zu den Mitmenschen bedeutet. Es war eine ungeheure Enttäuschung, erkennen zu müssen, dass die deutsche Umwelt diesen Schritt als Kampfansage, als Verrat an der überkommenen Religion und als Verrat am deutschen Volk interpretierte. Man muss lernen, die oftmals mangelnde Sensibilität der Deutschen in ihren Äußerungen zum Judentum und zu Israel zu ertragen. Hat man in Deutschland wirklich nur die Alternative, entweder Jude oder Deutscher zu sein? Das Anrennen gegen solche Vorurteile hat mir in schmerzlicher Weise auch bewusst gemacht, wie schwach ich in Wirklichkeit bin, wie wenig ich als einzelner vermag, und wie wenig ich den Herausforderungen, die an mich gestellt werden, gewachsen bin. Was mich den Menschen näher bringen sollte, hat mich in Wirklichkeit von ihnen getrennt. Man muss aber differenzieren, das Gesagte trifft vor allem auf die ältere Generation zu, die absolute Unvoreingenommenheit und Toleranz vieler meiner jungen Studenten war mir oft Grund zur Bewunderung und großer Freude.

Am meisten schmerzte mich die Reaktion meiner Frau. Sie kann meinen Entschluss bis heute nicht akzeptieren. Ihr zuliebe hatte ich meine neue Heimat Amerika, wo ich mich zum ersten Mal in meinem Leben in die Gesellschaft integriert gesehen hatte, wieder aufgegeben. Der Übertritt zum Judentum bedeutete für mich eine Umkehr, einen Neuanfang des Lebens, der es mir ermöglichte, alle vorausgegangenen Streitigkeiten zu beenden und zu einem umfassenden Frieden zu gelangen. Meine Frau empfand den Schritt genau umgekehrt: als Bruch des bei der Eheschließung gegebenen Treueversprechens und als Kriegserklärung. Ich verstehe, dass es ihr schwer fällt, dem von ihrer Familie und der Gesellschaft im allgemeinen ausgehenden Anpassungsdruck zu widerstehen. Wie viel Schönes mit einem jüdischen Familienleben verbunden gewesen wäre, ist ihr nicht bewusst. Aus Rücksicht auf sie lebe ich mein Judentum in Deutschland kaum. Auch für meine drei Kinder spielt Religion keine große Rolle. Ich weiß nur zu gut, dass ich durch zu geringen Mut und mangelnde Offenheit Mitschuld an dieser Entwicklung trage.

Nur eine Handvoll Menschen hier weiß, dass ich Jude bin. So fühle ich mich denn oft einsam wie ein Eremit in einer großen Wüste. In solchen Momenten wünsche ich, in Israel zu sein, oder es ergreift mich Heimweh nach den USA, dem Land, dem ich soviel zu verdanken habe, in dem ich so viele gleichgesinnte Freunde habe und in dem mich so wohl gefühlt habe. Auf Auslandsreisen genieße ich die Selbstverständlichkeit, mit der ich überall auf der Welt in den jüdischen Gemeinden zu Gast sein darf. Rückblickend kann ich sagen, dass ich meinen Schritt nie bereut habe. Denn da zu jeder Zeit das Bedürfnis nach geistiger Freiheit, die Suche nach der Erkenntnis des Seienden und die Wahrhaftigkeit des Glaubens im Vordergrund standen, war meine Entscheidung für das Judentum durch zwingende Ergebnisse des Denkprozesses bestimmt. Selbstverständlich hat die Verpflichtung zur Aufrichtigkeit und Wahrhaftigkeit auch für die Beschäftigung mit der jüdischen Lehre zu gelten. So sehr ich die Konsequenz und die Frömmigkeit des orthodoxen Judentums achte, so kann ich mich selbst nur mit dem modernen und liberalen Judentum identifizieren, wie es aus der großen deutschen Tradition hervorgegangen ist. Die Entscheidung für dieses Judentum hat mir geholfen eine Lebenskrise zu überstehen, an der mein Leben sonst zugrunde gegangen wäre. Sie hat mir Selbstwertgefühl und Stärke wiedergegeben, ich fühle mich geborgen und unter Gottes Schutz.

Malka Nelson

Malka Nelson wurde 1944 geboren. Die Filmcutterin hat viele Jahre lang für das ZDF in Mainz gearbeitet. Heute ist sie im Vorruhestand und lebt gemeinsam mit ihrem Mann in Berlin. Die beiden haben eine Tochter. In Malka Nelson ist schon früh der Wunsch gereift, Jüdin zu werden. Für sie war dies nicht nur eine Frage der für sie richtigen Religion, sondern ihrer Identität. Doch der Weg in das Judentum war sehr mühevoll. Jahrzehntelang hat sie in Deutschland versucht, einen Rabbiner für ihren Übertritt zu finden. Überall stand sie vor verschlossenen

Türen. Ihre Geschichte zeigt, wie Konvertiten in Deutschland vielerorts behandelt werden. – Nachdem wir Malkas Geschichte aufgeschrieben hatten, ist auch ihr Mann Rüdiger übergetreten, und für sie konnte sich einer der größten Wünsche ihres Lebens verwirklichen: Sie ist mit ihrem Mann unter die Chuppa gegangen. Außerdem hat sie mittlerweile einen Enkel, den sie über alles liebt. Leider gehört Malka aber auch zu den Juden, die in den vergangenen Jahren den wachsenden Antisemitismus zu spüren bekommen haben. Nachdem ihr Vermieter, ein Arzt, ihnen in einem Streit gesagt hatte, dass die Juden zu Recht vergast worden seien, haben sie und ihr Mann noch am selben Tag die Wohnung gekündigt.

Lange Zeit wusste ich nicht, wer mein Vater war. Meine Mutter erzählte nichts über ihn. Wenn ich nach ihm fragte, sagte sie anfangs: „Dafür bist Du zu jung, das verstehst Du nicht", später: „Du weißt doch ohnehin alles besser". Das einzige, was ich über meinen Vater wusste, war, dass er selbstständiger Architekt und Bauingenieur in München gewesen und während des Kriegs in Italien gefallen war. Ich wusste nichts über seine Herkunft. Und erst ein unvorhergesehener Vorfall wollte es, dass ich mit 19 Jahren die konkrete Suche nach meiner Familie begann. Ich habe schon immer viel gelesen und war oft in der Buchhandlung, und an einem Tag sah ich dort ein Buch von einem Leonard Nelson. Es fiel mir natürlich auf, weil es unser Familienname ist. Ich ging nach Hause und sagte zu meiner Mutter: „Stell' Dir vor, heute bin ich einem lustigen Zufall begegnet. Ich habe ein Buch gesehen von einem Leonard Nelson." Und meine Mutter sagte knapp: „Das ist Dein Großvater." Mehr nicht. Sie hat es nicht erklärt. Ich ging in die Buchhandlung zurück und schrieb mir die Adresse des Verlags auf. Die Verlagsmitarbeiter haben mir dann einige andere Sachen gegeben, die mein Großvater geschrieben hatte. Sie wussten auch, dass es noch Schüler von ihm im Frankfurter Raum gab, also ganz in unserer Nähe, doch sie hatten keine Adressen. Erst einige Jahre später sagte mir eine Bekannte aus Wiesbaden, sie habe eine Ausstellung im jüdischen Museum in Frankfurt über Leonard Nelson gesehen. Ich bin mit meinem Mann hingefahren. Von dem Museum habe ich dann Namen und Adressen erfahren und Kontakt zu einigen der früheren Schüler meines Großvaters aufgenommen. Von ihnen habe ich viel erfahren. Die meisten kannten meinen Großvater, meinen Urgroßvater und meinen Vater. Mein Großvater war ein geachteter Philosoph, der sich sehr um die gegenseitige Verständigung der europäischen Länder bemüht hat. Als er 1927 mit nur 45 Jahren starb, schrieb die Frankfurter Zeitung, die „große Sache des Rechts und des Völkerfriedens" habe ihren Vorkämpfer verloren. Mein Vater war viel mit meinem Großvater zusammen gewesen, erzählten dessen Schüler. Sie erwähnten auch Nebensächliches, zum Beispiel, dass mein Großvater eine bestimmte Art zu sitzen hatte und mein Vater genauso saß. Mich hat das alles interessiert. Mein Großvater war Jude und hatte eine Christin geheiratet. Nach der Scheidung der beiden hat meine Großmutter meinen Vater taufen lassen, gegen den ausdrücklichen Willen meines Großvaters.

Nachdem ich erfahren hatte, wer mein Vater war, begann ich, ab und zu in die Synagoge zu gehen. Ich las viel über das Judentum, die Religion und Kulturgeschichte. Besonders interessierte mich damals Moses Mendelssohn, der ein direkter Vorfahre von mir ist. Doch an Übertritt dachte ich mit Anfang 20 noch nicht. Mir ging es mehr um meine Herkunft, um meine Familie, vielleicht darum, eine Art Kontakt herzustellen mit der Vergangenheit. Das änderte sich erst 1972, nach der Geburt meiner Tochter Rachel. Wir haben sehr lange auf ein Kind gewartet, und ich wollte Dank sagen. Ich bin dann öfter in die Kirche gegangen, doch das hat mir nichts gegeben. Also suchte ich weiter einen Ort, wohin ich mich wenden konnte. Weil ich vor Rachels Geburt schon öfter in den Gottesdiensten gewesen war, erschien es mir nicht unnatürlich, in die Synagoge zu gehen und dort zu danken. Ich ging dann regelmäßiger hin, und je öfter ich hinging, umso wohler fühlte ich mich. Eines Tages fragte ich den Vorsitzenden der Jüdischen Gemeinde in Wiesbaden: „Wie kann ich Jüdin werden?" Anfangs war er dieser Idee gegenüber offen. Doch dann erfuhr er, dass ich verheiratet war und mein Mann nicht übertreten wollte. Diese Tatsache blieb auch in der folgenden Zeit das größte Hindernis. Jahrzehntelang versuchte ich ohne Erfolg, einen Rabbiner zu finden, der mir helfen würde zu konvertieren.

Ich entschied mich, als Jüdin zu leben, auch wenn ich nicht wusste, wann ich formal würde übertreten können. Aus der Kirche war ich schon bald nach Rachels Geburt ausgetreten. Ich wollte mit dem Christentum keine Verbindung mehr haben. Es hatte nichts, was mich anzog. Am Judentum gefiel mir vor allem, dass ich keinen Mittler brauchte, dass ich mit Gott unmittelbar kommunizieren konnte, so wie ich das seit Rachels Geburt ohnehin immer getan hatte. Ich lernte in der Volkshochschule hebräisch. Nach wie vor besuchte ich regelmäßig die Synagoge in Wiesbaden. Einige Gemeindemitglieder warfen mir böse Blicke zu. „Was will die hier", hieß es bei denen. Ich konnte das nur schwer ertragen. Ich bin öfter weinend nach Hause gekommen. Andere waren freundlich mir gegenüber und gaben mir das Gefühl, willkommen zu sein. Einige wurden echte Freunde. Das tat mir unglaublich gut. Meine Sehnsucht, endlich wirklich dazuzugehören, wurde immer größer. Ich wollte gerne einer Gemeinschaft angehören, und zwar einer, die ich gewählt hatte und in der ich mich wohl fühlen konnte. Das war einer der wichtigen Gründe für meinen Wunsch überzutreten. Ein weiterer Grund war, dass ich einen Kreis schließen wollte, den ein Teil meiner Familie einst verlassen hatte. Eigentlich fühlte ich mich dem Judentum schon zugehörig, als dieser Wunsch in mir feststand. Wir hörten auf, die christlichen Festtage zu feiern. Weihnachten,

Ostern oder Pfingsten haben mir nie gefehlt. Stattdessen begannen wir, die jüdischen Feiertage zu halten. Mein Mann unterstützte mich in allem, was ich tat.

Im Laufe der Jahre erfuhr ich immer mehr über meine Familie, über die ich dem Wunsch meiner Mutter nach nie etwas hätte erfahren sollen. Bis heute weiß ich nicht, was sie so handeln ließ. Ich glaube, sie mochte mich einfach nicht gern. Sie machte mich wahrscheinlich für den Tod meines Vaters verantwortlich. Er ist zwei Monate vor meiner Geburt gefallen. „Du darfst leben", sagte sie öfter, „und Dein Vater ist tot." Das klang wie ein Vorwurf, als hätte ich ihm das Leben genommen. Meine Mutter hat mir auch den Umgang mit meiner Großmutter, der Mutter meines Vaters verboten, die in der zweiten Ehe wieder einen Juden, nämlich den Onkel meines Vaters, geheiratet hatte. Ihre Begründung dafür war, meine Großmutter könne Mädchen nicht leiden. Ich habe ihr Haus zum ersten Mal betreten, als sie schon tot war. Sie hat in der zweiten Ehe zwei Töchter bekommen, die zwei Halbschwestern meines Vaters, zu denen ich guten Kontakt habe. Eine davon ist meine Patentante. Mit ihr habe ich über die angebliche Abneigung meiner Großmutter Mädchen gegenüber gesprochen, und sie sagte „Warum soll sie die gehabt haben? Sie hatte doch selbst zwei Mädchen." Ich habe lange Zeit versucht, mit meiner Mutter zu sprechen, sie zu verstehen. Es ging nicht. Heute habe ich mit ihr gebrochen. Die Verletzungen sind zu groß. Erst Ende der achtziger Jahre habe ich herausgefunden, dass mein Großvater und auch mein Urgroßvater in Melsungen auf dem jüdischen Friedhof begraben sind. Wir lebten die ganze Zeit in Wiesbaden. Es war also gar nicht weit von uns. Ich bin mit meinem Mann hingefahren. Er hat mich an den Gräbern sehr lange allein gelassen. Ich kann nicht beschreiben, wie aufwühlend dieser Besuch für mich war.

Die ganze Zeit über versuchte ich weiterhin überzutreten. Es war frustrierend. So lange sollte man niemanden warten lassen. Die Begegnungen mit einigen Rabbinern waren besonders enttäuschend. Als ich mich an den damaligen Landesrabbiner von Hessen wendete, schickte der als Antwort einen kleinen Zettel, auf dem stand „Ich mache keine Übertritte. Außerdem werde ich bald pensioniert. Wenden Sie sich an meinen Nachfolger." Für mich war das wie ein Schlag ins Gesicht. Dann habe ich einmal einen Brief an den Landesrabbiner von Baden-Württemberg geschrieben. Er schrieb, er zerreiße keine Ehen. Ich habe ihn dann später kennen gelernt und lange mit ihm gesprochen. Ohne Erfolg. Wie viele Rabbiner nach ihm sagte er, wenn mein Mann und meine Tochter nicht übertreten wollten, werde er nichts tun. Keiner dieser Rabbiner hat berücksichtigt, wie sehr mich mein Mann und meine Tochter in meinem Bemühen überzutreten unterstützt haben, auch wenn sie diesen Schritt nicht selbst machen wollten. Dann hatten wir eines Abends einen bekannten liberalen Rabbiner aus Israel bei uns zum Abendessen. Ich habe mit ihm gesprochen und hatte das Gefühl, an diesem Abend mein Innerstes nach außen zu kehren. Mit welchem Resultat? Als er sich verabschiedete, sagte dieser große Mann: „Jeder findet in seiner Religion ein Türchen, und Sie werden in Ihrer auch eines finden." Ich hatte das Gefühl, er hatte überhaupt nicht zugehört. Meine Enttäuschung war unbeschreiblich. Dann habe ich mit dem in diesen Jahren wahrscheinlich einzigen liberalen Rabbiner in Deutschland gesprochen. Nach einem Gespräch habe ich ihm Sachen von meinem Vater und Großvater geschickt. Es gab keine Reaktion. Als ich ihn dann wieder ansprach, sagte er, die Unterlagen seien nie angekommen. Auch seine Begründung für die Ablehnung war bei jedem Gespräch dieselbe: Mein Mann. Bei einer unserer letzten Begegnungen schüttelte er nur den Kopf, als er mich von weitem sah. Es gab in dieser Zeit nur einen einzigen Rabbiner, der mir geholfen hätte, den Engländer Albert Friedlander. Leider waren die Bedingungen so beschaffen, dass ich diese Möglichkeit nicht wahrnehmen konnte. Er wollte mich drei Monate in London vorbereiten. Doch wie hätte ich drei Monate nach England gehen sollen? Ich war berufstätig, verheiratet und hatte ein Kind zu Hause.

Erst in Berlin fand ich Ende der neunziger Jahre einen liberalen Rabbiner, der mir wirklich zuhörte und der dann sagte: „Ich bin bereit zu helfen. Doch ich möchte, dass Ihr Mann mitlernt. Ich möchte, dass er genau weiß und versteht, warum Sie konvertieren und wie sie leben möchten." Das war für meinen Mann völlig in Ordnung. Er hatte mich ja die ganze Zeit in meinen Bemühungen unterstützt. Über ein Jahr haben wir dann zusammen gelernt. Vieles konnte und wusste ich ja schon und hatte es bereits jahrelang praktiziert. 2000 bin ich übergetreten. Es gab kein Bet Din in Deutschland. Ich musste also nach London fliegen. Während der ganzen Zeremonie habe ich ein großes Glück gefühlt. Ich hatte ein sehr gutes Gespräch mit den drei Rabbinern und ging dann in die Mikwe. Als die Rabbiner sagten: „Jetzt gehören Sie zu uns", habe ich vor Glück geweint. Als es zu Ende war, habe ich sofort meinen Mann angerufen. Er und meine Tochter haben mich dann am Flughafen in Berlin abgeholt, beide haben sich sehr für mich gefreut.

In Berlin besuche ich einen egalitären Gottesdienst. Die meisten Leute dort dachten, ich sei schon Jüdin. Sie haben mir zu meinem Schritt gratuliert und mir Glück gewünscht. Von ihnen fühle ich mich mehr akzeptiert als von den Mitgliedern der orthodoxen Gemeinde in Wiesbaden. Dort sahen mich nur sehr wenige als eine von ihnen. In Berlin sehen mich die meisten als zugehörig an. Das gilt auch für Mitglieder anderer Synagogen, zu einigen von ihnen habe ich guten Kontakt. Leider gingen die Schwierigkeiten trotzdem weiter. Lange hat mich die Gemeinde nicht als Mitglied aufgenommen. Der Rabbiner, der mich auf den Übertritt vorbereitet hatte, war mittlerweile nicht mehr im Amt. Sein Nachfolger als liberaler Rabbiner war in Wirklichkeit alles andere als liberal, was ein offenes Geheimnis war. Er hat mich wie Luft behandelt und wenn wir uns begegneten immer nur

meinen Mann begrüßt und nicht mich. Nach meinem Antrag auf Aufnahme in die Gemeinde ließ er mich zappeln. Die Begründung war, er könne nur Übertritte anerkennen, die in Deutschland vorgenommen worden seien. Als ich ihn zum dritten Mal ansprach, sagte er: „Lassen Sie sich Zeit." Wozu? Ich schrieb einen Brief an die Gemeinde und bekam nicht einmal eine Antwort. Dann wurde ein weiterer liberaler Rabbiner eingestellt, einer, der von seiner Ausbildung und Haltung her wirklich liberal war. Er setzte sich für mich ein. Ich musste wegen der Formalitäten noch einmal zu seinem Kollegen gehen, der mich so unfreundlich behandelt hatte. Und der sagte tatsächlich zu mir: „Sie sind aber ungeduldig." Das kann ich nur als zynisch bezeichnen. Auf jeden Fall bin ich nun Gemeindemitglied.
Auch nichtjüdische Freunde haben mich in meinen Bemühungen überzutreten unterstützt und sind jetzt froh für mich. Andere verhalten sich neutral, sie schneiden das Thema nicht an. Am meisten hat mich die Reaktion einer der Halbschwestern meines Vaters gefreut. Sie war sehr froh für mich und sagte, auch mein Vater würde sich gefreut haben. Das hat mich glücklich gemacht. Denn für mich hatte der Schritt wirklich auch sehr viel mit Identität zu tun. Es gibt vieles, das ich nie mehr erfahren werde über meine Familie, doch mittlerweile habe ich meinen Frieden mit diesem Wissen gemacht. Eine Frage, die mich beschäftigt, ist zum Beispiel: Warum ist mein Vater nicht gegangen? Viele Mitglieder seiner Familie sind emigriert. Warum ist er geblieben? Ich habe vor Jahren sein Grab in Italien gefunden. Ich kann nicht verstehen, dass er für Hitlerdeutschland gefallen ist. Auch über die Familie meiner Mutter wüsste ich gerne mehr. Was haben sie in der Nazizeit getan? Es gibt ja diese Theorie, dass deutsche Nichtjuden in erster Linie zum Judentum konvertieren, weil sie sich auf die „richtige" Seite stellen wollen. Wollte ich mich auf die „richtige", auf die Opferseite meiner Familie stellen? Über diese Frage habe ich nachgedacht und kann sie aufrichtig mit „nein" beantworten. Ich fühle keine persönliche Schuld, ich fühle eine Schuld für die, die Verbrechen begangen haben. Und ich frage mich oft, was meine Onkel oder Großonkel getan haben. Ich weiß nur, dass mein Großvater mütterlicherseits ein Nazi war. Ich habe vor Jahren erfahren, dass meine Großmutter mütterlicherseits auf dem Weg zur Hochzeit ihrer Tochter durch einen vorgetäuschten Unfall verhindert hat, dass ihr Mann dieses jüdische Haus betrat. Ganz groß im Eingang hing ein Porträt von Moses Mendelssohn, daneben eines seiner Enkelin Fanny und gegenüber eines seiner Enkelin Rebecca. Wenn mein Großvater diese Bilder gesehen hätte, hätte er seiner erwachsenen Tochter wahrscheinlich verboten, diesen Mann jüdischer Abstammung zu heiraten.
Ich bin glücklich, dass ich zurückgekehrt bin, den Kreis wieder geschlossen habe. Ich habe es noch nie bereut, im Gegenteil. Manchmal kann ich das Glück, endlich als Jüdin anerkannt zu sein, nicht fassen. Abends gehe ich ins Bett und freue

mich, und morgens wache ich auf und freue mich. Natürlich würde ich mich noch mehr freuen, wenn mein Mann auch übertreten würde. Mein größter Traum ist es, mit ihm unter die Chuppa zu gehen und den jüdischen Hochzeitssegen zu bekommen. Er sagt, er sei noch nicht soweit. Ich hoffe weiterhin, dass er irgendwann diesen Schritt tun wird. Doch seine volle Unterstützung habe ich heute schon und hatte sie all' die Jahre. Für ihn ist es selbstverständlich, mit mir ein jüdisches Leben zu führen. Wir versuchen, die Gesetze einzuhalten, zum Beispiel fleischig und milchig zu trennen. Jeden Freitagabend geht er mit mir in die Synagoge. Er feiert die jüdischen Feste mit mir. Den zweiten Sederabend halten wir mit Freunden bei uns.

Meine Tochter habe ich noch nie gedrängt, obgleich ich mir immer gewünscht habe, dass auch sie übertritt. Sie ist regelmäßig mit mir in die Synagoge gegangen, ich glaube aber, sie konnte vieles nicht nachvollziehen. Schlimm war es für mich, als sie sich unbedingt konfirmieren lassen wollte. Ich habe auf sie eingeredet, doch sie wollte nicht verstehen. Die Pastorin war ziemlich erbost, als sie hörte, dass ich gar nicht in der Kirche bin, sondern in die Synagoge gehe und als Konfirmationsspruch auch noch das Sch'ma ausgewählt hatte. Rachel hat mir später gesagt, wie leid es ihr tut, dass sie diesen Schritt gegangen ist. Sie sagte, sie habe nicht anders sein wollen als die anderen aus ihrer Klasse. Außerdem wollte sie gerne die Geschenke. Heute spreche ich das Thema Religion überhaupt nicht mehr an. Nun ist Rachel schwanger, und schon heute habe ich mir vorgenommen, dieses Kindchen mit in die Synagoge zu nehmen. Ich bin glücklich bei der Vorstellung. Oft denke ich an die Hymne „le dor wa dor", „von Generation zu Generation werden wir Deine Größe verkünden". Durch meinen Vater ist eine Generation ausgelassen worden, und die nächste hat daran angeknüpft. Oft denke ich, vielleicht wird das mein Enkel auch tun, einfach wieder anknüpfen, und dann wird es von Generation zu Generation weitergehen.

Risto Thätinnen

Risto Thätinnen ist ein ruhiger, kluger Mann, 1949 geboren, der sehr besonnen auftritt, seine Meinung aber offensiv vertritt. Der gebürtige Finne arbeitet seit 1989 als Korrespondent für zwei der größten finnischen Tageszeitungen in Berlin. Als Gabbai vertritt er die Interessen der kleinen Betergemeinschaft, die ihre egalitären Gottesdienste in der Synagoge Oranienburger Straße hält. Nach seiner Konversion zum Judentum nennt er sich auch Aharon.

Das Judentum habe ich schon während der Schulzeit kennen gelernt. Einer meiner Freunde aus der Klasse war Jude, wahrscheinlich der einzige an der Schule. Ich war öfter bei ihm zu Hause und habe so einiges über seine Religion mitbekommen, zum Beispiel etwas über die Feste erfahren. Einen festen Bezug zu einer Religionsgemeinschaft hatte ich damals nicht. Die evangelische Kirche, die ja in Finnland eine Staatskirche ist, war mir in den späten sechziger Jahren viel zu konservativ. Über sie wollte ich mit Gott nicht zu tun haben. Sobald ich 18 Jahre alt wurde, bin ich ausgetreten.

Irgendwann, es muss Anfang der neunziger Jahre gewesen sein, sind zwei Bekannte von mir zum Judentum übergetreten. Ich habe sie natürlich nach ihren Gründen gefragt, aber es hatte weiter keinen Einfluss auf mich. Erst 1998 hat mir eine Kollegin erzählt, dass sie den Gottesdienst in der Synagoge Pestalozzistraße besucht, und ich habe gesagt: „Ich würde gern mal mitkommen." Dort haben sie mir einen Siddur gegeben, und ich habe die deutsche Übersetzung gelesen. Es hat mich interessiert. Es war ja nicht so, dass es für mich keinen Gott gab. Nur mit der Dreifaltigkeit konnte ich nie etwas anfangen. Der Kirche gegenüber war ich also immer sehr kritisch. Und auch in der Pestalozzistraße saß ich anfangs und suchte in dem Siddur nach etwas, das ich nicht unterschreiben könnte, gegen das ich mich verwahren würde, doch ich fand es nicht. Im Gegenteil. Hier ging es um den einen Gott. Hier schien ich das finden zu können, nach dem ich so lange auf der Suche gewesen war. Es war ein wirkliches Aha-Erlebnis: Es gab einen Glauben, mit dem ich mich identifizieren konnte. Es gab Menschen, mit denen ich das gemeinsam hatte. Von da an ging ich öfter in die Synagoge.

Zu Beginn wollte ich gar nicht konvertieren. Ich dachte, wenn man in die Synagoge geht, betet und sich dort wohl fühlt, reicht das. Doch eine innere Stimme hat mir gesagt, dass ich weitermachen muss. Und dann bin ich 1999 zum liberalen Rabbiner gegangen und habe gesagt, „Ich habe gelesen, dass Sie mich dreimal wegschicken müssen und zu meinem Übertrittswunsch dreimal nein sagen müssen. Das Spiel können wir jetzt gleich machen. Sie sagen dreimal nein, und ich sage dreimal ja." Das hat ihm gefallen. Er sagte, „Okay, gib' mir deine Papiere. Ich lege eine Akte an, du kannst zum Lernen kommen."

Ich glaube wirklich, dass Haschem mich in dieser Zeit geführt hat. Er hat auf mich eingewirkt. Ich sollte und konnte nicht mehr stehen bleiben. Ich habe mich ja ganz langsam angenähert, doch dann kam der Augenblick, in dem ich mir sagte, „jetzt musst du etwas Konkretes machen." Das habe ich gedacht, obgleich ich zwischenzeitlich gehört hatte, wie schwer es ist, in Deutschland überzutreten. Daraufhin habe ich eine Art Trotzhaltung entwickelt. Wenn sie mich nicht wollen, habe ich gedacht, werde ich doch weiter studieren und beten. Das kann mir schließlich keiner verbieten. Ungefähr zwei Jahre habe ich mich auf den formalen Übertritt vorbereitet, habe alle Bücher gelesen, die der Rabbiner empfohlen hat, einmal in der Woche bin ich zu einem Vorbereitungskurs gegangen und natürlich jeden Freitagabend und Sonnabend in die Synagoge. Doch auch in meinem sonstigen Privatleben hat sich schon in dieser Zeit einiges verändert. Ich war ohne Partnerin und habe ganz bewusst entschieden, erst einmal allein zu bleiben und vielleicht mit Hilfe Haschems nach dem Übertritt eine jüdische Partnerin zu finden. Ich hatte gelesen, dass eine Frau das größte Geschenk ist, das Haschem geben kann und habe mir gedacht, vielleicht bekomme ich dieses Geschenk. Viele Freunde haben mir damals empfohlen, im Internet eine jüdische Partnerin zu suchen, doch ich wollte erst einmal selbst Jude werden.

Neben dem Lernen habe ich mich mit der Rolle der Juden als Opfer auseinandergesetzt, in erster Linie natürlich mit der Schoa. Das tun wohl alle, die übertreten wollen. Wahrscheinlich war ich als Finne dabei unbefangener als die Deutschen, denn die Rolle Finnlands im zweiten Weltkrieg war nun mal eine ganz andere. Ich habe also nicht schon seit meiner Kindheit Probleme mit der Täterrolle der Deutschen, wie sie hier sicher viele haben.

Die Übertrittszeremonie fand in London statt, wo es ein liberales Bet Din gibt. Mein Rabbiner schickt seine Kandidaten zu den Übertritten häufig dorthin, wie ich später erfahren habe. Aus Deutschland war ein Rabbiner anwesend, zusammen mit zwei Kollegen aus England und Südafrika. Weil ich schon beschnitten bin, konnte ich mir diesen operativen Eingriff ersparen. Ich musste nur noch in die Mikwe, und vorher fand natürlich das Prüfungsgespräch statt. Ich habe erst in London realisiert, dass alle Gespräche auf Englisch stattfinden werden und wurde sehr nervös. Doch der deutschsprachige Rabbiner hat mich beruhigt. Tatsächlich war es dann interessant, über alles, das mir so oft durch den Kopf gegangen war, in einer anderen Sprache sprechen zu müssen. Sie haben mich unter anderem nach meiner Beziehung zu Israel gefragt, und ich habe ihnen gesagt, dass ich auch bereit bin, Alija zu machen, und das stimmt immer noch. Komisch ist nur, dass die Rabbiner in Israel meine Konversion vielleicht nicht anerkennen, weil sie vor einem liberalen Gremium passierte. Das sind Dinge, die ich nicht verstehe. Wenn ich es richtig beurteilen kann, war das Bet Din aus Sicht der Halacha richtig besetzt. Alle drei Beteiligten waren schließlich erfahrene Rabbiner.

Mein Leben hat sich seither insgesamt sehr verändert. Schon länger besuche ich die Synagoge Oranienburger Straße in Berlin, in der es einen egalitären Minjan gibt, also auch Frauen gleichberechtigt beten können. Nicht lange nach meinem Übertritt habe ich mich dort in eine Frau verliebt. Wir sind nun verheiratet und leben gemeinsam mit ihrer Tochter aus der ersten Ehe. Unser Wochenrhythmus ist der Religion angepasst. Für mich bedeutete das anfangs eine große Umstellung. Früher bin ich zum Beispiel oft das ganze Wochenende über Motorrad gefahren. Das kommt jetzt nur noch in Ausnahmefällen vor. Oder ich habe am Sonnabend meine Einkäufe erledigt. Jetzt versuche ich meistens, das schon am Donnerstag zu tun. Ich empfinde das als sehr positiv. Durch diesen neuen Rhythmus ist eine ganz neue Ruhe in mein Leben gekommen. Man kann wirklich von Freitagabend bis Schabbatausgang abschalten. Theoretisch könnte ich ja in meinem Beruf Tag und Nacht arbeiten. Jetzt ist da diese Schabbatruhe, und ich genieße es, in die Synagoge zu gehen und mal Zeit für ein gutes Buch zu haben.

Das alles hätte ich natürlich mit einer nichtjüdischen Partnerin so nicht leben können. Ich kann mir überhaupt nicht vorstellen, mit einer Nichtjüdin zusammen zu sein. Und ich bin auch glücklich, dass meine Frau eine geborene Jüdin ist. Es gibt immer Wissenslücken bei Konvertiten. Bei manchen geborenen Juden vielleicht auch. Doch mit meiner Frau habe ich einen ständigen Austausch, und ich spüre, dass sie viel weiß und vor allem immer noch mehr lernen möchte wie ich auch. Wir diskutieren viel, haben oft Gäste, mit denen wir debattieren. In unserem Haus sind Freunde immer willkommen, und jüdische Feiertage verbringen wir gemeinsam mit anderen häufig bei uns. Es gibt viele Juden in Berlin. Das macht alles leichter. In meiner Heimatstadt in Finnland gibt es gerade mal 130 Juden. Die bekommen im Sommer nicht einmal ein Minjan zusammen. Dort könnte ich kein jüdisches Leben führen. Doch in Berlin? Wenn man will, hat man praktisch jeden Tag etwas, dass man als Jude tun kann. Es gibt ein Film-Festival, es gibt Schiurim, Konzerte, Discos. Man kann koscher einkaufen und sogar koscher essen gehen. Das zum Beispiel ist für uns besonders wichtig, denn meine Frau und ich versuchen, die Kaschrutregeln einzuhalten. Allerdings ist nicht alles, was wir kaufen, mit einem Rabbinerstempel versehen. Der Orthodoxie nach ist das sicher nicht richtig, doch für mich müssen Kompromisse auch im religiösen Leben möglich sein, und ich muss zu ihnen stehen können. Ich denke, das ist einer der wichtigsten Gründe, dass ich mich für das liberale Judentum entschieden habe. Vielleicht ist ein weiterer Grund, dass ich politisch auch liberal denke. Aber die Möglichkeit, ehrlicher mit mir und anderen sein zu können, spielte sicher die größere Rolle. Ich wohne neun Kilometer von der Synagoge entfernt. Diese Strecke laufe ich nicht. Jetzt kann ich dazu stehen, den Weg mit dem Auto zurückzulegen. Auf der anderen Seite heißt liberales Judentum ja nicht, die Dinge einfach schleifen zu lassen. So musste ich beruflich einiges ändern, weil ich auf die Einhaltung des Schabbat großen Wert lege. Ich habe meinem Verleger gesagt, dass ich am Sonnabend nicht mehr zu Terminen gehen kann, und er akzeptiert das. Wenn die deutsche Regierung stürzt oder es ein Flugzeugattentat gäbe, müsste ich natürlich auch am Schabbes schreiben, aber zu so was ist es bislang zum Glück noch nicht gekommen. Bisher hat es nur eine Ausnahme gegeben, nämlich, als ein finnischer Minister hier an einem Sonnabend eine Pressekonferenz abgehalten hat.

Merkwürdigerweise ist mein Verleger trotz seines Verständnisses für meinen Wunsch nach einem arbeitsfreien Sonnabend zunächst auf Distanz gegangen, als er von dem Übertritt hörte. Später hat sich das wieder gelegt. Vielleicht hatte es damit zu tun, dass er aktiver Freimaurer ist und sich etwas gewöhnen musste. Sonst hat es auf meinen Übertritt nur positive Reaktionen gegeben. Mein Vater wollte wissen, warum ich diesen Schritt getan habe und hat es dann akzeptiert, mit meinen Brüdern ging es genauso. Und meine Tochter aus erster Ehe hat es sogar sehr gut verstanden. Sie selbst ist schon in der Schulzeit aus der evangelischen Kirche ausgetreten und zur griechisch-orthodoxen Kirche übergetreten. Meine Erfahrungen waren für sie interessant. Meine nichtjüdischen Freunde haben mich alle nach den Gründen gefragt. Viele haben daraufhin ein wirkliches Interesse am Judentum gezeigt, und einige sind sogar öfter mit in die Synagoge gekommen. Die Leute dort waren alle froh über meinen Schritt und haben gratuliert. Ich war ja schon zwei Jahre lang in den Minjan eingewachsen und konnte nun zum ersten Mal zur Tora aufgerufen werden. Das war ein wunderschöner Moment.

Viel schwerer war es, von der Gemeinde akzeptiert zu werden. Ich habe den Antrag auf Mitgliedschaft erst gar nicht gestellt, weil ich wusste, er würde abgelehnt werden, und weil ich auf einen liberalen Rabbiner warten wollte. Irgendwann, das wusste ich, würde die Gemeinde einen liberalen Rabbiner einstellen müssen. Als er dann wirklich kam, hat er gesagt, wenn ein ordentliches Bet Din diesen Übertritt verantwortet, hat niemand das Recht, die Entscheidung dieses Gerichts in Frage zu stellen. Mit ihm war die ganze Aufnahmeprozedur innerhalb eines Tages erledigt. Diesen Schritt habe ich in unserer Synagoge gefeiert und den Kiddusch nach dem Gottesdienst ausgerichtet. Es ist schon ein Unterschied, ob man in einer Gemeinde mitentscheiden kann, bei den Wahlen zum Beispiel, oder ob man immer nur von außen zuschaut. Mittlerweile bin ich Gabbai unserer Synagoge.

Doch ich finde, insgesamt tun sich auch viele Gemeindemitglieder mit den Konvertiten zu schwer. Es gibt eine Menge Vorurteile. So, als ob sich Konvertiten zu bestimmten Fragen in einer bestimmten Weise äußern müssten. In Diskussionen heißt es dann oft: „Na ja, der ist übergetreten und hat deshalb diese oder jene Meinung." Das kommt auch von liberalen Juden. Ich habe den Eindruck, die strengsten sind dabei diejenigen, die ihr Judentum selbst Jahre, wenn nicht Jahrzehnte vernachlässigt haben und das nun durch besondere Unnachsichtigkeit anderen gegenüber wieder wettmachen wollen. Wenn von solchen Leuten Angriffe kommen, reagiere ich manchmal gar nicht. Oft helfen dann auch andere geborene Juden und stellen den Betreffenden zur Rede. Manchmal kann ich die geborenen Juden, die sich über Konvertiten aufregen, auch verstehen. Verstehen wohlgemerkt, nicht akzeptieren. Manche neuen Juden führen sich wirklich so auf, als hätten sie das Judentum erfunden. Sie sind besserwisserisch. Das kann ich nicht nachvollziehen. Wenn man neu in eine Gruppe kommt, sollte man anfangs etwas bescheidener sein, sich langsam einleben und nicht gleich versuchen, den Ton anzugeben. Aber insgesamt finde ich es verletzend, dass eine so große Gemeinde wie Berlin es nicht geregelt hat, wie mit Konvertiten umzugehen ist.

Gerade in heutigen Zeiten sollten die Juden vielleicht mehr zueinander stehen. Der Druck von außen ist ja groß genug. Mit Antisemitismus bin ich zwar direkt noch nicht konfrontiert worden. Doch wenn ich von Angriffen Juden gegenüber höre, fühle ich mich jedes Mal persönlich angegriffen. Viele deutsche Nichtjuden verstecken ihren Antisemitismus hinter einer überzogenen Israelkritik. Manche haben ein unerträgliches Verhältnis zu dem Nahostkonflikt. Sie sehen immer nur die eine Seite und nie die Situation der jüdischen Israelis. Das akzeptiere ich nicht, doch in Diskussionen darüber stehe ich oft allein da. Ich muss Überzeugungsarbeit leisten, und manchmal gelingt mir das auch. Ich habe mein Jude-Sein noch nie versteckt. Na ja, wenn ich zum Türken gehe, um Gemüse zu holen, setze ich vielleicht meinen Hut über die Kippa. Ich möchte nicht provozieren. Doch grundsätzlich bin ich der Meinung, man sollte in Berlin die Kippa tragen können wie in London oder New York auch. Eigentlich geht das auch, mich hat noch nie jemand angemacht, weil ich eine Kippa auf dem Kopf hatte. Allerdings finde ich, man hat eine besondere Verantwortung, wenn man sie trägt. Man repräsentiert etwas mit der Kippa. Wenn man solche Symbole trägt, legen die Menschen dein Verhalten häufig als Verhalten der ganzen Gruppe aus. Ich fahre zum Beispiel gerne schnell. Mit Kippa würde ich das nie tun, einige würden bestimmt sagen: „So sind sie eben, die Juden." Das werfe ich den Menschen gar nicht vor. Wenn jemand mit einem Hertha-BSC-Shirt randaliert, heißt es schließlich auch: „Die Hertha-Fans machen wieder Krawall."

Ich habe meinen Übertritt noch keinen Tag bereut. Im Gegenteil, ich freue mich jeden Tag darüber. Das Judentum entspricht absolut meinem Denken. Es ist dem Leben zugewandt und hat Normen, die ich als humanistisch bezeichnen möchte. Außerdem zieht mich immer noch der direkte Zugang zu Haschem an. Ich kann mit ihm reden, ohne einen Umweg machen zu müssen. Selbst in der Zeit, in der ich mich in den sechziger Jahren in der linken Bewegung engagiert habe, gab es für mich immer eine göttliche Kraft. Eigentlich habe ich besonders in dieser Zeit gemerkt, dass die Menschen nicht alles allein schaffen können, dass es also etwas über ihnen geben muss. Und das war für mich immer der eine Gott.

Übertritte in den Vereinigten Staaten von Amerika

Lu Brenman

Lu Brenman wurde 1941 als Lu Chang auf Hawaii geboren. Wir treffen die Chinesin auf der Hochzeit ihres Sohnes. Die Chuppa, unter der das Paar vermählt wird, stammt von ihr. „Ani le' dodi we dodi li" hat sie auf Hebräisch hineingestickt, „Ich gehöre meinem Geliebten, und mein Geliebter ist mein". Die ehemalige Pianistin, an deren Spiel vor 30 Jahren sich die Menschen noch heute erinnern, verdient ihr Geld als Klavierlehrerin. 1975 ist sie zum Judentum übergetreten. Seit einigen Jahr ist Lu von ihrem Mann, mit dem sie fünf Kinder hat, geschieden. Sie lebt in Eureka im nördlichen Kalifornien.

Es ist merkwürdig. Ich habe mir nie überlegt, warum ich zum Judentum übergetreten bin. Wahrscheinlich, weil ich mich selbst schon lange vor der Konversion als Jüdin angesehen habe. Im Grunde war es mein damaliger Rabbiner, der mich langsam dazu brachte, das, was ich fühlte, auch offiziell zu machen. Für mich war das Ganze eher eine Bestätigung als ein Übertritt. Das Judentum hat mich schon immer interessiert. Ich erinnere mich noch genau an die erste Begegnung. Ich war ein Kind, vielleicht acht Jahre alt, und sah mir die Magazine an, die auf unserem Couchtisch im Wohnzimmer herumlagen. Die Titelgeschichte eines „Life"-Magazins handelte von der Gründung des Staates Israel. Es war aufregend, ich las die Geschichte, sah die Fotos von den Emigranten und fragte meinen Vater: „Was ist das alles? Worum geht es da?" Und er sagte: „Das sind Juden." Ich fragte ihn, wer die Juden sind, doch er hatte schon keine Zeit mehr. Er war Arzt, hatte eine Privatpraxis und war sehr beschäftigt. Die einzige Zeit, in der ich ihn überhaupt hatte, war Mittags, wenn wir zusammen aßen. Ungefähr ein Jahr später las ich in einem Buch die Geschichte eines ungarischen Mädchens, das Akkordeon spielte. Ich verstand die Handlung nicht, das Mädchen, mit dem ich mich offensichtlich identifizierte, spielte das Instrument für viele andere Menschen, doch plötzlich hörte die Geschichte auf. Ich zeigte das Buch meinem Vater und sagte: „Dieses Buch hat kein Ende. Warum nicht?" Er nahm es in die Hand und erwiderte: „Dieses Buch handelt von einem jüdischen Mädchen. Erzähl mir, worum es geht." Ich erzählte ihm, dass dieses Mädchen mit vielen anderen Kindern unterwegs war, irgendwann standen sie anscheinend auf einem Bahnhof. Es waren viele Menschen dort, und viel Gepäck stapelte sich um sie herum. Und sie mussten sehr lange auf irgendetwas warten. Und dann begann das kleine Mädchen, sein Akkordeon zu spielen. „Worauf haben sie gewartet", fragte ich ihn. Und er antwortete: „Erinnerst Du Dich, als Du mich gefragt hast, wer die Juden sind, nun erzähle ich Dir ein wenig." Eines hatte ich in der Zwischenzeit schon verstanden. Und so fragte ich ihn: „Warum hassen die Menschen die Juden?" Er sagte: „Das ist eine lange, lange Geschichte. Aber zuerst musst Du eines wissen: Nicht jeder hasst die Juden."

Das war der Anfang meiner Beziehung zu dieser für mich damals fremden Kultur. Ich wollte mehr und mehr wissen über dieses Volk, das die Phantasie der anderen

Menschen so für sich einnahm. So las ich schon während meiner Kindheit viele Bücher über Juden, meist waren es Romane und Erzählungen. Und eines Tages fand ich ein Buch, das wohl nicht für uns Kinder bestimmt war. Es zeigte die Befreiung der Menschen aus einem Konzentrationslager. Diese Fotos machten mich unglaublich traurig. Und wieder musste mein Vater mich trösten, mir erklären. Wieder fragte ich ihn: „Warum?"

Ich habe sehr jung geheiratet. Diese Ehe ging schief. Als ich meinen zweiten Mann kennen lernte, habe ich mich heftig in ihn verliebt. Wenn ich es heute überlege, muss ich sagen, dass die Tatsache, dass er jüdisch war, dabei sicherlich nicht geschadet hat. Nicht dass ich mich für ihn entschieden hätte, weil er Jude war. Aber es war sicherlich einer der Anziehungspunkte, sogar ein wichtiger. Schon in der ersten Ehe war ich mit einem Juden verheiratet gewesen. Ich liebte das Judentum und seine Werte, die besondere Bedeutung der Familie. Als ich meinen zweiten Mann, Robert, traf, war ich alt genug, um ernsthaft an Kinder zu denken, und eine meiner Überlegungen war: „Dieser Mann wird meinen Kindern ein guter Vater sein."

Mit Roberts Familie war es anfangs schwer. Besonders seine Mutter konnte mich nicht akzeptieren. Das ging soweit, dass sie ihrer eigenen Mutter erst nach der Geburt unseres ersten Sohnes überhaupt erzählte, dass ihr Enkel geheiratet hatte. Als ich dann übergetreten war, dachte ich, jetzt werde alles gut. Doch die Reserviertheit meiner Schwiegermutter blieb. Erst da habe ich realisiert, dass es ihr nicht so sehr um die Nichtjüdin Lu ging, die ihr Sohn geheiratet hatte, sondern um die Chinesin Lu. Damit ist sie offenbar nicht fertig geworden. Mittlerweile kommen wir miteinander aus. Ein ironisches Moment ist, dass ausgerechnet ich es war, die sie vorbereiten musste, als sie auf der Bar Mizwa unseres ersten Sohnes zur Tora aufgerufen werden sollte. Ich musste mit ihr den hebräischen Segen üben, den man vor und nach der Lesung über die Tora sagen muss.

Nach unserer Hochzeit begannen Robert und ich, ein jüdisches Leben zu führen. Nicht das allerfrömmste, aber die wesentlichen Dinge hielten wir ein, und als unsere Kinder kamen, schickten wir sie natürlich zur jüdischen Religionsschule. Wir feierten die jüdischen Feiertage, die Kinder sahen sich als Juden an, alle hatten hebräische Namen, wir gingen regelmäßig mit ihnen in die Synagoge. Auch für mich waren sie selbstverständlich Juden. Warum? Weil sie von einer jüdischen Mutter geboren worden waren. Ich sah mich längst als Jüdin. Um mit den Kindern üben zu können und es selbst sprechen zu können, lernte ich am Küchentisch hebräisch. Bis zu dem Zeitpunkt konnte ich nur die Gebete und Segen auf hebräisch sagen, die mir von den Gottesdiensten her geläufig waren. Anschließend lernte ich jiddisch – die Familie meines Mannes kam aus Osteuropa. Und ich nahm an Kursen teil, die in der Gemeinde angeboten wurden.

Eine andere Religion gab es für mich schon lange nicht mehr. Ich war Mitglied der anglikanischen Kirche gewesen, bin dort auch getauft und konfirmiert worden. Doch mit dem Christentum hatte ich immer Schwierigkeiten. Die Dogmen konnte ich nicht verstehen. Vielleicht war ich deshalb meinem Vater so nahe. Er war nichtreligiös und konnte meine Zweifel gut verstehen. Selbst meine Mutter hatte Probleme mit ihrer anglikanischen Kirche. Eines Tages fragte ich sie: „Mama, glaubst Du an Gott?" Und sie sagte: „Ich glaube an Gott, doch an vieles, was wir praktizieren, glaube ich nicht. Ich glaube nicht, dass es später einmal eine Belohnung gibt für gutes Verhalten und man in die Hölle kommt für schlechtes Verhalten. Ich glaube, dass es einem schon in dieser Welt besser geht, wenn man gut zu sich und den anderen ist."

Natürlich war mein Mann mit meiner Entwicklung glücklich. Doch der Wille, als Jüdin zu leben, kam aus meinem Innersten, ohne dass er einen Einfluss gehabt hätte. Für mich war das Judentum die ethischste Religion, die ich kannte. Die meisten Personen, die ich neben meinen Eltern tief respektierte, waren Juden. Und manchmal fragte ich mich selbst: Wie kommt das? Was ist das? Ich würde sagen, es kommt vieles zusammen. Zunächst einmal die Toleranz und die Liberalität anderen gegenüber. Und dann die enge Verbindung zwischen Tora und Leben. Das Bild von uns Juden um die Tora herum zieht mich sehr an. Es gibt eine starke Fokussierung auf die Werte der Tora. Man lebt in einer Welt, in der es den Sinn für die Ethik gibt, den Sinn für Gemeinschaft, das Gefühl eines gemeinsamen Ziels. Das befähigt Dich auf der anderen Seite, manches aus Deiner Welt herauszuhalten. Ich habe in meiner eigenen Familie immer versucht, einiges draußen zu halten: den Einfluss der Medien, die Art, in der Sex wie ein eigener, von den Menschen unabhängiger Wert behandelt wird, oder die Art, in der Menschen nur noch als Konsumenten angesprochen werden.

Das heißt aber nicht, dass andere Personen ausgeschlossen werden, im Gegenteil. Ich sehe das Judentum als eine Religion an, die Menschen dazu bringt, sich um vieles zu kümmern. Es ist eine praktische Religion, in der sich Menschen immer wieder fragen: Was habe ich zu tun, solange ich hier auf dieser Welt bin? Das bezieht sich auf den Umgang mit anderen Juden und die Fürsorge für sie, doch auch auf den Umgang mit Nichtjuden, mit der Umwelt, mit allem, was das Leben ausmacht und erhält. Diese Konzentration auf das Diesseits, verbunden mit Verantwortung, ist etwas, was mich immer anzog. Daneben und vielleicht sogar in erster Linie die immense Bedeutung der Familie und der Gemeinschaft. Im Judentum musst Du nicht allein zurechtkommen. Es sind immer Menschen mit Dir. Diese Sehnsucht nach einer Gruppe, die Dich stützt und trägt, ist aus meiner Sicht ein tiefes menschliches Bedürfnis. Außerdem kam ich aus einer großen Familie und kannte es gar nicht anders. Ich habe viele Verwandte. Wir waren oft zusammen, haben irgendetwas gefeiert. In gewisser Weise passte das Judentum also auch aus diesem Blickwinkel heraus zu mir.

Es hätte alles so weitergehen können. Doch eines Tages nahm ich an dem Übertritt einer Freundin teil, und unser Rabbiner sagte zu mir: „Sie können gleich mit in die Mikwe gehen." Erschreckt entgegnete ich: „Oh, nein, das kann ich nicht." Er fragte: „Warum nicht? Sie sind doch schon Jüdin. Das ist nur noch eine Formalität." Nein, antwortete ich ihm, ich müsse noch soviel wissen, soviel lernen: „Ich möchte es verdienen, offiziell Jüdin zu werden". Und das meinte ich ernst. Ich wollte keinen Übertritt wie Liz Taylor oder andere Prominente, die von einem Tag auf den anderen Jüdinnen werden, ohne dass es in ihrem Leben etwas ändert. Doch von da an ließ der Rabbiner nicht mehr los. Ich fing also an, systematisch zu lernen. Er gab mir Aufgaben. Ich musste einige Kurse besuchen, einen zum Beispiel über jüdische Geschichte. Ich las viele Bücher. Und nach über einem Jahr stand ich dann vor dem Bet Din. Gemeinsam mit allen meinen Kindern ging ich anschließend in die Mikwe. Ich erhielt meinen hebräischen Namen, Malka. Ich war Jüdin.

Das Ganze hat mich bewegt und aufgeregt, und doch kam es mir vor wie das letzte Ende eines Weges, den ich schon lange beschritt. Viele unserer Freunde hatten nicht einmal gewusst, dass ich noch keine Jüdin war. Mein Mann war sehr glücklich. Auch meine Eltern teilten mein Glück. Es gab keinerlei Ressentiment von ihnen. Und meine Schwestern waren froh. Sie wussten nicht viel über das Judentum, freuten sich aber mit mir über mein Leben.

Nun hatte ich also das offizielle Siegel. Und auch wenn ich mich schon so lange als Jüdin fühlte, hat sich dadurch doch etwas geändert. Ich bin froh, dass mich der Rabbiner gedrängt hat. Denn der Stempel verleiht mir mehr Legitimität. Vorher konnte ich, wenn ich dumme Sprüche hörte, nur sagen: „Sagen Sie dies oder das nicht. Ich bin zwar nicht jüdisch, doch die Juden haben alle meine Sympathie, und es stört mich, wie Sie reden." Heute sage ich nur: „Ich bin Jüdin. Hören Sie auf, so zu reden." Die Leute hören dann auch auf. Sie merken, dass es mir ernst ist. Und das stimmt. Ich habe studiert, um eine Jüdin zu werden, ich habe mich angestrengt, habe hebräisch und jiddisch gelernt. Ich bin stolz, eine Jüdin zu sein. Ich bin stolz auf meine große jüdische Familie. Alle meine Enkel sind jüdisch. Selbst die drei Kinder meines Sohnes, der mit einer Nichtjüdin verheiratet ist, werden jüdisch erzogen. In der Reformgemeinde werden diese Kinder auch als Juden anerkannt, was aus meiner Sicht das beste ist, was eine Gemeinde tun kann. Denn sonst sind solche Kinder für das Judentum wahrscheinlich verloren. Eine seiner Töchter ist vor kurzem Bat Mizwa geworden. Ich lebe ein jüdisches Leben, bin integriert in die Gemeinde, die mein Mann und ich mit aufgebaut haben. Morgens suche ich in den Zeitungen als erstes nach Nachrichten aus Israel. Ich wäre jederzeit bereit, für dieses Land Opfer zu bringen. Theoretisch würde ich sagen, ich würde sogar meine Enkel schicken, wenn es sein müsste, und sie für Israel kämpfen lassen. Doch wie ich reagieren würde, wenn dieser Notfall tatsächlich eintritt, weiß ich nicht.

Ich fühle mich wohl im Reformjudentum mit seiner Offenheit und Wärme. Wahrscheinlich wäre ich nicht konvertiert, wenn es nur das orthodoxe Judentum gegeben hätte. Das wäre mir zu eng gewesen. Auf der anderen Seite bin ich froh über die verschiedenen Richtungen. Das bestätigt für mich die Toleranz dieser Religion.

Mike Salopek

Mike Salopek wurde 1965 in Rochester, New York, geboren. Er verlor seinen Vater früh und lernte schon als Kind, Verantwortung zu übernehmen. Das hat bis heute seinen Charakter geprägt. Der Demokrat ist ein liberal denkender Mensch, liest viel über Geschichte und versucht, sich umfassend zu informieren, ehe er auf irgendeinem Gebiet Entscheidungen trifft. Er ist Pilot und fliegt für Delta Airlines. Während eines Fluges 1999 traf er auf seine spätere Frau. Bei beiden war es Liebe auf den ersten Blick. Salopek entschloss sich, seiner Frau und seiner künftigen Familie zuliebe zum Judentum überzutreten. Der Übertritt fand 2002 statt. Ein Jahr später ist das Paar unter die Chuppa gegangen. Heute leben die beiden in Oakland, Kalifornien. – Auch Mike hat Antisemitismus mittlerweile direkt zu spüren bekommen. Er musste sich von seinem besten Freund trennen, nachdem der bei einem Fußballspiel so schlimme Äußerungen über Juden gemacht hatte, dass Mike sie nicht einmal wiederholen wollte. Auf den Einwand, wie er so etwas sagen könne, schließlich wisse er doch, dass Mike Jude sei, antwortete sein Freund, das sei doch alles nur Spaß. Es dauerte Wochen, bis Mike den Schmerz über diesen Vorfall verarbeitet hatte.

Der wichtigste Grund, warum ich übergetreten bin, ist die Tatsache, dass meine Frau Amy Jüdin ist. Unsere Kinder werden ohnehin jüdisch sein, also könnte man sagen, es ist nicht so wichtig. Doch ich glaube fest, dass es am besten für die Familie ist, wenn Vater und Mutter beide jüdisch sind. Ich wollte die Religion und die Erziehung mit meiner Familie teilen und kein Außenseiter sein. Ich wollte Teil einer jüdischen Familie sein.

Als ich meiner damaligen Verlobten sagte, dass ich konvertieren wolle, war sie sehr, sehr glücklich. Das Judentum spielt im Leben ihrer Familie und auch für sie selbst eine große Rolle. Für sie ist die jüdische Vergangenheit ihrer Familie, die sich aus Nazideutschland retten konnte, genauso wichtig wie ihre eigene Zukunft als Jüdin in diesem Land. Schon deshalb hätte ich mir nicht vorstellen können, als Nichtjude neben ihr herzuleben, auch wenn wir keinen Kinderwunsch gehabt hätten.

Ich komme von der Ostküste, aus der Gegend um New York. Dort leben alle wie in dem berühmten Schmelztiegel zusammen. Es gibt auch viele Juden. Es war also etwas ganz natürliches, Juden kennen zu lernen oder sie als Freunde zu haben. Hinzu kommt: Als ich in der Luftwaffe war, habe ich vier Jahre lang mein Zimmer mit einem Juden geteilt. Er ist einer meiner besten Freunde. Durch ihn habe ich vieles über die Religion gelernt, einfach dadurch, dass wir immer zusammen waren. Heute kommt es mir vor wie eine Einführung in die Religion. Ich bin auch mit seiner Familie verbunden und war öfter zu Festen eingeladen.

Die Religion war mir also nicht fremd, als ich mich entschied überzutreten. Und es gab vieles, was mich anzog: das Gespür für die Gemeinschaft und die Familie zum Beispiel, die Unterstützung, die man sich selbstverständlich gibt. Das habe ich bei meinen Freunden und ihren Familien gesehen und später auch bei meiner Frau und ihrer Familie. Es hat mir gefallen, das sich die Religion im praktischen Leben gründet, in Freundschaften, in der Familie, in der Gemeinschaft. Doch erst als ich anfing, mit dem Rabbiner zu lernen, merkte ich, wie sehr die Religion tatsächlich meinem sonstigen Denken entsprach. Er hat mir gezeigt, wie das Judentum gestaltet ist, und ich habe gesehen, dass alle modernen Probleme, die moderne Gesellschaft überhaupt, in der jüdischen Religion integriert sind. Mir hat gefallen, dass diese Religion den Alltag nicht ausschließt, dass ihre Ethik im Gegenteil hier angewendet wird. Indem man zum Beispiel keine Vorurteile haben, niemanden ausschließen soll. Ich fand das erleuchtend und sehr positiv, vor allem, wenn ich es mit meiner ursprünglichen Religion verglich. Ich bin als Katholik aufgewachsen, und in dieser Kirche ist so einiges festgefahren. Die Dinge verändern sich einfach nicht. Das hat sogar meine Mutter dazu gebracht, sich zu distanzieren. Sie ist Jahrgang 1929 und immer sehr katholisch gewesen, doch sie ist auch sehr liberal. Sie versteht genauso wenig wie ich, dass Frauen keine Priester sein dürfen. Bei den Juden ist das möglich. Es gibt weibliche Rabbiner und Kantoren. Dass die Priester nicht verheiratet sein dürfen, kommt mir genauso unnatürlich vor. Das hat nichts mit der Bibel zu tun. Erst im Mittelalter hat die Kirche entschieden, dass Priester nicht heiraten dürfen, und der Grund war, dass sie sich deren Erbe sichern wollte. In diesen Punkten erscheint mir das Judentum weitaus realitätsbezogener und offener.

Von Anfang an habe ich meine eigene Familie über meine Entscheidung informiert. Ich hatte große Angst, wie meine Mutter reagieren würde, weil ihr der Katholizismus trotz allem viel bedeutet. Ich war völlig überrascht, wie wunderbar sie es aufgenommen hat. Das erste, was sie mir sagte, war, „Es ist derselbe Gott, mein Junge." Das war das Beste, was sie hätte sagen können. Es zeigte mir, dass sie mich verstand. Mit meinen beiden Schwestern hatte ich ohnehin keine Probleme erwartet. Sie hatten meine Frau schon mehrere Male getroffen und liebten sie. Für sie war es nicht einmal eine Überraschung, als ich ihnen von meinen Plänen erzählte. Als Amy und ich später zusammenzogen, haben sie uns eine Mesusa für die Haustür geschenkt.

Die Vorbereitungen für den Übertritt waren kompliziert, weil ich wegen meines Berufes so oft weg bin. Ich habe einen einzigen Kurs besucht, und schon das ließ sich nur schwer gestalten. In erster Linie habe ich gelesen, gelesen und gelesen. Alles, was der Rabbiner mir empfohlen hat und was ich sonst noch interessant fand, Bücher über die Religion und die Geschichte der Juden. Dieser Teil hat mir großen Spaß gemacht und mir gezeigt, dass man nie zu alt ist, Neues hinzuzulernen. Daneben habe ich sozusagen „learning by doing" gemacht. Wenn man regelmäßig an den jüdischen Festen teilnimmt, kann man irgendwann einiges auswendig sagen oder kennt zumindest den Ablauf. Irgendwann ist es ein Teil von einem selbst. Wenn ich mal am Wochenende zu Hause war, bin ich mit Amy in die Sonntagschule gegangen, wo sie die Kinder unterrichtet. Es war schön, vieles von meiner eigenen Verlobten zu lernen. Im Frühling 2002 bin ich dann in die Mikwe gegangen, beschnitten war ich schon, wie es viele amerikanischen Männer meines Alters sind. Amy ist mitgekommen. Das Ganze hat mich aufgewühlt. Als der Rabbiner mir die obligatorischen Fragen stellte, ob ich als Jude leben wolle, meine Kinder jüdisch erziehen und keinen anderen Gott anerkennen wolle, habe ich geweint. Abends hat Amys Familie ein Essen zu meinen Ehren veranstaltet und mir einen Tallit geschenkt. Auch für sie war dieser Schritt wichtig und bedeutend, und ich war glücklich, dass sie mir das gezeigt hat.

Nicht nur meine neue Familie, alle Juden, die ich bisher getroffen habe, sehen und akzeptieren mich als Juden. Es ist noch nie passiert, dass mich jemand nicht als Juden angesehen hat, weil ich konvertiert bin. Ich bin überall mehr als herzlich aufgenommen worden. Ich fühle mich sehr wohl in der jüdischen Gemeinde. Meine nichtjüdischen Freunde respektieren meinen Schritt. In meinen Beziehungen hat sich nach meinem Übertritt nichts verändert. Menschen, die ihr Verhalten mir gegenüber verändern würden, nur weil ich Jude geworden bin, würde ich wohl kaum als Freunde wählen. Etwas allerdings hat sich verändert: Mir fallen antisemitische Stereotypen viel stärker auf als früher. Ich habe vorher wahrscheinlich nicht so sehr darauf geachtet. Doch wenn ich heute zum Beispiel manche Witze höre, kann ich nicht glauben, wie sehr sie mit antisemitischen Vorurteilen arbeiten. Und selbst wenn es gering ist, es bleibt doch Antisemitismus.

Meine Frau und ich versuchen, unsere Religion im Alltag umzusetzen, ethisch zu handeln, verantwortungsbewusst mit anderen Menschen umzugehen. Meine Frau unterrichtet immer noch in der Sonntagsschule. Sonst tun wir noch nicht allzu viel. Wir beide wollen uns stärker in der Gemeinde engagieren, wenn wir Kinder haben. Das wird sicher vieles verändern, denn für uns beide ist es wichtig, dass sie von Beginn an in der jüdischen Gemeinde ein Zuhause sehen. Derzeit ist es ohnehin technisch schwer für mich, Freitagabends die Lichter zu zünden und Kiddusch zu machen oder Sonnabendmorgen in die Synagoge zu gehen, denn meist muss ich am Wochenende fliegen. Aber es gibt keinen Schabbat, an dem ich nicht daran denke und mir der Besonderheit dieses Tags bewusst werde. Auch auf die Feiertage der einzelnen Piloten können die Fluggesellschaften nur begrenzt Rücksicht nehmen. Ich habe also Glück, wenn ich am Sederabend mit meiner Familie zusammen sein kann. Letztes Jahr habe ich über Pessach meine Matza mit in das Cockpit genommen und sie statt Brot gegessen. Als der Co-Pilot mich gefragt hat, was ich da habe, habe ich ihm erklärt, warum die Juden über Pessach Matza essen. Ich glaube, es hat ihn wirklich interessiert.

Ich fühle mich mit allem, was ich bin, als Jude. Ich weiß nicht, ob ich mich als liberalen Juden bezeichnen würde. Ich denke zwar politisch sehr liberal, und auch in religiöser Hinsicht habe ich eher diesen Blickwinkel. Doch ich würde mich verletzt fühlen, wenn mich andere als Reformjuden ablehnen. Wir sind alle zusammen Juden. Je mehr ich mich mit dem Judentum beschäftige, umso mehr weiß ich, dass dies der richtige Weg für mich ist. Ich vermisse nichts, was mich mit meiner alten Religion verbunden hat. Vielleicht eines: Ich fand es schön, Heiligabend in die Mitternachtsmesse zu gehen. Ich war dann mit Menschen zusammen, die ich oft Monate nicht gesehen hatte, und viele Erinnerungen aus meiner Kindheit kamen zurück. Doch was ich daran vermisse, hat eigentlich nichts mit Religion zu tun, sondern mehr mit Familie und Tradition. Und die speziellen Erinnerungen bleiben einem ja. Meinen eigenen Kindern möchte ich die Schönheit des Judentums vermitteln. Ich möchte sie die Geschichte lehren, die Kultur, ihre Herkunft. Ich verstehe, wie wichtig es für die Familie meiner Frau ist, diese Kultur weiter aufrecht zu halten. Das Judentum hat so viele Menschen in der Schoa verloren. Die Juden können es sich nicht leisten, heute durch Ignoranz weitere Menschen zu verlieren. Ich glaube, dass die Schoa und ihre Folgen die Themen in der Gegenwart sind, von denen die Juden am meisten berührt sind. Und nun geht mich das persönlich an. Wenn man Teil eines Volkes wird, teilt man auch die Geschichte. Und ein wichtiger Teil der jüdischen Geschichte sind die durch die Jahrhunderte gehenden religiösen Verfolgungen.

Als Jude möchte ich alles tun, damit es eine Zukunft für unser Volk gibt. Dafür würde ich ganz sicher auch Opfer bringen, ich würde einiges dafür tun, dass die Religion, dass Israel und dass meine Familie überleben. Israel sehe ich als unsere

Heimat an. Ich bin nicht mit allem einverstanden, was dort passiert. Es sind Fehler auf beiden Seiten gemacht worden. Doch wie dem auch sei, ich fühle die Verantwortung, unsere Zukunft dort zu sichern.

Sylvia Allen

Sylvia Allen wurde 1953 geboren. Die studierte Linguistin und Psychologin arbeitet als technische Fachautorin und Fremdenführerin in ihrer Geburtsstadt San Francisco. 1991 ist sie zum Judentum übergetreten. Allen ist geschiedene Mutter zweier Kinder und hatte ein spätes coming out. Heute lebt sie zusammen mit ihrer ebenfalls jüdischen Lebensgefährtin. Wir sehen und hören sie zum ersten Mal in einem Gottesdienst. Sie trägt die Haftara vor und beeindruckt alle mit ihrem Können. Mit ihrem Übertritt hat sie sich selbst in einer Kurzgeschichte auseinandergesetzt. Sie schildert die Kindheit einer Frau, die als Erwachsene zum Judentum übertritt, unter anderem deshalb, weil sie dort vieles findet, wonach sie sich als Kind gesehnt hat. Allen hat uns diese Geschichte zur Verfügung gestellt. Einige Auszüge daraus werden wir der Schilderung von Sylvia Allen anhängen.

Ich wuchs in einem Intellektuellenhaushalt auf und bin nicht religiös erzogen worden. Im Gegenteil legten meine Eltern, beide Kommunisten, Wert darauf, ihre Kinder ohne Religion zu erziehen und uns den Segen der Naturwissenschaften nahe zu bringen, die alle scheinbar unerklärbaren Phänomene aufzuklären vermochten. Nur unsere Hausangestellte glaubte an Jesus und versuchte sogar, fremde Menschen zu missionieren. Wir waren selbst als kleine Kinder nicht empfänglich dafür, wahrscheinlich weil mein Vater in solchen Situationen stets über sie lachte und sagte: „Seht ihr, Opium fürs Volk." Meine Mutter und er lehrten uns, dass wir internationale Bürger seien, keinem Land und keiner Nationalität angehörten und erst recht keiner Religion.
Obgleich ich einen Juden heiratete, begegnete ich dem Judentum erst Jahre nach unserer Hochzeit. Mein Mann war ebenfalls nicht religiös und hielt keine jüdischen Feiertage. Gemeinsam begingen wir Weihnachten und Ostern, nicht als christliche Feste, sondern wie staatliche Feiertage. Doch im Winter 1986 sollte sich alles ändern. Eines Tages holte ich unsere Tochter Betsy vom Kindergarten ab, und unvermittelt fragte sie mich: „Bin ich jüdisch?" Ich war völlig überrascht und fragte, „Was?" Ich konnte mir den wahren Sinn ihrer Frage nicht erklären. „Bin ich jüdisch?", fragte sie erneut, nun etwas ungeduldig. „Heute war Jonathans Mutter bei uns. Sie hat uns über Chanukka erzählt, wir haben Rosinen gegessen und mit dem Dreidel gespielt, und dann hat sie uns gefragt, wer von uns noch jü-

disch ist. Ich wusste es nicht. Und dann hat sie mir gesagt: ‚Frag Deine Mutter.'" In einem öffentlichen Kindergarten hätte die Frau so etwas eigentlich nicht fragen sollen. Doch dazu war es jetzt zu spät. Nun musste ich eine wirklich wichtige Entscheidung in kürzester Zeit treffen. Ich überlegte, was meine Antwort für meine Tochter bedeuten würde. Wessen würde ich sie berauben, wenn ich „nein" sagen würde? Und welche Folgen würde es für sie und für mich haben, wenn ich „ja" sagte? Eines war klar, ich konnte nicht indifferent sein. Gäbe es eine riesige jüdische Gemeinschaft wie in New York, könnte sie sich auch bei einer unklaren Antwort irgendwann immer noch selbst entscheiden, als Jüdin zu leben. Doch in einer Stadt wie San Francisco mit einer kleinen jüdischen Gemeinde würde ein „du bist halb jüdisch, halb nicht", ein „nein" bedeuten. Und dann sagte ich: „Ja. Ja, Du bist jüdisch." Und im selben Augenblick wurde mir bewusst, dass diese Antwort sehr folgenreich sein würde. Weil ich wusste, dass es bedeutungslos wäre, „ja" zu sagen und dann nichts zu tun. Also sagte ich „ja" und dachte im gleichen Moment „Okay, was nun?"

Als erstes sprach ich mit Jonathans Mutter, Marilyn. Sie war Jüdin, und ihre Religion war ihr sehr wichtig. Sie fragte mich, ob wir Mitglieder ihrer Chawura werden wollten. Das ist eine Gruppe von Juden, die keine Verwandten haben oder deren Verwandten weit entfernt leben und die gemeinsam die Feiertage begehen, sich gegenseitig besuchen und helfen, also alle die Dinge tun, die man sonst in einer großen Familie tut. Passenderweise hieß die Gruppe „Mischpoche", was Familie bedeutet. Ich bin immer noch mit diesen Menschen zusammen, insgesamt sind es zwischen 15 und 20 Familien. Da diese Gruppe mit dem Reformtempel Emanu-El verbunden war, fingen wir an, dort an den Gottesdiensten teilzunehmen. Der Sonnabend war von nun an ein arbeitsfreier Familientag mit Synagogenbesuch. Meine Tochter brachte ich jeden Sonntag in die Religionsschule, sie war fünf damals, mein Sohn begann etwas später, er war zu der Zeit noch zu klein. Wir hörten auf, die christlichen Feste zu feiern. Es war ein bisschen so, dass ich die gesamte Familie hineinzog in etwas, für das ich mich so schnell hatte entscheiden müssen.

Doch warum hatte ich dafür entschieden? Ich hatte mich vorher nie mit dem Judentum beschäftigt. Ich selbst war ohne Religion großgeworden. Und es war nicht so, dass ich mich deswegen benachteiligt fühlte. Doch mein ganzes Leben hindurch gab es etwas in mir, das ich heute als religiöses Gefühl bezeichnen würde. Ein Gespür dafür, dass da noch etwas anderes war, etwas außerhalb von uns, etwas zu Großes, als dass man es wirklich erfassen könnte. Ich hatte immer die Sehnsucht gehabt, diesem Großen näher zu kommen. Das war es, was mich als Kind ständig diese Bücher lesen ließ über Wunder und Dinge, die man mit dem Verstand nicht erklären konnte. Und was ich da in Wirklichkeit fühlte, war die

Sehnsucht nach einer religiösen Bindung. Nur hatte ich nichts, mit dem ich das verknüpfen konnte. Für meine beiden Kinder wollte ich etwas haben, an das sie mit solchen menschlichen Sehnsüchten anknüpfen konnten. Wenn sie später sehen würden, dass es nicht das Richtige war, könnten sie immer noch anders entscheiden, sich völlig abwenden oder eine andere Religion wählen. Auf jeden Wahl dachte ich damals, überhaupt eine Religion zu haben, ist für die Kinder besser als keine zu haben. Und mich für das Christentum zu entscheiden, wäre nie in Frage gekommen. Hätte meine Tochter mich gefragt: „Bin ich Christin?" hätte ich niemals mit „ja" antworten können. Die Vorstellung, dass Gott in Menschengestalt auf die Erde kommt, scheint für mich absurd und arrogant. Außerdem ist das Christentum sehr auf das Leiden Jesu fixiert und verherrlicht dieses Leiden. Und auch mit der starken Betonung des Jenseits komme ich nicht zurecht.

Ich selbst bin von Anfang an mit in die Synagoge gegangen, weil ich meine Kinder nicht allein lassen wollte, weil ich sie nicht vor dem Tempel absetzen konnte gemäß dem Motto „Ihr seid jüdisch, da ist die Synagoge, hört dem Rabbi gut zu." Ich musste es selbst auch ernstnehmen. Also ging ich mit, hörte zu, versuchte zu verstehen, und je mehr ich hörte, umso mehr interessierte es mich. Und unglaublich angezogen fühlte ich mich, als ich zum ersten Mal jemanden die Tora rezitieren hörte. Sofort war dieses Gefühl aus meiner Kindheit da, die Sehnsucht nach etwas Magischem. Und ich konnte es auf Anhieb mit dem, was ich gerade hörte, verbinden. Als mich kurze Zeit darauf jemand fragte, ob ich an einem Kurs teilnehmen möchte, in dem man Tora lesen und den Sinn der einzelnen Gebete zu verstehen lernt, sagte ich: „Ja, das ist genau das, was ich machen möchte." Ich wollte mich einschreiben, doch als die Kantorin merkte, dass ich gar nicht jüdisch war, sagte sie, „Sie müssen schon den richtigen Weg gehen. An diesem Kurs können Sie nicht teilnehmen, wenn sie nicht jüdisch sind."

Also wählte ich stattdessen den Konversionskurs. Ich studierte zwei Jahre, bevor ich übertrat, nahm an Kursen teil und las die mir empfohlenen Bücher. Als ich dann schließlich vor das Bet Din treten sollte, bot mir meine Schwester, mit der ich eng verbunden bin, an, mich zu begleiten. Sie kam auch mit in die Mikwe, offensichtlich freute sie sich für mich. Das Erlebnis in der Mikwe war einmalig, bewegend und schön. Um das alles noch einmal zu reflektieren, habe ich später eine Kurzgeschichte über meine Konversion geschrieben, und zwar in Belletristikform. Dadurch hatte ich einen Abstand, und das gab mir die Möglichkeit, mir selbst aus einer Distanz heraus über einige Dinge klar zu werden. Ich wählte den hebräischen Namen Ruth. Das Handeln dieser biblischen Konvertitin konnte ich gut nachvollziehen. Meinem Mann hat mein Übertritt sehr gefallen, obgleich er sich das alles nicht so richtig erklären konnte. Er kannte mich ja nur als unreligiös. Mein Vater war völlig durcheinander, meine Mutter lebte schon nicht mehr.

Immerhin kam er zu dem Gottesdienst nach meinem Übertritt. Anschließend richtete ich in der Synagoge einen Empfang aus. „Glaubt sie das wirklich alles?", fragte er meine Schwester während dieses Anlasses.

Ich hatte den Rabbiner gefragt, ob die Kinder mit mir in die Mikwe gehen sollten. Doch er sagte: „Sie sind beide sehr jung. Wenn Sie sie weiterhin jüdisch erziehen, werden sie als Juden anerkannt." Beide blieben Juden, in ihrer frühen Jugendzeit sehr überzeugt und hingebend. Sie hatten ihre Bar Mizwa und Bat Mizwa. Und besonders mein Junge zog lange ein starkes Selbstbewusstsein aus seinem Jüdischsein. Erst irgendwann im Teenageralter fing er an, gegen alles zu rebellieren, auch gegen seine Religion. Heute leben beide kein besonders jüdisches Leben. Ich denke, das ist eine Altersfrage. Trotzdem höre ich nicht auf, ihnen zu erzählen, wie wichtig das Judentum für mich ist, besonders meinem Sohn, der eine Zeitlang große Schwierigkeiten hatte und drogenabhängig wurde. Er ist in einem Rekonvaleszenzprogramm, und es geht ihm viel besser.

Es ist merkwürdig. Ursprünglich wollte ich meine Kinder jüdisch erziehen. Ich hatte nie einen Grund gesehen zu konvertieren. Erst als die Kantorin mich darauf ansprach, merkte ich, wie stark ich selbst in diese Geschichte hineingezogen worden war. Ich liebe das Judentum aus verschiedenen Gründen. Zum einen packt es mich unglaublich, wenn ich die Gebete sage oder höre oder religiöse Handlungen sehe und mir vergegenwärtige, dass Menschen die mehr oder minder selben Gebete und Rituale seit Jahrtausenden praktizieren. Das erscheint mir sehr kraftvoll. Daneben sehe ich die Leiden der Juden vor mir über die Jahrtausende hinweg, die sie als Volk überlebt haben. Auch das scheint mir etwas über die Kraft und Stärke dieser Religion zu sagen. Dann ist der Monotheismus wichtig für mich. Mit einer anderen Gottesform könnte ich nichts anfangen. Und die Realitätsnähe des Judentums zieht mich an. Wir sollen uns anstrengen, wo immer wir sind, gut sein zu anderen und unser Bestes geben, und dieser Anspruch ist nicht verbunden mit Strafandrohungen oder sonstigen Übeln, die uns im Jenseits erwarten.

Es gibt nur eines, was ich manchmal vermisse, und das ist wirklich sentimental, nämlich den Geruch des Tannenbaums an Weihnachten. Ich verbinde keine christlichen Gefühle damit, wie sich bei meiner Erziehung von allein versteht, aber Erinnerungen. Als Kind habe ich mich unter den Baum gelegt, um ihn besser zu riechen. Als Erwachsene muss ich aber sagen, wenn ich heute in einen Nadelwald gehe, rieche ich dasselbe und habe das gleiche gute Gefühl. Natürlich reibe ich mich auch an einigen Dingen. Ich hatte ein spätes coming out, und als Frau, als Feministin und als Lesbe stoße ich durchaus auf Bibelstellen, die mir Schwierigkeiten machen. Ich denke aber, die Bibel ist nicht persönlich von Gott diktiert, sondern von Menschen aufgeschrieben worden, die Kinder ihrer Zeit und ihrer Lebensumstände waren. Also ist das Problem für mich nicht so groß. Zudem bin ich Mitglied einer Reformsynagoge, deren Rabbiner das ähnlich sehen. Das Judentum nimmt in meinem Leben einen zentralen Platz ein. Es vergeht nicht ein Tag, an dem ich nicht in der Bibel lese, Tora rezitiere oder beides tue. Martha, meine Lebensgefährtin, ist geborene Jüdin. Sie mag nicht so religiös sein wie ich, doch ihr Jüdischsein bedeutet ihr viel. Und das gibt unserer Beziehung eine ganz andere Tiefe. Wir versuchen, koscher zu essen, na ja, sagen wir mal, semi-koscher, auf jeden Fall trennen wir Milchiges und Fleischiges. Wir gehen nicht jeden Schabbat in die Synagoge, aber regelmäßig. Einmal im Monat veranstaltet unsere Chavura einen Gottesdienst, zu dem wir meist beide gehen.

Einen Wunsch möchte ich mir unbedingt noch erfüllen: Ich möchte eines Tages gerne nach Israel reisen. Zur Zeit ist das eine Kostenfrage. Meine Tochter war mit der Religionsschule da. Als es zurückkam, war mein gerade mal 16-jährige Mädchen erfüllt mit einem Sinn dafür, was es bedeutet, Jüdin zu sein. Ich war darüber sehr glücklich. Ich fühle eine intensive Liebe für dieses Land, und möchte gerne sehen, wie der Landstrich aussieht, der das Objekt der Liebe von so vielen Menschen ist, aber auch so vieler Kämpfe und Trauer. Ob meine Liebe so weit geht, dass ich für Israel mein Leben aufs Spiel setzen würde, könnte ich wohl erst sagen, wenn es soweit wäre. Doch ich habe oft Angst um das Land. Und eines weiß ich sicher: Israel muss existieren, es muss überleben.

„Joyful Noise" – Auszüge aus einer Geschichte von Sylvia Allen

„Warum wollen Sie Jüdin werden? Sind Sie sich bewusst, dass auch gegenwärtig Angehörige des Volkes Israel verfolgt, unterdrückt, verachtet und gequält werden und von jeder Seite her Schwierigkeiten haben?" Ich stehe im Büro von Rabbi Lillian, umgeben von ihren Büchern und Papieren, die wie die Sommerhügel riechen, mit vertrocknetem Unkraut bedeckt, ihre Frage macht mich verlegen, meine Schwester Cloe, der Kantor und Rabbi Jacoby beobachten mich. Ich antworte ungeschickt, nicht fähig, wirklich zu erklären, warum ich hier bin …

… Als ich nach Hause komme, höre ich Stimmen und Gläsergeräusche am Ende unserer Wohnung. Norris Maguire und meine Eltern lassen es sich gut gehen. Zuerst gehe ich ins Kinderzimmer, das ich mit meiner Schwester Chloe teile. Sie sitzt auf dem Boden, mit einem Buch aus der Bibliothek in den Händen. „Schau Dir das an", sagt sie. „Du kannst sie rosa machen, indem Du Nägel oder Zitronen unter ihnen vergräbst." Ich lege das Buch, das ich mir heute ausgeliehen habe, unter mein Kopfkissen, „Die Büchse der Freude" heißt es, setze mich zu ihr, rücke ihr die Brille zurecht und schaue auf die Seiten, die sie mir zeigt. „Das sind Hydrangeas", erkläre ich ihr und stehe dann auf. „Ich gehe mal besser ins Wohn-

zimmer, sonst kommen sie noch hier herein, und dann haben wir keinen Raum, in den wir uns zurückziehen können." Sie nickt und vertieft sich wieder in ihr Buch. Kurz vor dem Wohnzimmer warte ich einen Moment, bleibe dann auf der Türschwelle stehen. Mama, mein Vater Louie und Norris stehen am Fenster, mit Getränken in ihren Händen. Sie debattieren heftig über irgendetwas, angeheitert, sie sehen gelöst und glücklich aus. Mein Bruder sitzt in einem Sessel in der Ecke. Wahrscheinlich hat mich keiner bemerkt.
Doch Norris sieht mich nun. Sein Gesicht leuchtet auf. „War das nicht das Gesicht …", seine Stimme füllt den ganzen Raum, „das Tausende Schiffe vom Stapel ließ und in den spitzenlosen Türmen von Troja einen Brand entfachte?" Ich lächle ihn an. „Da ist mein Mädchen. Meine Norah Helen. Sweet Helen!" Erneut schallt seine Stimme. „Mache mich unsterblich mit einem Kuss. Ihre Lippen saugen die Kraft meiner Seele." Mein Bruder in seiner Ecke schneidet mir eine schmutzige Grimasse und schnalzt mit der Zunge. Mein Gesicht und Kopf sind heiß, mit ist schwindelig. Norris tut so, als stehe er betrunken auf der Bühne, mit seiner Hand formt er einen kleinen verletzten Vogel. „Schau, wohin er fliegt. Komm, Helen, komm, gib mir meine Seele wieder. Hier möchte ich verweilen, denn der Himmel liegt in diesen Lippen, und alles andere ist wertlos." Seine Stimme tönt und tönt. Alle sehen mich an. Ich stehe, so still ich kann. Es gibt nichts, wohin ich meinen Blick wenden könnte. Diese Verse sind golden, Norris' Stimme ist golden. Mein Bruder grinst, mir ist heiß und kalt. „Heller bist Du als der flammende Jupiter, als er der unglücklichen Semele erschien, lieblicher als der König des Himmels …" Irgendwann ist es vorbei.
„Das ist Marlowe, das weißt Du, Norah Helen, oder?" Ich lächle ihn an: „Ja". Norris ist ein berühmter Theaterschauspieler. Solange ich mich erinnern kann, rezitiert er jedes Mal, wenn er mich sieht, das ganze Helen-Gedicht von Christopher Marlowe, so, als habe er es noch nie vorher getan, als komme es ihm immer gerade erst in den Sinn. Ich bin sein Lieblingskind …
… Unter meiner Bettdecke lese ich mit der Taschenlampe „Die Büchse der Freude", bis es wirkliche Nacht ist. Draußen stehen die Sterne kalt und prächtig am Himmel. Den grauen ebenen Bürgersteig entlang, über Autos und Häuser hinweg, durch die Stille hindurch höre ich die Cable Car in ihrer Spur unter der Straße surren …
… Am Sonnabend fahre ich ins Junior-Museum und gehe zuerst zu in die Tierabteilung. Jefferson, der Vogelkundler, kommt aus seinem Büro, auf seinem Unterarm sitzt ein Falke. „Norah!" Sein Gesicht beginnt zu lächeln. „Willst Du mir mit Hera helfen?" Ich nicke. „Warte eine Sekunde." Er geht in sein Büro und kommt mit einem zweiten Lederhandschuh zurück. Ich bin überwältigt. Ich habe noch nie einen Falken gehalten, und Hera ist die Größte und Schönste. Sie hat nie

zu jagen gelernt. Jefferson will es ihr beibringen, doch bisher hat er noch keine Fortschritte gemacht. Wir gehen in den windgeschützten Garten; die Schaukeln auf dem Spielplatz am unteren Ende des Hügels knarren und ächzen. Ich ziehe den Handschuh über meine linke Hand und über das Handgelenk. Jefferson hilft mir, die Schnüre zu befestigen und dreht sich dann vorsichtig zu Hera um. „Okay, meine Kleine, okay, Süße, sei brav, Norah wird Dich jetzt halten. Es ist okay ..." Er hält sein Handgelenk neben meines und stößt Hera auf mein Handgelenk. „Wenn sie schon nicht jagen lernt, muss sie jedenfalls mit Menschen gut zurechtkommen." Er legt die Lederleine in meine rechte Hand. „Lass die Hand unten, weg von ihrem Gesicht." Ich kann nichts sehen außer Hera. Sie füllt mein Gesichtsfeld komplett aus. Ihre Krallen klammern sich um einen Teil meines Handgelenks, stark, glänzend, dunkel und scharf wie Messerspitzen. Sie dreht ihren Kopf um, und ich schaue direkt in ihr Auge, tiefschwarz und golden. Ich fühle mich, als löste mein Inneres sich auf. Heras Auge kennt keine Furcht, keine Gedanken, nichts; es spiegelt die gesamte Welt ...

... Sonnabendmorgen. Ich bringe Polly und den Kleinen in die Synagoge. Ich habe Mühe, die richtigen Stellen im Buch zu finden. Ich stehe, setze mich, stehe wieder auf. Ich bin still, und die Gemeinde singt oder sagt etwas gemeinsam. Ich verstehe es nicht. Die Seiten des Gebetsbuches geben mir das gleiche fremde, verbotene Gefühl, das ich als Achtjährige hatte, wenn ich heimlich in der Bibel las. Das hier ist ein Fehler. Wenn ich es ohnehin nicht verstehe, hätte ich genauso gut „nein" zu Polly sagen können. Ich hätte „nein" sagen sollen. Ein älterer Mann steht auf und beginnt die Tora zu lesen, singend in einer Melodie, die alt klingt, ehrwürdig und fremd. Meine Nackenhaare richten sich auf. Das ist es, weshalb wir hier sind. Das ist verbunden mit einem Zauber, den ich nicht finden konnte, als ich „Die Büchse der Freude" las. Das ist es, was ich in Heras unendlichem Auge gesehen habe. Das ist der Ton, den die Kabel der Cable Car sangen, aus ihren unterirdischen, geheimen Gängen. Das ist die goldene Stimme von Norris Maguire, voll mit Liebe für Marlowe und ein schüchternes Kind und das ganze Leben ...

... Die Mikwefrau und meine Schwester beobachten mich, während ich die glatten Steinstufen hinunter in das Wasser gehe. Es ist ein wenig kalt, genau wie der Mikweraum ein wenig warm ist. Von außen durch die Tür dringt die Baritonstimme von Rabbi Jacoby. „Sind Sie immer noch sicher, dass Sie Jüdin werden wollen?" „Ja", echot meine Antwort und prallt im Halbdunkel auf die Kacheln. „Erkennst Du den Gott Israels als Deinen Gott an, und keinen anderen?" „Ja." Es gibt eine Pause, dann erklingt wieder die Stimme des Rabbis: „Baruch atah, Adonai ... v'tzivanu al havilah ..." Der Segen zirkuliert um den gefliesten Raum. Ich wiederhole die Worte. Die Mikwefrau kommt zu mir rüber, und ich lehne mich zurück und lasse mich herabsinken, während ich nach oben in die Dunkelheit schaue. Das Wasser schließt sich über meine Augen, dann über meine Nase, und meine Haare treiben neben meinem Gesicht. Durch das Wasser gebrochen höre ich die hohe, russische Stimme der Mikwefrau schreien: „Koscher." Ich stehe auf. „Okay, noch einmal, Norah", ruft Rabbi Jacoby. Ich sinke zurück in das Wasser, meine Arme und Beine bewegen sich zur Seite. „Koscher." Ich komme wieder hoch, das Wasser läuft mir die Stirn herunter, über meine Wangen und Brüste. „Gut, noch einmal." Ich lasse mich ein weiteres Mal fallen. Ich möchte in diesem kühlen Wasser bleiben und beobachten, wie das Licht des Spätnachmittags sich in den hohen Fenstern bricht und gefiltert herunterfällt in die Dunkelheit, und wie Worte langsam werden und sie durch das Wasser ein Echo bekommen, aber die Mikwefrau ruft „koscher", ich stehe auf und fange an, Schehecheyanu zu sagen, nackt, tropfend, meine Stimme hoch und unsicher, übertönt von Rabbi Jacobys gleichmäßigem Bariton.

„Warum wollen Sie Jüdin werden?" Ja, ich verstehe, dass wir auf beiden Seiten Schwierigkeiten haben. Höre Israel, Adonai, unser Gott, Adonai ist einzig. Verlange nicht, Dich zu verlassen, oder aufzuhören, Dir zu folgen, Dein Volk ist mein Volk, Dein Gott ist mein Gott. Weil ich weiß, wo der Zauber wohnt, wenn ich in der Synagoge Jesaja rezitiere. Weil es eine sehr, sehr alte Religion ist und ich das bewundere. Weil ich nun die Wissenschaft verstehen kann, sie ist weitaus wunderbarer und komplizierter, als ich es in der Schule zu träumen gewagt hätte, und dennoch bin ich ein unwissendes Körnchen Staub, und mit aller Wissenschaft zusammengenommen weiß ich doch nicht mehr als jeder Vogel. Weil das gesamte Universum sich in einem Vogelauge spiegelt, und in meinem. Weil jedes einzelne Ding in der Welt eine kleine, perfekte Reflektion Gottes ist.

David Ross Peters

David Ross Peters wurde 1949 in San Francisco geboren. Wie viele andere Konvertiten entdeckte er irgendwann, dass es in seiner Familie jüdische Vorfahren gab. Schon in seiner Jugend entschied er sich überzutreten. Der geschiedene Computerexperte, der in Los Angeles arbeitet und lebt, erwägt heute, nach Israel auszuwandern. Er ist der einzige unserer Gesprächspartner, der sich als nichtreligiös bezeichnet und im Judentum eher ein Vermächtnis sieht, das eine Generation an die nächste weitergibt.

Wenn ich etwas über meinen Übertritt erzählen soll, muss ich zuerst von meiner Mutter berichten. Denn der Anstoß, mich überhaupt mit dem Judentum zu beschäftigen, kam, wenn auch ungewollt, von meiner Mutter. Ich bin in San Francisco aufgewachsen, in einer sehr jüdischen Umgebung. Einige der engsten Freunde unserer Familie waren Juden, die meisten meiner Schulfreunde auch. Wir selbst waren Methodisten, weil mein Vater methodistisch war. Allerdings rauchte und trank er. So ganz ernst kann ihm seine Religion also nicht gewesen sein. Eines Tages, ich war 13 Jahre alt, gingen meine Mutter und ich zu einer Bar Mizwa in die Synagoge. Der Bar Mizwa-Junge war der Sohn einer Arbeitskollegin meiner Mutter. Sie saß neben mir, und mir fiel auf, dass sie die Gebete auf hebräisch mitsagte. Allerdings hat mich das nicht weiter stutzig gemacht, denn auch mir waren einige Gebete vertraut, weil ich manchmal mit Freunden in die Gottesdienste ging. Und ohne zu wissen, was es bedeutet, behält man einiges. Auch meine Mutter hätte es bei solchen Gelegenheiten lernen können. Sie saß jedenfalls neben mir, sagte die Gebete, ihr Gesicht sah entspannt und froh aus.

Nach diesem Gottesdienst sagte sie zu mir: „Mein Vater war Jude, und ich bin als Jüdin erzogen worden." Warum hatte sie uns das nie erzählt? Und warum praktizierte sie es nicht? Sie hatte sich in der Synagoge sichtlich wohl gefühlt. Im Laufe der Zeit erzählte sie meinem Bruder und mir ihre Geschichte. Die Familie ihres Vaters war jüdisch gewesen. Doch es war ihre christliche Mutter, die sich darum kümmerte, dass alle Kinder eine gute jüdische Erziehung bekamen. Sie führte einen vollkommen jüdischen Haushalt, zündete die Kerzen am Freitag, sie feierten Pessach und die hohen Feiertage, waren Mitglieder der örtlichen Synagoge, und meine Mutter und ihre Geschwister gingen ihre ganze Kindheit über in die jüdische Sonntagsschule. Ich bin mir sicher, dass meine Großmutter sofort konvertiert wäre, wenn sie gewusst hätte, dass es diese Möglichkeit gibt. Doch in den zwanziger Jahren war es nicht sehr bekannt, dass man zum Judentum übertreten konnte. Die Juden damals brachten von sich aus dieses Thema ohnehin nicht auf. Mein Großvater ging mit seinen Kindern regelmäßig in die Synagoge. Er war mit den Umständen wohl zufrieden, sonst hätte er seine Frau ja in Richtung Konversion gedrängt oder zumindest etwas gesagt.

Von dieser Zeit an begann ich, mich mit dem Judentum zu beschäftigen. Alle Gründe, die mich später bewegten, dies weiterhin zu tun und mich damit zu identifizieren, waren zu dieser Zeit noch nicht da. Es war einfach die Neugier, warum meine Mutter ihr Jüdischsein versteckte. Wovor sie Angst hatte, konnte ich nicht verstehen. Meine jüdischen Freunde erzählten von jüdischen Feiertagen, bestanden darauf, dass an Jom Kippur keine Klassenarbeiten geschrieben wurden und luden Freunde zum Sederabend ein. Alles in völliger Offenheit. Was war mit meiner Mutter los? Ich fing an, Bücher zu lesen und zu studieren, ich ging öfter in die Synagoge, und je mehr ich mich mit diesem Thema beschäftigte, umso mehr interessierte es mich. Unter den ungezählten Büchern, die ich las, waren viele Werke über die Geschichte. Langsam erschloss ich mir die Welt und den Hintergrund meiner Mutter. Sie wuchs in Oregon auf, ein Staat, der auch in den zwanziger Jahren nicht so stark antisemitisch war wie viele andere amerikanische Staaten. Doch ihre Situation war besonders. Denn in jenen Tagen war das Kind eines jüdischen Vaters und einer nichtjüdischen Mutter nirgendwo zu Hause. Die Christen sahen es als jüdisch an, und die Juden erkannten es eben nicht als jüdisch an. Immer, so erzählte mir meine Mutter später, habe sie hinter ihrem Rücken das Tuscheln registriert, das ihnen galt, den Kindern eines jüdischen Vaters, die aus der Sicht der anderen Juden nicht wirklich etwas bei ihnen zu suchen hatten.

Und es war eine Reformsynagoge, in die sie gegangen waren! Doch man muss bedenken, dass selbst die Reformbewegung erst vor rund 40 Jahren ihre Regeln änderte und nun auch Kinder jüdischer Väter als Juden anerkennt, wenn sie entsprechend erzogen werden. Meine Mutter konnte den Schutzmechanismus nicht entwickeln, den geborene Juden haben, dieses Wissen, dass sie sich im Notfall auf eine Gruppe beziehen können. In diesen Jahren war der Antisemitismus noch sehr ausgeprägt, selbst in liberaleren Staaten wie Oregon hatten Juden es damals nicht so leicht wie heute. In diesem Klima ist meine Mutter großgeworden. Und weil sie keinen Rückhalt spürte, hat die Angst bei ihr überwogen. Das hat sie geprägt. Sie kam mir immer wie ein Marrano vor, jemand, der in seinem tiefsten Innern jüdisch fühlt, es aber für sich behält. Fast 50 Jahre nach unserem ersten gemeinsamen Besuch einer Synagoge während der Bar Mizwa nahm ich meine Mutter erneut mit in einen Gottesdienst. Ihr ganzes Gesicht hellte sich auf, offensichtlich liebte sie, was sie da gerade tat. Sie sagte das Sch'ma, und ich flüsterte ihr anschließend zu: „Das waren die ersten Worte, die ich Dich auf hebräisch habe sagen hören." Sie sah mich an und sagte: „Wovon sprichst Du?" So, als habe das alles mit ihr nichts zu tun. Und doch lag auf ihrem Gesicht die Freude, diese Worte zu rezitieren. Da wusste ich sicher, dass es diese Ambivalenz meiner Mutter war und mein daraus resultierender Wunsch, sie zu verstehen, die mich einst dazu brachten, mich mit dem Judentum zu beschäftigen.

Über die Neugier hinaus war es eine reine Rebellion gegen meine Mutter gewesen: Ich wollte mich intensiv mit etwas auseinandersetzen, was sie offensichtlich negierte. Vielleicht habe ich sogar angestrebt, dass mir etwas wichtig wurde, vor dem sie davonlief. Das weiß ich nicht. Ich weiß nur, dass sich meine Motivation, mich mit dem Judentum zu beschäftigen, langsam änderte. Ich war mittlerweile 15. Die Rebellion wich immer mehr und machte einer intellektuellen Faszination Platz. Das Judentum gab mir etwas, das ich im Christentum nicht fand, jedenfalls nicht in dem Christentum, in dem ich aufgewachsen war. Ich hatte die Kirche schon eine Weile vorher aufgegeben. Sie hatte mich nur noch gelangweilt. In die Sonntagschule hatte meine Mutter mich zuletzt zwingen müssen. Ich suchte nach etwas, das mir intellektuelle Werte bot. In dieser Zeit ging ich irgendwann zu einem Rabbiner. Er war an einem Reformtempel. Doch zu dieser Zeit, es war Mitte der sechziger Jahre, gab es selbst unter den aufgeschlossenen Rabbinern im liberalen San Francisco nur wenige, die Übertritte vornahmen. „Ich weiß, Sie müssen mich dreimal ablehnen, ich werde aber wiederkommen", sagte ich ihm. „Wenn Sie das schon wissen, macht es keinen Sinn, Sie abzulehnen", sagte er. Er nannte mir mehrere Buchtitel, die ich lesen sollte. „Kommen Sie in einem Monat wieder. Wenn Sie dann immer noch übertreten wollen, nehme ich Sie." Damit beschloss er die Konversation. Ich ging nach einem Monat wieder hin und lernte dann drei Jahre, studierte hebräisch, las und begann, regelmäßig in die Synagoge zu gehen. Mein Stiefvater, ein strenger Katholik, brachte mich sonnabends zum Gottesdienst und holte mich wieder ab. Mein Vater war bereits gestorben, als ich zehn war. Und meine Mutter wäre nicht mit mir gegangen. Viel Hilfe hatte ich ohnehin nicht. Es brachte beispielsweise überhaupt nichts, meine jüdischen Freunde nach irgendetwas zu fragen. Sie waren alle Reformjuden, und zu der Zeit gab es in dieser Bewegung nicht viel religiöses Wissen. Das hat sich zum Glück sehr verändert.

Meine Mutter hatte mich gebeten, mit dem Übertritt zu warten, bis ich 18 war. Das tat ich auch. 1967 trat ich vor ein Bet Din. Damals erachtete die Reformbewegung die Mikwe während einer Konversion nicht für nötig, und da ich auch schon beschnitten war, bestand mein Übertritt allein aus dem Prüfungsgespräch und den Fragen, die neuen Juden hinsichtlich ihrer Loyalität gestellt werden. Ich bekam meinen hebräischen Namen, David. Meine Mutter tolerierte meinen Übertritt. Solange ich das Thema nicht in Gegenwart ihrer Arbeitskollegen aufbrachte, war alles in Ordnung. „Du kannst Dir nicht vorstellen, wie sie über Juden reden", sagte sie einmal. Sie arbeitete als Sekretärin in einer Klinik für Psychatrie. Besonders schlimm muss es während des Sechs-Tage-Kriegs gewesen sein. Die Schwestern und andere Mitarbeiter hätten „nicht nett" über die Juden gesprochen, erzählte meine Mutter, und sie habe es nicht geschafft, etwas zu sagen. Dabei hätte das durchaus nützen können, denn in Gegenwart der Ärzte, von denen die meisten Juden waren, habe es nie ein böses Wort gegeben. Obgleich sie alles vermied, was ihren Arbeitskollegen über ihren jüdischen Hintergrund Aufschluss hätte geben können, stellte sie doch meine Karten aus Israel sichtbar auf ihren Schreibtisch.

Heute denke ich, sie ging davon aus, die Nichteingeweihten würden ohnehin nicht verstehen, um was es ging, und mit den Eingeweihten wollte sie ein Band herstellen. Und tatsächlich sprachen sie Ärzte an und fragten, ob ihr Sohn mit dem Jugendprogramm in Israel sei. Was ich damals wirklich war. Es muss für meine Mutter schlimm gewesen sein, sich nicht offen mit dem identifizieren zu können, was sie innerlich prägte. Sie hat vieles aus der jüdischen Ethik gelebt und weitergegeben, in der Erziehung ihrer beiden Söhne sicherlich. So hat es bei uns zu Hause nicht ein Mal böse Worte gegen andere Kulturen gegeben. Natürlich wussten wir als Kinder die Schimpfwörter, mit denen man sich über andere lustig machte. Alle Kinder benutzten sie auch. Wir hätten das nie tun können, ohne wirklichen Ärger mit unserer Mutter zu bekommen. Sie erzog uns, alle Menschen so zu akzeptieren, wie sie sind.

Schon vor meinem Übertritt sah ich mich als zum Teil jüdisch an, ich hatte ein Zugehörigkeitsgefühl und war ärgerlich über Rabbiner und andere Juden, wenn ich das Gefühl hatte, sie schauten auf mich herab. Ich sagte dann zu ihnen: „Haltet Euch nicht für etwas Besseres. Ich stehe gleich hinter Euch in der Reihe, die nach Auschwitz führt. Denn wenn sie mit Euch, den Juden, fertig gewesen wären, hätten sie meine Mutter geholt, den Mischling, und dann wären sie hinter denen hergegangen, die jüdisches Blut in ihren Adern haben." Meine Affinität war schon damals eher eine nationale, denn ich war und bin nicht religiös. Doch die ethischen Werte des Judentums, verglichen mit denen des Christentums, sagen mir einfach etwas, sie haben Bedeutung für mich. Das Judentum hat meine Seele gestaltet und tut es immer noch. Es ist Teil von mir. Die Schwierigkeit ist nur, das zu leben, ohne religiös zu sein. Über 2000 Jahre war die Religion für die Juden die einzige Möglichkeit, ihre Identität auszudrücken. Alles andere war ihnen verboten. Darum ist es heute so schwer für nichtreligiöse Juden, ihre Identität als Juden zu beschreiben. Und darum gehe ich als nichtreligiöser Mensch in die Synagoge: An diesem Ort bestätige ich mir selbst meine Identität als Jude. Außerdem ist es für mich eine Erinnerung an den Bund, den wir von Generation zu Generation weitergeben.

Für mich bedeutet Tradition, eine Form zu finden, in der Werte weitergegeben werden. Wie genau sich das unter modernen Juden in Amerika machen lässt, weiß ich nicht. Das Leben in Amerika sollte stärker jüdisch geprägt sein. Doch das ist natürlich eine Wunschvorstellung. Und die jüdische Kultur hat die Moderne noch nicht aufgenommen. Das bedeutet, wenn man wirklich religiös leben will, muss man sich von der säkularen Umwelt lösen. Die Frage für mich heißt wirklich: Wie kann man in einer säkularen, christlich geprägten Umwelt als nichtreligiöser Jude leben? Das gilt zumindest für Amerika. In Israel ist das anders. Den Israelis ist mein Selbstverständnis als nationaler Jude vertraut. Ihre gesamte Kultur ist jüdisch, sie führen ein jüdisches Leben, ob sie nun religiös sind oder nicht. Darum liebe ich Israel so sehr. Diesem Land gehört meine Seele. Ich verstehe mich auf Anhieb auch immer besser mit israelischen als mit amerikanischen Juden.

Als ich 1971 zum ersten Mal für ein Jahr nach Israel gegangen bin, habe ich eine Israelin geheiratet, sie war ebenfalls nicht religiös. Wir haben uns an der Universität getroffen. Meiner Frau zuliebe habe ich dann in Israel meinen Übertritt quasi vollendet. Obgleich uns ein Reformrabbiner getraut hat, verlangte er von mir, in die Mikwe zu gehen und statt einer Beschneidung, die ja bereits in der Kindheit vorgenommen worden war, musste ich mir einen Tropfen Blut entnehmen lassen. Mir war das eigentlich sehr recht. Ich hatte das Gefühl, damit sei irgendwie alles richtig und ganz. Einige Jahre, nachdem wir nach Amerika gegangen sind, haben meine Frau und ich uns getrennt. Sie hat einen Get von mir bekommen, wie es das jüdische Recht erfordert. Nach unserer Scheidung bin ich noch mal nach Israel zurückgegangen und habe dort gearbeitet. Die Arbeitssprache war hebräisch. Irgendwann habe ich registriert, dass ich angefangen hatte, in dieser Sprache auch zu denken und zu träumen. Ich kann mir gut vorstellen, ganz nach Israel zu gehen. Mein Stiefvater ist schon vor längerer Zeit gestorben, auch meine Mutter ist jetzt tot, ich habe also keine Verpflichtungen mehr in den Vereinigten Staaten.

Von den nichtorthodoxen Israelis werde ich auch ohne Probleme als Jude anerkannt. „Wenn das Dein Weg ist, wird er schon richtig sein", heißt es meist. Die Rabbiner sind etwas ganz anderes. Als ich das letzte Mal in Israel war, konnte ich eine fragwürdige Geschichte verfolgen. Im Gefängnis saß ein junger Palästinenser, der halachisch gesehen Jude war. Seine Mutter war jüdisch, hatte ihn aber nicht erzogen. Er war verhaftet worden, weil er einen Selbstmordanschlag vorbereitet hatte. Ein Rabbiner besuchte ihn und erkannte ihn ganz selbstverständlich als Juden an. Alle meine Freunde waren fassungslos. Das Ziel dieses Mannes war letztlich, Israel zu zerstören, er wollte so viele Juden wie möglich töten. Doch obgleich er in einer völlig anderen, den Juden feindlich gesonnenen Umgebung aufgezogen worden war, definierte ihn der Rabbiner ohne Schwierigkeiten als Juden. Ich würde mein Leben für Israel riskieren, wenn es nötig wäre. Es ist unsere Fluchtstätte, und sie ist es wert. Sie nicht zu verteidigen, wäre so etwas, wie die Pointe in einer Geschichte zu versäumen. Doch mich erkennen die orthodoxen Rabbiner nicht als Juden an. Irgendetwas kann in ihrer Definition nicht stimmen.

Diane Stoker

Diane Stoker wurde 1960 geboren. Die gelernte Krankenschwester leitet eine Abteilung der Gesundheitsbehörde von Marin County, einem Landkreis nördlich von San Francisco. Sie ist 1988 zum Judentum konvertiert. An den Wänden ihres Büros hängen Zeichnungen ihrer achtjährigen Tochter Sophia, die Stoker zufolge eine „hingebende Jüdin" ist. Ihr Mann Mark ist konfessionslos, unterstützt seine Frau aber darin, die gemeinsame Tochter jüdisch zu erziehen.

Ich bin als Katholikin erzogen worden, doch mir wurde schon relativ früh klar, dass ich mit diesem Glauben und seinen Dogmen wenig anfangen kann. Ich hatte viele, viele Fragen. Und eines Tages begann ich, unserem Priester einige meiner Zweifel mitzuteilen: Wie kann man sich die unbefleckte Empfängnis vorstellen? Ist es richtig, Jesus als Inkarnation Gottes zu betrachten? Es war 1974, ich hatte gerade die Firmung hinter mir, war also kein kleines Kind mehr. Er hätte mit mir in einen Dialog treten können. Doch stattdessen wimmelte er alle meine Fragen ab. Er war kein bisschen offen. Vielleicht wäre alles anders gekommen, wenn er auf mich eingegangen wäre. Ich weiß es nicht. Mich hat sein Verhalten jedenfalls abgestoßen, und ich begann, mich über andere Religionen zu informieren. In dieser Zeit hatte sich meine sieben Jahre ältere Schwester mit einem Rabbinerstudenten verlobt und bereitete ihre Konversion zum Judentum vor. Sie teilte ihre Bücher mit mir und erklärte mir viel. In einem der ersten Bücher, die sie mir gab, las ich, wie stark das Judentum auf die Familie und die Gemeinschaft konzentriert ist. Das gefiel mir sehr. Doch es war nicht so, dass ich sofort mit fliegenden Fahnen übergelaufen wäre. Aus der Kirche war ich mittlerweile zwar ausgetreten, neben dem Judentum interessierten mich aber auch andere Kulturen, zum Beispiel lernte ich viel über den Buddhismus und fand ihn durchaus anziehend. In der Schule wählte ich Weltreligionen. Merkwürdigerweise habe ich mich nie mit dem Islam beschäftigt. Heute bereue ich das.

Mir wurde klar, dass die großen Religionen ähnliche Glaubenssysteme haben. Dennoch zog mich im Vergleich die jüdische Lehre immer wieder am stärksten an. Sicherlich hatte das auch mit meiner Schwester zu tun, bei der ich erlebte, wie schön ein Schabbat, das Segnen der Familie oder andere Rituale sind. Doch ich führte nicht schon Jahre vor meinem Übertritt ein jüdisches Leben, wie es ja viele Konvertiten tun. Durch meine Schwester und ihren Mann nahm ich nur oft daran teil. Meine Hinwendung zum Judentum war ein langer Prozess. Ich habe mit vielen Menschen über ihre Religion gesprochen, habe als Ausdruck meiner Spiritualität angefangen zu meditieren. Und habe immer wieder mit meiner Schwester Erfahrungen ihres jüdischen Lebens geteilt. Am meisten hat mich daran die tägliche Verbundenheit mit der Religion angezogen. Man glaubt im Judentum nicht nur an Gott, man lebt diesen Glauben, die Ethik, die Moral. Es ist keine Wochenendreligion, sondern alltägliche Praxis. Auch der Zugang zu Gott ist immer da, man braucht keinen Priester oder Rabbiner, um mit ihm verbunden zu sein. Zudem hänge ich sehr an meiner Schwester, sie ist mein Vorbild und meine Vertraute und hat einen großen Einfluss auf mein Leben, und unser enges Band hat die Anziehungskraft des Judentums für mich sicher noch verstärkt. Jahrelang habe ich immer wieder über eine Konversion nachgedacht, doch ehe ich nicht sicher war, wollte ich nichts unternehmen.

Als ich 27 Jahre alt war, entschied ich mich dann endgültig. Und von diesem Moment an waren alle Zweifel wie weggewischt. Ich wusste ganz sicher, dass ich zu einer Gemeinschaft gehören und dass ich offiziell eine jüdische Identität haben wollte. Dabei konnte ich zu diesem Zeitpunkt noch nicht einmal hebräisch lesen, geschweige denn, dass ich die Gebete kannte. Für den Übertritt musste ich also Unterricht nehmen Ich lebte damals in Sunnyvale in Kalifornien, und ein sehr netter Rabbiner einer konservativen Gemeinde nahm mich unter seine Fittiche. Er bemühte sich, mir Kontakt zu anderen Mitgliedern der Synagoge zu vermitteln. Doch als Single hatte ich es schwer. Dass jemand allein und aus freien Stücken übertritt, ohne einen Juden heiraten oder mit ihm leben zu wollen, gibt es kaum. Wahrscheinlich fanden mich die Leute sehr befremdend. Das, wonach ich gesucht hatte, nämlich den Anschluss an eine Gemeinschaft, fand ich erst einmal nicht.

Trotzdem blieb ich bei meiner Entscheidung. Für mich war es die Bestätigung dafür, dass meine Liebe für das Judentum nicht nur eine Laune war, sondern dass sie wichtig genug war für eine Konversion. Außerdem sah ich meinen Schritt als Zeichen meiner Verbundenheit mit dem jüdischen Volk, der Geschichte. Ich fühlte mich nahe, doch ich wollte mich näher fühlen, wollte Teil des Ganzen sein. Ich habe versucht, so gut es ging, mein Leben jüdisch zu gestalten. Freitagabends habe ich die Kerzen gezündet. Es war schwer allein, aber auch besonders. Dann habe ich angefangen, Freunde zu Schabbat einzuladen. Ich hatte einen sehr netten Juden aus Frankreich kennen gelernt. Er hatte eine schwedische Nichtjüdin zur Freundin. Beide konnten nicht fassen, dass ich konvertieren wollte, ohne Mann oder Verlobten. Wir hatten unglaublich interessante Unterhaltungen. Auch Nichtjuden saßen oft in diesen Runden. Insgesamt war es eine gute Zeit, in der ich viel lernte und nie Zweifel entwickelte, mein Ziel nicht hinterfragte. Ein Jahr später war es dann soweit. Ich fuhr nach Connecticut, wo meine Schwester und mein Schwager lebten. Dort trat ich vor ein konservatives Bet Din, das mein Schwager zusammengerufen hatte. Anschließend ging ich in die Mikwe, es war ein ganz formaler Übertritt. Für die konservative Richtung hatte ich mich entschieden, weil mir die Orthodoxie nicht zusagte. Sie war mir zu eng, die strikte Trennung von Männern und Frauen und die Benachteiligung der Frauen war nicht mein Weg.

Die Reform auf der anderen Seite war mir zu lasch. Ich hatte viele Reformjuden kennen gelernt, die von sich selbst sagten, sie hielten rein gar nichts ein. Manche, die mit Nichtjuden verheiratet waren, stellten sogar einen Weihnachtsbaum auf. Das war mir zuviel. Ich dachte, wenn ich übertrete, will ich mein Judentum auch ernsthaft und mit Empathie praktizieren. Mich hatte am Judentum ja besonders angezogen, dass die Religion so sehr in den Alltag integriert war, durch das Feiern des Schabbat zum Beispiel. Ich hätte es als absurd empfunden, nun dieses jüdische Leben gar nicht zu praktizieren. Die konservative Richtung passte meiner Überzeugung nach am besten zu mir.

Als ich nach Sunnyvale zurückkehrte, fand ich trotz meines Übertritts in meiner alten Synagoge nach wie vor nur wenig Kontakt. Ich hatte allerdings während meiner Vorbereitungen einen Mann getroffen, einen israelischen Rechtsanwalt. Doch er ging dann für einige Zeit in die israelische Armee. Als er wiederkam, haben wir unsere Beziehung beendet. Ich zog nach Marin County um und blieb Single, wenn ich mich auch ab und zu verabredete. Anschluss an ein Gemeindeleben fand ich auch hier nicht. Das lag unter anderem daran, dass ich keine Synagoge fand, die mir entsprochen hätte. Nur zwei Mal ging ich in den Reformtempel, dann konnte ich die Predigten des Rabbiners nicht mehr ertragen. In ihnen ging es nur um Israel: was wir für Israel tun können, was jetzt gerade dort entschieden wird und so weiter. Mir war das unangenehm. 1993 habe ich auf einer Benefizveranstaltung meinen jetzigen Mann getroffen. Mark ist Nichtjude, und natürlich wollte ich ihm die Schönheit des Judentums vermitteln. An den hohen Feiertagen nahm ich ihn also mit in eine konservative Synagoge im Nachbarort. Und worüber predigte der Rabbiner? Ebenfalls über die Verhältnisse in Israel. „Ist es das, worum es geht?" fragte mein Mann erstaunt. „Nein", sagte ich, „das ist es nicht, worum es geht."

Die Tatsache, dass Mark kein Jude ist, hat für mich keine Rolle gespielt. Ich hatte nie bewusst nach einem jüdischen Mann gesucht. Mark hat mein Leben von Anfang an akzeptiert. Wir halten den Schabbat und machen Freitagabend Kiddusch. Manchmal, wenn ich sehr erschöpft bin, ist er derjenige, der sagt: „Kerzen zünden! Es ist Schabbat!" Ich habe ihm auch sofort gesagt, dass ich unsere Kinder jüdisch erziehen will, und er war damit einverstanden. Ihn interessiert alles, was mit dem Judentum zu tun hat, und die Rituale zu Schabbat oder den Festen machen ihm Spaß. Manchmal denke ich, wenn er nicht eine so vertrackte Kindheit gehabt hätte, würde er vielleicht sogar konvertieren. Doch er wurde dermaßen in die katholische Kirche hineingezwungen, dass ihn jede religiöse Institution abstößt. Ich habe ihn in das Jüdische Gemeindezentrum mitgenommen, das auch über Schwimmbäder und Fitnesscenter verfügt, und kurze Zeit später hat er dort eine Arbeitsstelle als Trainer angetreten. Erst vor kurzem ist er nach mehr als elf Jahren ausgeschieden und hat als eigenständiger Fitnessmanager in einer anderen Einrichtung angefangen. Durch die Geburt unserer Tochter Sophia vor mehr als acht Jahren wurden wir dann wirklich in das Gemeindeleben hineingezogen. Ich wollte, dass sie von Anfang an mit Juden zusammen ist. Heute besucht sie die jüdische Schule. Sie spricht fließend hebräisch, und wenn wir zusammen von unserem Wohnort in die nächstgelegene Stadt fahren, in der ich arbeite und sie zur Schule geht, versucht sie, mir hebräisch beizubringen, indem sie mich abfragt.

Wunderbarerweise hat ihre starke Verbundenheit mit dem jüdischen Glauben meine Mutter mit meinem Übertritt versöhnt und sie dazu gebracht, uns ideell zu unterstützen. Anfangs waren meine Eltern schockiert und enttäuscht, dass auch ihre zweite Tochter Jüdin wird. Es war hart für sie, besonders für meine Mutter, die eine überzeugte Katholikin ist und fast jeden Tag in die Kirche geht. Ich konnte jahrelang mit ihr und meinem Vater nicht über meinen Schritt sprechen. Das hätte sie zu sehr verletzt. Die übermäßige Reaktion meiner Eltern hing sicherlich auch damit zusammen, dass meine Schwester zu einer Zeit konvertierte, als sie große Schwierigkeiten mit ihnen hatte. Ihr Übertritt kam ihnen infolgedessen wie eine heftige Rebellion gegen die Familie vor. Sie entfremdeten sich für Jahre. Erst mit der Geburt des ersten Kindes hat sich meine Schwester ihnen wieder angenähert. Heute ist meine Mutter viel entspannter. Meine Eltern haben sich vor einigen Jahren scheiden lassen, und meine Mutter hat eine Wohnung ganz in der Nähe meines Arbeitsplatzes gefunden. Wir sind oft mit ihr zusammen. Sie sieht, dass das Judentum gut ist für ihre Enkelin, und sie folgert daraus, dass es gut sein muss für uns alle. Sophia singt im Kinderchor der Gemeinde, und zu Pessach haben sie die ganze Geschichte des Auszugs aus Ägypten gespielt, alles auf hebräisch. Meine Mutter ist vor Stolz fast geplatzt.

Ich erlaube meiner Tochter auch, mit meiner Mutter in die Kirche zu gehen. So bin ich selbst groß geworden, ich durfte mit meinem kleinen Spielkameraden in den buddhistischen Tempel gehen und später mit Schulfreunden in die Synagoge. Ich denke, die jüdische Identität meiner Tochter ist stark genug. Manchmal ist es allerdings schwierig, einen Weg zu finden, der beiden Seiten gerecht wird. Ostern zum Beispiel war Sophia begeistert vom Ostereier-Suchen. Aber soll ich es ihr deswegen verbieten? An Weihnachten darf sie den Baum ihrer Großmutter mitschmücken. Neulich hat sie zu mir gesagt: „Wenn ich groß bin, feiere ich Chanukka und Weihnachten." Ich habe geantwortet, „wenn du erwachsen bist, kannst du entscheiden, was du für richtig hältst. Und es ist nicht falsch, wenn du Weihnachten mit deiner Großmutter verbringst. Aber du musst verstehen, warum wir keinen Weihnachtsbaum haben und allein Chanukka feiern." Sie ist acht, und natürlich fasziniert sie Weihnachten mit den vielen Geschenken. Doch gleichzeitig ist sie allem Jüdischen so verbunden, dass ich mir keine Sorgen mache. Und im Judentum geht es um so viel mehr als um Geschenke oder spezielle Feiertage. Es geht um das Leben, um eine Haltung. Es geht darum, ganze Zeitabschnitte im Jahr zu feiern. Es gibt im Judentum eine Zeit, in der die Vergebung und Versöhnung im Mittelpunkt stehen. Zu all dem gibt es im Christentum kein Äquivalent. Das Christentum ist auf das Leiden fokussiert, wenn man erlöst werden will, muss man vorher leiden. Das habe ich nie verstehen können. Für mich ist das Judentum das Feiern des Lebens. Und so sieht es meine Tochter. Sie liebt es, Jüdin zu sein, auf der Bima zu stehen, hebräisch zu singen, sie will Bat Mizwa werden. Sie identifiziert sich mit dem jüdischen Volk und der Geschichte. Jeden Freitagmorgen halten die Schulkinder einen Gottesdienst, zu dem auch die Eltern kommen. Das ist etwas ganz Besonderes. Wir entdecken durch unsere Kinder unser eigenes Judentum neu. Dadurch haben sich nette Freundschaften ergeben. Ich spreche nicht darüber, dass ich konvertiert bin, aber wenn die Leute es irgendwie mitbekommen, stehe ich natürlich dazu. Ablehnung deswegen habe ich noch nicht erfahren, manchmal Verwunderung, vor allem bei denen, die nur ihren Kindern zuliebe in den Gottesdienst gehen, aber eigentlich unreligiös sind. Den Sederabend verbringen wir mit anderen Familien aus diesem Gottesdienst-Kreis. Letztes Jahr waren wir bei meiner Schwester, wo meine Tochter mit ihren jüdischen Cousins und Cousinen zusammen sein konnte. Das war großartig für sie, das Bewusstsein, eine jüdische Familie zu haben, hat ihre Verbundenheit sicherlich noch verstärkt. Wie sie sich später einmal entscheiden wird, weiß ich nicht. Natürlich würde ich mich freuen, wenn sie Jüdin bleibt. Wichtiger ist aber, dass sie glücklich wird. Sie wird wählen. Und ich habe dabei großes Vertrauen in sie und ihre jüdische Identität.

Durch sie hat sich meine eigene Identität als Jüdin noch mehr gefestigt. Wenn ich etwas über die Religion der Juden lese, über die Geschichte, ist es meins. Und obgleich ich keinen Holocaust-Überlebenden in der Familie habe, sehe ich auch diesen Teil der jüdischen Geschichte als einen Teil von mir an. Oft frage ich mich, wie ich damals reagiert hätte. Wäre ich mutig gewesen und hätte gesagt: Hallo, ich bin Jüdin. Unter der Gefahr, dann abgeholt zu werden? Über solche Dinge denke ich viel nach. Ich leide am Holocaust. Ein anderes Problem, das auch mit Identität zusammenhängt, habe ich für mich selbst noch nicht gelöst. Ich weiß, dass ich mich damit von fast allen Juden unterscheide, doch ich habe kein Verhältnis zu Israel. Vielleicht möchte ich einfach nicht in die Verlegenheit kommen, Stellung beziehen zu müssen. Keine Ahnung. Ich weiß, es ist dasselbe Volk, um das es in der Tora geht, und dennoch fühle ich mich nicht verbunden. Ich glaube, ich möchte nicht mit dem Konflikt umgehen müssen. So mache ich mich in gewisser Weise blind dafür. Wenn ich doch darüber nachdenke, sehe ich ein Volk, das ein anderes Volk unterdrückt, und mit diesem Volk kann und will ich mich nicht identifizieren. Wahrscheinlich könnte ich mich mit dem jüdischen Volk in Israel verbunden fühlen, wenn die Politiker nicht so wären, wie sie sind. Das ist sogar sehr wahrscheinlich, denn auf der anderen Seite erfahre ich, wie stark die Israel-Gegner die Rolle Israels übertreiben, und habe dann das große Bedürfnis, für die Juden zu sprechen. Wenn man sich das überlegt, Israel ist auf der Landkarte fingernagelgroß und soll verantwortlich sein für alles Elend im Nahen Osten? Das ist natürlich nicht so, ganz abgesehen davon, dass Israel trotz des

Konflikts die einzige Demokratie dort unten geblieben ist. Wenn Freunde die Situation im Nahen Osten darstellen und den Israelis allein den schwarzen Peter zuschieben, während die Palästinenser nur die Opfer sind, sage ich also jedes Mal: Hör' mal zu, ganz so einfach ist das nun nicht.

In solchen Gesprächen erfahre ich oft Antisemitismus. Der ist gut verpackt in einer völlig übersteigerten Kritik an Israel. Besonders habe ich das bei meinem Freund im College erfahren, mit dem ich vier Jahre zusammen war. Er hat die Juden gehasst und hatte stets Stereotypen im Kopf: Die Juden waren alle reich, kontrollierten die Medien und so weiter, doch sein Lieblingsthema waren die Palästinenser und deren Lebensverhältnisse, für die seiner Darstellung nach allein die Israelis verantwortlich waren. Auch ihm musste ich immer wieder sagen: Ganz so einfach ist es nicht.

Solche Gespräche empfinde ich als belastend, doch insgesamt ist die Haltung unserer nichtjüdischen Freunde meiner Religion gegenüber positiv. Anfangs waren sie sehr neugierig, wollten wissen, warum ich übertrete, was die Unterschiede sind. Heute ist ihr Verhalten normal. Ich führe nun das Leben, das ich mir immer gewünscht habe. Ich bin glücklich, Jüdin zu sein, einer jüdischen Gemeinschaft anzugehören. Das Wichtigste für mich war immer, ein Bewusstsein dafür zu haben, dass es mir gut geht, dankbar dafür zu sein, demütig, denn es ist ja nicht selbstverständlich. Und aus diesem Bewusstsein heraus anderen Menschen zu helfen, sie zu verstehen, ihnen abzugeben von dem, was ich erfahre und habe. Auf diese Weise drücke ich meinen Glauben aus, und meine Liebe zu Gott. Das war der wichtigste Grund für mich überzutreten: Mein Glauben und mein Leben sind im Judentum eine Einheit. Ich lebe, was mein Glaube mir vorschreibt, und was gleichzeitig meine innerste Überzeugung ist.

Epilog

Wer ist Jude?

Kaum einer der Konvertiten, deren Geschichten wir gelesen haben, würde von allen Rabbinern als Jude anerkannt. Nicht Lu Brenman, die sich geniert, weil ihr Hebräisch noch nicht fließend genug ist, nicht Malka Nelson, die sich erst nach ihrem Übertritt wieder ganz fühlt und mit ihrem einfühlsamen, mittlerweile ebenfalls übergetretenen Ehemann ein jüdisches Leben führt. Auch nicht David Peters, der für Israel sein Leben geben würde, oder Jochen Keune, der sich als Erwachsener beschneiden ließ, um ein wirklicher Jude zu werden. Und – wie die Erfahrung sie gelehrt hat – wird nicht einmal Margot Wolkarz von allen Rabbinern als Jüdin anerkannt, obgleich sie die längste Zeit ihres Lebens als solche gelebt hat und das Judentum in ihrem und in dem Leben ihrer Kinder eine zentrale Rolle einnimmt.

Bei der Frage, inwieweit Konvertiten anerkannt werden, geht es auch um die grundsätzliche Frage, wer Jude oder Jüdin ist und was dies für ihn oder sie bedeutet. Die halachischen Bestimmungen dazu haben wir bereits erörtert. Dieses Thema darüber hinaus in seiner Komplexität darzustellen, überträfe den Umfang dieses Werkes bei weitem. So wollen wir an dieser Stelle nur einige Überlegungen mit den Lesern teilen.

Die Juden sind Angehörige einer gemeinsamen Religion. Doch nicht nur das. Im Minchagottesdienst am Schabbat heißt es: „Wer gleicht Deinem Volke Israel, einer Sippe auf Erden?" Und Franz Rosenzweig sagt: „Das Judentum ist weniger als eine Religion, darum ist es mehr." Denn es bindet auch diejenigen, die sich der Religion nicht verpflichtet fühlen. Es sind viele Gemeinsamkeiten, die Juden verbinden. Sie haben ein gemeinsames Erbe, das oft von Verfolgung geprägt war, sie teilen eine Kultur, bestimmte ethische Werte, zusammen sind sie das Volk des Bundes, und gemeinsam und jeder für sich tragen sie die Verantwortung und Aufgaben, die sich daraus ergeben. So umfassend das Gemeinsame ist, so breit ist die Auswahl der Möglichkeiten, auf welche Weise sich jemand als bewusster Jude definieren will. Manche tun dies auf säkulare Weise: indem sie den jüdischen Witz lieben oder stolz auf die besonderen Fähigkeiten einzelner in der Öffentlichkeit stehender Juden sind, indem sie sich mit Vehemenz auf die Seite Israels stellen, ihr Gerechtigkeitsempfinden als jüdisches Erbe ansehen oder indem sie bewusst als Juden allen Menschen mit Respekt und Achtung begegnen. Andere Juden wiederum gründen ihr jüdisches Bewusstsein auf der Religion. Sie führen ihr Leben gemäss der Halacha, besuchen regelmäßig die Synagoge und sehen sich auf dieser Grundlage verpflichtet, in allen Bereichen ethischen Werten zu folgen. Und wiederum andere werden sich ihres Judentums immer nur dann bewusst, wenn sie direkt darauf angesprochen werden. Die Liste ließe sich endlos fortführen.

Für manche Juden nicht nur in Deutschland wird daneben die Schoa immer stärker zu einem Identifikationsmoment. Dies allerdings ist eine gefährliche, weil destruktive Entwicklung. Wird die eigene Identität als Jude und damit das Judentum allein oder in erster Linie über die Schoa definiert, kann dieses im Lauf der Zeit zu einer Schwächung des jüdischen Volkes und des Judentums führen. Denn die Schoa wird im Lauf der Jahrhunderte auch im jüdischen Denken verblassen, obwohl sie wie die Kreuzzüge nie vergessen werden wird. Hinzu kommt, dass die Juden außerhalb des Machtbereichs Hitlers, einschließlich der sephardischen

Juden, von ihr nur inzidenziell betroffen waren. Und zuletzt und vor allem ist grundsätzlich der Bund zwischen Gott und Israel als das Fundament des Judentums anzusehen. Die Schoa selbst kann dieses Fundament niemals ersetzen, sondern nur als ein Zeugnis dieses Bundes angesehen werden.

Wie alle Juden definieren auch die Juden aus freier Wahl ihr Judentum unterschiedlich. Was sie dabei häufig von den geborenen Juden unterscheidet, ist die bewusste Suche nach ihrer jüdischen Identität. Im Unterschied zu vielen geborenen Juden also beschäftigt sich die Mehrzahl von Konvertiten ausführlich und gründlich mit jüdischen Themen, in erster Linie mit religiösen. So haben sie den geborenen Juden oft zumindest Wissen voraus, häufig aber auch den Reflexionsprozess, der ihnen ein bewusstes jüdisches Leben erst möglich macht. Weil das so ist, hat man in den letzten Jahren so oft den Satz gehört, dass letztendlich jeder bewusst lebende Jude ein Jude aus freier Wahl sei.

Einige geborene Juden begegnen neuen Fragen nach ihrer Identität, wenn sie sich mit einem Nichtjuden liieren. Wie der junge Jude aus Moskau, der heute in Deutschland lebt und auf die Frage, warum es ihm so wichtig sei, dass seine Frau und Kinder konvertieren, seine offene Hand zeigt und die Finger hängen lässt. „So schwach sind wir allein", sagt er. Dann ballt er eine kräftige Faust und sagt: „Und das sind wir als Juden zusammen." Er zieht seine Stärke aus dem Bewusstsein, Angehöriger des jüdischen Volkes zu sein, und er möchte diese Kraft auch an seine Frau und seine Kinder weitergeben. Mittlerweile sitzt er im Vorstand seiner Gemeinde, sein Sohn ist in der Lage, in der Synagoge vorzubeten, und seine Frau liest fließend hebräisch. Dieses Glück ist nur einem kleinen Teil der osteuropäischen Zuwanderer beschieden. Rund 190 000 Kontingentflüchtlinge leben derzeit in Deutschland. Doch nur etwas mehr als die Hälfte von ihnen sind halachisch gesehen Juden, die anderen sind mit einem Juden verheiratet oder Kinder von jüdischen Vätern und nichtjüdischen Müttern. Das ist ein großes Potenzial für die jungen Gemeinden in der Bundesrepublik. Doch findet nur ein Bruchteil dieser Menschen zum Judentum. Denn die Hürden, die ihnen errichtet werden, sind hoch, für die meisten zu hoch.

Die rigiden Aufnahmebedingungen führen zu einer erschreckenden demografischen Entwicklung. Denn immer mehr Nichtjüdinnen treten auch in der Beziehung mit einem Juden nicht über. Sie bringen nichtjüdische Kinder zur Welt, die ebenfalls keine Beziehung zum Judentum aufbauen. Selbst in Israel gibt es zunehmend Stimmen, die wegen dieser Entwicklung dringend Änderungen anmahnen. So sollten die nichtorthodoxen Gemeinden den orthodoxen gleichgestellt werden und nichtorthodoxe Übertritte in Israel grundsätzlich anerkannt werden. Politiker wie Yossi Beilin fordern sogar die Anerkennung der Kinder von jüdischen Vätern als Juden, wie es die Reformbewegung in den USA praktiziert. Aus

Sicht der Autoren wäre es ausreichend, interessierten Nichtjuden offen und einladend entgegenzugehen.

Mordechai Kaplan, Begründer des Rekontruktionismus, sagt: „Jude ist, wer aktiv das Überleben des jüdischen Volkes und seiner Zivilisation fördert." David Ben Gurion, Gründer des Staates Israel, hat einmal gesagt, jeder, der sich selbst als Jude bezeichne, solle als Jude anerkannt werden. Schließlich sei das Schicksal des jüdischen Volkes so schwer, dass sich jemand nicht leichtfertig als Angehöriger dieses Volkes ausweisen werde. Für den Schriftsteller Amos Oz gilt das heute noch. Er sagte einmal, jeder, der es sich ausgesucht habe, das Schicksal mit anderen Juden zu teilen, sei Jude, oder, wörtlich in einem Zeitungsinterview: „Jeder, der sich selbst Jude nennt, ist ein Jude – so einfach ist das." So einfach ist es aus Sicht der Autoren zwar nicht, vieles allerdings könnte einfacher sein. Doch dazu müssten alle Rabbiner bereit sein, das Wirken ihrer Kollegen, die einer anderen Richtung als sie selbst angehören und ihr Amt der Halacha gemäß ausführen, nicht länger in Frage zu stellen.

Das Vermächtnis von Daniel Pearl

„Mein Vater ist jüdisch, meine Mutter ist jüdisch, ich bin jüdisch." Dies waren Daniel Pearls letzte Worte. Daniel Pearl war Journalist und Reporter. Er war hochgeschätzt als Mensch und für die Fairness seiner Berichte. Er war sehr gebildet und liebte die Künste. Das Wallstreet Journal hatte ihn als Leiter des Nachrichtenbüros nach Karatschi in Pakistan geschickt. Dort wurde er von islamistischen Terroristen entführt. Am 21. Februar 2002 sprach er mit Stolz und Würde die Worte seines Bekenntnisses als Jude zu seinen entmenschten Peinigern. Er wusste, dieses Bekenntnis würde ihm den Tod bringen. Sie schlitzten ihm die Kehle auf, trennten seinen Kopf ab und hielten ihn in die Kamera. Zur Zeit seiner Ermordung war Pearl 38 Jahre alt und erwartete die bevorstehende Geburt seines ersten Kindes.

Daniel Pearls Bekenntnis kann allen Juden Leitschnur sein. Ob geborene Juden oder Juden aus freier Wahl, sie können alle bekennen: „Mein Vater Abraham ist Jude, meine Mutter Sara ist Jüdin, ich bin Jude, ich bin Jüdin."

Judentum kann Herausforderung bis zur Hingabe des Lebens sein.

Daniel Pearls Angedenken kann Segen und Ruf für alle Juden sein.

Daniel Pearls Angedenken kann Ansporn für alle Menschen sein, Juden und Nichtjuden, dem Recht und der Liebe zum Mitmenschen ihr Leben zu weihen und, wenn nötig, zu opfern.

Glossar

Adonai	Name für Gott, statt des Tetragrammatons, welches nicht ausgesprochen wird
Alija	wörtlich: Aufstieg, kann zweierlei bedeuten: den Aufstieg oder den Aufruf zur Tora, zum anderen den Aufstieg oder die Einwanderung nach Israel
Amida	wörtlich: das Stehen, das Gebet wird stehend gesprochen; identisch mit „Schemone Esre", siehe dort
Aron Hakodesch	wörtlich: heilige Lade, siehe Toraschrein
Bar Mizwa oder **Bat Mizwa**	Sohn oder Tochter der Gebote, ab dem Zeitpunkt der Bar (mit 13 Jahren) oder Bat (mit 12 Jahren) Mizwa sind die Kinder in Bezug auf ihre Religion voll verantwortlich. Diese Gelegenheit wird in der Synagoge und zu Hause gefeiert
Bet Din	religiöser Gerichtshof, auch für Angelegenheiten wie Übertritte
Bima	Podium vor der Heiligen Lade, von dem aus der Gottesdienst geleitet wird; in orthodoxen Synagogen das zentrale Podium, von dem aus die Tora gelesen wird
Brit Mila	wörtlich: Bund der Beschneidung
Bracha, Pl. **Brachot**	Segen und Segensformel
Chag Hamazot	Fest der Matzot, siehe Pessach (Lev 23,4–8, Dtn 16,1–8) und Seder
Challa, Pl. **Challot**	Brot für Schabbat und die Feste
Chanukka	Weihefest, feiert den Sieg der Makkabäer über die Syrer und die Wiederweihe des entweihten Tempels, wird acht Tage lang im Winter gefeiert (Makkabäerbücher)
Chawura	freiwilliger Zusammenschluss von Familien und / oder Freunden zu gemeinsamem Lernen, gemeinsamen Gottesdiensten und gegenseitiger Hilfeleistung
Chuppa	Hochzeitsbaldachin, Symbol für die Hochzeit als solche
Davidstern oder **Magen David**	sechseckiger Stern, Symbol des Judentums, unter anderem auf der israelischen Fahne zu sehen
Diaspora	Zerstreuung, die Judengemeinde in der Welt im Gegensatz zur Gemeinschaft im Land Israel
Egalitärer Gottesdienst	Gottesdienst unter gleichberechtigter Beteiligung der Frauen, die in egalitären Gottesdiensten zum Minjan gezählt werden und alle rituellen Funktionen vollziehen können
Etrog, Pl. **Etrogim**	Frucht, der Zitrone ähnlich, gehört zu den vier Pflanzen des Feststrausses am Sukkotfest, der als Danksagung an Gott für den Erntesegen in den Tempel und heute in die Synagoge gebracht wird (siehe Sukkot)
Feste	Pessach, Schawuot, Rosch Haschana, Jom Kippur, Sukkot und Purim basieren auf der Bibel, Chanukka auf den Makkabäerbüchern (siehe die einzelnen Namen der Feste)

Gabbe oder **Gabbai,** Pl. **Gabbaim**	Synagogenvorsteher
Gemara	siehe Talmud
Genisa	Kammer in alten Synagogen, in welcher abgenutzte heilige Bücher verwahrt wurden, da der Gottesname in ihnen nie zerstört werden darf; Genisafunde beinhalten wertvolle Originalmanuskripte und geben historische Hinweise
Ger	„Beisasse", der Name Ger ist in der Tora mit dem besonderen Gebot der Liebe verbunden, darum wurde er zum Ehrennamen der Proselyten
Ger Zedek	fromme, wahre Gerim sind derjenige oder diejenige, die völlig zum Judentum übergetreten sind, unter Gottes Willen der besonderen Liebe würdig sind und den geborenen Juden als Vorbild gelten sollen
Ger Toschaw	ist derjenige oder diejenige, die sich dem Judentum zugesellt haben, indem er oder sie einen Teil der Gebote befolgen, ohne den ganzen Weg zum Judentum gefunden zu haben, auch mit dem Namen „Yirey Schamajim", Gottesfürchtige, bezeichnet
glatt koscher	fraglos koscher, siehe Kaschrut
Glaubensartikel des Maimonides	13 Artikel: Gott ist der Weltenschöpfer – Gott ist allein-einziger Einer – Gott hat keinen Leib noch irgendeine leibhaftige Gestalt – Gott ist Ursprung und Ziel – nur zu Gott und niemandem sonst dürfen wir beten – die Worte der Propheten sind wahr – Moses Tora ist wahr und er ist der Vater der Propheten – die Tora, wie sie uns vorliegt, wurde von Gott Moses eingegeben – die Tora ist unwandelbar und es wird niemals eine andere vom Schöpfer geben – der Schöpfer kennt alle Gedanken und Taten aller Menschen – Gott belohnt und bestraft gemäß der Taten – der Messias wird kommen; selbst wenn dieses Kommen lange auf sich warten lässt, werden wir darauf harren – die Toten werden auferstehen
Gleichsprüche	biblisches Buch (= Sprüche)
Goj, Pl. **Gojim**	wörtlich: Sippe, im Volksgebrauch auf Nichtjuden angewandt
Haggada	Text für die Feier des Sederabends
Halacha	der Weg, das Religionsgesetz und seine alle Lebenssituationen umfassenden und bindenden Verordnungen
Haschem	wörtlich: der Name, Ersatz für den Gottesnamen, den man den zehn Geboten nach nicht unnötig aussprechen soll
Hatafat Dam Brit	traditionell die Abnahme eines Bluttropfens als symbolische Beschneidung, wenn ein Mann vor dem Übertritt bereits beschnitten ist
Hillel	großer Meister der Mischna, gilt als Vorbild idealen jüdischen Lebens, er gründete das berühmte Lehrhaus, dessen Entscheidungen bis heute bindend sind; Hillel lebte vom Ende des 1. Jahrhunderts v.u.Z. bis zum Anfang des 1. Jahrhunderts u.Z.
Jahrzeit	Wiederkehr des Todestages, an dem man für den Toten Kaddisch sagt
Jeschiwa	Talmudhochschule

Jom Kippur	Versöhnungstag, höchster Tag des Jahres, Tag des Fastens, wird in der Synagoge verbracht (Lev 23,26–32)
Kaddisch	Hymne von Vorbeter und Gemeinde zum Preise Gottes am Anfang und Ende der Hauptgebete im Gemeindegottesdienst vorgetragen;
	gleiche Hymne, von den Trauernden am Grabe, während der Trauerzeit und am Jahrzeitstag im Gemeindegottesdienst vorgetragen, um ihre Anerkennung Gottes zur Zeit bittersten Schmerzes preisend zum Ausdruck zu bringen
Kaschrut	kommt von koscher, welches wörtlich bedeutet: in Ordnung, richtig. Etwas, das dem Religionsgesetz entspricht und in diesem Sinne richtig ist, wird als koscher bezeichnet, besonders wenn es um die Einhaltung der Speisegesetze geht
Kebsweib	Nebenfrau
Keduscha	„Heilig, heilig, heilig …", Hauptteil der Amida im Gemeindegebet
Ketuwim	Gesammelte Schriften, dritter Teil des Tanach (siehe dort)
Kiddusch	wörtlich: Heiligung. Bezeichnung für den Segen, den man am Sabbat und an den Festen über den Wein spricht
Kidduschin	gegenseitige „Anheiligung" der Ehepartner – die Trauung
Kiddusch Haschem	Heiligung des (göttlichen) Namens unter Hingabe des eigenen Lebens.
	Ferner: ein Leben, welches durch seine Hingabe an die Ethik die Größe der jüdischen Toralehre der Welt vorführt
Kizur Schulchan Aruch	siehe Schulchan Aruch
Kodex Hammurabi	Sammlung der von König Hammurabi erlassenen Gesetze. Der Kodex gehört zu den ältesten Gesetzessammlungen der Welt und findet sich auf einer im Jahre 1901 gefundenen Diorit-Stele, welche heute im Louvre zu Paris aufbewahrt wird. Hammurabi, ca.1792–1750 v.u.Z., regierte über das ganze Zweistromland bis zum Persischen Golf
Koscher	siehe Kaschrut
Lulaw	der Palmzweig als eine der vier Pflanzen, die den Feststrauß am Sukkot (Laubhüttenfest) ausmachen; die anderen drei sind Etrog (siehe dort), Hadassim, Myrten, und Arawot, Bachweiden (siehe Lev 23,39f)
Maariw	Abendgebet
Magen David	siehe Davidstern
Mamser	ein in ehebrecherischer Beziehung einer verheirateten jüdischen Frau gezeugter Mensch (Dtn 23,3)
Matza, Pl. **Matzot**	ungesäuertes Brot aus Weizen und Wasser ohne jegliche Zutaten, das sofort nach dem Kneten gebacken wird, sodass der Teig nicht aufgehen kann. Matza wird statt des üblichen Brotes während der ganzen Dauer des Pessach-Festes gegessen (siehe Pessach)
Mesusa, Pl. **Mesusot**	Schriftkapsel am Türpfosten, basiert auf Dtn 6,4–8, ruft zum Bekenntnis der Einheit Gottes und zur Liebe zu Gott auf, weiht

	das Haus oder die Wohnung und ihre Bewohner dem Dienste Gottes
Midrasch	homiletische Auslegung der Bibel mit Betonung der ethischen Pflichten. Es gibt eine Reihe von Midrasch Sammlungen, darunter vor allem der Midrasch Rabba, welcher der Abfolge der Wochenabschnitte aus den fünf Büchern Moses im Gottesdienst folgt, und die anderen Teile der heiligen Schrift folgend behandelt
Mikwe	rituelles Tauchbad gemäß dem jüdischen Gesetz
Mincha	Nachmittagsgebet
Minjan	wörtlich: Zahl. Bezeichnet die Gruppe von zehn Erwachsenen, die für die Durchführung eines öffentlichen Gottesdienstes erforderlich sind
Mischna	Wiederholung, Übermittlung der mündlich gegebenen Lehre: ursprünglich nur mündlich übermittelt. Die Mischna, der erste Teil des Talmuds, wurde gegen 200 u.Z. in Palästina geschrieben und herausgegeben, um sie vor dem Vergessen zu bewahren. In ihr werden die Ordnungen, Traktate und Abschnitte, niedergelegt. Auch die einzelnen Abschnitte werden jeweils Mischna genannt. Die Gemara folgt dieser Anordnung
Mischne Tora	systematische Darstellung der Toragebote, Halacha, von Maimonides
Mizwa, Pl. **Mizwot**	wörtlich: das Gebot. Religionsgesetzliche Gebote und gute Taten, zu denen die Juden verpflichtet sind
Mohel, Pl. **Mohelim**	wörtlich: der Beschneider. Der Funktionär, der die vorgeschriebene Beschneidung der männlichen Juden vornimmt
Mussaf	Zusatzgebet am Sabbat und den Festen
Naches	Freude (jiddisch aus dem Hebräischen)
Nasir, Nasira	ein Mann oder eine Frau, welche besondere asketische Gelübde auf sich nehmen (Num 6,1–21)
Nawi, Pl. **Newiim**	Prophet, Propheten, letzteres Name des zweiten Teils des Tanach (siehe dort)
N'ilah	Schlussgebet am Jom Kippur
Noachidische Gebote	ein Gebot und sechs Verbote, welche, dem Judentum nach, Gott im Bunde mit Noa der Natur und der ganzen Menschheit auferlegte. Ihre Befolgung, und nur sie, sichert allen ethisch lebenden Menschen das Seelenheil. Sie sind: Gerechtigkeit als Grundlage aller Gesetze und aller Rechtsprechung, Verbot von Gotteslästerung, Götzendienst, Unzucht, Mord, Raub, Tierquälerei (bSanh 56a). Dem entspricht das Wort der jüdischen Weisen: Die Gerechten aller Nationen der Welt [welche diese Gebote befolgen] haben Anteil an der künftigen Welt (bSanh 13,2)
Obadja (Gottesdiener)	ein Proselyt, welcher zum Propheten wurde, einer der „kleinen Propheten" in der Schrift (siehe Tanach). Der Name wurde wiederholt von Proselyten angenommen
Omerzählung	Zählung der Tage und Wochen von Pessach bis Schawuot (Lev 23,15 – Dtn 16,9)

Pessach	Fest des Auszugs aus Ägypten. Ruht auf der Bibel (Ex 12). Der erste Abend, der Sederabend, ist als Familienfest heute eine der weitestverbreiteten religiösen Feiern, auch unter nichtreligiösen Juden
Pilgerfeste	Pessach, Schawuot und Sukkot, Feste, zu denen in der Bibel die Pilgerfahrt zum Tempel befohlen war (siehe Dtn 16,16–17)
Piyyut, Pl. **Piyyutim**	religiöse Poesie aus dem Mittelalter zur Feier der Feste und besonderer Tage im Gottesdienst
Purim	an diesem Tag wird die Rettung der Juden vor geplanter Vernichtung gefeiert. Der Feiertag beruht auf der Geschichte des Buches Esther. Das Fest hat karnevalsartigen Charakter und ist besonders für die Kinder eine Freude
Rabbiner	ordinierter Geistlicher, Lehrer und Prediger in der Gemeinde. In religiösen Fragen trifft er die autoritativen Entscheidungen. Der moderne Rabbiner ist zusätzlich auf vielen anderen Gebieten ausgebildet, wie zum Beispiel Erziehung, Verwaltung, psychologische Beratung, Entwicklung von Gruppen verschiedenen Alters und verschiedener Art. Seine Ausbildung, die im Schnitt fünf bis sieben Jahre dauert, findet an Rabbinerseminaren statt. Von ihnen werden die Absolventen auch ordiniert.
Rabbinerstempel	Amtssiegel des Rabbiners
Raschi	Abkürzung von Rabbi Salomon ben Jitzchak (1040–1105), Geburt, Leben und Tod in Troyes, Studium in Mainz und Worms, bedeutendster Kommentator der Bibel und des Talmuds; das Werk wurde weitgehend von dem christlichen Kommentator Nikolaus von Lyra benutzt, der wiederum Luthers Bibelübersetzung wesentlich beeinflusste
Rav	andere Bezeichnung für Rabbiner, siehe oben
Rosch Haschana	Neujahrsfest (Lev 23,23–25)
Schabbat (Sabbat)	der im vierten der Zehn Gebote festgelegte siebte Tag der Ruhe zur Anerkennung der Schöpferkraft Gottes und Erneuerung der Kraft, um seinen sozialen Pflichten weiterhin nachkommen zu können (siehe auch Lev 23,1–2)
Schabbat Hagadol	der Schabbat vor Pessach
Schammai	Zeitgenosse Hillels und ebenfalls Gründer eines Lehrhauses; dessen Entscheidungen stehen im Gegensatz zur Schule Hillels
Schacharit	Morgengebet
Schawuot	eines der drei Pilgerfeste, feiert die Offenbarung der Zehn Gebote am Berg Sinai (Lev 23,21, Dtn 16,9–12)
Schechina	Gottes „Einwohnen" in der Stiftshütte inmitten seines Volkes (Ex 25); in der Mystik eine Emanation Gottes, welche Gott und die Menschen verbindet
Schemini Azeret	achter Tag, in der Diaspora auch 9. Tag des Sukkot, gilt als Zusatztag des Sukkot

Schemone Esre	„achtzehn", ein tägliches Bittgebet, welches ursprünglich aus 18 Benediktionen bestand, daher der Name „Achtzehn(Gebet)", siehe auch „Amida"
Schiur, Pl. Schiurim	Lehrvortrag
Schulchan Aruch	der autoritative Gesetzeskodex für das orthodoxe Judentum, er wurde von Joseph Karo (1488–1575) in Safed geschrieben
Schofar	Widderhorn, welches am Rosch Haschana, dem jüdischen Neujahrsfest, geblasen wird (Lev 23,23–25; Num 29,1)
Seder	Ordnung, die Familienfeier am ersten und in der Diaspora auch am zweiten Abend des Pessachfestes; an diesem Abend gewinnt das Familienmahl liturgische Bedeutung; es folgt einer bestimmten Ordnung von Gesängen und dem Bericht der Befreiung Israels aus ägyptischer Versklavung; das Mahl ist von symbolischen Speisen, Matza, Wein und bitteren Kräutern umrahmt (Ex 12,13)
Septuaginta	antike Übersetzung der Bibel ins Griechische; einer Überlieferung nach soll diese Übersetzung von 72 jüdischen Gelehrten geschaffen worden sein, daher der Name Septuaginta, die Siebzig
Siddur	Gebetbuch
Simchat Tora	letzter Tag des Laubhüttenfestes, feiert die Beendigung des jährlichen Torazyklus' und dessen unmittelbaren Neubeginn
Sukka	die Laubhütte, in welcher an Sukkot, dem Laubhüttenfest, die Mahlzeiten eingenommen werden (sieheLev 23,42–43)
Sukkot	Laubhüttenfest, eines der Pilgerfeste (Lev 23,33–43), Gebot des Feststraußes, bestehend aus Etrog, Palmzweig, Myrten und Bachweiden im Gottesdienst (Lev 23,40); die Mahlzeiten werden in der Laubhütte, Sukka, eingenommen (Lev 23, 41–44)
Tallit	Gebetmantel oder Gebetschal, beruht auf einer Vorschrift der Tora (Num 15,37–41)
Talmud	Enzyklopädie des Lehrguts: Weiterentwicklung der „mündlichen Lehre", welche auf der schriftlichen beruht. Damit fanden durch die Rabbinen der Antike der Inhalt und die Gebote der hebräischen Bibel neue Interpretation und Anwendung. Der Talmud wurde sowohl in Palästina aus auch in Babylonien verfasst. Er besteht aus Mischna und Gemara (siehe dort), „traditionsübermitteltem Lehrgut", einer Weiterbildung der Mischna. Der babylonische Talmud wurde gegen 500 u.Z. niedergeschrieben. Das Werk ist in „Ordnungen", diese sind in „Traktate" eingeteilt, und diese wiederum in Paragraphen, deren jeder eine Mischna ist. Die Gemara folgt immer der jeweiligen Mischna und interpretiert sie. Die Seitenzahlen in allen Ausgaben des babylonischen Talmuds sind identisch, das heißt, sie entsprechen den Erstschriften. Zitiert gemäss Traktat, der Mischna, dem palästinensischem oder babylonischen Talmud und den dortigen Seiten.

Tanach	Abkürzung des Namens der hebräischen Bibel Tora (Fünf Bücher Moses), Newiim (Prophetenbücher) und Ketuwim (Gesammelte Schriften)
Tannaim	Bezeichnung der Rabbinen, deren Lehren in der Mischna gefunden werden; die ältesten, wie Hillel und Schammai, benötigten keinen Ehrentitel, die späteren hatten den Titel „Rabbi", der Patriarch den Titel „Rabban", die Lehrer der Gemarazeit trugen den Titel „Rav"
Tefillin	Gebetsriemen und Gebetskapseln
Tikkun Olam	Wiederherstellung der Welt, vor allem in der Mystik gesehen als Aufgabe der Juden, die zerrissene Welt wieder zur Einheit zu bringen; dafür müssen sie ihre Leiden willig auf sich nehmen
Tisha be Aw	der neunte Aw, Fasttag in Trauer um die Zerstörung des Ersten und des Zweiten Tempels. Heute erinnert man an Tisha be Aw auch an die Kreuzzüge, die Vertreibung aus Spanien und an die Shoa.
Tora	Weisung, Bedeutung im engen Sinne: die Schriftrolle, aus welcher die Wochenabschnitte gelesen werden; in weiterer Bedeutung: die hebräische Bibel, ferner das jüdische Lehrgut, schließlich die von Gott ausgehende Kraft, welche die Welt erhält und das jüdische Volk umschließt
Toraschrein	Heilige Lade, in der die Torarolle oder -rollen aufbewahrt werden
Tosefta	Zusatz, Parallelwerk zur Mischna, welche vielfach die Mischna ergänzt, gleiche Struktur wie die Mischna
Zedaka	Wohltätigkeit, wohltätige Spenden

Literaturverzeichnis

Baeck, Leo, Dieses Volk: Jüdische Existenz, Frankfurt 1955 u.ö.
Baeck, Leo, Das Wesen des Judentums, Wiesbaden ^{5}1991 (erstmals erschienen 1905)
Baron, Salo Wittmayer, A Social and Religious History of the Jews, New York ^{3}1952–1983
Ben-Sasson, Haim H. (Hg.), A History of the Jewish People, Cambridge (Mass.) 1976
Bialik, Hayim Nachman / Ravnitzky, Yehoshua Hana (Hg.), The Book of Legends – Sefer Ha-Aggadah, New York 1992
Brook, Kevin A., The Jews of Khazaria, New York ^{6}2004
Buber, Martin, Die Schrift, verdeutscht, Heidelberg 1954–1962
Buber, Martin, Die Frage an den Einzelnen, Berlin 1936
Carroll, J.C., Constantine's Sword – The Church and the Jews, Boston-New York 2001
Cohen, Hermann, Jüdische Schriften, Berlin 1924
Diamant, Anita, Choosing a Jewish Life, A Handbook for People Converting to Judaism and for their Families and Friends, New York 1997
Epstein, Lawrence J., The Theory and Practice of Welcoming Converts to Judaism: Jewish Universalism, New York 1992
Feldman, Louis H., Jew & Gentile in the Ancient World, Princeton 1993
Flannery, Edward H., The Anguish of the Jews: Twenty-three Centuries of Antisemitism, New York 1985
Flavius Josephus, Der Jüdische Krieg, München-Darmstadt 1962–69
Flavius Josephus, Jüdische Altertümer, Berlin 1923
Flavius Josephus, The new complete works of Josephus, transl. by William Whiston, Commentary by Paul L. Maier, Grand Rapids 1999
Friedlander, Albert H., Leo Baeck – Leben und Lehre, Stuttgart 1975
Golb, Norman, Jewish Proselytism – A Phenomenon in the Religious History of Early Medieval Europe, Cincinnati1987
Golb, Norman, Jews in Medieval Normandy: A Social and Intellectual History, Cambridge 1998
Goldschmidt, Lazarus, Der Babylonische Talmud, Berlin 1930 u.ö.
Graetz, Heinrich, Volkstümliche Geschichte der Juden, Neudruck, München 1985
Heschel, Abraham, Israel: An Echo of Eternity, New York 1969
Homolka, Walter / Seidel, Esther, Nicht durch Geburt allein – Übertritt zum Judentum, München 1995
Hyman, Clarissa, Die jüdische Küche, München 2004
Johannes Chrysostomos, Acht Reden gegen die Juden, eingeleitet und erläutert von Rudolf Brändle, übersetzt von Verena Jegher-Bucher, Stuttgart 1995
Katz, Jacob, Exclusiveness and Tolerance: Studies in Jewish – Gentile Relations in Medieval and Modern Times, London 1951
Kukoff, Lydia, Choosing Judaism, New York 1981
Levinson, Pnina Navè, Aus freier Entscheidung – Wege zum Judentum, Teetz 2000
Miller, Madeleine / Lane, J., Harpers Encyclopedia of Bible Life, San Franciso 1978
Moore, George Foot, Judaism in the first Centuries of the Christian Era, Cambridge 1927–1930, 1971
Pearl, Judea and Ruth (Hrg.), I am Jewish, Personal Reflections Inspired by the Last Words of Daniel Pearl, Woodstock 2004
Philonis Alexandrini opera quae supersunt, hg. von L. Cohn/P. Wendland/S. Reiter, Berlin 1896–1930, Nachdruck 1962
Poliakov, Léon, Geschichte des Antisemitismus, Worms ^{2}1979
Reif, Stefan C., Genizah Fragments, Cambridge 1981 (Fragment 2 – on Obadiah)
Trepp, Leo, Geschichte der deutschen Juden, Stuttgart 1996
Trepp, Leo, Die Juden, Volk, Geschichte, Religion, Reinbek ^{2}2004
Trepp, Leo, Das Vermächtnis der deutschen Juden, Beer Schewa 2000
Trepp, Leo, Der jüdische Gottesdienst, Stuttgart ^{2}2004
Trepp, Leo, Nigune Magenza, die liturgischen Gesänge der Juden von Mainz, Buch und CDs, Mainz 2004
Trepp, Leo, A History of the Jewish Experience, Springfield (N.J.) 2001
Twersky, Isadore, A Maimonides Reader, Springfield (N.J.) 1972
Weiss, Bernice K., Converting to Judaism, Personal Stories, Deerfield Beach (Fl.) 2000

Register

Abahu, Rabbi 19, 59
Ablehnung 11, 60, 109, 111, 129, 145, 182, 189, 222
Abraham 11, 14–22, 24–27, 39f, 44, 56f, 83–85, 87, 88, 98, 116, 119, 134f, 226
Adiabene 48–50
Ägypten 16, 18, 20f, 26–28, 40, 49, 62, 82f, 87, 184, 221, 230
Agobard von Lyon 86
Ahasveros 33
Akiba, Rabbi 55
Alija 138, 193
Allgemeine Rabbinerkonferenz 120, 144, 146
Altes Testament 79, 161, 179
Amerika 12f, 38, 61f, 100, 113, 119, 121f, 126, 134, 139, 140–144, 147, 153, 159, 166f, 176, 182, 184, 196, 216f
Amida (s.a. Schemone Esre) 56
Antike 11, 18, 23f, 36–38, 60, 62f, 132f, 138f
Antisemitismus 95–98, 100, 115f, 123, 128f 150f, 159, 174f, 186, 196, 201, 203, 214, 223
Apion 41
Aquilas 52f
arisch 96, 116
Aristeasbrief 40
Aron Hakodesch 124
Assenat 26f
Assimilation 33
Aufklärung 37, 93f
Augustinus 70, 78f
Auschwitz 180, 216
Auserwähltheit 14, 22, 81–83, 97, 101f, 106
Ausrottung 42, 90, 97
Awtaljon 54

Babylon 33f, 38, 46f, 54, 61–63, 109
Baeck, Leo 101, 103, 105–107, 139, 180
Bar Mizwa 123, 140, 198, 208, 213f
Ben Gurion, David 226
Beschneidung 15f, 20, 24, 42, 45, 49, 66, 69, 76, 131, 134, 136–138, 183, 217
Bet Din 114, 120–122, 124, 131–133, 136–138, 140, 145, 148, 154, 157, 167, 172, 183, 189, 193, 195, 200, 207, 215, 219
Bibel 11, 13, 24f, 32, 40, 64, 79, 103, 111, 114, 124, 135, 164, 202, 208f, 211

Bima 125, 130, 222
Bischöfe 64, 67, 86
Bracha 124, 149
Brit Mila 137
Buber, Martin 13, 34, 114, 179
Bund 15–17, 23, 40, 65, 93, 96, 106, 108–110, 134, 153, 216, 224f
Bürgerrechte 38, 61f

Carafa, Gian Pietro 91
Chabad 175
Challa 165
Chamberlain, Houston Srewart 95
Chanan, Abba 59
Chanania, Rabbi 59
Chanina, Rabbi 59, 63
Chanukka 124f, 151, 158, 169, 170, 173, 175, 205, 221
Chawura 126, 131, 206
Chelbo, Rabbi 59
Chillul Haschem 112
Christentum 11, 17, 39, 43, 60f, 63–71, 73–80, 86–93, 101f, 104, 107, 112, 116, 129, 161, 168f, 174, 187, 199, 207, 214, 216, 221
Christus 40, 44, 65–67, 70, 73f, 77, 78f, 86, 89, 116, 155, 178
Chuppa 175, 186, 191, 196, 201
Conversos 90f

David 11, 29–32, 44, 69
Diaspora 33, 35f, 80, 86, 104, 137f
Diskriminierung 12, 48
Displaced Persons 170
Dogmen 199, 218
Dreifaltigkeit 75, 156, 178, 192

Efraim 27, 118
egalitärer Gottesdienst 189, 191
Einheitsgemeinde 143–145
einig-einziger Gott 11, 14f, 18, 20, 106, 116
Eleazar 19, 49
Elieser, Rabbi 59
Emanzipation 93
Erlösung 14, 20, 108, 119, 180
Esra 11, 34–37, 58
Esther 33f, 36, 54, 124

235

Ethik 20–22, 37–39, 51f, 71, 81f, 101f, 108f, 160, 180f, 184, 199, 202f, 216, 218, 224
evangelisch 162, 171, 179, 192, 195
Exkommunikation 67f

Familie 9–12, 15, 24, 27, 29–31, 35f, 40, 46, 48, 50, 52, 56, 63f, 81, 86, 92, 99f, 111, 113, 123, 125–131, 133, 135, 141f, 146, 150–153, 158f, 161, 164, 166, 169f, 172f, 175–177, 180–183, 185–188, 190, 198–204, 206, 212f, 218, 221f
Fasten 63, 73–75, 83f, 124f, 158
Feiertage, Feste 27, 47, 56, 64, 68, 71–73, 112, 114f, 122, 124–126, 129, 131, 144, 146, 150–153, 165f, 171f, 188, 191f, 194, 198, 202–206, 213, 220f
Fichte, Johann Gottlieb 95
Flavius Josephus 18f, 42, 46f, 52
Fremdling 15f, 19–21, 28f, 56
Frieden 12, 14, 20, 23, 42, 51, 54f, 62, 70, 85, 93, 109f, 112, 116f, 119, 181, 184, 190
Friedlander, Albert 167, 189

Gamaliel, Rabban 52, 59, 69
Gebete 23, 72, 82f, 114, 117, 123–125, 158, 198, 207f, 213, 219
Gebote 12, 14f, 21f, 31, 39f, 42f, 49f, 59, 74, 76, 82, 102–104, 109, 121, 123, 126, 131f, 148, 161
Gemara 56
Gemeinschaft 9, 11–13, 15–17, 22, 25, 30f, 33, 35, 37, 39f, 43, 52, 77, 81f, 84, 93, 98, 100f, 106, 109, 110f, 120, 126, 139, 141f, 146–148, 172, 187, 199, 202, 206, 218f, 223
Ger 15, 21f, 26, 28, 47, 56f, 83f
Ger Toschaw 20, 42–44, 54
Ger Zedek 42, 54, 82, 84
Gerechtigkeit 14, 16f, 20, 63, 67, 72, 77, 84, 94, 102, 106f, 109, 181
Gericht, jüdisches 63, 59, 75
Gerschom, Rabbi 86
Ghetto 91, 105, 108
Gleichberechtigung 22, 33, 38, 84, 94, 96f, 147
Goj, Gojim 17, 89
Gottesdienst 40f, 63, 67, 71, 73f, 122–124, 127, 130, 132, 144, 152f, 156, 163f, 169–171, 182f, 187, 189, 191f, 195, 198, 205f, 208f, 213–215, 222
Gottesfürchtige 44f
Gottesgebot 16, 20, 104
Gottesverehrer 64f, 67
Götzendiener 83f
Gregor IX., Papst 86

Hadrian 41, 52f, 104
Hagar 17, 25f
Haggada 163
Halacha 47, 50f, 54, 58, 81, 112, 120, 125f, 133, 137–139, 166f, 183, 193, 224, 226
Halevi, Jehuda 81f, 87
Haman 33f, 54f
Hanina, Rabbi 43
Häretiker 59, 67, 91
Harun al-Raschid 86
Haschem 107, 112, 192f, 196
Hatafat Dam Brit 134, 136f
hebräisch 40, 89, 123, 158, 167, 172, 187, 198, 200, 213–215, 217, 219–223, 225
hebräische Bibel 13, 24, 32, 40, 64, 79
Heilige Schrift 24, 63, 81, 87, 92, 163
Heiliges Land 62f, 81, 87, 92, 163
Helena (Adiabene) 48–52, 64
Heschel, Abraham Joshua 119, 180f
Hillel 23, 42, 54, 64, 68
Hitler, Adolf 91, 98, 155, 224
Holocaust 38, 99f, 110, 119, 137, 148, 222
Hona, Rabbi 59
Horaz 41

Identität 34f, 128, 149, 158, 169, 185, 190, 216, 219, 221f, 224f
Inquisition 90f, 94
Isaak 17, 25–27, 84
Islam 64, 80f, 107, 218
Ismael 17, 25f
Isolierung 33–36, 70
Israel 12, 16, 21, 23, 26–32, 40, 44–46, 53f, 56–59, 61, 65, 69, 82, 85, 99–102, 104, 106, 114f, 118f, 129, 131, 133, 138f, 149f, 155, 158–160, 162–165, 167, 169f, 175, 183–185, 188, 193, 197, 200f, 204, 209, 212, 215–217, 220, 222–226
Izates 48–52

Jahrzeit 125
Jakob 26f, 32, 43, 52f, 82, 84, 161
Jakob, Rabbi 92

Jaspers, Karl 178f
Jeremia 62, 109
Jerusalem 33, 39, 45, 49–51, 54, 57, 69f, 72, 81, 107, 117, 119, 163f
Jesaja 11, 14, 23, 35, 72, 74, 83f, 112, 116, 119, 212
Jeschiwa 85
Jesus 20, 44, 64f, 67f, 89, 116, 155, 161, 168, 177, 179, 181, 205, 218
Jitro 28f
Jochanan, Rabbi 23, 43, 131f
Johannes Chrysostomus 70–77, 79, 94
Jom Kippur 51, 54, 63, 73, 75, 115, 124f, 151, 158, 166, 213
Jose, Rabbi 59
Joseph 26f, 161
Judenchristen 59, 63
Judentum 9, 11–16, 19, 21–39, 41–42, 44f, 48–60, 62f, 65–67, 69–71, 74, 77, 79–96, 98–107, 109f, 112, 114–117, 119–123, 125–134, 136–139, 141–146, 148, 153f, 156–158, 160, 162, 164f, 167–172, 174–176, 180–182, 184f, 187, 190–192, 194–202, 204–206, 208f, 212–214, 216–226
jüdischer Staat 80, 119

Kaddisch 125
Kalender 64, 68, 115
Kaplan, Mordechai 226
Kaschrut 172
katholisch 77, 79, 87f, 90, 115, 161–164, 168, 177, 202, 215, 218, 220f
Ketura 25
Kiddusch 125, 150, 169, 171, 195, 204, 220
Kiddusch Haschem 107
Kippa 161, 165f, 196
Kirche 11, 37, 61, 63–69, 71, 74, 78f, 88, 90–92, 97, 102, 104f, 114, 128, 155f, 161, 163–165, 169, 171, 178f, 187, 191f, 195, 199, 202, 214, 218, 220f
Kirchenväter 61, 65, 70, 79, 94
Kodex des Hammurabi 15
Konservative 96, 124, 134
Konstantin 61, 64f, 68, 86
Konzentrationslager 154, 180, 198
Koran 26
koscher 113, 126, 152, 165–168, 172, 194, 209, 212
Kreuzzüge 86, 92, 224
Kultur 15, 34, 41, 45, 61f, 86, 100, 126, 129, 140, 161, 197, 204, 216, 218, 224

Kusari 81, 87

Lea 27, 30f
Levinas, Emmanuel 19
Liberalität 10, 12, 14, 19–23, 26, 28, 31, 32, 37, 37, 50f, 53, 55, 58f, 66, 70, 81, 85, 87, 98f, 102, 107, 114, 117, 140, 144–146, 159, 160, 166f, 169, 173, 177, 184f, 188–190, 192–195, 199, 201f, 204, 211, 214f, 219, 223, 226
Liebe 99, 102, 107, 117, 173, 177, 184, 201, 209, 211, 219, 223, 226
Liturgie 144
Locke, John 94
Longinus 41
Luria, Isaak 91f
Luther, Martin 37, 44, 88–90

Magen David 175
Maimonides 55, 81f, 84f, 87, 92, 98, 147, 180
Mainz 86f, 163f, 166f, 170, 185
Malchizedek 17
Mamser 47f
Manstein, Erich von 11, 98
Manstein, Ernst von 11, 98
Marranos 90, 214
Matza, Matzot 73
Mechitza 144
Meir, Rabbi 42f, 54
Menasche 27
Mendelssohn, Moses 94, 187, 190
Menora 114
Meschullam ben Kalonymus 88
Messias 45, 65, 92, 108, 116f
Mesusa 114, 142, 163f, 203
Midrasch 19, 21, 25, 28f, 32, 42, 52f, 55, 57
Mikwe 24, 113, 121, 126f, 134–136, 138, 142, 157, 168, 172, 183, 189, 193, 200, 203, 207f, 215, 217, 219
Mincha 224
Minjan 114, 126, 136, 193–195
Mischehen 140f, 143, 159, 173
Mischna 51, 30f, 81
Missionierung 11, 38–41, 46f, 51, 55, 80, 92, 101f, 104, 106
Mittelalter 37, 60, 81, 85, 87f, 93, 97, 102, 202
Mizwa, Mizwot 37, 106, 112, 114, 123f, 127, 133, 146, 140, 172, 198, 200, 208, 213, 214, 222

Monobazus 48, 50f
Monotheismus 51, 92, 101f, 107, 116, 208
Mordechai 33f
Moses 28, 39, 42, 43, 57, 83, 124
Muslime 17, 26, 64, 84f, 92, 168, 175

Naher Osten 38, 77, 115, 222f
Naomi 29–31, 132
Nasir, Nasira 51
Nationalismus 20, 100
Nationalsozialisten 9, 88, 90, 93, 97–99, 110f, 123, 128, 130, 148, 154, 159, 176, 190
Nehemia 32, 34–38
Nehemia, Rabbi 27
Nero 42, 53f
Neues Testament 79, 179
Nicäa, Konzil von 59, 64, 68
Noachidische Gebote 59

Obadja 32, 80, 82, 85, 87
Oberrabbinat, israelisches 12, 138f
Opfer 12, 17, 26, 36, 73, 100, 105, 110f, 115, 145, 155f, 168, 193, 201, 204, 223
Opferdienst 5136, 51, 69
Orthodoxe Rabbinerkonferenz 120
Orthodoxie 12, 100, 120, 126, 133, 137–139, 143–145, 147, 160f, 167, 169, 175, 194, 219
Ostern 64, 68, 152, 163, 188, 205, 221
Owed 30f
Oz, Amos 226

Palästina 70
Patriarchen 26, 68f
Paul III., Papst 91
Paul IV., Papst 37, 91
Pearl, Daniel 226
Pessach 68, 115, 124, 151, 172, 174, 183f, 204, 213, 221
Pharisäer 39
Poti-Fera 27
Predigt 61, 63, 69, 77, 104, 106, 139, 178f, 220
Priester 20, 27, 35, 43, 54f, 57, 87, 91, 103, 202, 218
Propheten 11, 23, 32, 44, 72f, 80, 83f, 86
Proselyten 15, 19f, 23–25, 35–37, 39, 45, 47f, 50, 52, 55, 60, 62, 65, 80–85, 87–90, 98, 100f, 103, 119, 127, 131f, 135, 143, 145, 147–149, 153

Psalmen 78
Purim 34, 124, 173

Rabbiner 9, 11f, 30, 79, 82, 88, 90, 93, 99, 101, 110f, 113f, 120–122, 125–127, 130–148, 157, 163, 165–170, 172f, 175, 180, 182f, 185, 187–190, 192–195, 200, 202f, 208f, 215–220, 223f, 226
Rahel 27, 31f
Rasse 11, 95, 97, 100
Rathenau, Walther 96
Rav (Abba Areka) 46
Rebekka 27
Reform 9, 124, 137, 139–141, 219
Reformation 37, 88, 90
Rekontruktionisten 137
Religionsgesetz 11, 15, 130, 137
Renaissance 37, 85
Riten 13, 31, 41, 73
Rom 41f, 48, 52–54, 59, 61, 63, 69, 90–92, 104
Rosch Haschana 63, 73f, 124
Rosenzweig, Franz 13, 120, 180, 224
Ruth 11, 24, 29–32, 35f, 58f, 132, 207

Salomon 18, 118
Sanhedrin 68f
Sara 11, 14–18, 24–27, 135, 226
Schabbat, Sabbat 13, 23, 27, 35, 39, 41f, 44f, 51, 56, 63, 67f, 86, 112f, 115, 123–125, 132f, 144, 150, 161, 164–166, 168, 170f, 181, 183, 194, 204, 209, 218–220, 224
Schawuot 32, 124
Schechina 19, 55f, 59, 83, 92
Schemaja 54
Schemini Azeret 124
Schemone Esre (s.a. Amida) 23, 56
Schiurim 194
Schoa 12, 93, 110, 133, 139, 144, 147f, 168, 173, 175, 193, 204, 224f
Schofar 63, 73
Schulchan Aruch 123, 172
Schuld 41, 53, 55, 111, 156f, 173, 181, 190
Schutzbrief 92
Seder 63, 125, 131, 150, 163
Seele 12, 15, 21, 26, 31, 76, 85, 119, 151, 210, 216
Segen 14–16, 27f, 57, 67, 83, 99, 117, 119f, 123, 125, 133, 134f, 150, 198, 211, 226
Seneca 41

Septuaginta 22, 40, 69
Setzuso Kotsuji, Abraham 101
Siddur 125, 163, 192
Simchat Tora 124, 169, 181
Simon ben-Jochai, Rabbi 60
Simon ben-Lakisch, Rabbi 58
Sinai 28, 58
Speisegesetze 39, 51, 131
Spiritualität 37, 218
Stöcker, Adolf 95, 96
Strafe 35, 52, 59, 65–67, 85, 118
Sukkot 47, 73, 124f
Sünde 18, 55, 59, 72–74, 98, 105, 112, 116, 145
Synagoge 32, 39, 44f, 47, 63, 66, 69, 71f, 74–76, 87, 89, 91, 100, 115, 121, 123f, 126, 130, 136, 142–150, 156–158, 162–169, 171–173, 176, 181, 183, 187, 189, 191–195, 198, 204, 207–209, 211–216, 219–221, 224f

Tacitus 41f
Tallit 124, 183, 203
Talmud 19, 28f, 37, 42f, 47f, 50, 53–55, 57, 64, 86, 89, 92, 123, 131, 134, 182
Täter 55, 100, 110f, 145
Tefillin 158, 167
Tempel 18, 22, 33, 34, 36, 42, 46, 51, 54, 69, 98, 104, 207, 221
Teschuva 112, 116
Theresienstadt 98, 101
Tikkun Olam 92, 118
Tischa be Aw 125
Toleranz 184, 199, 201

Tora 9, 16, 18, 21–24, 26, 28f, 32, 35–37, 39f, 42f, 47, 49, 51–59, 61–63, 67, 79, 81–86, 92f, 106, 111f, 117, 119, 122–124, 126, 131, 135, 158, 164, 169, 179–182, 195, 198f, 207, 209, 211, 222
Tradition 11, 22, 30, 40, 58, 63, 69, 112, 124–126, 135f, 146, 150, 185, 204, 216
Treue 14, 16, 20, 28, 33, 39, 50, 61f, 93, 109, 117, 177
Tu bi Schewat 124

Varro 41
Verantwortung 15, 22f, 101, 106, 111f, 137, 157, 168, 196, 199, 201, 205, 224
Verfolgung 11, 16, 38, 69, 84, 87f, 98, 100, 104, 108, 110, 204, 224
Verheißung 14f, 40, 106, 119
Verleumdung 37, 41, 70f, 77f
Voltaire 38, 94
Vorurteil 12, 37f, 55, 81, 90, 95, 100, 137, 162, 174, 184, 195, 202f

Wagner, Richard 95
Weihnachten 129, 150–152, 169, 187, 204f, 208, 221

Yad Vashem 163

Zentralrat der Juden 120
Zion 33, 57, 107, 117, 119
Zippora 28f
Zizit 165
Zugesellte 42–44, 52, 54, 60, 64f, 67, 74, 89
Zweites Vatikanisches Konzil 77, 79, 93